아동생활지도

고정곤 김미진 김재현 이영희 이은희 전대성 공저

Guidance for Young Children

양성원

머리말

일반적으로 교육활동은 교과지도, 생활지도의 2개 영역으로 대별된다. 그런데 초·중·고등학교에서는 일과 운영과정에서 교과지도와 생활지도가 확연히 구분이 가능하나 유아교육에서는 그렇지 못하다. 즉, 유아교육기관에서 이루어지는 전 교육활동이 생활지도인 것처럼 생활지도와 통합되어 이루어지고 있다. 이와 같은 아동생활지도의 특성이 바로 유아교육기관에서의 생활지도의 중요성을 입증해주고 있다. 교육부에서도 누리과정에 이르기까지 8차에 걸쳐 교육과정이 개편될 때마다 일관되게 기본생활습관과 인성교육을 강조하는 등 생활지도를 강화하고 있다. 특히 유아기는 기본생활습관을 정착시키고 올바른 인성과 성격의 기본적인 틀을 형성시켜주는 결정적 시기로서 생활지도는 더욱더 강조해야 할 교육활동영역이다. 특히 오늘날 어머니의 사회적 진출로 인한 유아들의 유아교육기관에서의 체류시간의 연장, 유아들의 부적응행동을 일으키는 사회·가정적 영향요인의 증대 등은 생활지도의 필요성을 더욱 강화하는 실정이다. 그래서 이와 같은 현실적인 필요성을 충족시킬 수 있는 생활지도서의 집필을 결심하고 기 출간된 생활지도서의 편집경향을 검토하여 보았다.

지금까지 출간된 유아생활지도 관련 저서들을 분석해 보면 대부분의 저서들이 유아들의 부적응행동과 기본생활습관 지도 등 현장 유아교육기관에서 유아들을 개별적이며 직접적으로 지도하는 데 필요한 내용을 다루고 있는 등 현장성이 있음을 확인하였다. 그러나 효율적인 생활지도를 위해서는 당해 유아교육기관 유아들의 실태와 요구 등을 면밀히 분석하여 분석결과에 따른 지도계획을 수립하여 당해 유아교육기관의 전체적인 생활지도 방향을 설정하는 등 기획기술을 배양하기 위한 내용과 집단지도방법에 대한 내용들이 다루어지지 않았음을 확인하고 위에 지적한 내용들을 보완하는 방향으로 생활지도서를 집필하기로 결심하였다. 따라서 본 서에서는 위에 제시한 방향에 따라 총 5부로 편성하였다.

제1부 아동생활지도의 기초에서는 생활지도에 대하여 총체적으로 이해하고 아동생활지도의 방향과 방법에 대한 시사를 해주는 심리적 이론으로 행동주의이론, 정신분석이론, 구성주의이론, 인본주의이론에 대한 탐색이 이루어지며 유아관과 유아발달특성에 따른 생활지도의 방향에 대하여 알아보았다.

제2부 아동행동의 이해에는 바람직한 아동생활지도가 이루어지기 위해서는 아동행동에 대한 집단적인 이해가 필수적인 바, 아동행동에 영향을 주는 제반요인이 무엇이며 아동행

동을 이해(평가)하는 다양한 평가방법에 대하여 구체적으로 제시하였다.

제3부 아동생활지도의 운영에서는 유아교육기관에서 이루어지는 집단지도의 실제편으로 아동생활지도에서 필수적으로 이루어져야 하는 내용으로

첫째, 표준보육과정과 생활지도, 둘째, 부모교육(연계교육)을 통한 지도

셋째, 부모상담을 통한 지도, 넷째, 생활환경구성을 통한 지도

다섯째, 기본생활습관지도, 여섯째, 신입원아 적응지도를 다루었다.

제4부 아동부적응아 지도에서는 집단지도를 통해 교정되지 못한 일부 부적응행동을 일으키는 유아에 대한 개별지도 전략으로 기본생활부적응아 지도를 비롯한 5개 영역에 걸쳐 부적응아 지도방안에 대하여 구체적으로 제시하였다.

제5부 생활지도의 발전적 과제에서는 생활지도의 활성화를 위한 현장생활지도의 과제와 해결방안을 알아보았다.

위에서 밝힌 바와 같이 본 서에서는 생활지도에 관한 이론, 생활지도계획 수립, 생활지도의 실제, 생활지도의 발전방향 등 현장 유아교육기관에서 필요로 하는 전 영역을 균형적으로 다루어 현장 유아교사나 예비교사들이 궁금하게 생각하는 생활지도에 관한 총체적인 안내서가 되도록 구성하였다. 앞으로 부족한 부분은 차후 보완하기로 과제를 남기고 본 서를 출판하여주신 양성원 강철원 사장님과 관계자분들에게 감사드린다.

2017. 1.

대표 저자

목 차

Contents

제I부 아동생활지도의 기초

제II부 아동행동의 이해 · 평가

제III부 아동생활지도 운영

목 차

Contents

목 차

Contents

제 V 부 아동생활지도의 발전적 과제

제 I 부

아동생활지도의 기초

유아교육기관에서 이루어지는 교육활동을 대별하면 일반적으로 교과활동과 생활지도활동으로 구분할 수 있다. 유아교육기관에서의 교과활동은 누리과정 5개 영역활동(0~2세 어린이집에서는 6개 영역활동, 초등학교 1, 2학년에서는 5개 교과서)을 매개로 하는 지도활동을 통하여 유아들의 기능적 측면의 성장·발달을 도모하는 교육활동이라고 한다면 생활지도활동은 유아들의 기본생활습관, 사회성, 도덕성 등 일상생활상의 문제를 다루어 유아들의 인격완성을 조력하는 활동으로 유아교육기관의 교육은 교과활동과 생활지도활동이 서로 상보적인 역할을 하면서 당해 유아교육기관의 교육목표를 구현하고 있다. 따라서 제Ⅰ부에서는 아동생활지도에 대하여 총체적이며 개략적으로 이해하고 또한 생활지도를 운영하는데 있어서 뒷받침해주고 지지해주는 관련이론들을 탐색해보며 그리고 아동의 발달특성에 따른 생활지도 방향을 알아봄으로써 생활지도계획 수립과 생활지도의 실제를 이해하는 데 도움이 될 것이다.

제1장

아동생활지도의 이해

아동생활지도를 전개하는 데 있어서는 아동생활지도에 대하여 총체적이며 개략적으로 이해하고 있어야 한다. 따라서 제1장에서는 생활지도의 개념, 필요성, 목표, 내용, 영역, 원리 등에 대하여 알아보기로 한다.

1. 생활지도의 개념

생활지도란 'Guidance'를 옮긴 것으로 어원인 'Guide'는 '이끌어준다, 안내한다, 지도한다'의 의미이다. Guidance는 프랭크 파슨스(Frank Parsons)가 사용했던 직업지도(vocation Guidance)라는 말에 사용되면서 쓰이기 시작하였다. 이렇게 생활지도는 청소년들을 위한 직업지도에서 시작되었지만, 현재는 각 교육기관에서 교과지도와 함께 학습자의 전인적 성장 · 발달을 도모하기 위한 교육활동으로 자리를 잡아가고 있다. 생활지도는 훈육, 유아행동지도, 부적응유아지도, 버릇들이기, 도덕교육 등 다양하게 이해되고 있으나 다음에서 생활지도의 올바른 개념을 밝히기 위해 우선 여러 학자들이 제시한 개념에 대하여 정리해 보자.

〈표 I-1〉 **생활지도의 개념**

학자명	개념
김충기(1997)	일상생활에서 교육, 가정, 신체, 도덕, 정서 등 인격적인 특성과 잠재력을 이해하고 발견하여 이를 최대한 발전시켜 나가게 하는 것
강예원 외(2014)	한 사람 한 사람의 인간성을 존중하고 그들이 가진 발전가능성을 최대한 발휘시키는 배려이며, 유아가 생활하고 있는 환경에 그들을 적응시키는 데 필요한 도움을 주어 그 안에서 이루어지는 인간관계를 유아 스스로 개선해가며 자신의 개성을 신장시키고 사회성을 발달시켜 올바른 가치판단을 하며 행복하게 살아갈 수 있게 도모하는 것

학자명	개념
김현주(2001)	아동 스스로가 자신과 자신이 처해 있는 생활이나 사회를 이해할 수 있고, 더 나아가 직면한 문제 즉, 교육적·가정적·사회적·신체적·도덕적·정서적 등의 문제를 스스로의 힘으로 해결할 수 있는 능력을 함양하도록 도와주는 과정
박정옥 외(2013)	아동들이 전 생애에 걸쳐 유용한 기술을 발달시키도록 돕는 과정이자 아동의 성장·발달과 사회적 요구에 기초한 가르침이며, 자기이해 및 자기 결정 그리고 자기실현을 돕는 과정
이재창(1995)	개인이 긍정적인 행동을 하도록 돕는 것을 의미하는 것. 개인으로 하여금 자기 자신과 주위세계를 잘 이해해서 현명한 선택과 적응을 하여 건전한 사회의 일원으로서 성장·발달할 수 있도록 하는 일련의 지속적인 조력과정
조운주 외(2014)	유아들이 자기 자신에 대한 이해와 더불어 자신을 둘러싼 다양한 세계를 살아가는 데 필요한 올바른 지식과 태도, 기술을 형성하도록 방향을 제시하거나 정보와 조력을 제공하는 등 유능한 사회구성원으로 성장하도록 돕는 과정
한국행동과학연구소(1983)	유아(들)의 행동, 정서발달상의 문제를 정확히 파악, 이해하고 그 문제해결을 위하여 유아 및 그 가족을 돕는 활동
Gatrell(1994) Marison(1991)	부모나 교사는 아동에게 이해될 수 있는 행동이나 기대를 설정하고, 발달적으로 적합한 활동을 통해 스스로 의미를 구성해 나가도록 촉진하며 아동이 자신에 대해 긍정적인 자아감을 형성하도록 돕는 역할

이상의 개념들이 내포하고 있는 특성은

첫째, 아동들이 일상생활 속에서 당면하는 여러 가지 생활상의 문제를 대상으로 한다.

둘째, 아동 자신이 당면한 문제를 이해하고 해결하는 전 과정을 남에게 의존함이 없이 자력으로 해결한다.

셋째, 건전한 성장·발달을 도와 민주사회의 바람직한 민주시민으로 성장·발달할 수 있도록 돕는 하나의 과정이며 조력이다.

넷째, 개인에 관심을 가지며 개인 자신이 환경과의 올바른 적응과 이해를 돕는다.

이상의 여러 학자들의 견해와 특성을 반영하여 생활지도란 '학교교육의 중심활동으로 아동들이 일상생활 속에서 당면하는 생활상의 문제를 아동 스스로 이해하고 올바른 판단을 하여 자력으로 해결할 수 있는 능력을 길러 아동들이 생활하는 환경에 잘 적응하고 유능한 사회구성원으로 성장시키고 긍정적인 자아감 형성 및 자아실현을 통하여 행복한 삶을 살아갈 수 있도록 도와주는 조력적인 봉사활동'이다.

2. 생활지도의 필요성

'교실이 무너지고 있다', '교육의 황폐화', '공교육부재', '유아들을 학원으로 내몬 유치원교육', '자살을 부르는 왕따', '무례한 아이들' 등 학교교육에 대한 우려가 높은 가운데 사회적으로는 '유괴', '성폭력', '학대', '약물중독', '환경오염', '도처에 노출된 안전설비', '여과되지 않은 정보의 홍수', '다양한 대중매체로 멍든 동심', 이루 말할 수 없이 많은 사회적 병폐들로 유아들의 인성, 성격, 기본질서, 행동성향 등 유아생활상의 문제들이 다양하고 심대해지고 있다. 따라서 어느 시대보다 생활지도가 절실한바 생활지도의 필요성을 개인적 측면과 사회적 측면에서 기술해본다.

1) 개인적 측면

개인적 측면에서 생활지도의 필요성은 다음과 같다.

(1) 기본생활습관 형성

기본생활습관이란 '관습과 전통의 형태로 내려온 사회적 문화, 규범, 원리로써 다양한 환경과 삶의 양식에서 행동 그리고 다양한 사고방식, 정서유형으로 표현하며 일상생활에 잘 적응하고 대처하는 종합적인 행동양식 또는 자조기술'이다. 그런데 유아기는 기본생활습관 지도의 최적기로서 유아기에 잘못 형성된 생활습관은 교정하기 어렵고 또한 유아기에 형성된 기본생활습관은 인격 형성의 기초가 된다. 또한 유아기에 생활지도의 주된 내용이 기본생활습관이다.

(2) 바른 인성(성격) 형성

인성이란 '사람의 성품', '각 개인이 가지는 사고와 태도 및 행동특성'을 말하는 것으로 인성의 중요성이 날로 부각됨에 따라 국회가 2014년 12월 29일 '인성교육진흥법'을 통과시키기도 하였다. 오늘날 극도의 주지주의 교육은 학교교육이나 가정교육에서 좋은 인성을 갖추는 것보다 인류대학에 합격하는 것을 더 중요시하는 등 인성교육을 지극히 소홀히 함에 따라 인성교육을 실종시킨 주지주의 교육의 병폐에 대한 비판의 목소리가 아주 높다. 좋은 인성을 형성시키기 위해서는 인생초기 즉, 유아기의 경험이 중요함에 따라 좋은 인성 형성을 위한 유아기의 생활지도가 어느 때보다 절실하다.

(3) 개성존중교육실현

오늘날 교육은 개성존중의 인간교육실현을 강조함으로써 아동 개개인이 가지고 있는 흥미, 적성, 능력 등을 중시하고 있다. 아동들은 같은 연령이라 할지라도 인지적 · 언어적 · 사회적 · 정서적 · 신체적 발달수준이 서로 다르기 때문에 이들의 잠재능력과 소질을 조기에 발견하여 성장과 발달에 도움을 주기 위해 생활지도가 필요하다.

(4) 자율성 배양

한때 우리교육현장에 몰고 온 큰 변화는 열린교육(open education)에 대한 열기였다. 이는 아동들에게 자기주도적인 학습능력을 배양하기 위하여 교사중심교육에서 아동중심교육으로, 집단교수에서 개별교수로 전환시켜 아동중심의 자율적인 교육으로 유도하자는 것이었다. 이는 교과학습뿐만 아니라 생활지도에서도 강조하여 모든 교과학습이나 생활 속에서 다른 사람의 도움이 없이 아동 스스로 제반학습이나 생활상의 문제를 해결해 나가는 자율성 배양을 중시하는 교육이 어느 때보다 강조되고 있다.

(5) 교과학습의 보완적 기능

유아교육기관에서 이루어지는 유아교육활동은 교과활동으로서는 누리과정의 5개 영역활동(0~2세 어린이집에서는 6개 영역)과 생활지도 등 2개 영역으로 구성되는데, 이들 두 활동은 서로 상보적이어서 5개 영역활동이 효율적으로 이루어지기 위해서는 바람직한 생활지도가 전제되어야 한다. 5개 영역활동이 인지적인 학습이라면 생활지도는 정의적인 학습으로 인지적인 학습이 효율적으로 이루어지기 위해서는 유아들의 학습태도, 건강(청결 및 신체적 건강), 학습분위기, 유아들 간의 대인관계, 정서적 안정, 교사와 유아 간의 신뢰관계, 유아주도성 및 자발성, 기본적인 학습태도 및 습관, 예절 등이 바르게 정착되어야 한다. 이러한 내용들은 대부분 생활지도를 통해서 구현된다.

(6) 문제해결능력의 배양

유아들은 자신들의 일상생활과정에서 크고 작은 많은 문제를 당면하게 된다. 대부분 많은 문제는 교사나 부모 또는 사회인들이 그러한 문제가 출현하지 못하도록 예방해주고 출현된 문제에 대해서는 즉시, 해당 문제성에 대하여 적절한 지도를 통하여 해결해 주고 있으나 앞으로는 점차적으로 유아 자신들이 스스로 판단하여 해결하고 행동할 수 있도록 문제해결력을 비롯하여 판단력, 자립심, 주체성 등을 생활지도를 통하여 길러 주어야 한다.

(7) 잠재능력의 계발

교육은 원천적으로 유아 개개인이 소지하고 있는 자신의 잠재능력을 계발하는 과정이다. 우리 유아 개개인은 본인 특유의 소질, 능력, 취미, 취향 등의 잠재능력을 가지고 태어나며 교사나 부모는 이러한 잠재능력을 가급적 빨리 발견하고 계발시켜 줄 수 있도록 조력해야 하나 가급적 유아 자신이 발견하여 스스로 계발시켜 나가는 활동을 격려해야 한다. 또한 이러한 잠재능력은 훗날 직업적 의식으로 발전시켜야 하며 이러한 활동은 생활지도를 통해 가능하다.

(8) 직업적 의식배양

학교교육의 궁극적인 목적은 아동들이 훗날 이 사회의 주역이 되었을 때 그들의 적성에 맞는 직업을 가지고 행복한 삶을 영위하면서 국가와 민족을 위해 헌신 봉사하는 일이다. 이를 위해서는 어려서부터 직업적 의식을 배양해야 한다. 이에 대해서는 전항에서 밝힌 바 있다. 특히 미래사회는 갈수록 직업이 다양해지고 전문화되며 세분화되기 때문에 체계적인 지도를 위해서는 생활지도가 더욱 강조되기 마련이다. 그리고 모든 직업에서 관리자가 인지적 수월성보다 잘 다듬어진 성숙된 인격과 인성을 소유한 인재를 요구한다는 사회적 인식면에서 볼 때 생활지도는 더욱 절실하다.

2) 사회적 측면

사회적 측면에서 생활지도의 필요성을 기술하면 다음과 같다.

(1) 조기교육의 절실성에 대한 보편적 인식

우리나라 속담에 '세 살 버릇 여든까지 간다', '잘될 나무는 떡잎부터 안다'라는 말이 있다. 이 말은 어린시기에 획득한 생활습관은 평생 동안 지켜진다는 말이다. 기본생활습관뿐만 아니라 인지적 · 기능적 학습에서도 조기에 교육적 개입을 해야 한다는 조기교육의 절실성에 대한 보편적인 인식이 확산되어 가는 추세이다. 좋은 인격, 인성, 생활습관 형성을 위해서는 조기에 교육적 개입이 있어야 한다는 필요성 때문에 생활지도가 더욱 절실해지고 있다.

(2) 부모의 사회적 진출기회의 확대

요즘 어머니의 사회적 진출기회 확대는 어머니의 자아실현의 기회를 제공해주고 여성 인력의 사회에 대한 효율적 기여라는 장점이 있으나 상대적으로 가정에서의 자녀에 대한 생활지도를 소홀하게 만드는 계기가 되었다. 코메니우스(Comenius)의 모친학교(Mother's Knee

School)와 같은 우리나라의 전통적인 가정교육형태인 '무릎학교'가 있었던 과거에는 어머니가 가정에서 자기 자녀들의 생활지도를 직접 담당하였으나 어머니의 사회적 진출로 오늘날의 실정은 그렇지 못하다. 이에 따라 생활지도가 더욱 강조되고 있다.

(3) 급격한 사회변화

오늘날 사회는 급격하게 변화하고 미래사회의 변화는 더욱 극심해질 것이다. 경제적 성장과 산업의 근대화, 산업과 취업구조의 변화, 인구의 도시 집중화, 핵가족화, 여성의 사회적 진출기회 확대, 전국의 1일 생활권 도래, 대중매체의 양적 증대 등 물질문명의 발달을 가져왔으나 상대적으로 인간성의 상실, 가치관의 혼란, 세대 간의 격차와 갈등심화 등을 초래함으로써 생활지도를 통하여 해결해야 할 과제들이 산적해 가고 있다.

(4) 부적응행동의 증가

오늘날 청소년의 부적응행동이 증가하고 그 연령이 점차 연소화되어 가는 추세이다. 그리고 청소년의 비행의 원인이 아동기에서 비롯되었다고 많은 연구에서 지지하고 있다. 영유아의 부적응행동으로 인해 교사들은 많은 스트레스를 받고 학급을 안정적으로 운영하기가 어려운 실정으로 영유아들을 효율적으로 지도하기 위해서는 교사들의 정상적인 유아지도를 저해하는 부적응행동의 요인을 파악하여 적절한 생활지도를 통하여 부적응행동을 부단히 지도해 나가야 한다.

(5) 도시화가 낳은 후유증

전통사회가 현대사회로 변화하는 과정에서의 두드러진 현상이 도시화이다. 도시화는 도시인구의 급증과 동시에 농촌인구의 감소를 가져와 또 다른 사회적 문제가 도래하고 있다. 인구감소에 따른 농촌문제는 차치하더라도 인구급증에 따른 도시화는 도시의 기능을 다양하게 변화시켰다. 그 중 대표적인 것이 교통 혼잡, 공해, 빈민지역 형성, 사회·경제적 지위격차로 인한 다양한 계층의 형성 그리고 협동심의 결여, 개인주의 성향, 가치관의 혼란 등은 생활지도가 더욱더 절실해지고 있다.

(6) 유아교육기관의 역할 증대

오늘날 유아교육의 공교육화가 실현됨에 따라 우리나라 전 유아들이 유아교육기관에서 교육과 보육을 받고 있다. 특히, 2012년부터 3~5세 유아의 누리과정의 전면적인 시행으로 교육과 보육을 동시에 받고 있으며 어머니의 사회적 진출기회가 확대되어 영유아들이 유아교육기관에 머무는 시간이 증대됨에 따라 유아교육기관에서의 교육과 보육활동이 더욱 증대되고 이에 따라 자연발생적으로 다양한 생활지도상의 과제가 발생하므로 이에 대한 대책으로 생활지도가 강화되고 있다.

(7) 정신적 긴장감의 증가

오늘날 유아들은 정신적 긴장감으로 많은 스트레스를 받고 있다. 급속하게 변화하는 부모의 지나친 기대와 요구, 여러 과목의 수강을 강요받는 학원교육, 혼잡한 교통체증과 이에 따른 문제, 유아 유괴 및 성폭력, 공해와 소음 등 이루 말할 수 없이 많은 사회와 가정 내의 물리적 · 정신적 환경에 의한 정신적 긴장감의 증가는 또 다른 생활지도를 요구하고 있다.

3. 생활지도의 특성

아동생활지도가 초 · 중등학교에서의 생활지도와는 조금은 다른 성격이 있다. 다음에서 아동생활지도의 특성에 대하여 생각해 보기로 하자.

첫째, 유아교육기관에서는 교과활동과 생활지도활동 간에 확연한 구분이 어렵다. 유 · 초 · 중등학교의 교육활동은 크게 교과활동(유아교육기관에서는 누리과정의 5개 영역활동 또는 6개 영역활동)과 생활지도활동으로 구분할 수 있다. 그런데 초 · 중등학교에서는 교과별로 이루어지는 교과활동과 교과 외에서 이루어지는 생활지도가 확실하게 구분이 되어 교육활동이 이루어진다. 물론, 경우에 따라서는 교과활동시간에 생활지도가 이루어지기도 한다. 그러나 유아교육기관에서는 교과활동 즉, 3~5세 유아는 5개 영역활동, 0~2세 어린이집 유아들은 6개 영역활동과 생활지도가 확실한 구분이 없이 통합되어 이루어지는 경우가 많다. 다시 말하면, 유아교육활동은 활동주제를 중심으로 5개 영역활동 중심의 교과활동과 생활지도가 통합되어 지도되는 특성이 있다. 그래도 별도의 특설된 활동시간에 생활지도를 할 수 있는 구조이다.

둘째, 유아교육기관에서의 생활지도의 성과는 초 · 중등학교에서 이루어지는 생활지도에 비해 그 성과가 아주 크다. 생활지도의 목표는 단기적 목표와 장기적 목표로 구별할 수 있는데 장기적 목표는 유아교육기관이나 초 · 중등학교가 모두 동일하다. 유아들은 가소성이 강하여 초 · 중등학교 학생들에 비하여 적은 노력으로 바람직한 행동을 정착시킬 수 있다. '세 살 버릇 여든까지 간다.'라는 말은 유아기에 한 번 바르게 형성된 행동은 성인이 될 때까지 거의 변하지 않는다는 말로서 유아기는 우리 인간의 기본생활습관을 비롯하여 인성, 성격, 인격 등의 기본적인 틀이 형성되는 결정적인 시기이다. 유아기에 잘못 지도된 부적응행동을 초 · 중등학교에서 바로 교정하려는 것은 마치 굽은 나무를 바로 펴려는 것만큼이나 어려운 일로서 유아기의 생활지도의 성과가 초 · 중등학교에서 이루어지는 생활지도 성과보다 현저하게 높다. 따라서 유아교육기관에서의 생활지도는 초 · 중등학교에서 보다 더욱 강화시켜야 하는 특성이 있다.

4. 생활지도의 목표

생활지도의 목표는 간단히 요약하면 '유아 스스로가 그들의 일상생활 속에서 자신이 당면하고 있는 다양한 문제를 해결할 수 있는 능력을 배양하여 그들로 하여금 그들의 문제를 주체적으로 해결하여 행복한 삶을 영위할 수 있도록 도와주는 일'이라고 볼 수 있다. 다시 말하면 '민주시민으로 성장할 수 있도록 도와주는 과정'이라고도 생각할 수 있다. 또한 생활지도의 목표에는 단기적 목표와 장기적 목표가 있는데, 단기적 목표는 유아들이 현재 그들의 일상생활에서 당면하는 문제를 적절히 해결하여 현실생활에 잘 적응하도록 돕는 일임에 비하여 장기적 목표는 유아가 성장하여 행복하고 사회에 잘 적응하는 민주시민으로 성장하기를 기대하고 돕는 일이다. 다음에서 여러 학자들이 제시한 생활지도의 목표를 다시 한 번 검토해 보고 필자의 견해를 제시하기로 한다.

〈표 I-2〉 **생활지도 목표**

학자명	생활지도 목표
계정희(1983)	• 유아의 자율적 성장 도모 • 성장가능성 개발 • 문제해결력 배양 • 건전하고 성숙한 적응 • 사회에 대한 공헌
김청자 외(2010)	• 자신의 능력과 흥미의 발견 및 이해 • 능력과 흥미의 최대한의 계발 • 현명한 선택과 적응을 통한 문제해결력 증진 • 전인적 인성으로의 발달 • 유능한 민주시민의 육성
박성수 외(2000)	• 자신의 능력, 흥미, 성취 등에 관한 자기이해 증진 • 건전한 태도, 확신, 개념발달 • 자기방향 설정, 문제해결, 의사결정 • 미래 문제에 대한 이해, 계획, 해결 • 사회적 관심과 협동적 태도, 성숙한 인간관계 • 자신과 타인의 이해

학자명	생활지도 목표
	• 자기과업에서의 성공
Froehlich(1950)	• 학생에 대한 이해 및 지도촉진 • 학생지도역량제고 • 연구활동 추진 • 지역사회와의 협력강화
Fields & Boesser(1994)	• 긍정적인 자아존중감을 갖고 성장 • 자기통제력 신장 • 도덕적 자율성 배양 • 문제해결력 배양
Muro & Kottmen,(1995)	• 사회적 관계에 대한 이해 • 사회적 문제해결력 배양
Humohreys & Traxler(1954)	• 자신의 올바른 이해 조력 • 잠재력 발견과 계발 • 자율적인 문제해결능력 배양 • 전인적인 성장 · 발달 도모 • 환경에의 적응 조력

이상의 여러 학자들의 견해를 종합하여 필자는 유아생활지도의 목표를 다음과 같이 설정한다.

1) 기본생활습관 형성
2) 바른 인성 형성
3) 자율적 성장 · 발달 도모
4) 잠재력의 계발
5) 자기통제력 신장
6) 긍정적인 자아존중감 배양
7) 사회적 문제해결력 배양
8) 전인적 성장 · 발달 도모
9) 유능한 민주시민 양성

생활지도는 유치원에서 초등학교, 중 · 고등학교에 이르기까지 진행되어야 할 연속적인 과정으로 1)항에서부터 6)항까지는 독립적이며 주체적인 인간으로서 필수적으로 지녀야 할 속성으로서 이들을 기반으로 유아들이 살아가면서 항구적으로 당면하게 될 과제나 문제에 대한 사회적 문제해결력을 배양하여 최종적으로는 전인적 성장 · 발달과 유능한 민주시민을 양성하는 것에 최종의 목표를 둔다. 이 중 1) 기본생활습관 형성은 모든 학자들이 생활지도 목표에 넣지 않았으나 교육부에서는 수십 년 동안 기본생활습관교육과 인성교육을 유아교육시책으로 추진하고 강조하고 있으며, 2012년부터 시행한 누리과정에서도 이에 대하여 강조하고 있다. 다음에서 이상에서 밝힌 9개의 생활지도 목표에 대하여 개략적으로 설명하기로 한다.

1) 기본생활습관 형성

기본생활습관이란 '관습과 전통의 형태로 내려온 사회적 문화, 규범, 원리로서 다양한 환경과 삶의 양식에서 행동 그리고 다양한 사고방식, 정서유형으로 표현하여 일상생활에 잘 적응하고 대처하는 종합적인 행동양식'으로 이러한 기본생활습관은 유아기가 형성시켜 줄 수 있는 최적기이며 유아기에 잘못 형성된 기본생활습관은 성인으로 성장하여서는 교정하기가 어렵고 또한 한 번 형성된 기본생활습관은 인격 형성의 기초가 되기 때문에 유아기의 생활지도에서 기본생활습관 지도를 최우선적으로 다루어야 한다.

2) 바른 인성 정착

인성의 유사개념으로 인간성, 인격이 있으며 인성이란 다른 사람과 구별되는 사고와 태도 및 행농의 특성 또는 '사람다운 사람이 갖춰야 할 도덕적 특성'으로 인성이 좋은 사람들 주변에는 많은 사람들이 모여들고 인성이 나쁜 사람 주변에는 사람이 없다. 오늘날 기업체의 직원 채용과정에서도 첫 번째로 기본인성면접을 꼽는다. 교육부에서도 수십 년 전부터 유아교육시책으로 기본생활습관교육을 비롯한 인성교육을 강조하여 왔으며 요즘 모든 교육기관에서도 바람직한 인성교육을 실현하기 위하여 다양한 시책들이 강구되고 있다. 최근 어린이집에서 빚어지는 영유아의 체벌, 지나친 훈육으로 인한 교사의 생활지도 방법의 문제가 야기될 때마다 교사인성문제가 거론된다. 좋은 인성은 유아기에 그 기틀이 형성되는바 유아들에게 바른 인성 형성을 위한 생활지도가 지속적으로 이루어져야 한다.

3) 자율적 성장 · 발달 도모

생활지도는 유아 각 개인의 자율적 성장 · 발달을 돕는 일이다. 인간의 성장 · 발달이란 자율적으로 살아갈 수 있는 능력을 배양해나가는 일이다. 교사는 유아들에게 형성시켜 주려고 하는 행동을 강요하거나 주입하는 것이 아니라 형성시켜 주려는 행동에 대한 올바른 판단능력을 기르고 정보와 자료를 제공하여 유아 스스로 올바른 판단을 통해 관련 정보와 자료를 자율적으로 선택하여 자기행동의 방향을 설정하도록 도와 유아 스스로의 자율적 성장과 발달을 도모하도록 해야 한다.

4) 잠재능력의 계발

교육은 원천적으로 유아들 개개인이 소지하고 있는 잠재능력을 계발시켜주는 일이다. 유아들의 잠재능력은 소질, 능력, 취미, 취향, 흥미 등으로 나타난다. 따라서 생활지도를 통하여 유아 스스로 이들을 찾아 이해하고 계발해 나가도록 격려해야 한다. 이러한 유아 자신의 잠재능력의 이해와 계발은 빠를수록 좋다. 또한 이러한 잠재능력의 계발을 통하여 유아 자신이 정체감을 갖게 되며 또한 자기 자신을 개별성이 있는 독자적인 존재로 인식하게 된다. 이를 통하여 유아들은 자아실현이 되는 것이다.

5) 자기통제력 신장

자기통제력이란 '자기의 감정과 행동을 조절하는 능력'을 말한다. 자기통제력이 강한 유아는 정서적으로 안정되어 있어 자기 자신과 주변사람들과 잘 어울리며 또한 모든 계획을 스스로 잘 세우고 집중력이 뛰어나다. 또한 자기통제력이 강하면 주어진 과제에 대하여 스스로 의미와 동기를 부여하며 자기 자신이 몰두하여 과제를 성공적으로 처리한다. 영유아들은 자기통제력이 미약하여 외부의 유혹을 뿌리치지 못하고 부적응행동을 할 수도 있다. 따라서 외부의 유혹을 뿌리치고 올바른 가치를 선택하여 행동하려는 의지를 길러주어야 한다. 부모나 교사가 유아들에게 올바른 가치나 행동을 일방적으로 주입하는 것이 아니라 유아들이 자기 행동의 방향을 스스로 결정할 수 있도록 부모나 교사가 제공한 정보나 자료를 유아 스스로 선택하도록 돕는 일이 자기통제력 신장의 기초가 된다.

6) 긍정적인 자아존중감 배양

유아가 자신을 다른 사람과 구별짓기 시작하면서 형성되는 인성으로 유아 자신이 스스로를 타인과 비교하여 독특한 개성 있는 개인으로 인식하는 능력인 긍정적 자아개념을 자기정체성, 자기긍지, 자아동일성이라고도 한다. 이러한 인성들은 자기가 자기 자신에게 의미를 부여하고 인식하는 개념으로 유아 스스로 배양하도록 노력해야 한다. 물론, 교사나 부모 또는 동료들로부터 존중받고 인정받으며 자신이 성취한 일에 대하여 정당하게 평가받는 것에서 강화된다. 만일에 교사나 부모로부터 처벌받거나 창피, 멸시, 모욕을 받게 되면 부정적 자아감이 형성된다. 따라서 생활지도를 통하여 모든 유아가 한 인격체로서 존중받는 것에서부터 시작되어야 한다. 이러한 유아는 미래에 대한 뚜렷한 꿈과 가능성이 있는 존재로 가치감과 스스로의 능력에 대한 확신과 믿음을 가지고 훌륭한 사회인으로 성장할 수 있다.

7) 사회적 문제해결력 배양

유아기에는 판단능력이나 자기통제력이 미약하기 때문에 대부분의 바람직한 행동을 형성시키기 위하여 강화의 방법을 사용하여 왔다. 그러나 이러한 방법들은 유아들이 평생 살아가는 과정에서 별로 도움이 되지 못한다. 고기를 잡아주는 것보다 고기를 잡는 방법을 가르쳐 주어야 한다. 우리 인간은 삶의 과정에서 홍수처럼 밀려오는 많은 과제와 문제에 당면하게 되는데, 이런 과제나 문제를 자기 자신의 판단과 지혜를 동원하여 해결하는 과정에서 행복감과 희열을 느끼며 그리고 삶의 가치를 발견하게 된다. 따라서 유아들에게 어려서부터 문제해결력(problem solving)을 길러주어야 한다. 물론 교과학습(5대 영역활동)에서 탐구적인 방법을 통하여 길러질 수도 있으나 생활지도를 통하여 당면하게 되는 갈등이나 문제상황들을 적절하게 해결하는 방법들을 경험함으로써 자연스럽게 사회적 문제해결력을 배양할 수 있다.

8) 전인적 성장·발달 도모

전인적 성장·발달이란 지·덕·체의 균형적인 성장을 말하며 유아교육기관에서는 누리과정 5대 영역(0~2 어린이집에서는 6대 영역) 즉, 신체운동·건강, 의사소통, 사회관계, 예술경험, 자연탐구 등 5대 영역의 균형적인 발달을 의미한다. 이는 지·덕·체나 5대 영역의 발달 중 어느 것 하나도 소홀히 할 수 없음을 의미한다. 오늘날의 교육은 지적 탁월성만을 강조한 느낌이 든다. 수단방법을 가리지 않고 성격이나 인성은 어찌되든 간에 일류대학, 그것도 서울대학만 합격하라고 한다. 이와 같은 지식중시의 풍조 속에서 성장한 청소년들의 사회적 문제는 심대하다. 살인, 마약복용, 폭행, 성폭행 및 성추행 등 다양한 사회적 범죄를 유발하여 이를 처리하기 위한 사회적 비용 또한 만만치 않다. 인간은 지적인 면의 발달만으로 행복해질 수 없다. 신체적, 사회적, 정서적, 모든 면의 조화로운 발달로 통합적이며 전인적인 성장·발달을 도모해야 한다. 특히, 생활지도는 그 중 신체적, 사회적, 정서적 발달을 촉진시킨다.

9) 민주시민의 배양

교육의 궁극적인 목표는 민주시민을 배양하는 데 있다. 민주시민이란 인권존중, 공동체의식, 합리적인 의사결정 참여와 실천과 같은 민주시민의식을 소지한 사람이다. 이러한 민주시

민 의식이 있는 사람은

첫째, 인간의 존엄성에 대한 인식과 실현을 위해 인간 가치가 우선되어야 하며 자기의 삶만큼 타인의 삶도 존중할 줄 알며

둘째, 사회적으로 합의된 약속과 규칙을 준수하며 무질서를 막고 함께 어울려 살면서도 서로에게 피해를 주지 않고

셋째, 개인의 의견과 신념이 존중되어 이들의 차이로 인한 갈등은 대화를 통해 합리적으로 해결하며

넷째, 공동체 활동에 적극 참여하며 결정된 것을 성실히 수행하면서 사회발전에 이바지하는 사람이다. 이러한 민주시민은 사회와 국가에 대하여 봉사함으로써 자신의 행복을 추구하게 된다. 그리고 민주시민은 바로 생활지도를 통하여 실현되는 것이다.

5. 생활지도의 내용

생활지도의 내용이 무엇이어야 하느냐? 할 때 생활지도의 내용은 생활지도의 목표와 무관하지 않다. 즉, 생활지도의 내용은 앞 4절에서 밝힌 생활지도의 목표를 구현하는 데 적절한 내용이 선정되어야 한다. 생활지도의 내용을 선정하는 방법에는 두 가지 방안을 생각할 수 있다. 하나는 누리과정의 5대 영역별 지도내용에서 생활지도 관련내용을 분석하여 생활지도 내용을 선정하는 방법이고, 또 하나는 전 4항에 제시된 생활지도 목표구현에 직결되는 생활지도 내용을 유아생활현장에서 선정하는 방법인데 실제 지도하는 데 있어서는 위에서 제시된 두 가지 방법에 의해 선정한 생활지도 내용을 종합하여 지도해야 한다. 따라서 다음에서

첫째, 누리과정에 편성된 생활지도 내용은 무엇인가?

둘째, 생활지도 목표구현을 위한 현장의 생활지도 내용은 무엇인가?

셋째, 전항의 생활지도 내용을 어떻게 통합하여 지도할 것인가?의 순서로 다음에서 기술하기로 한다.

1) 누리과정 내 생활지도 내용

3~5세 누리과정은 기본생활습관과 창의, 인성교육을 강조하되 이를 별도의 영역으로 구분하지 않고 누리과정의 전 영역에서 지도하도록 하였다. 또한 0~2세 어린이집 표준보육과정에서 기본생활습관지도는 '기본생활'이라는 별도영역에서 주로 다루었다. 그리고 창의, 인성교육

은 누리과정의 탐구생활영역과 사회생활영역에서 주로 강조되었다. 그러나 기본생활습관은 사회생활영역에서만 국한되는 것이 아니고, 창의교육 또한 탐구생활영역에서만 국한되는 것이 아니다. 예컨대, 질병예방과 관련된 기본생활은 건강한 생활뿐 아니라 생명과도 직결될 수 있기 때문에 유치원과 어린이집의 모든 교육, 보육활동을 통해 강조되어야 한다(3~5세 연령별 누리과정 해설서, 2013). 이상에서 밝힌 바와 같이 생활지도는 5대 영역의 전 교육활동에서 지도되어야 한다고 밝히고 있으나 그 중 생활지도와 직접적으로 관련되는 영역은 사회관계영역, 신체운동 · 건강영역, 의사소통영역의 일부에 포함되어 있다. 이에 대하여 다음에서 간단히 기술하기로 한다.

(1) 사회관계영역 내 생활지도 내용

사회관계영역은 유아가 자신을 알고 소중하게 여기며 가족, 또래와 함께 원만하게 지내는 방법뿐 아니라 공동체에서 함께 살아가는 방법을 익히고 사회에 관심을 가지며 적응해 나갈 수 있는 기초능력과 인성을 기르기 위한 영역이다. 또한 사회관계 영역은 '나를 알고 존중하기', '나와 다른 사람의 감정을 알고 조절하기', '가족을 소중히 여기기', '다른 사람과 더불어 생활하기', '사회에 관심 갖기' 등 5대 범주이다. 사회관계영역 내 생활지도 내용은 〈표 I-3〉을 참조하기 바란다.

(2) 신체운동 · 건강영역 내 생활지도 내용

신체운동 · 건강영역은 유아가 자신의 신체를 긍정적으로 인식하고 신체활동에 즐겁게 참여함으로써 유아기에 필요한 기본운동능력과 기초체력을 기르고 건강하고 안전한 생활을 실천하는 능력과 태도를 기르기 위한 영역으로 위 밑줄 친 부분이 생활지도에 관련된 내용이다.

신체운동 · 건강영역은 '신체인식하기', '신체조절과 기본운동하기', '신체활동에 참여하기', '건강하게 생활하기', '안전하게 생활하기'의 5대 범주로 구성되어 있는데, 그 중 '건강하게 생활하기'와 '안전하게 생활하기' 범주가 생활지도 내용이다. '건강하게 생활하기'와 '안전하게 생활하기' 범주 내의 생활지도 내용은 〈표 I-3〉을 참조하기 바란다.

(3) 의사소통하기 영역 내의 생활지도 내용

의사소통영역은 언어의 기본 형태인 구어와 문어를 활용하여 나와 다른 사람의 느낌이나 생각, 경험을 상황과 상대방에게 알맞게 소통할 수 있는 능력을 기르기 위한 영역이다. 또한 말과 글의 관계를 알고 읽기와 쓰기에 흥미를 가져 언어사용을 즐기도록 하는 영역이다. 또한 의사소통영역에는 '듣기', '말하기', '읽기', '쓰기'의 4가지 내용범주가 있는데, 그 중 '듣기'와 '말하기' 범주 내에 생활지도 내용이 포함되어 있으며 사회관계영역, 신체운동 · 건강영역, 의사소통영역 내 생활지도 내용을 총괄하여 제시하면 〈표 I-3〉와 같다.

〈표 I-3〉 누리과정내 생활지도 내용

영역별	내용범주별	내용
사회관계영역	나를 알고 존중하기	나를 알고 소중히 여기기
		나의 일 스스로 하기
	나와 다른 사람의 감정알고 표현하기	나와 다른 사람의 감정알고 표현하기
		나의 감정 조절하기
	나를 소중히 여기기	가족과 화목하게 지내기
		가족과 협력하기
	다른 사람과 더불어 생활하기	친구와 사이좋게 지내기
		공동체에서 화목하게 지내기
		사회적 가치를 알고 지내기
	사회에 관심갖기	지역사회에 관심갖고 이해하기
		우리나라에 관심갖고 이해하기
		세계와 여러 문화에 관심가지기
신체운동 · 건강영역	건강하게 생활하기	몸과 주변을 깨끗이 하기
		바른 식생활하기
		건강한 일상생활하기
		질병예방하기
	안전하게 생활하기	안전하게 놀이하기
		교통안전규칙 지키기
		비상시 적절하게 대처하기
의사소통영역	듣기	바른태도로 듣기
	말하기	상황에 맞게 바른태도로 말하기

2) 생활지도 목표구현을 위한 현장생활지도 내용

유아교육기관에서 유아생활지도를 합리적으로 수행하기 위해서는 먼저 유아들에게 일상생활을 영위하는 데 꼭 필요한 바람직한 행동을 선정해 놓고 해당 행동에 대하여 유아교육기관, 지역사회의 특성, 유아의 특성 및 실태, 학부모들의 요구 등을 조사 분석하여 잘 지켜지는 행동 유형은 무엇인지 그리고 잘 지켜지지 않는 행동 유형과 그 이유를 분석하여 유아생활지도 내용을 선정한 후 선정된 내용을 중심으로 생활지도 계획을 세워 지도해야 한다. 그 절차는

① 실태조사
② 실태조사 결과 분석
③ 생활지도 내용 선정, 문제행동 지도방안 모색
④ 생활지도계획 수립
⑤ 유아생활지도방법 모색 등 5개의 과정을 밟는데 생활지도 내용은 위 ③ 생활지도 내용 선정 과정에서 선정된다. 일반적으로 유아교육기관에서 지도해야할 생활지도영역별 지도내용은 다음과 같다.

(1) 생활지도영역

생활지도영역은 다음과 같다.
① 기본생활습관지도
② 인성교육
③ 안전생활지도
④ 식사생활지도
⑤ 배변지도
⑥ 교우관계지도
⑦ 사회생활지도
⑧ 신체장애아 지도
⑨ 지능 및 발달지체아 지도

(2) 영역별 생활지도 내용

위에 제시된 9개 영역별로 유아교육기관에서 일반적으로 지도해야 되는 생활지도 내용을 제시하면 다음 표와 같다.

〈표 Ⅰ-4〉 **영역별 생활지도 내용**

영역	내용	생활지도 내용
1. 기본생활 습관지도	(1) 예절	① 인사 잘하기 ② 부모님 잘 섬기기 ③ 어른 공경하기 ④ 바르고 고운말 쓰기
	(2) 질서	① 규칙 잘 지키기 ② 교통질서 지키기 ③ 공중도덕 잘 지키기

영역	내용	생활지도 내용
1. 기본생활 습관지도	(3) 청결	① 단정한 옷차림 하기 ② 깨끗한 생활하기 • 손씻기 • 양치질하기 • 머리빗기 ③ 소지품을 잘 정돈하기 ④ 자연환경보호하기
	(4) 절제	① 바른 몸가짐 갖추기 ② 부지런하고 검소하게 일하기 ③ 물건을 아껴쓰기 ④ 서둘지 않고 참고 기다리기 ⑤ 거짓말 없는 생활하기
	(5) 화합	① 서로 사이좋게 힘을 합하기 ② 남을 도와주기 ③ 내가 맡은 일 다하기 ④ 고장과 나라를 사랑하기
2. 안전 생활지도	(1) 안전하게 놀이하기	① 놀이기구나 놀잇감, 도구의 바른 사용법 알고 안전하게 사용하기 ② 안전한 장소를 알고 안전하게 놀이하기 ③ TV, 인터넷, 통신기기의 위해성을 알고 바르게 사용하기
	(2) 교통안전 규칙 지키기	① 교통안전규칙을 알고 지키기 ② 교통수단을 안전하게 이용하기
	(3) 비상시 적절히 대처하기	① 학대, 성폭력, 실종, 유괴상황 시 도움을 요청하는 방법을 알고 행동하기 ② 재난 및 사고 등 비상시 적절하게 대처하는 방법을 알고 행동하기
3. 식사 생활지도	(1) 적당량의 음식을 골고루 먹기	① 편식 않고 음식 골고루 먹기 ② 거부하는 식품은 조리방법에 변화주기 ③ 음식의 양을 스스로 조절하기 ④ 점심, 급식시간에 유아의 연령, 개인차를 고려한 급식량 배식하기
	(2) 몸에 좋은 음식을 선택하여 먹기	① 몸에 좋은 식품에 관심을 갖고 섭취하기 ② 음식에 포함된 기복적인 영양분에 관심갖기 ③ 신체건강유지를 위해 필요한 음식을 알고 먹기 ④ 몸에 좋은 음식을 선택하여 먹기
	(3) 음식을 소중히 여기고 식사예절 지키기	① 수저를 바르게 사용하기 ② 식사 도중에 돌아다니지 않기 ③ 음식을 꼭꼭 씹고 입에 넣은 상태로 말하지 않기 ④ 입술을 붙이고 소리 나지 않게 씹기 ⑤ 음식을 남기지 않기

영역	내용	생활지도 내용
4. 배변지도		① 스스로 화장실에서 배변하기 ② 바른 배변습관 가지기 ③ 규칙적인 배변습관 가지기
5. 교우 관계지도		① 친구와 함께 놀이하기(3세) ② 친구와 협동하며 놀이하기(4, 5세) ③ 다른 친구의 의견을 존중하기 ④ 친구와의 갈등을 긍정적인 방법으로 해결하기
6. 사회 생활지도	(1) 타인의 의견 존중하기	① 집단 내에서 다른 유아가 이야기하거나 의견을 제안할 때 끝까지 들어주기 ② 놀이활동 시 놀이기구를 순서대로 쓰고 다른 유아의 놀이를 방해하지 않기 ③ 다른 유아와의 약속을 꼭 지키기
	(2) 서로 협력하기	① 집단의 공동 목표 달성을 위해 노력하기 ② 공동으로 하는 일에 최선을 다하기(동극, 합창, 합주, 공 던지기 등)
	(3) 공공규칙을 지키기	① 차례 지키기, 자기순서 기다리기(놀이할 때) ② 질서 지키기(게임할 때) ③ 자기가 할 일을 선택, 결정하고 수행하기(가정) ④ 허락받고 외출하고 시간 지키기(가정)
	(4) 물건을 소중하게 다루기	① 자기 물건을 소중하게 다루고 잘 간수하며 정해진 장소에 보관하기 ② 공동으로 사용하는 물건을 아껴쓰기 ③ 남의 물건을 빌릴 때 양해 받기 ④ 물건을 사용 후 돌려줄 때 감사하기
	(5) 사회현상과 환경에 관심가지기	① 자기 주변지역에 관심가지기(동네이름, 주위의 기관, 교통수단 등) ② 주변사람의 하는 일 알아보기 ③ 기본경제 개념알기(생산, 소비, 분배 등) ④ 필요한 물건을 구매하고 절약하기 ⑤ 환경보전하기(안버리기, 꺾지 않기 등)
7. 신체 장애아 지도	(1) 신체장애아의 지도	① 정확한 지도 : 재활의학, 언어치료, 특수교육학, 심리학 등 ② 발달수준 파악 : 최적한 지도방법 모색 ③ 적절한 교육환경제공 ④ 학습동기와 의욕고취 ⑤ 교육기관에 의뢰치료
	(2) 시각장애아의 지도	① 정확한 진단 ② 통합교육 ③ 독립심, 자립심 배양교육 ④ 자료교실과 순회교사제도 운영 ⑤ 정상아와 같은 대우

영역	내용	생활지도 내용
7. 신체 장애아 지도	(3) 청각장애아의 지도	① 정확한 진단 ② 교실의 물리적 특성 고려 ㄱ. 좌석 ㄴ. 시각과 청각적 방해물 최소화 ㄷ. 특화기회제공 ㄹ. 시각적 교재활용
8. 지능 및 발달지체아 지도	(1) 영재아 지도	① 폭넓고 깊은 학습을 할 수 있도록 교육과정 편성, 운영 ② 역량 있는 교사의 지도 ③ 비판적 사고력 신장교육 ④ 독자적으로 학습하는 방법 체득 ⑤ 높은 성취수준제고 ⑥ 전인교육 지향
	(2) 정신지체아 지도	① 정확한 진단으로 정신지체아 선별지도 ② 따뜻하고 온정적인 교육적 배려 ③ 지체수준에 따른 개별학습 ④ 전문의와 연대 지도
	(3) 자폐증아 지도	① 의학, 교육, 심리, 사회, 가정, 언어, 치료 등 관계 전문가와 연대치료 ② 정확한 진단, 조기발견, 조기치료 ③ 정상아와의 통합교육 ④ 적극적인 방법 적용 ⑤ 부모의 적극적인 지지
	(4) 언어장애아 지도	① 언어적 모델 ㄱ. 분명하고 명백한 언어 사용하기 ㄴ. 표준어 사용하기 ㄷ. 완전한 문장 사용하기 ㄹ. 문법적으로 완전한 문장 사용하기 ㅁ. 자연스럽고 정확하고 완전한 문장 사용하기 ㅂ. 문법적으로 완전한 문장 사용하기 ② 언어적 교육자료 제공 ㄱ. 언어활동자료제공 ㄴ. 언어경험 확충 ㄷ. 언어활동자료집 작성활용 ㄹ. 자료제공자 : 생활주변의 모든 사물이나 물건 ③ 상호작용자 ㄱ. 적절한 자극 ㄴ. 적절한 반응 ㄷ. 상호작용기회 확대

3) 생활지도 내용별 지도방법

전항 2)에서 밝힌 바와 같이 생활지도 내용은 누리과정의 사회관계영역과 신체운동 · 건강 영역, 의사소통영역의 일부에서 선정할 수 있고 그리고 생활지도 목표에 근거하여 유아교육기관의 현장 실태를 분석하여 생활지도 내용을 선정할 수 있다. 따라서 유아교육기관에서 필수적으로 지도해야 하는 생활지도 내용을 선정하기 위해서는 누리과정 내의 생활지도 내용과 유아교육현장 실태를 분석하여 선정된 생활지도 내용을 다시 분석하여 공통된 생활지도 내용으로 정리해 볼 수 있다. 그러나 실제 지도에서는 나누어 지도한다. 다시 말하면, 누리과정에서 분석된 생활지도 내용은 누리과정 지도 연간, 월간, 주간, 일간 지도계획에 의거 지도하고 유아교육현장 실태를 분석하여 나온 생활지도 내용(앞 (2)항에서 밝힌 9개 영역별 생활지도 내용)은 별도의 생활지도 계획에 의거 지도하고 있다. 생활지도는 한 번의 지도로서 바른 행동을 정착시키기가 어렵다. 따라서 반복적이고, 계속적이고 다각도로 지도해야 한다. 초 · 중 · 고등학교에서의 생활지도도, 교과를 통한 생활지도, 교과 외 생활지도, 특설된 시간을 통한 생활지도, 일상생활을 통한 생활지도 등 다각적으로 지도되고 있다.

6. 생활지도의 기본원리

생활지도의 효율성을 높이기 위해 고려하여야 할 생활지도의 기본원리는 다음과 같다.

① 보편성의 원리 : 생활지도는 문제아나 행동부적응아뿐만 아니라 전 유아를 대상으로 해야 한다.

② 예방 · 지도의 원리 : 생활지도는 처벌이나 치료보다 예방과 지도에 더 관심을 갖는다.

③ 존엄성의 원리 : 생활지도는 인본주의 사상에 기초하여 유아의 인격존중, 참다운 인간관계, 라포(rapport)조성을 전제로 해서 이루어져야 한다.

④ 과학성의 원리 : 생활지도는 과학적이고 객관적인 근거에 기초를 두고 이루어져야 한다.

⑤ 자율성의 원리 : 생활지도는 유아의 자율적, 자발적인 행동을 돕는 데 있다.

⑥ 계속성의 원리 : 생활지도는 연속적이고 장기적으로 운영되어야 한다.

⑦ 통합성의 원리 : 생활지도는 모든 영역이 통합적이며, 궁극적인 목적은 자아실현과 민주시민을 육성하는 데 두어야 한다.

제2장

아동생활지도의 이론적 배경

모든 교육이나 생활지도를 운영하는 데 있어서는 그것을 뒷받침해주고 지지해주는 이론적 배경에 대한 탐색이 선행되어야 한다. 일반적으로 이에 대한 관심으로 철학적 기초 · 심리적 기초 · 사회적 기초를 떠올리게 되는데, 그 중 바람직한 생활지도를 운영하기 위해서는 학습과 발달에 관한 심리적 기초에 대한 탐색은 필수적이다. 따라서 심리적 기초에서 주요 이론으로 행동주의이론, 정신분석이론, 구성주의이론, 인본주의이론 등에 걸쳐 기본적 입장과 생활지도에 주는 시사점에 대하여 탐색하기로 한다.

1. 행동주의이론

1) 이론의 배경

행동주의이론은 사회화 과정에서 큰 주류를 이루고 있으며 여기에는 손다이크(Thorndike)를 효시로 하는 학습이론이 그 뿌리이며 이 행동주의이론을 '자극 – 반응이론(S-R theory)'이라고 부르기도 한다. 또한 이 분야의 대표적인 학자로는 학습에서 외적 강화를 중시한 헐(Hull), 사회적 학습이론을 주장한 반두라(Bandura), 강화이론을 주장한 스키너(Skinner) 등이 있다.

2) 이론의 핵심

발달과정에 대한 행동주의이론 연구는 크게 세 주류로 분류된다(행동과학연구소, 1984).

첫째, 헐(Hull)을 효시로 하는 입장이다. 이는 발달을 자극과 반응의 관계에서 분석하려는 입장으로 외적 강화를 중요시한다. 어머니가 유아의 행동을 강화하는 과정에서 유아 자신이 받은 보상의 이유를 유아가 인지하게 되면 강화의 효과가 보다 높아진다는 것을 알 수 있다.

둘째, 반두라(Bandura)를 중심으로 한 사회적 학습이론이다. 이 입장에서도 외적 강화의 중요성을 인정하되 모델링, 모방, 간접강화 등 주로 관찰에 의한 학습을 더 강조한다. 전통적인 학습이론가들은 유아의 행동 습득이나 유지 또는 수정에 강화를 필수적인 조건으로 여긴다. 그러나 사회적 학습이론가들은 강화보다는 관찰학습에 의한 모방을 더 중요시한다. 즉, 새로운 행동의 학습에는 관찰학습을 통한 모방이나 모델링이 더 중요하다고 본 것이다.

셋째, 스키너(Skinner)의 입장이다. 이 입장은 사회화 과정에서의 다양한 행동은 전적으로 강화에 의해서 형성된다는 것이다.

위의 입장들은 그 관점이 각각 다르게 나타나지만, 공통점은 세 입장이 모두 환경론적인 접근방법으로, 인간에게 적절한 자극을 주고 적절한 강화를 통하여 인간행동을 변화시킬 수 있다고 보고 있다.

다음에서 행동주의이론에 대하여 좀 자세히 살펴보기로 한다.

(1) 학습모형

행동주의에 의한 대표적인 학습모형으로 모방학습과 관찰학습에 대해 설명하기로 한다.

① 모방학습

행동주의이론에서 밀러(Miller) 등이 주장하는 모방학습은 모방의 역할을 강조한다.

모방에는 동일학습(same behavior), 모사(copying), 일치의존행동(matched dependent behavior)의 3종류가 있고, 그 중에서 일치의존행동과 모사가 특히 중요하다고 하였다. 일치의존행동은 어떤 행동을 언제, 어디서 행동해야 되는지를 모르는 추종자가 적절한 환경상의 단서를 터득해 리더나 모델에 의존하여 일치되는 행동을 취함으로써 리더나 모델로부터 보상을 받고 모방하는 반응을 보이는 경우를 말한다. 모사는 모방자가 모델의 행동과 자신의 행동 차이를 파악하고 서서히 모델의 행동에 접근해 가는 경우를 말한다. 이러한 모방행동을 지지하는 것은 모방자가 가진 동인(drive), 단서(cue), 반응(response), 보상(reward) 등 직접적 강화에 의한다고 하였다. 또한 유아는 자기보다 연상이거나 지식이 풍부하고 기능과 기술이 뛰어난 리더인 경우에 이에 의존하려는 행동을 보인다.

② 관찰학습

반두라(Bandura)는 밀러 등이 말하는 모방학습과는 다른 현상이 있음을 지적하여, 그는 모델이 어떤 상황에서 어떤 행동을 하고 그 결과 상을 받거나 벌을 받거나 하는 것을 관찰하는 것만으로도 학습이 성립되기 때문에 관찰학습(observational learning)이라고 불렀다. 그리고 명백한 시행을 수반하지 않고 성립되는 학습이기 때문에 비시행적 학습(non trial learning)이라고 했고, 사회적 학습의 전형적인 모델로 간주하였다. 또 그 과정에서 학습자 자신은 직접적인 상이나 벌(강화)을 받지 않고 모델이 자기를 대신하여 강화를 받으므로 대리적 강화(vicarious reinforcement)라고 하였다. 관찰학습이 모방학습과 다른 점은 관찰자에게 직접적인 강화를 필요로 하지 않는다는 점이다.

(2) 교육의 가정

행동주의이론에서 인간의 행동은 유전적 · 내적 요인의 영향보다는 후천적인 외적 환경의 영향을 더 중시한다. 따라서 행동주의자들은 인간이 태어날 때는 선하지도 악하지도 않은 백지상태(Tabula rasa)이었으나 후천적인 환경의 영향에 의해 선하거나 악한 존재로 변하게 된다는 것이다. 이와 같은 기본적인 철학 속에서 행동주의이론에서의 교육은 다음과 같은 기본 가정에 의하여 이루어진다.

첫째, 인간행동은 학습의 결과이다. 학습을 통해 인간의 행동을 바람직하게 변화시킬 수도 있고, 바람직하지 않은 방향으로도 변화시킬 수도 있다는 가정이다. 만일 자녀의 어떤 행동을 변화시킬 필요가 있다면 학습방법에 대해 고려하는 것이 최선의 해결책이라는 것이다.

둘째, 인간행동은 개인과 환경과의 상호작용의 결과이다. 인간의 행동이 환경(사회상황)에 의해 영향을 받아 바람직하게 또는 바람직하지 않게 변화된다는 의미이다. 따라서 인간행동은 환경의 영향을 많이 받기 때문에 행동을 변화시키기 위해서는 우선 환경을 변화시켜야 한다는 가정이다.

(3) 부모-자녀관계에 대한 견해

행동주의이론에서 인간행동은 학습된 결과로 본다. 왓슨이 자녀란 그들 부모가 원하는 대로 만들어지는 한 덩어리의 '찰흙'이라고 말할 만큼 자녀를 양육에 의해 훈련되고 만들어지는 존재로 보았기 때문에 부모들은 원하는 대로 자녀를 성장시킬 수 있다고 보았다(김현주 외, 2003). 특히 부모-자녀관계에서 강조되는 성인의 역할과 책임은 다음과 같다.

① 좋은 모델자

부모역할의 모델로서 어머니가 바람직한 모델을 제시해 주면 자녀는 어머니를 모방함으로써 자녀의 행동은 바람직한 방향으로 형성된다는 것이다.

② 환경 조성자

대부분의 자녀 행동은 개인과 환경의 상호작용에 따른 결과로써 건전한 부모-자녀관계를 유지하기 위해 부모는 자녀에게 유익한 환경을 제공하여 좋은 환경적 자극을 받도록 한다.

③ 자극-반응의 교류

부모 – 자녀의 관계는 자극 – 반응을 교류해 가면서 자녀의 행동을 조절해 간다. 부모는 사회적으로 적절한 행동을 할 때에는 강화해 주고 부적절한 행동을 할 때에는 벌을 주거나 무관심을 보이는 등 자극과 반응을 지속적으로 교류하여 자녀의 행동을 조절한다.

④ 지속적인 관찰 · 진단 · 평가

자녀의 행동을 바람직한 방향으로 형성하기 위해서는 자녀의 행동에 대하여 지속적인 관찰 · 진단 · 평가를 실시하여 행동을 강화하거나 수정해야 한다. 따라서 부모는 자녀의 행동을 지도 · 관리하고 발달시키는 반면, 자신의 행동을 조절할 수 있는 기술을 습득하고 자녀의 문제행동에 대한 관찰 · 진단 · 평가의 기술을 체득해야 한다.

⑤ 일관성 있는 태도

부모가 습득한 양육기술은 자녀에게 일관성 있는 태도를 유지하도록 해야 한다. 일관성 있는 양육태도는 자녀의 문제행동을 변화시키도록 작용한다.

(4) 교육의 원리

행동주의이론에서는 인간의 행동을 환경과 경험에 의해 형성되는 것으로 보며, 행동주의이론의 원리는 고전적 조건형성이론(classical conditioning theory), 조작적 조건형성이론(operant conditioning theory), 모방학습이론(modeling theory)에 근거하여 설정된 것이다.

① 고전적 조건형성이론(Pavlov) : 자극과 반응을 짝지어 반복적으로 제공함으로써 바람직한 행동은 조건형성을 통해 지속적으로 행동화시키고, 바람직하지 못한 행동은 소거시키는 이론으로 파블로프(Pavlov)에 의해 제기되었다.

② 조작적 조건형성이론(Skinner) : 인위적으로 자극과 반응을 조절하여 아동의 행동을 변화시킬 수 있다는 이론이다. 아동이 어떤 행동을 했을 때 보상이나 격려를 통해 바람직한 행동은 강화시키고, 바람직하지 않는 행동은 불쾌한 경험이나 회피행동을 통해 소거시킨다.

③ 사회학습이론(Bandura) : 아동은 부모의 행동을 모방하여 학습한다. 아동의 행동은 부모의 행동을 비추는 거울이므로 부모가 모범을 보이는 것이 자녀에게 바른 행동을 습득시켜 주는 데에 중요하다.

이상의 세 가지 학습이론에 의하여 아동양육의 기술이 정립되는데 여기에는 5가지 원리가 있다.

① 새로운 행동을 강화시키기 위한 원리

ㄱ. 정적강화(positive reinforcement)

바람직한 행동이 나타난 경우, 그런 행동이 더 자주 강하게 나타나도록 강화물을 제공하는 과정이다. 정적강화의 효과를 높이기 위해서는 바람직한 행동이 나타나자마자 즉시 강화물이 주어져야 한다.

예 : • "네 방을 잘 치우면 만화영화를 더 많이 볼 수 있도록 해 줄게."
• "학습지를 다 맞으면 로봇 장난감을 사 줄게."

ㄴ. 부적강화(negative reinforcement)

바람직하지 못한 행동이 나타나는 경우, 그러한 행동을 제거하고 바람직한 행동의 발생률을 높이기 위하여 아동이 싫어하는 처벌이나 불쾌한 반응 등 후속 자극을 주는 강화방법이다.

예 : • "네가 방을 깨끗이 치우면 책상 정리는 안 해도 좋아."
• "네가 컴퓨터 게임을 하지 않으면 TV를 보게 해 줄게."

ㄷ. 행동조성(shaping)

행동조성은 어떤 목표 행동을 설정해 놓고 계획적인 강화 기법을 미리 계획하여 두었다가 오랜만에 특정 행동이 나타났을 때 강화 기법을 적용하여 그 목표행동을 습득하게 하는 방법이다.

예 : 수돌이는 자기 방 청소를 하는 경우가 거의 없다. 이런 경우 어머니는 수돌이를 오랫동안 관찰하다가 청소하는 모습을 우연히 발견하게 되자 즉시 "수돌아, 네 방 청소를 하니까 내가 대단히 기쁘구나. 앞으로도 네 방 청소를 하면 로봇 장난감을 사 줄게."

ㄹ. 행동계약(behavior contract)

행동계약은 프리맥 원리(premack principle)라고도 하는데, 빈도가 높은 행동이 빈도가 낮은 행동을 강화하는 방법이다. 아동은 자신에게 흥미 있는 일은 열심히 몰두하고 오래 지속되며 흥미가 없는 일은 쉽게 싫증을 내고 하지 않으려 한다.

예 : 재미있는 놀이는 빈도가 높은 행동에 해당되며 싫어하는 공부를 하는 것은 빈도가 낮은 행동에 해당된다. 이 경우 재미있는 놀이가 공부하는 행동에 대한 강화 자극의 역할을 한다. "얘, 철수야. 엄마하고 약속하자. 10분간 공부한 후에 30분 놀기로 말이야."와 같이 계약을 맺고 약속대로 이를 지켜 주어 공부하는 행동을 향상시킬 수 있다.

② 새로운 행동을 발달시키기 위한 원리

- 점진적 접근의 원리 : 새로운 행동을 습득하도록 지도하기 위해서는 짧은 시간 내에 완전한 행동에 이르게 하기보다는 하위 단계를 계속적으로 강화해 가면서 점진적으로 완전한 행동에 이르게 한다.
- 모방의 원리 : 바람직한 행동을 하는 영향력 있는 모델을 선정해 주고 해당 모델을 관찰, 모방할 기회를 제공하여 새로운 행동에 이르게 한다.
- 신호제시의 원리 : 바람직한 행동을 습득하게 하려면 잘못된 행동이 나타난 후에 지도하기보다 그 행동을 하기 바로 직전에 바람직한 행동을 하도록 신호를 주어 지도하는 것이다.
- 변별의 원리 : 특정 상황에서 아동이 바람직한 행동을 하도록 지도하려면 상황을 구별하는 신호를 발견하도록 지도하고 아동의 행동이 그 신호에 부합할 때만 강화를 해준다.

③ 새로운 행동을 유지시키기 위한 원리

- 대체의 원리 : 이미 없어진 강화물로 아동을 강화시키기 위해서는 좀 더 효과적인 강화물을 주기 바로 전이나 가능한 더 효과적인 강화물의 제시와 가깝게 효과가 없어진 강화물을 준다.
- 간헐적 강화의 원리 : 아동이 강화를 거의 받지 않고도 형성된 행동을 계속하도록 격려하기 위해서는 형성된 행동이 강화를 받는 빈도를 간헐적으로 감소시켜 강화한다.

④ 부적절한 행동을 중지시키기 위한 원리

- 포화의 원리 : 자녀의 바람직하지 않은 행동을 중단시키려면 그 행동에 싫증이 날 때까지 계속하도록 허용하거나 강요해야 한다.
- 소거의 원리 : 바람직하지 않은 행동을 중단시키려면 그 행동을 한 후에는 어떤 강화도 받지 못하도록 상황을 조정해야 한다.
- 대체행동의 강화 원리 : 자녀의 바람직하지 못한 행동을 중단하도록 하기 위해서는 고치고자 하는 행동과 모순되거나 그 바람직하지 못한 행동과 동시에 수행될 수 없는 대체적인 행동을 강화해야 한다.
- 부적강화의 원리 : 바람직하지 않는 행동을 그만두도록 하기 위해서는 그 행동이 형성되었을 때 즉각 혐오스러운 상황이 끝나도록 상황을 조정해야 한다.

⑤ 정서적 반응을 수정하기 위한 원리

- 회피의 원리 : 자녀가 특정한 상황을 피하도록 가르치기 위해서는 자녀에게 피해야 할

상황과 불쾌한 상황을 동시에 제시한다.

- 공포감소의 원리 : 자녀에게 어떤 특수한 상황에 대한 공포를 극복하도록 도와주기 위해서는 공포를 느끼는 상황에서 자녀가 지내는 시간을 점차 증가시켜 공포를 극복하게 하는 원리이다.

(5) 교육의 방향

행동주의이론에서는 교사나 부모가 유아에게 바람직한 행동을 정착시키기 위해서 아동의 문제행동을 진단하고 평가한 후 그에 적절한 강화나 수정 등 행동수정기법을 적용해야 한다. 따라서 교사나 부모는 아동에게 가장 중요한 영향을 주는 존재로 인식하고, 아동의 문제행동을 변화시킬 책임이 자신에게 있다는 것을 인지한다. 교사나 부모가 교육을 통해 좋은 행동수정기술을 습득함으로써 아동의 바람직한 행동 습득을 위해 교사나 부모 자신의 잘못된 양육태도를 변화시키고 아동의 행동을 관찰 · 진단 · 평가하여 행동수정기술을 사용한다면 자녀의 행동은 바람직하게 정착될 것이다. 교육의 일반적인 방안은 다음과 같다.

첫째, 아동의 행동을 관찰 · 진단 · 평가하는 방법을 이해시킨다.

둘째, 아동에게 바람직한 행동을 습득시키기 위한 행동수정 원리와 적용방법을 이해시킨다.

셋째, 아동의 문제행동에 강화나 수정 등 행동수정 원리를 적용하여 바람직한 행동습득에 대한 기술을 체득시킨다.

3) 종합의견

(1) 이론의 개요

행동주의이론에서는 인간의 행동은 적절한 자극 또는 강화를 통해서 변화시킬 수 있고 또한 인간의 행동은 다른 사람들의 행동을 관찰하고 이를 모방함으로써 새로운 행동을 학습할 수 있다고 본다. 즉, 인간의 학습은 직접적인 행동이나 경험뿐만 아니라 관찰이나 모방을 통한 간접적인 경험 속에서 일어나는 인지과정을 통해서도 학습이 이루어진다고 강조하고 있다.

또한 직접적인 경험과 함께 기대요인도 학습에 매우 중요한 요인이 된다. 사회적 상황에서 아동은 다른 사람의 행동을 단순히 모방하고 관찰하는 것만으로도 그러한 행동을 학습할 수 있다고 본다.

또한 행동주의자들은 백지설을 주장하면서 환경에 의한 교육, 그리고 교사나 학부모와 아동들 간의 관계를 중시하면서 주요원리로서 조건형성이론, 조작적 조건형성이론, 모방학습이론을 제시하고 있다. 그리고 이상의 3가지 학습이론에 근거하여 5가지 행동수정기술을 제시하고 있다.

(2) 비판

이상의 주장에도 불구하고 행동수정이론은 다음과 같은 문제점이 있다.

① 발달적 관점이 부족하다는 점이다. 모델의 관찰에서 언어화 또는 대리적 강화효과가 모든 발달단계에서 동일하다고 보아도 좋을 것인가 하는 점이다. 즉, 연령단계가 다름으로써 그 영향이 각각 다른 것은 아닌가 하는 점에서 의문을 가질 수 있다.

② 연구가 더욱 거듭되면 해결될 수도 있는 문제도 있지만 모델과 관찰자 간의 사이에 관한 문제이다. 사회적 학습에서 가장 효과적인 모델과 관찰자 간에는 어떠한 형태이어야 하는가가 명확하지 않은 점이다.

③ 유전적 영향에 의한 개인차가 발달에 기여하는 점을 무시하고 또한 다양한 사회 또는 자연환경과 개인이 상호작용하는 복잡한 발달과정을 다만, 실험실 연구로만 설명하려 했다는 점이다.

(3) 효과

이상의 비판에도 불구하고 행동수정기법은 아동의 행동을 효과적으로 관리하는 데 생활지도에 주는 시사점이 지대하다.

행동수정기법을 적용하여 자녀의 행동을 효율적으로 관리할 수 있다는 연구결과들을 소개한다.

① Allen & Harris(1966) : 자해하는 5세 여아의 어머니에게 토큰경제체제(token economy system)를 사용하도록 훈련하여 자해행동을 줄일 수 있었다.

② Willams(1959) : 21개월 된 유아가 잠자리에서 투정 부리는 행동을 부모가 관심을 보여 강화하던 것을 관심을 보이지 않음으로써 즉, 강화하지 않음으로써 중단시켰다.

③ Risley & Wolf(1966) : 자폐아에게 적응행동을 가르치기 위해 행동 조성과 강화 처치를 사용한 결과가 성공적으로 이루어진 후 같은 기술을 적용하도록 교육된 어머니가 있는 가정에서 수행된 중재과정을 통하여 퍼즐 조합과 그림 이름 붙이기 그리고 일반적으로 더 적응적인 행동이 의미 있게 향상되었다.

④ Hawkins, Peterson, Schweid, & Bijou(1966) : 부모에게 행동관리기술의 적용과정을 제공하는 것은 상호작용을 향상시키며, 아동의 바람직한 행동을 증가시키는 것과 관련된다.

⑤ Kroth, Whelan, & Stables(1970) : 가정에서 부모가 행동변화기술을 사용하여 지도한 결과 학교에서 학구적이고 바람직한 행동의 성장을 가속화시킬 수 있었다고 보고하고 있다.

2. 정신분석이론

1) 이론의 배경

성격발달에서 무의식적 기제를 강조하는 이론이다.

유아의 사회 · 정서 · 심리발달과정에서 무의식의 기제를 강조하는 정신분석이론은 프로이드(Freud)의 심리 · 성적 이론(Psycho-sexual theory)과 에릭슨(Erikson)의 심리 · 사회적 이론(Psycho-social theory)이 두 축을 이룬다.

2) 이론의 핵심

정신분석이론을 이해하기 위해서는 프로이드 심리 · 성적 이론과 에릭슨의 심리 · 사회적 이론에 대한 이해가 있어야 한다. 본 단락에서는 유아의 사회화 과정으로 프로이드의 심리 · 성적 이론과 에릭슨의 심리 · 사회적 이론의 발달단계를 중심으로 살펴보고자 한다.

(1) 프로이드의 심리 · 성적 이론

프로이드의 심리 · 성적 이론에서는 성격발달의 기본가설로 정신적 결정론(Psychic determinism), 무의식적 동기(Unconscious Motivation), 성적 충동(Libido) 등 3가지를 제시하였다.

정신적 결정론이란 모든 행동에는 원인이 있어 현재의 사고나 행동은 그 이전의 행동이나 사고에 의해 결정되고 또한 개인의 생각이나 행동은 무의식에 의해 동기유발된다고 하였다. 그리고 개인의 본능적인 성적 충동, 즉 리비도가 성격발달의 기본이 된다고 하였다.

프로이드이론의 주요개념은 성격구조와 성격발달단계로서 다음에서 이에 대하여 약술하기로 한다.

① 성격구조

프로이드는 인간의 성격이 원초아(id), 자아(ega), 초자아(spuer ego)의 세 가지 구조로 구성되어 있다고 주장하였다(이숙재 외, 2002).

ㄱ. 원초아

출생할 때부터 가지고 태어나는 성격의 가장 원초적인 부분으로 식욕, 성욕, 공격욕과 같은 본능적 충동을 주관하며 쾌락의 원리(Pleasure Principle)에 따른다. 따라서 원초아는 현실적으로 가능한 것과 불가능한 것을 판단하지 못하고 쾌락적 욕망만을 추구하며 고통스러운 것을 회피한다. 이와 같이 비현실적인 본능적 방법으로 욕구를 충족시키려고 시도하기 때문에 일차적 과정(Primary process)이라 한다.

ㄴ. 자아

생후 1년 정도가 지나면 어린이는 본능적 충동이 항상 만족될 수 없음을 경험하게 된다. 이러한 갈등과정을 거쳐 현실적으로 가능한 것과 가능하지 않은 것을 깨닫게 될 때 자아가 발달한다. 자아는 현실원리(reality principle)에 따르며 현실판단을 통해서 현실적이고 합리적인 방법으로 만족을 얻을 수 있도록 계획한다.

이와 같은 자아는 현실을 정확히 지각하여 원초아와 초자아의 갈등을 적절히 해결해 주는 중재자의 역할을 하기 때문에 이차적 과정(secodary process)이라 한다.

ㄷ. 초자아

초자아는 사회적 가치와 도덕이 내면화된 표상으로 생후 3~4년이 되면 발달하기 시작한다. 초자아는 원초아처럼 선천적으로 가지고 태어나는 것이 아니고 후천적으로 학습된다. 즉, 부모나 교사의 보상과 벌을 통해서, 또는 부모나 타인과의 동일시를 통해서 사회적 가치, 문화적 규범 등이 내면화된 것이다. 초자아는 행동을 규제하는 규제기관으로 열반원리(nirvana principle)에 따른다. 열반이란 사전적 의미는 불이 꺼진 상태(nir-vana)이며 그것은 곧, 일체의 괴로움이 사라진 상태를 말한다. 혹은 탐욕, 증오, 어리석음 등 근본적인 모든 번뇌가 사라진 상태를 뜻하기도 한다.

② 프로이드의 성격발달단계

프로이드는 리비도(libido)가 집중적으로 모이는 부위를 성감대라고 하였다. 리비도는 일정한 순서에 따라 여러 신체 부위로 옮겨 다니는데 리비도의 이동에 따라 성격이 발달하며 부모의 양육습관도 자녀의 성격발달에 많은 영향을 미친다고 주장하였다.

프로이드의 성격발달은 다섯 단계로 이루어진다.

ㄱ. 제1단계 : 구강기(기본적 신뢰감 : 불신의 단계, 0~1.5세)

출생에서 1세까지의 시기로 리비도(성감대)가 입 주위에 몰려 있기 때문에 유아는 젖을 빨고 음식을 씹으면서 성적 욕구를 충족한다. 즉, 유아는 입술 자극에 의해서 쾌감이나 만족감을 얻기 위하여 젖을 빨고 삼키는 일련의 섭취활동에 전념하게 된다. 쾌감의 주요 원천이 입을 중심으로 촉각적 자극과 깨무는 행위로써 일어난다. 깨무는 행위는 구강활동에서 공격적 쾌감을 일으키고 촉각적인 자극은 성적 쾌감을 일으킨다. 이러한 행위 중에서 입을 꼭 다무는 것은 거부와 부정에 대한 최초의 틀이 되며, 받아들이는 것은 획득욕을, 뱉어내는 것은 배척과 경멸을, 놓치지 않으려고 노력하는 것은 끈기와 결단력 형성의 최초 기틀이 된다.

ㄴ. 제2단계 : 항문기(자율성 : 수치감 · 의혹의 단계, 1.5~3,4세)

이 시기는 항문 부위가 성감대가 되고 항문 부위의 자극이 유아에게 큰 쾌감을 가져다준다. 유아는 배설하면서 쾌감을 느끼게 되고 점차 자기 의지대로 배설물을 체내에 보유하거나 내보내는 등 수시로 배설을 조절할 수 있게 된다. 어머니가 사용하는 배변훈련 방법이나 배설물을 대하는 느낌에 따라 특정한 성격이나 가치관이 형성된다. 예를 들면, 유아가 엄격한 배변훈련을 경험한 경우, 이에 반항하는 행동으로서 무질서한 생활태도를 보이거나, 후에 소심하고 결벽증이 있는 인색한 사람으로 성장한다. 배설을 참는 데서 쾌감을 느끼고 그것에 집착하게 되면 편집광적인 성격이 되고, 그 반대의 경우 소유하고 있는 것을 없애야 안도감을 느껴 낭비하는 행동을 하는 사람으로 성장한다. 유아가 겪는 갈등, 좌절감의 정도는 어머니의 유아에 대한 배변훈련 태도나 부모-자녀관계에 의해서 결정된다고 할 수 있다.

ㄷ. 제3단계 : 남근기(자발성 : 죄의식의 단계, 3,4~5,6세)

이 시기의 성감대는 성기이다. 성에 대한 관심이 증대되고 성기 부분의 감각이 현저하게 발달하여 성적 쾌감을 추구하고, 성기 접촉을 적극적으로 하는(유아 자위) 경우도 있다. 남아는 어머니에 대한 사랑이 아버지에 대하여 질투를 느끼게 되는 오이디푸스 콤플렉스(Oedipus complex)가 형성된다. 뿐만 아니라 거세불안이 생겨 어머니에 대한 성적 감정을 억제하는 한편, 아버지에 대한 적대감정을 품고 있지만 아버지와 같은 사람이 되고자 하는 동일시 현상이 나타난다. 여아도 남아와 같은 기제에 의해 엘렉트라 콤플렉스(Electra complex)가 형성되어 어머니의 사랑을 잃을까 봐 아버지에 대한 성적 욕구를 억제하고 어머니에 대한 동일시가 일어난다.

ㄹ. 제4단계 : 잠재기(생산성 : 열등감의 단계, 6,7~12,13세)

이 시기는 유아의 성적 욕구는 억압되고, 동성 부모에 대한 동일시를 통해 부모가 인정하는 가치나 태도를 내면화한다. 그리고 부모의 생각이 옳다고 믿기 때문에 부모가 원하는 대로 행동한다. 유아는 자기를 둘러싼 사회적인 면에 관심이 확대되고 또래 집단으로 관심이 크게 향상된다. 이 시기에 사회생활을 위한 기초가 형성되는데 사회적으로 기대되고 용납되는 행동을 습득하는 데 실패했을 때 열등감이 형성된다.

ㅁ. 제5단계 : 생식기(정체감 : 역할 혼란의 단계, 12, 13세 이상)

이상에서 살펴본 바와 같이 프로이드의 정신분석이론은 출생에서 성인기에 이르는 발달에 초점을 맞추고 있으며 이 발달과정을 사회화 과정으로 보고 있다. 심리성적 이론은 주요 개념인 리비도, 고착, 오이디푸스 콤플렉스, 엘렉트라 콤플렉스 등은 가족 안에서의 인간관계를 발달에 초점을 맞춘 것으로 결국 양육태도 및 가족 간의 차이가 개인의 사회화와 성격 형성에 주요 요인이 된다는 점을 시사하고 있다.

(2) 에릭슨(Erikson)의 심리 · 사회적 이론

에릭슨은 프로이드의 이론을 근간으로 심리 · 사회적 이론을 발전시켰다. 프로이드가 성격 발달의 기초로 리비도를 강조한 것과 달리 에릭슨은 사회적 에너지를 강조하였다.

① 성격발달단계

에릭슨은 발달을 전 생에 걸쳐 이루어지는 것으로 보고 출생에서 노년기까지 각 단계마다 거쳐야 하는 발달과업과 대칭적 개념인 발달위기를 함께 제시하면서 각 단계마다 두 개념이 균형을 이루면서 발달해야 한다고 하면서 사회화 및 사회성 발달과정을 8단계로 구분하였다. 본 단락에서는 영유아기에 한해 기술하기로 한다(윤혜영, 2003).

ㄱ. 1단계 : 기본적 신뢰감 대 불신감(basic trust vs. mistrust, 구강기, 0~1.5세)

출생에서 약 1세까지는 기본적 신뢰감이나 기본적 불신감이 발달하는 시기다. 이 시기의 영아는 최초의 사회적 관계인 어머니와의 사회적 상호작용을 통해 이후 맺게 되는 다른 사람들과의 사회적 관계의 기초를 형성한다. 영아의 신체적 · 심리적 욕구나 필요에 대해 어머니가 민감하고 반응적이며 일관성 있게 충족시켜 주면 영아는 어머니를 주된 양육자로서 신뢰하며, 기본적 신뢰감(basic trust)을 발달시킨다. 기본적 신뢰감을 형성한 영아는 자기가 필요하면 어머니는 언제라도 자기를 돌보아줄 사람이라고 믿기 때문에 어머니가 자기 곁을 잠시 비워도 울거나 불안해하지 않는다. 그러나 어머니와의 관계에서 기본적 불신감이 형성되면 영아는 어머니가 곁에 있어서 잘 보살펴주는 때에도 언제 어머니가 자기를 버리고 떠날지도 모른다는 불신감(mistrust) 때문에 불안해한다.

에릭슨은 이 시기에 형성되는 기본적 신뢰감이나 불신감이 이 시기 이후 맺어지는 다양한 사회적 관계에서도 계속 영향을 미치기 때문에, 성공적인 사회적 적응을 위해서는 이 시기에 기본적인 신뢰감이 형성되어야 한다고 보았다. 따라서 생후 1년 동안 어머니와의 관계 안에서 형성되는 영아의 신뢰감을 전 생애에서 가장 중요한 발달과정으로 보았다.

ㄴ. 2단계 : 자율감 대 수치감(autonomy vs. shame and doubt, 항문기, 1.5~3,4세)

1세 이후에서 약 3세까지 시기의 유아는 괄약근의 발달에 따라 대소변을 통제할 수 있다. 또한 기타의 근육도 발달되어 두 발로 걸을 수 있으며, 타인의 도움 없이 혼자서 음식을 먹거나 주변 환경을 탐색할 수도 있다. 뿐만 아니라 말문이 트일 정도의 언어발달을 통해, 간단한 언어 표현이지만 자기 주장을 할 수도 있다. 이와 같이 이 시기의 유아는 자기 자신의 문제를 스스로 해결하려 하고, 언어를 통해 자신이 독립적인 존재임을 적극적으로 표현하고자 하는 의지를 통해 자신의 자율성

(autonomy)을 발달시킨다.

한편, 자율성에 따라 행동하는 과정에서 자신의 행동이 사회적 기대에 부합되지 않았을 경우, 유아는 수치감이나 회의감(shame and doubt)을 발달시킨다.

ㄷ. 3단계 : 주도성 대 죄책감(initiative vs. guilt, 남근기, 3,4~5,6세)

3세에서 5~6세까지의 유아는 더욱 발달된 신체능력과 언어 · 인지발달을 토대로 스스로 어떤 목표나 계획을 세워 자신의 일에서 성공하려고 노력한다. 따라서 이 시기 유아는 행동을 주도하는 데 있어 자율적일 뿐 아니라 책임감을 갖는다. 그런데 이 시기 유아가 주도하는 행동은 간혹 자신의 역량을 넘어서는 경우가 많기 때문에 사회에서 받아들여지기 어려운 행동일 가능성이 크다. 이 때문에 유아가 주도한 행동은 때로는 부모로부터 제재를 받기 쉽다. 이때 부모의 제재가 온화한 가운데 일관적이라면, 자신의 행동을 사회적 규범에 맞게 조절하면서 자신의 주도적 행동(initiative)을 계속 발달시킨다. 그러나 부모의 제재가 가혹하고 일관적이지 못하면, 유아는 자신의 행동을 주도하는 데 자신감을 잃을 뿐 아니라 자신의 행동에 대해 죄책감(guilt)을 갖게 된다. 즉, 유아의 행동에 대한 부모의 반응이 유아의 주도성이나 죄책감을 발달시키는 데 중요한 역할을 한다.

ㄹ. 4단계 : 근면성 대 열등감(industry vs. inferiority, 잠재기, 5,6~11,12세)

5~6세부터 11~12세까지의 시기로 자아 성장의 결정적 시기다. 유아는 유아교육기관이나 초등학교 입학을 통해 읽기, 쓰기, 셈하기 등과 같은 기초적인 인지기능을 개발시키거나 또래와의 접촉을 통해 차례지키기, 도와주기 등과 같은 사회적 기능을 습득하면서, 사회에서 지향하는 다양한 지식, 기능이나 규범 또는 가치관을 획득하고 이를 내면화하거나 숙달시키고자 한다. 이러한 유아의 노력이 순조롭게 이루어지고, 순조로운 적응이 이루어지면 유아는 근면성(industry)이나 성취감을 발달시킬 수 있다. 그러나 또래와 비교하는 인지적 과업 수행능력이 뒤떨어지거나 사회적 행동에 실수가 많으면 부적응감이나 열등감(inferiority)을 발달시키게 된다.

ㅁ. 5단계 : 정체감 대 정체감 혼미(industry vs. role confusion, 생식기, 12~13세 이상)

제2차 성장에 의한 급격한 신체적 변화에 적응해야 할 뿐 아니라 새롭게 달라진 사회적 압력이나 요구에 대응해야 하는 시기이다. 이 시기에는 지금까지 아무런 회의감없이 수용해 왔던 자기 존재에 대하여 새로운 의문과 탐색이 시작된다. "나라는 존재는 무엇인가?"라는 의문과 함께 자신의 존재 의미를 탐색하려는 자아 추구 노력이 나타난다. 자아 추구 노력을 통해 자기의 위치나 능력 또는 역할과 책임 등에 대해 인식하며 이를 확신할 때 비소로 자아정체감(ego-identity)을 획득할 수 있지만, 이를 획득하는 것은 쉽지 않다. 따라서 이 시기 청소년은 자기 자신에 대해 고민하고, 갈등하며, 방황하는 등 정체감 혼미(role confusion)를 경험한다.

3) 종합의견

(1) 이론의 개요

프로이드는 성격발달에 대한 기본가설로 정신적 결정론, 무의식적 동기, 성적 충동을 제시하고 인간의 성격은 원초아, 자아, 초자아의 3가지 구조로 구성되고 이 세 가지 자아가 상호 영향을 주면서 인간의 행동이 결정된다. 또한, 성격발달단계를 개인의 성적 충동인 리비도가 정해진 순서에 따라 신체 여러 부위에 집중되는데 리비도가 집중되는 부위인 성감대가 연령에 따라 변하며 성감대가 어느 부위인가에 따라 성격이 발달된다고 하였다. 또한 프로이드는 성격발달에서 원초아와 성적 충동을 강조한 반면에 에릭슨은 어린이의 사회·문화적 환경의 중요성을 강조하면서 성격은 출생해서부터 노인기까지 전생애를 통하여 이루어진다고 하였다. 에릭슨은 프로이드의 초자아 대신에 자아정체감 형성을 강조하였으며 이 자아정체감은 개인이 경험하는 심리·사회적 위기를 통해 발달한다고 하였다.

즉, 위기를 긍정적으로 극복하면 긍정적 성격으로 발달하고 부정적으로 극복하면 부정적 성격이 형성된다고 하였다.

(2) 비판

프로이드의 심리·성적 이론은 이론의 형성과정에서 과학적인 정확성이 결여되고 여러 부문에서 통계화되지 못하여 타당성에 의문이 제기되고 있다. 그가 중요시했던 성적 갈등(오이디푸스 콤플렉스, 엘렉트라 콤플렉스)은 발달의 보편적인 현상이라기보다는 그 당시 유럽의 지배적인 문화를 반영한 것으로 문화적 보편성이 없다. 또한 불명확한 개념체계로 인해 실증적 연구가 부족하고 발달의 원인을 설명하기보다는 발달과정을 기술하는 데 그치고 있다는 점을 들 수 있다(보복희 외, 1997; Crain, 1980; Schaffer, 2000).

에릭슨의 심리·사회적 이론은 인간이 출생에서 사망에 이르는 전 과정의 특징을 어느 정도 타당하게 기술하고는 있으나 연령의 구분은 현실적으로 많은 차이가 있다.

(3) 효과

정신분석이론은 앞에서 기술한 바와 같은 비판이 있음에 불구하고

첫째, 성격발달에 관한 최초의 체계적인 이론으로 유아들이 각 연령적 변화에 따라 모든 발달이 단계적으로 이루어진다.

둘째, 인간발달단계의 특징을 포괄적으로 설명하고 영유아기의 경험이 성인기의 성격을 결정하는 중요한 요인을 밝힘으로써 유아교육의 중요성, 양육방법, 생활지도방법에 대하여 교사와 학부모에게 시사하는 바가 크다.

3. 구성주의이론

1) 이론의 배경

구성주의이론에서 가장 대표적인 이론은 피아제(Piaget)의 인지적 구성주의의 이론과 비고스키(Vygotsky)의 사회문화적 구성주의이론의 두 주류가 있는데, 본 절에서는 피아제의 인지적 구성주의이론과 비고스키의 사회 문화적구성주의 이론을 차례로 기술한다.

(1) 피아제의 인지적 구성주의이론

① 이론의 개요

인지발달이론의 대표적인 피아제의 이론은 유기체와 환경을 상호작용이라는 생물학적 모델에 근거를 두고 있다.

피아제는 인지(지능)의 발달과정에 초점을 맞추고 인지(지능)를 유기체가 환경에 적응하는 능력으로 보고 인지발달과정은 유아가 성숙해 감에 따라 자신의 환경에 잘 적응하도록 도와주는 인지구조(cognitive structure)를 끊임없이 재구성해 나가는 과정으로 보았다. 또한 인지발달을 기능적인 측면과 구조적인 측면으로 나누어 설명하고 있다. 기능적인 측면에서의 인지발달이란 유기체가 환경과 상호작용해서 이루어지는 순응과정으로서, 동화와 조절의 교호적인 과정으로 이루어지는데, 실제 상황에서는 분리하기 어려운 하나의 전체 과정 속에 내포되어 있는 것이다. 구조적인 측면에서의 인지발달은 유기체가 환경과의 접촉에서 반복되는 행동과 경험에서 형성되는 것으로 점차 분화되고 또 통합되어 수많은 도식과 복합적인 고차원의 도식이 획득된다. 이와 같은 도식이나 구조는 나이가 들어감에 따라 질적인 변화를 나타내게 된다.

② 주요개념

피아제이론을 자세히 이해하기 위해서는 피아제이론의 주요개념인 도식, 동화와 조절, 평형화에 대한 이해가 있어야 한다.

ㄱ. 도식

인지발달을 연구한 피아제(1950)는 인지구조를 도식(schema)이라 표현하였다. 도식이란 환경과의 접촉에서 형성되는 것으로 사물을 인지하고 대응하는데 사용하는 '이해의 틀'이라 할 수 있다. 즉, 도식이란 개인이 환경에 대해 지적으로 적응하고 조직하는 정신구조이다. 갓 태어난 신생아는 빨기와 같은 단순한 반사운동적 도식만 갖는다. 도식은 지식의 기본단위이기 때문에 인지발달을 구성하는 주요 토대가 된다. 인지구조인 도식은 환경과 상호작용 속에서 계속 변화하는데 이는 환경과 상호작용하는 유기체가 환경에 적응하기 위해 도식을 스스로 변화시키기 때문이다.

인지발달은 인지구조의 질적인 변화를 토대로 이루어지기 때문에 피아제는 인지발달을 환경과의 상호작용에서 이루어지는 유기체의 적응과정으로 본다.

ㄴ. 동화와 조절

피아제이론에 의하면 인지발달과정에서 어린이는 동화(assimitation)와 조절(accommodation)이라는 두 가지 적응과정을 거친다.

예를 들면, 어린 유아가 나방을 나비라고 이야기할 때 나방은 나비라는 기존 도식에 동화시킨 것이라 할 수 있다. 또한 조절이란 기존의 도식으로 새로운 경험과 사물을 다룰 수 없는 경우, 기존의 도식을 변화시키거나 확장하여 새로운 도식을 만드는 것이다. 예를 들면, 어린 유아가 나방을 나비라고 했지만 반복된 관찰과 경험을 통하여 나비와 나방의 차이점을 알게 되고 마침내 나방을 나방으로 정확히 구분하는 것을 조절이라 할 수 있다. 조절은 동화와의 반복된 상호작용을 통하여 인지구조를 변화시키고 새로운 인지적 평형을 추구할 수 있게 된다.

ㄷ. 평형화

어린이가 환경과의 상호작용에서 기존의 도식으로 이해할 수 없는 새로운 자극을 접하면 기존의 도식과 맞지 않으므로 인지적 갈등과 함께 인지적 불평형상태가 일어난다. 이때 불평형상태가 평형상태로 되돌아가려고 노력한다. 이때 평형화과정은 동화와 조절의 적응과정을 통하여 이루어지며 이러한 평형화 과정을 통하여 인지적 성장을 도모한다. 평형화를 조직화라고도 한다.

(2) 인지발달단계

피아제는 인간의 인지발달을 감각운동기, 전조작기, 구체적 조작기, 형식적 조작기 등 4단계로 나누었다.

ㄱ. 감각운동기(sensory-motor period, 0~2세)

이 단계의 행동은 근본적으로 감각운동적이며 관찰대상의 행동을 즉석에서 모방하는 것이 아니라 시간이 흐른 후 재연하는 지연모방과 어떤 대상이 눈앞에 없어도 계속 존재한다는 것을 인식하는 대상영속성(object permanence) 개념 등과 같은 인지능력이 획득되기는 하지만 상징적 사고활동이라기보다 동작적 활동이다. 그러나 훗날의 인지발달을 가져오는 데 필수적인 일면을 가지고 있으므로 대단히 중요한 의미를 지닌다. 종래의 학자들은 상징적인 언어 구사가 있기 이전에 어떤 지적 활동이 없다고 믿었는데 피아제의 감각운동기는 바로 이러한 신념의 허구성을 지적하였다. 감각운동기는 급속한 성장과 발달의 시기로서 이 단계에서 유아의 성취는 진실로 놀랄 만하다.

피아제는 이 시기에 일어나는 사건의 중요성을 인정하고 이 단계가 지적 발달을 전개하는 과정에서 절대적이라고 믿고 있다(Piaget, 1962, 1964). 따라서 프로이드와 에릭슨과 같은 학자들처럼 일생의 초기 단계의 중요성을 예리하게 파악하고 있었다.

ㄴ. 전조작기(pre-operational period, 2~7세)

이 단계는 상징적 사고가 가능한 2세부터 시작되며, 이 단계는 현존하지 않는 대상들에 대한 정신적 표상이 가능해지는 시기이다. 피아제가 이 단계를 '전조작적'이라고 명명한 이유는 논리적 조작의 출현 직전의 단계라는 점에서 연유하였다고 볼 수 있다.

전조작적 사고의 특징은 한 행동이 다른 행동에 미치는 영향을 예상할 수 있는 새 능력의 획득으로 볼 수 있다. 이 시기 유아의 사고는 자기중심적이고 직관적이기 때문에, 논리적이고 인과적이지 못하다. 한편, 외적인 모양은 변화했지만 그와 상관없이 기본속성은 변화하지 않는다는 보존개념을 이해하지 못한다. 보존개념이 없기 때문에 여자아이는 자신의 긴 머리를 짧게 자르면 남자아이가 된다고 생각한다. 이 시기는 조작(operation), 즉 논리적 규칙 사용이 가능하지 않기 때문에 전조작기라 한다.

ㄷ. 구체적 조작기(concrete operational period, 7~11세)

6~7세경에 시작되는 단계로 아동들은 이전 단계와는 달리 사건들 간의 변화를 이해하는 능력이 두드러지게 발달한다. 이 시기의 대표적인 용어에 해당하는 '구체적'의 의미는 이 단계의 아동이 이전 단계의 아동들과 마찬가지로 여전히 구체적 형태의 자료들은 다룰 수 있으나 추상적 형태의 자료들을 다룰 수 없음을 뜻하기도 한다. 이 시기에는 논리적 사고뿐 아니라 상징적 체계를 사용할 수 있다. 논리적 규칙을 이해하는 시기이기 때문에 '조작기'라 했지만, 관찰이 가능한 구체적 사건이나 사물에 한정하여 논리적 규칙을 적용할 수 있다. 이 시기에는 보존개념을 획득함으로써, 전조작기에서 해결하지 못했던 불변의 법칙을 해결할 수 있다. 따라서 이 시기 여자아이는 머리를 짧게 자른다 해도 여전히 자신이 여자임에 변함이 없다고 생각한다.

ㄹ. 형식적 조작기(formal operational period, 11세 이후)

이 단계에는 추상적이며 논리적인 사고뿐만 아니라 가설·연역적 사고를 할 수 있다. 또한 구체적인 사건이나 사물뿐만 아니라 눈에 보이지 않는 관념에 논리적 규칙을 적용할 수 있다. 피아제는 이 시기의 아동의 인지적 구조는 완숙한 수준에 도달했다고 본다. 즉, 형식적 가설·연역적 사고구조가 발달함으로써 아동이 갖는 인지발달은 최고점에 이르렀다고 말할 수 있다. 다시 말하면, 형식적 조작기의 청소년은 성인과 유사한 인지구조를 갖추었다고 말할 수 있다. 그의 각 발달단계에서 보이는 인지구조는 그 단계에 고유한 것으로 이는 저절로 얻어진다기보다 특정한 단계에 이르러서 비로소 획득된다고 주장하고 있다. 또한 각 단계를 지나는 시기에는 개인차가 있을 수 있으나 그 발달단계는 불변적이며 환경이나 유전의 영향과 관계없이 모든 문화권에서 보편적이라고 주장한다.

(3) 비고스키의 사회·문화적 구성주의이론

사회·문화적 구성주의이론은 사회와 문화적 맥락에서 발달을 설명한다. 즉, 사회적 상호작용과 문화적 환경과의 끊임없는 상호작용을 통하여 자신의 내적 구조변화에 따른 활동결과를 능동적으로 생산해 나가면서 의지가 발달한다는 관점이다.

① 이론의 핵심

유아의 의미있는 인지발달은 그들이 속한 환경과의 사회적 상호작용을 통하여 인지구조가 확장되고, 사물과 사건의 논리적인 내적 조작에 의해 영향을 받으면서 사회적 중재과정을 통해 이루어진다.

또한 발달에 있어서 성인과 또래와의 사회적 상호작용에 따른 사회적 경험을 중요시하였다. 예를 들면, 성인은 역사적·문화적으로 축적해 놓은 여러 가지 사회적 생활양식과 가치들을 가지고 있어 유아와의 상호작용을 통하여 유아에게 사회적 생활양식과 가치들을 전수해 줌으로써 유아가 발달한다.

또한 유아는 독립적으로 가능할 수 있는 영역의 근접발달영역(Zone of Proximal Development, ZPD)을 통해 발달한다고 보았다. 따라서 성인이 유아의 발달을 도모하기 위해서는 해당 유아의 근접발달영역을 알아야 한다. 그러기 위해서는 적절한 평가를 통하여 현재의 실제적 발달수준과 성취 가능한 잠재적 발달수준을 알아 지도해야 한다.

② 주요개념

비고스키의 이론에서 근접발달영역, 비계설정, 언어는 주요개념이다.

비고스키의 사회 · 문화적 구성주의이론을 이해하기 위해서는 이론의 근간이 되는 주요개념에 대한 이해가 있어야 한다.

ㄱ. 근접발달영역

유아교육에서 근접발달영역이란 현재의 실제적 발달수준과 잠재적 발달수준 간의 차이를 말한다. 실제적 발달수준은 유아가 성인이나 친구들의 도움을 받지 않아도 유아 스스로 학습하여 성취 가능한 학습목표수준을 말하며 또한 잠재적 발달수준은 성인이나 친구들의 도움을 받아 학습을 함으로써 성취가능한 학습목표 수준을 말한다. 즉, 근접발달영역이란 현재는 유아가 혼자서 해결할 수는 없지만 성인이나 능력있는 동료 유아들의 도움을 받아 학습하면 성공할 수 있는 가능 학습영역을 의미한다.

ㄴ. 비계설정(Scaffolding)

비계설정이란 근접발달영역에서 성인이나 능력있는 동료유아들이 더욱 발달할 수 있도록 도와주는 조력과정이다. 따라서 유아들 간에 현재의 실제적 발달수준이 같더라도 근접발달영역은 다를 수 있다. 이것은 유아들 간에 비계설정이 다르기 때문이다.

ㄷ. 언어

유아의 발달에서 성인이나 능력있는 유아와의 사회적 상호작용을 통하여 그들이 축적해 놓은 다양한 생활양식과 가치를 유아들이 습득하도록 돕는 과정에서 언어적 상호작용은 필수적이다.

(4) 피아제와 비고스키의 차이점

비고스키도 피아제와 같이 유아의 발달은 질적 변화의 연속으로 보았을 뿐 아니라 유아를 지식획득의 능동적이며 건설적인 주체로 보았다.

그러나 피아제와 비고스키 이론 간의 차이점은

첫째, 발달에서 피아제는 유아의 능동적인 면을 더욱 강조했다면 비고스키는 또래와 성인 간의 상호작용에 의한 사회적인 경험을 더욱 중요시하였다.

둘째, 피아제의 이론은 인지발달을 위하여 문화적 맥락과는 독립된 보편적 특성으로 본다면 비고스키는 사회적 · 문화적 맥락이 사고과정의 모든 유형을 결정하게 된다고 보았다. 다시 말하면, 피아제는 지식형성에서 구체적 물체와의 상호작용이 주요역할을 하고 사람과의 상호작용은 이차적인 것으로 보았다(지성애 외, 2013).

2) 종합의견

(1) 이론의 개요

① 피아제의 인지적 구성주의이론

인지발달은 기능적인 측면과 구조적인 측면으로 나누어 볼 수 있다. 기능적인 측면에서의 인지발달은. 유기체가 환경과의 접촉에서 반복되는 행동과 경험에서 형성되는 것으로 기존의 도식이 분화되고 통합되어 고차원의 도식이 형성되면서 새로운 지식을 획득하고 인지가 발달된다. 또한 피아제는 이러한 도식(인지구조)의 질적 변화에 따라 인지발달단계를 감각운동기, 전조작기, 구체적 조작기로 구분하였다.

그리고 피아제이론을 지지하는 주요개념에는 도식, 동화와 조절, 평형화가 있다. 도식은 이해의 틀 또는 인지구조로서 환경과 상호작용을 통해 계속 변화하면서 인지가 발달되고 동화와 조절은 인지발달과정에서의 적응과정이며 평형화는 유아가 새로운 자극을 받으면 기존의 도식으로 해결할 수 없어 인지적 갈등상태인 불평형상태가 나타나는데 이것을 해결하려는 인지적 활동으로 이를 통해 인지적 성장을 도모한다.

② 비고스키의 사회·문화적 구성주의이론

비고스키의 사회·문화적 구성주의이론은 인지발달은 유아의 능동적인 활동보다는 또래나 성인들과의 상호작용을 더욱 강조하고 지식형성과정에서도 사회·문화적 맥락이 사고과정의 모든 유형을 결정한다고 보았다. 비고스키의 이론에서 주요개념은 근접발달영역, 비계설정, 언어 등이 있다. 그 중 근접발달영역은 성인이나 훌륭한 동료유아의 도움을 받아 현재보다 더 높은 수준의 학습을 성취할 수 있는, 성취 가능한 학습영역을 말하는데 이것은 비계설정으로 이루어지고 또한 학습을 위한 모든 상호작용에서 특히, 언어를 강조한다.

(2) 비판과 시사점

피아제와 비고스키 이론에 대한 비판과 생활지도에 주는 시사점에 대하여 기술해 보기로 한다.

① 피아제의 이론

피아제의 인지발달이론 역시 많은 비판을 받고 있다. 가장 빈번히 제기되는 비판은 다음과 같다.

첫째, 그의 이론에서도 다른 발달론자가 주장하는 것처럼 인지발달에서 문화적·경험적 측면이 비교적 무시되고 있다는 점이다.

둘째, 인지발달이론에서 주장하는 것처럼 인지발달은 반드시 4단계를 거친다고 보는 것에 대하여 비판적으로 생각하고 있다. 특히, 사회적 학습이론에서는 인간행동이 고정된 단계를 밟으면서 발달한다고 보지 않는다. 일반적으로 인지발달이론에서는 시간이 경과함에 따라 개인의 행동이 변하고, 동일한 연령, 즉 같은 단계에 속하는 개인들의 행동은 비슷하다고 강조한다.

셋째, 연구방법 측면에서 4단계의 진행이나 주요 개념들의 과학적 검증이 어렵다는 것이다.

그러나 이러한 약점이 있음에도 불구하고 생활지도에 주는 시사점은 아주 지대하다.

첫째는, 유아는 교사나 부모 등 성인들이 가르쳐 주는 대로 학습하는 존재가 아니라 유아 스스로 자발적으로 탐색하면서 지적 발달을 도모해 나가므로 성인은 가르치는 일에 주력하기보다 유아 스스로 능동적으로 탐색하는 기회와 자료를 제공해주는 일에 치중해야 한다.

둘째, 유아는 인지과정에서 성인과 다르게 여러 개의 발달단계를 거치며 각 단계마다 특유의 사고를 하므로 이런 점을 고려하여 각 발달단계에서 알맞게 지도하여 인지적 발달을 도모해야 한다.

② 비고스키의 이론

비고스키의 이론 중에서 비판을 받을 만한 내용은

첫째, 형식적 추리를 활용하지 않은 사회에서 아동은 형식적 조작의 발달을 학습할 수 없다라고 지적하는 등 사회적 · 문화적 맥락을 지나치게 강조하는 것은 사회적 · 문화적 환경이나 자료가 불비한 지역에서의 학습이 불가능하다는 논리로 이어질 우려가 있는 등 현실성이 떨어진다.

둘째, 비고스키의 발달이론에서의 주요개념은 근접발달영역으로 현재의 실제적 발달수준과 성인과 친구들의 도움을 받아 발달할 수 있는 잠재적 발달수준을 이해하고 지도함을 학습의 핵심으로 간주하고 있는 바 오늘날 현장지도의 실제 상황에서 보면 잠재적 발달수준을 확인하는 일에 치중하지 않는다. 다만, 지도목표나 지도성과를 예견할 뿐이다. 이러한 비판이 있음에도 불구하고 다음과 같이 교육 또는 생활지도에 주는 시사점이 있다.

첫째, 교사나 동료가 갈등이나 분쟁상황의 유아에게 보다 효과적인 전략의 사용을 보여주거나 제시함으로써 도울 수 있다는 것이다. 또한, 교사는 외적인 중재자를 유아의 사회적 상호작용을 조정하는데 활용하므로써 유아의 행동을 효과적으로 지도할 수 있다(지성애 외, 2013).

둘째, 근접발달영역에서 현재의 실제적 발달수준의 이해를 위해 이에 적합한 평가방법을 활용하고 있음은 오늘날 유아행동지도를 위하여 문제요인을 찾고 이에 따라 지도계획을 수립하는데 필요한 정보와 자료 수집을 위해 다양한 진단평가를 해야 함을 암시해주고 있다.

4. 인본주의이론

1) 이론의 배경

인본주의 심리학의 뿌리는 16세기 에라스므스(Desiderius Erasmus), 토마스모아(Thomas More)의 저술로 시작하여 올포트(Gorden Allort), 로저스(Cari Rogers), 마슬로우(Abraham Masiow) 등으로부터 꽃을 피우기 시작했다. 인본주의 심리학은 행동주의의 모순에 대한 의혹을 제기하면서 시작되었다. 특히, 20세기에 들어오면서 인간소외현상, 지식우선교육, 과도한 경쟁을 통한 교육 등은 인간의 본성의 훼손과 교육의 비인간화를 자초하였다.

따라서 인간의 본성과 비인간화를 주목하고 인간의 존엄성을 존중하는 인본주의 교육이 강조되기 시작한다.

2) 이론의 핵심

인본주의 심리학에서는 인간연구에 초점을 맞추고 행동주의이론이나 정신분석이론에 회의감을 갖는데서 시작되어 인간은 주체적인 존재로서 자기실현과 성장을 위한 능동적인 존재로 본다.

(1) 로저스(Rogers)의 이론

인본주의이론의 핵심을 이해하기 위해서는 로저스(Rogers), 기노트(Ginott)의 이론을 유아생활지도를 위하여 부모교육에의 적용적 측면을 중심으로 기술하기로 한다.

① 기본 입장

로저스 이론은 유아의 감정이 수용되고 효과적으로 의사소통하는 방법적인 측면을 제시했다. 그리고 주요개념은 자신에 대한 자아개념의 발달이라고 할 수 있으며, 자아개념은 주변의 수많은 사건에 대하여 사람이 어떻게 반응하고 또 그들 사건들과 관련되어 자기 스스로를 어떻게 느끼느냐에 기초하여 형성된다고 보았다(지성애 외, 2013).

로저스의 이론에서 우리 인간은 타인으로부터 인정받고, 수용되고, 지원받는 등의 긍정적인 관심을 받고자 하는 욕구를 누구나 다 갖고 있으며 또한 이러한 욕구가 충족된 개인은 자기 자신을 긍정적으로 생각하여 자아개념이 형성되어 그들의 세계에서 당당하게 원할한 생활을 영위할 수 있다고 보는 것이다.

특히, 유아는 어른들로부터 긍정적인 관심을 받음으로써 자신의 잠재력을 기를 수 있고 자아개념이 형성되는 것이다. 만일에 어른들로부터 긍정적인 관심을 받지 못하면 그들의 잠재력을 개발하기는커녕 어른들로부터 긍정적인 관심을 받으려는데 그들의 정력과 에너지를 소모하게 되어 자신의 자아개념 형성에 어려움을 겪는다는 것이다. 이와 같은 로저스의 이론에 따르면 어른들은 유아 자신이 나름대로 느끼는 것을 인정해주고 반면에 유아들의 잘못을 지적하거나 무엇을 요구하지 말아야 한다는 것이다. 왜냐하면 유아들은 자신의 문제를 스스로 원만하게 해결할 수 있는 능동적인 능력인이기 때문이다.

그리고 로저스의 이론에서는 지각된 자아와 유기체의 일치문제를 중요시하였다. 주관적인 현실과 외적 현실 사이에 존재하는 일치와 불일치 문제, 그리고 자아와 이상적 자아 사이의 불일치로 인해 발달과정 중 왜곡이 생기면 정신병리의 원인이 된다(정연집 외, 1999).

② 기본적 원리

로저스 이론에서 기본적인 원리는 다음과 같다(지성애 외, 2013).

ㄱ. 심리적 관계형성

유아는 부모나 교사와 애정적이며 신뢰할 수 있는 관계가 형성되어야 한다. 애정적이며 신뢰로운 관계는 상호작용적인 친밀한 접촉이 있어야 한다.

ㄴ. 불일치된 상황의 인식

유아는 그들의 일생생활에서 자신의 견해와 일치하는 상황을 자주 접하지만, 불일치하는 상황이 있음도 이해하고 있어야 한다. 불일치로 인해 발달과정 중 왜곡을 경험할 수 있기 때문이다.

ㄷ. 민감하고 지원적인 성인

부모나 교사는 유아 자신의 느낌과는 달리 어떤 식으로 느낄 것으로 지레짐작할 필요가 없으며 유아에 대한 모든 감정은 그대로 수용하고 개발되어야 한다. 이것은 유아뿐만 아니라 어른 자신의 감정도 부정하지 말고 그대로 수용하는 것이 필요하다는 것을 의미한다.

ㄹ. 유아의 감정을 수용

유아를 독립된 인격체로 보고 유아도 자신의 감정을 가질 수 있다는 것을 허용하여야 한다. 즉, 유아에게 모든 종류의 감정이 존재할 수 있다는 것을 수용하는 것이 필요하다는 것이다.

ㅁ. 감정이입의 표현

부모나 교사는 유아의 두려움 또는 분노, 질투 등의 감정을 이해하여야 할 뿐만 아니라 유아의 세계와 경험 역시, 부모나 교사에 의해 이해되어야 한다. 그리고 부모나 교사는 유아에게 무엇이 이해되어졌다는 것과 이해받는다는 것을 느끼도록 의사소통하여야 한다.

③ P.E.T 프로그램

P.E.T(Parent Effectiveness Training) 프로그램은 로저스 이론을 기초로 한 유아생활지도 프로그램이다. 이 프로그램은 1962년 고든(T. Gordon)이 시작한 것으로 유아들의 정서적 · 지적 · 심리적인 문제는 의학적인 문제라기보다는 부모 · 자녀간의 문제로 부모 · 자녀간의 인간관계를 향상시키면 해결된다고 보았다.

ㄱ. P.E.T 기본가정

가. 부모가 자신과 자녀의 똑같은 행동을 보고 그 행동을 수용하는 부모도 있고 수용하지 않는 부모도 있듯이 자녀의 행동에 대한 부모의 태도와 행동은 그때의 상황 즉, 부모의 기본행동, 욕구, 자녀의 행동이 일어난 시각과 장소 등의 환경적 요인, 자녀의 연령이나 특성에 따라 달라질 수 있다. 따라서 자녀의 행동을 무조건 수용하거나 항상 일관성 있게 수용하는 것은 아니다.

나. 문제를 소유한 사람이 자녀인지 부모인지 파악하는 것이 해결의 지름길이다. 문제를 소유한 사람이 누구인지를 파악하는 것은 각각의 경우에 따라 적용되는 기술이 다르기 때문이다. 예를 들면, 부모에게 문제가 있는 경우에는 상황에 따른 솔직한 감정을 표현하는 직면기술(confrontation skills)을 사용하고 자녀에게 문제가 있는 경우에는 부모가 상황에 따라 자녀에게 돕는 기술(helping skills)을 사용한다(Gordon, 1975).

ㄴ. 프로그램 운영

이 P.E.T 프로그램은 그룹상황에서 가르치며 3시간씩 지속되는 8주간 과정으로 다양한 상황에서 부모-자녀의 문제를 다룸으로서 효과적인 상호작용의 기술을 배우도록 고안한 부모효율성 훈련 프로그램이다.

(2) 기노트(Ginott)의 이론

기노트(Ginott)는 컬럼비아대학교에서 임상심리학을 전공한 후 엑슬린(Axline)으로부터 놀이치료를, 슬라브슨(Slavson)으로부터 심리역동 이론을 배웠으며, 그 후 플로리다(Florida) 주 아동연구소의 수석 연구원으로 9년 동안 정서장애와 청소년을 대상으로 심리치료와 개인 및 집단치료를 하였다.

기노트는 학교 교사로서, 아동심리 치료자로서, 부모상담 및 교육자로서, 임상교사로서, 다양한 경험을 중심으로 인본주의 심리학을 부모에게 적용하고 부모 - 자녀 간의 의사소통을 증진하는 방법을 제시하였다. 인본주의 부모교육이론에서는 심리치료나 상담보다 아동중심의 지도와 부모와 자녀가 긍정적인 상호경험의 기회를 제공하는 것을 강조하였다. 그의 저서로는 『부모와 십대(Between Parent and Teenager)』(1969), 『부모와 자녀(Between Parent and child)』(1972) 등이 있다.

① 부모교육이론의 가정

기노트(Ginott)는 아동중심의 부모교육이론을 기본 가정으로 하여 부모중심의 심리치료나 상담보다 아동중심의 교육과 지도가 더 효과적이라고 보았다. 즉, 부모가 아동의 인성, 신체적 특성과 관계없이 있는 그대로 아동의 감정과 행동을 수용하고 자기 자신을 인식할 때 아동을 올바르게 양육할 수 있다는 것이다.

부모는 아동을 인간으로 존중하고 아동의 문제를 이해하기 위하여 아동중심적으로 사고하며 아동의 입장에서 생각하기 때문에 아동이 잘못된 행동을 할 때 인신공격과 지시, 명령보다 상호 간의 의사소통으로 갈등을 해소하는 데 주력해야 한다. 또한 아동의 문제를 부모가 판단하여 제시하기보다는 아동이 문제해결에 자신의 능력을 최대한 활용하도록 하는 등 아동을 독립된 인격을 지닌 주체이면서 아동중심의 사고, 아동중심의 교육과 지도가 성인중심의 지도와 교육보다 효율적이라는 것을 가정하는 이론이다.

② 부모-자녀관계에 대한 견해

인본주의 심리학에 기초를 둔 기노트(Ginott)의 아동에 대한 견해는 '아동은 자기 자신을 이해하고 자신의 행동을 조절하며 적절히 통제할 수 있는 능력의 소유자'라는 것이다. 따라서 부모-자녀관계에서 중요한 일은 첫째, 부모는 자녀문제에 대하여 자녀중심적 사고, 즉 자녀의 입장에서 생각하려고 노력해야 하며, 객관적인 태도와 어느 정도 냉정함을 갖고 문제를 해결하는 태도를 가져야 한다. 둘째, 부모는 자녀의 감정, 행동을 있는 그대로 수용하고 자녀의 이야기를 잘 들어주어 그들의 느낌을 부모에게 표현하고 싶은 마음이 생기도록 해야 한다. 따라서 부모는 자녀 감정의 정확한 파악과 경청, 공감 등의 의사소통 기술과 상담자, 치료자로서의 기본적인 기술을 익혀야 한다. 셋째, 부모-자녀관계에 있어서 인격적인 측면을 강조하여 극단적인 대화나 행동은 자제해야 한다.

자녀와 같은 눈높이에서 사고를 하고 느낌과 생각을 중심으로 대화하며 문제가 일어났을 때는 그 문제를 정서적으로 반응하지 말고 객관적으로 처리해야 한다. 넷째, 부모는 자녀의 인성, 신체적 특성, 지능에 관계없이 있는 그대로 자녀의 감정과 행동을 수용해야 한다.

③ 부모교육의 원리

기노트의 부모교육의 원리는 부모-자녀 간에 상호작용을 원활하게 하고 대화를 용이하게 하는 데 중점을 둔다. 부모교육의 원리를 요약하면 다음과 같다.

ㄱ. 부모-자녀 간의 의사소통

부모와 자녀 간의 의사소통에서 기본이 되는 요소는 자녀를 존중하고 신뢰하는 마음과 자녀와 격의 없는 의사소통 기술을 향상시키는 일이다. 특히 부모는 자녀의 정서 및 감정상태를 그대로 인정하고 수용해 주며 이것을 자녀가 알면 부모에게 신뢰감을 가지고 적극적으로 대화함으로써 자녀의 갈등상황에 대한 정확한 진단과 치료가 가능하다.

기노트(1965)는 부모-자녀 간의 의사소통의 기본 원리를 다음과 같이 제시하고 있다.

가. 부모가 자녀에게 민주적인 태도와 관심을 보이고 부드럽게 대해 줄 때 자녀는 부모의 사랑과 관심을 신뢰하고 건전한 의사소통을 할 수 있게 된다.

나. 자녀의 문제상황에 관하여 의사소통할 때는 자녀의 행동 자체에 집중하기보다는 그 행동에 관한 자녀의 감정에 집중하여 반응을 보여야 한다.

다. 부모는 자녀의 행동이나 감정의 옳고 그른 여부를 판단하고 비판하기보다는 기본적으로 이해하려는 태도를 가지고 있어야 한다.

ㄴ. 자녀의 행동지도

부모가 자녀와의 갈등을 해결하고 긴장을 해소하기 위해서는 자녀들이 부모를 화나게 할 수도 있고 부모도 화낼 수 있다는 것을 인정해야 하며, 부모는 죄의식이나 수치심을 갖지 말고 분노의 감정을 자신이 느낀 대로 표현해야 한다(오영희 외, 2003). 또한 기노트는 다음과 같이 몇 가지 주의점을 제시하고 있다.

가. 자녀의 행동에 대한 칭찬과 강화가 남용되어서는 안 된다. 예를 들면, 방 안 정돈을 잘한 자녀에게 "너는 아주 천사 같이 착하고 예쁘다."라고 칭찬하는 경우이다. "방안 정돈을 잘해 놓으니 엄마가 기쁘구나."하는 식으로 행동 자체에 국한하여 칭찬이 이루어져야 한다.

나. 자녀와의 상호작용에서 유발된 갈등이나 긴장을 다룰 때에는
- 자녀의 어떤 행동은 성인들을 화나게 한다.
- 자녀에게 화를 냈다고 해서 죄의식이나 수치심을 느낄 필요가 없다.
- 자녀들의 성격이나 인성을 공격하지 않으면서 자신의 감정을 나타내야 한다.

다. 위협, 선물 공세, 약속, 비판적인 말은 부모-자녀관계를 약화시킨다. 부모가 자녀를 위협하는 것은 잘못된 행동을 불러일으킨다. 또한 잦은 선물 공세나 약속의 남용은 자녀에게 일종의 기만행위를 한 것이며, 부모-자녀 간의 관계 형성과 신뢰감 형성에 저해요인이 된다.

라. 자녀는 성장하면서 자신의 행동에 책임을 질 수 있게 된다. 이것은 자녀가 자신들의 행동에 여러 가지 선택의 기회를 가짐으로써 배울 수 있다.

마. 자녀는 제한이 합리적으로 주어질 때 올바른 품행과 책임감을 배울 수 있다.

바. 처벌은 말로 하는 것보다 효과가 적고 자녀에게 상처를 준다.

ㄷ. 부모의 잘못된 태도

부모들이 자녀와의 관계에서 패배감을 느끼는 경우, 자녀를 위협하고 빈정대거나 훈계하고 억압하고 뇌물을 주면서 자녀들을 부모에게 복종시키고자 하는 경우에는 자녀를 순종시키기보다는 오히려 자녀의 반항을 야기시킨다. 다음에서 몇 가지 사례를 생각해 보자.

가. 거짓말하기

아동은 자신이 부족한 것을 채우기 위해 거짓말을 한다. 거짓말 지도에서 부모가 고려할 점은 다음과 같다.

- 부모는 자녀가 거짓말할 때 무조건 화를 내기보다 자녀가 거짓말하는 이유를 주의깊게 생각해 보고 자녀가 거짓말하게 된 상황을 이해하고자 노력해야 한다.
- 부모는 자녀가 거짓말하고 있다는 사실을 알게 되면 자녀를 나쁜 아이라고 규정짓기보다 거짓말이 의미하는 바를 이해하도록 노력한다.
- 자녀가 거짓말할 때 부모는 일방적으로 판단하거나 대답을 강요하거나 타일러서 항복을 받으려고 해서는 안 된다. 현상을 그대로 말해서 자녀가 거짓말할 기회를 주지 않는다.

나. 책임감

대부분의 부모는 자녀들에게 책임감을 길러 주기 위하여 많은 집안일을 강제로 시킨다. 긍정적인 가치가 부여되지 않은 책임감은 반사회적이며 파괴적이다. 책임감을 길러주기 위해 부모가 고려할 점은 다음과 같다.

- 자녀가 자발적으로 하고 싶은 일을 선택할 수 있도록 기회를 주고 자녀의 감정을 존중하는 것이 중요하다.
- 자녀가 책임감을 갖게 하기 위하여 스스로 그것에 가치를 부여할 수 있는 환경을 조성해야 한다.
- 부모는 자신의 감정을 자녀들에게 솔직한 태도로 보여주어야 하며 자녀의 모든 감정 표현과 행동을 받아들일 수 있는 아량을 갖고 행동해야 한다.

ㄹ. 훈육방법

훈육은 자녀지도방법으로 활용하기 용이한 점은 있으나 꾸짖고 나무라고 체벌하고 위협하는 등 자녀의 인격에 상처를 주는 일들이 많다. 훈육방법에서 고려할 점은 다음과 같다.

가. 자녀를 훈육할 때 자녀의 자존심을 상하게 하는 말은 삼가야 한다.

나. 부모는 자녀의 감정을 존중하면서 분명한 행동모델을 보여준다.

다. 부모는 자녀가 수용할 수 있는 행동과 수용할 수 없는 행동을 분명히 알려 주어야 한다.

라. 부모는 자녀에 대하여 기본적인 신뢰를 기초로 자녀의 능력에 대한 확신을 가지고 효과적인 훈육 4단계를 거쳐 지도한다.

- 1단계 : 자녀가 원하는 바를 인정하고 간단한 말로 다시 반복해서 말해 준다.
- 2단계 : 잘못된 행동에 대해서는 분명하게 통제하는 말을 해 준다.
- 3단계 : 자녀가 원하는 바를 최소한 일부분이라도 성취할 수 있도록 다른 방법을 제시한다.
- 4단계 : 자녀의 행동을 부모가 통제할 때 일어나는 분노의 감정을 표현할 수 있도록 도와주어야 한다.

④ 부모교육의 목적

기노트의 인본주의 부모교육의 목적은 부모와 자녀 간에 효과적인 상호작용과 대화기술을 익혀서 부모와 자녀 간에 긍정적인 인간관계를 형성하고 자녀들이 자신의 문제를 효과적으로 대처할 수 있는 자신감을 길러 주는 동시에 자녀의 정서적 · 지적 · 사회적 발달에 개입하여 자녀를 지도하고 계발시킬 수 있는 교육자로서의 역할을 하도록 하는 데 있다. 이렇게 되기 위해서는 부모중심의 개입방법과 아동중심의 개입방법을 사용한다.

ㄱ. 부모중심의 개입

부모중심의 개입은 부모의 정서상태를 판난하는 임상적 경험을 통해 정서상의 문제를 발견하고 부모의 가치관, 태도, 정서 장애 등의 심리상태를 변화시키는 부모교육이다.

ㄴ. 아동중심의 개입

아동중심의 개입은 자녀양육과 관련된 옳지 못한 반응기술을 교육하여 부모효율성을 증가시키는 부모교육으로, 이를 통해 부모는 아동의 입장에서 사고하고 이해하여 자녀가 부모를 인정할 수 있도록 적절한 부모 – 자녀관계를 형성할 수 있는 능력과 기술을 배운다.

3) 종합의견

(1) 이론의 핵심

인본주의이론의 핵심은 행동주의이론의 모순에 대한 의혹을 제기하면서 인간의 본성과 비인간화를 극복하고 인간의 존엄성을 존중하는 사상에 기초하고 있다.

① 로저스의 이론

유아는 타인으로부터 긍정적인 관심을 받고자 원하고 이것이 충족되면 자아개념이 형성되며 자아개념의 발달에 따라 그들의 세계에서 능동적으로 문제를 해결하면서 주체적인 능력인으로 성장해나간다.

따라서 성인은 행동주의이론에서처럼 유아에게 무엇을 요구하고 대안을 제시하는 교사주도성을 배제하고 유아들의 주체적인 행동에 대하여 인정해주고 격려해야 한다.

② 기노트의 이론

인본주의 심리학에 기초를 둔 기노트의 아동에 대한 견해는 '아동은 자기자신을 이해하고 자신의 행동을 조절하며 적절히 통제할 수 있는 능력의 소유자'로 본다. 따라서 자녀의 문제는 부모가 판단하여 제시하기보다 아동이 자신의 문제해결에 자신의 능력을 최대한 활용하도록 해야 한다. 즉, 부모는 아동이 독립된 연결을 지닌 주체로서 아동중심의 사고, 아동중심의 교육과 지도로 이끌어야 한다는 것이다.

따라서 기노트는 부모-자녀 간의 의사소통 증진, 아동중심 지도, 부모와 자녀 간의 긍정적인 상호경험의 제공 등을 강조한다.

(2) 비판 및 시사점

① 부모교육 프로그램의 효과

ㄱ. P.E.T의 효과

로저스의 이론을 근간으로 한 고든의 부모효율성훈련(P.E.T) 프로그램을 적용한 결과 그 효과는 다음과 같다(연미희, 1994; 이은화 외, 1999; 김진영 외, 2001).

가. 부모에게 나타난 효과

- 부모로서의 자아존중감과 자신감이 증가되었고 걱정거리가 감소되었다.
- 자녀를 신뢰하고 자녀의 권리를 존중하게 되었다.
- 자녀에 대해 공감하고 이해하며 긍정적 사고를 가지고 수용하고자 노력하게 되었다.
- 부모-자녀 간의 갈등상황의 발생빈도가 줄었다.
- 권위적인 양육태도가 감소되었고, 민주적인 양육태도가 증가하였다.

나. 자녀에 대한 효과

- 분열적 행동이 감소하였고 자아존중감과 수용능력이 증가하였다.

- 제반영역에 걸쳐 성취도가 증가하였다.
- 콜버그(Kohlberg)의 도덕적 추론검사의 점수가 향상되었다.

ㄴ. 기노트의 부모교육 프로그램의 효과

〈표 I-5〉 **기노트의 부모교육프로그램의 효과**

효 과	연구자	결 과
1. 긍정적인 영향	Gabel(1972) Coweneta1(1979)	① 부모교육 집단과 놀이 집단의 부모들이 부모로서의 자세와 역할 면에서 좀 더 향상되었다. ② 기노트의 전략이 정서장애아 부모들에게 효과적이었다.
2. 소극적인 영향	Tavormina(1975)	기노트의 인본주의적 접근과 행동주의적 접근을 비교할 때 행동주의적 접근이 더 효과적이다.

② 비판 및 시사점

인본주의 교육이론이 행동주의이론의 모순과 병폐로부터 시작되어 교육현장에서 교사주도의 행동수정방법을 추방할 정도의 기세로 태동하였으나 오늘날 다인수 학급에서 아직도 불가피하게 행동주의적 지도방법이 적용되고 있음은 인본주의 교육이론이 다소는 현실적이지 못함을 지적하지 않을 수 없다. 특히, 인본주의 교육이론에서는 모든 유아가 독립된 인격체로서 그리고 능력있는 존재로서 주체적으로 자신의 문제를 해결하면서 성장하기를 기대하고 성인의 소극적 개입을 기대하고 있으나 상당수의 유아에게는 교사의 주도적인 교육적 개입을 요구하는 실정이다.

인본주의 교육이론이 이상에서 지적한 바와 같은 비판을 받으면서도 유아교육이나 생활지도에 주는 시사점은 아주 크다.

첫째, 유아는 성인의 보호를 받아야 하는 미약한 존재에서 독립된 인격을 가지고 능력있는 개체로서 자신의 문제를 스스로 해결할 수 있는 주체적인 자활인으로 인식됨으로써 유아중심의 생활지도로 전환하고 있다.

둘째, 오늘날 일부 유아교육기관에서 유아의 인권과 기본적인 요구가 무시된 채 비인간적이고 비인격적으로 지도됨으로써 사회적 물의를 일으키는 유아생활지도방법에 대하여 근본적인 대책을 강구할 수 있는 이론과 실천적 기술을 제공하고 있다.

제3장

아동발달과 생활지도

생활지도는 어떤 유아관을 신봉하느냐? 그리고 아동의 연령에 따른 발달특성에 따라서 생활지도의 방법이 달라져야 한다. 따라서 본 장에서는 유아관에 따른 생활지도와 아동의 발달을 단계별 행동특성에 따른 생활지도의 방향에 대하여 기술하기로 한다.

1. 아동관과 생활지도

유아관을 시대변천에 따른 유아관과 천도교의 유아교육관으로 구분하여 기술하기로 한다.

1) 시대변천에 따른 유아관의 변화와 생활지도

시대변천에 따라 유아관이 어떻게 변해왔는가에 대해 다음에서 개략적으로 이해하기로 한다(정찬익, 1999).

(1) 전통적 유아관

인간은 다른 동물과는 판이하게 장기간의 보호와 양육 및 교육의 과정을 필요로 하는 존재이다. 그런데 이 과정은 동물들에서처럼 자연에 적응하고 본능에 따르며 먹이만 공급하는 단순한 과정이 아니라 장기간의 보살핌이 없이는 생명을 지탱할 수 없는 절체절명의 보호와 양육 및 교육의 과정인 것이다. 인생 초기의 생존권의 문제는 전적으로 부모나 성인의 손에 달려 있다. 따라서 이 과정에서는 부모나 성인의 애정과 봉사, 헌신적인 노력과 꾸준한 정성은 필연적이며 당위적인 것이다. 특히, 인생 초기의 3년간은 그러한 성인의 배려가 절대적이라고 보았고 그것은 고행의 과정이며 겸허의 과정으로 인식되었다. 그리하여 동양 전통사회에서 인생 초기 3년간의 이 과정을 효행의 마지막 단계인 '삼년상'의 엄격성과 고행으로 대비 · 보상시켰던 것이다.

동 · 서양을 막론하고 수십 세기가 넘는 장기간의 농경사회가 지속되면서 양육의 대가는 노후생활의 보장이라는 보상심리로 작용하게 되었다. 그리하여 남아선호사상은 농경문화의 굳어진 전통이 되어 버렸다. 생산활동뿐만 아니라 집단 수호나 전쟁의 용사를 확보한다는 면에서도 그러했다. 서구의 고대사회에서 신생아 검사관이란 직책을 두어 건강한 아이는 양육하게 하고 병들고 연약한 아이는 유기하거나 살해하기도 했던 것도 같은 이유에서였다.

생활이 어렵고 힘들었던 고대사회나 전통사회에 있어 귀족이나 상류층에서 태어난 아이는 집안의 보배요 행복이며 희망이었으나, 서민, 빈민, 천민에게는 그렇기도 하였지만 귀찮은 존재요, 생업에 지장을 주는 존재이기도 하였다. 8세기까지 서구사회의 빈민 아이들은 나뭇잎을 깐 궤짝에 눕혀져 한나절을 그 속에 갇혀 지낸 경우도 많았고, 기어다닐 정도의 아이들은 밧줄에 발목이 묶여 기둥에 매어진 채 한나절을 보내야 했다. 또 한편 전통사회에서의 아이들은 고의적으로 유기되기도 하고, 양자, 양녀라는 미명하에 물질적 대가를 받고 팔려가기도 했으며 부모의 출세수단으로 이용되기도 하였다. 우리나라의 경우 고려 말까지만 해도 하급 관리가 출세의 수단으로 아들의 성기를 절단하여 궁신으로 만들기도 했고 심지어 그 아이들을 몽고로 보내어 궁중 하급 관리가 되게 하여 자기의 출세수단으로 삼기도 하였다(고려사, 1권).

이상과 같은 이유뿐만 아니라 여러 가지 이유로 인해 전통사회에서는 아동을 부모나 성인의 소유물이나 생계수단으로 보았으며 출세의 방편으로 이용하기도 하여 아동이 인간다운 대접을 받지 못하는 경우가 많았다.

(2) 근대의 유아관

역사학자들이나 교육사상가들은 루소의 최대의 발견, 인류 최대의 공헌은 '아동의 발견'이었다고 말한다. 서구화는 1750년대 이후까지도 아동을 하나의 인간, 인격체로 인식하지 않았고 부모나 성인의 기호대로 양육되고 취급되었다. 루소는 당대 사회에 풍미하였던 합리주의 사조 때문에 신생아 시절부터 구속과 속박으로 양육하던 그릇된 관행을 시정하고, 아동을 인간으로 대접하며 그들 나름의 세계를 마련하고 또 보장해 줄 것을 역설하였다. 사실 루소의 아동관이 현대적 아동관의 전형이 되고 있다.

루소의 아동관과 아동에 대한 인간적 대접의 역설에도 불구하고 서구사회는 성인중심 사회, 가족중심 사회로 지속되었고 아동의 인간적 의미는 오히려 축소된 경향도 강하게 나타났다. 상류층 아이들은 유모에 의해 양육되었고 가정부, 하녀들의 손에 의해 자라게 되었다. 이는 출산과 모유에 의한 양육이 부모의 행복한 삶을 방해하고, 산모에 의한 수유는 여성(산모)의 미와 건강을 해친다는 그릇된 관념이 지배하게 되었기 때문이다. 이것은 당시 왜곡되고 편협한 합리주의 산물인 것이다.

18세기 후반 페스탈로찌를 비롯하여 프뢰벨, 바제도우, 오웬 등의 교육사상가들에 의해 아동관 내지 아동교육관은 차츰 변모되기 시작했다. 보편화된 경향은 아니었지만 유아나 아동교육을 실시하면서 그들의 능력을 존중하고 인격적 대우를 역설하였다. 하지만 출신성분에 따라 아동들도 교육적 차별주의로 말미암아 상이한 대우를 받기도 하였다. 즉, 출신성분이 낮은 일반 서민 자제는 모국어 학습을 비롯해서 오늘날의 초등교육과 같은 교육을 받는다면 귀족출신이나 사회적 지위가 높은 가문의 자제는 라틴어 학습을 비롯한 오늘날의 중학교 교육부터 수학하는 차별대우를 받기도 하였다. 서구의 복선제 학제는 이러한 교육적 차별주의의 산물인 것이다.

(3) 현대의 유아관

동양사회가 아직도 전근대적 사회로 일관해 오고 있을 때 서구는 1870년대를 기점으로 새로운 아동교육운동이 일기 시작하였다. 소위 진보주의 교육운동이라고 일컫는바, 아동의 인격을 중시하기 시작한 아동중심 교육사상이 선풍을 일으키게 되었다. 이것은 미국적 사회 여건의 발로이기도 하지만 남북 전쟁의 종결로 대내외적 제반 문제가 해결된 상태에서 무한한 풍요와 행복의 가능성을 가득 안은 미국 교육계는 미래의 풍요로운 사회 주역이 될 아동의 성장 · 발달에 관심을 집중하게 되었다. 아동을 인격적으로 대우하려는 아동주의(child humanism)가 요원의 불길처럼 확산되기 시작했다.

그리하여 루소의 아동관이나 프뢰벨의 유아교육론이 활발히 연구되었고 그의 실천에 열중하게 되었다. 이와 같은 교육현상은 과거에는 없었던 것으로서 전통적 아동교육관에서 벗어난 진일보한 교육이라 하여 진보주의 교육운동으로 명명되었다. 진보주의는 아동의 인격을 소중하게 여기고 그들은 지능, 적성, 소질 등을 강조하였고, 교육의 출발이 바로 아동의 성장 · 발달수준에서 이루어져야 한다고 강조하였다.

아동의 성장과정 존중, 아동 세계의 보장, 아동의 성장시기도 중요한 인생의 한 과정이라는 인식의 전환 등이 설득력을 갖고 전세계로 확산되기 시작하였다. 우리 사회가 1920년대부터 '인간으로서의 어린이'를 의식하게 된 것도 진보주의 운동과 밀접한 관계가 있다. 한 개인의 일생은 '유아기, 아동기, 청소년기, ……' 등의 각 단계의 총화라는 인식에서 인생 초기의 과정이 단순히 미래의 삶의 준비나 수단으로 희생될 것이 아니라 독자적이고 특이하며 가치로운 삶이어야 한다는 '목적으로서의 아동관', '인간 복지적 아동관'이 차츰 확산되었다. 아동의 질적 삶은 그 자체로서 행복일 뿐만 아니라 현재의 양질의 삶이 내일의 양질의 삶의 창조와 밀접한 함수관계에 있다는 아동관 내지 인간관이 오늘의 현대 교육에 있어 중심적인 관건이 되고 있다.

아동의 인격을 중시하고 아동기의 교육과정에서 교육의 주체로서 아동을 강조한 아동 존중 사상의 흐름과 더불어 현대사회의 한 특징인 비인간화 경향에 대한 교육적 대처방안으로 인간교육의 중요성이 새롭게 인식되기 시작했다. 즉, 1960년대 후반부터 소위 인간주의 교육사상이 확산되면서 아동기부터 양질의 인간적 경험, 전인적 성장, 자아실현의 교육목적과 학습과정의 중요성이 강조되면서 유아교육에서 아동중심 교육사상이 새롭게 강조되고 있다. 이는 아동기에서 양질의 인간적 경험, 자기 자신과 인간 상호 간의 신뢰와 협동적 삶이 그 자체로서도 가치가 있을 뿐만 아니라 미래사회에서 인간성 회복을 상당히 담보할 수 있다고 믿기 때문인 것이다. 우리 사회도 이와 같은 아동관이 차츰 확산되어 가는 중이다.

(4) 유아관의 변화에 따른 생활지도의 방향

이와 같이 유아관이 전통적인 유아관에서 근대적 유아관, 현대의 유아관으로 발전하여 왔다. 특히 전통적인 유아관에서 유아의 인권과 인격이 무시되어 유아가 부모나 성인들의 소유물이나 생계수단 그리고 부모의 출세의 방편으로 이용됨으로써 유아가 인간적인 대우를 받지 못하였다. 그러나 근대의 유아관으로 진입하면서 루소, 페스탈로찌, 프뢰벨, 바제도우, 오웬 등의 교육사상가들에 의해 '아동의 발견'으로 유아관이 차츰 변모하기 시작하면서 유아의 능력을 존중하고 인격적 대우를 역설하면서 아동교육을 실시하였는데 그것도 출신성분에 따라 일반 서민 자제는 모국어학습, 초등교육을 받는다면 귀족출신이나 사회적 지위가 높은 가문의 자제들은 오늘날의 중학교 교육부터 수학하는 등 차별대우를 받게 된다. 그러나 1870년대 진보주의 교육운동의 영향으로 아동교육운동이 일어나면서 유아 인격의 존중, 지능, 적성, 소질의 강조, 아동성장과정의 존중, 아동세계의 보장, 아동성장시기를 중요한 인생의 한 과정으로서의 인식의 전환 등 '인간으로서의 어린이'로서 인식하는 등 현대적인 유아관이 정립되었는데 그것이 바로 유아중심교육관이다.

변모해가는 유아중심교육관에 따라 유아생활지도 또한 유아중심 생활지도로 전환되어야 한다. 유아중심의 생활지도란 교사중심의 생활지도가 지니고 있는 통제, 일방적 지시, 명령, 교사 주도성을 탈피하여 유아의 개별성, 특성, 여건, 요구가 중시되는 생활지도의 방법으로 루소의 자연주의 교육사상이나 게젤의 성숙이론에 근거하는 교육방법으로 유아중심의 생활지도는 유아교육에서 아무리 강조해도 부족하다. 유아중심의 생활지도에서 특히 강조되어야 하는 점은 다음과 같다.

첫째, 유아를 존중, 신뢰해야 한다.

유아를 귀중한 존재로 유아가 스스로 자기의 행동을 학습할 수 있는 능력이 있고 또한 유아 자신에게 의미 있는 행동을 선택할 수 있고 또한 자기 의지대로 행동할 권리가 있는 존재로서 신뢰와 존경심이 있어야 한다. 그리하여 교사가 유아들 위에 군림하거나 가르치는 자가 된다면 유아는 수동적인 학습자가 될 수밖에 없다.

둘째, 생활학습의 주도권을 유아에게 주어야 한다.

유아는 행동의 주체이다. 교사가 유아에게 어떤 행동의 변화를 기대하고 생활학습을 진행시키지만 교사가 의도하는 방향으로 행동을 선택함은 전적으로 유아가 결정할 문제로서 교사의 의도적이며 적극적인 주도성을 배제하여야 한다.

셋째, 교사는 유아가 자신의 행동을 선택, 결정하는 데 필요한 정보와 자료 제공자의 역할을 해야 한다. 교사 자신은 어떤 행동이 바람직한 행동이며 또한 그러한 행동이 왜 바람직한 행동인가에 대하여 잘 알고 있다. 따라서 교사는 이 명백한 행동목표를 유아에게 주입하려 든다. 그러나 교사는 유아들에게 이런 행동목표를 주입하기 전에 이런 행동목표를 유아가 스스로 받아들일 수 있는 내적 동기와 내면화가 될 때까지 기다리면서 유아 자신이 선택 결정할 수 있는 정보와 자료를 계속적으로 제공해 주어야 한다.

넷째, 생활지도가 개별화되어야 한다.

생활지도가 개별화되어야 한다는 의미는 유아생활지도에서는 각 개인의 생활지도의 문제가 개인의 특성과 상황, 여건 하에서 선정되어야 하며 또한 지도방법도 개인의 특성, 상황, 여건에서 안출되는 생활지도 내용 및 방법 선정이 개별화되어야 한다. 생활지도에서 모든 유아에게 공통적으로 적용할 수 있는 방법은 없다.

다섯째, 생활지도의 윤리가 확립되어야 한다.

생활지도란 유아의 행동에 어떤 식으로든 영향을 미치는 활동이다. 생활지도뿐만 아니라 '교육'이라는 활동은 피 교육자에게 어떤 변화를 이루려는 목적에서 출발한다. 그러나 모든 변화가 바람직한 방향으로만 이루어지는 것은 아니며 항상 유아의 성장 · 발달에 도움이 되는 것이 아니다. 이런 점에서 교사의 현명한 판단이 요구된다. 어떤 유아에 대한 지도의 목표가 과연 그 유아를 위한 것인지, 유아의 성장에 도움이 될 수 있는지, 전인적 발달이라는 측면에서 볼 때 저해요소는 없는지 등에 관해서 충분한 검토가 있어 생활지도의 윤리에 배치되어서는 안 된다.

여섯째, 모든 생활지도 계획을 수립하고 시행함에 있어서는 인간주의 교육사상에 기초하여 유아기부터 양질의 인간적 경험, 전인적 성장, 자아실현의 교육목적과 학습과정을 강조하면서 항상 유아중심성에 배치되는가를 생각하면서 시행해야 한다.

2) 천도교의 유아교육관과 생활지도

천도교의 유아교육관은 성선설로부터 출발한다. 또한 어린이는 인간의 범주에서 더 나아가서 어린이가 성인보다 더욱 천인에 가까울 수 있다는 아동존중사상을 낳았다. 뿐만 아니라 어린이는 부패한 사회를 극복하여 새 사회를 재건하는 데 있어 가능성이 있는 새로운 인간으로 존중한다. 천도교가 형식적인 교육기관을 세웠다든지 교육실제에 직접적인 활동은 하지 않았지만 3 · 1운동 이후 사회교육적인 입장에서 '개벽', '어린이', '신여성' 등의 잡지를 발간하여 언론을 통한 사회계몽운동을 적극적으로 펴나가고 소년회를 조직하여 어린이 해방운동의 기치를 드높인 것에서 교육사적 의의를 갖는다. 특히, 천도교는 어린이를 끊임없는 자기 수도에 전념하여 자기완성을 이룰 수 있는 존재, 한울님이 될 수 있는 평등한 존재로 보았으므로 아동존중사상, 아동중심주의 사상을 실천하려고 하였다. 특히, 어린이 운동에 앞장섰던 소파 방정환(1899-1931)이 아동중심주의 사상에 근거하여 제시한 어린이 교육원리는 생활지도 방향을 시사해주고 있다(안경식, 1994).

① 어린이는 천사다. 순진무구한 존재다.
② 어린이의 세계는 성인의 세계와 다르다. 어린이의 세계를 이해하여야 하며 모든 것을 그의 입장에서 생각하라.
③ 존댓말을 써라. 어린이는 독립된 한 인격체이다.
④ 기쁨 속에서 자라게 하라. 어린이는 기뻐할 때 몸과 생각과 기운이 자라나며 흥미가 싹튼다.
⑤ 자유롭게 활동하게 하라. 어른의 욕심을 채우기 위한 압박과 구속을 가하지 마라. 자유로운 활동은 어린이의 생명이요, 생활의 전부이다.
⑥ 동화를 많이 들려주어라. 어린이가 동화를 좋아하는 것은 본능적이고 자연적인 요구이다. 동화는 상상력을 키워주는 완전하고 훌륭한 예술이다.
⑦ 동요를 짓고 부르게 하라. 동요는 어린이의 심성을 곱고 부드럽게 한다.
⑧ 그림을 마음대로 그리게 하라. 어린이가 본대로 느낀대로 솔직하게 표현하게 하라. 어른의 기교는 못 쓸 것이다.
⑨ 건전한 소년단체활동을 하게 하라.
⑩ 우리 민족과 문화를 생각하게 하라. 우리 민족은 무수한 문화를 가진 민족이며 우리 문화는 어린이가 자랄 터전이 된다.

이상에서 시대변천에 따른 유아관과 천도교의 유아관에 대하여 차례로 살펴보고 이에 따른 생활지도의 방향에 대하여 알아보았다. 유아생활지도는 아동중심주의 사상에 기초한 현대적 유아관과 성선설에 기초한 천도교적 유아관에 입각한 생활지도가 이루어져야 한다.

2. 아동발달특성과 생활지도

아동발달특성과 생활지도에서는 아동의 발달단계별 특성과 이에 따른 부모의 역할 그리고 아동의 일반적인 아동발달특성에 따른 생활지도의 방향에 대하여 기술하기로 한다.

1) 아동발달단계에 따른 특성과 부모의 역할

자녀는 성장하면서 자신의 요구에 변화가 올 뿐만 아니라 부모에 대한 요구도 변하게 된다. 자녀는 출생한 후 부모의 도움으로 성장하지만 일정한 기간이 지나면 부모를 떠난다. 자녀는 성장 · 발달함에 따라 특성과 요구, 발달과업이 끊임없이 변화하므로 부모는 자녀의 발달단계에 알맞게 그들의 요구를 충족시켜 주어야 한다. 또한 부모는 자녀의 발달단계에 따라 자연스럽게 자녀에 대한 통제를 감소시키고 독립심을 길러 줄 수 있도록 부모 자신의 역할을 변화시켜야 한다.

(1) 발달단계

인간만큼 스스로의 힘으로 생을 영위할 수 있는 능력을 갖추기 위하여 많은 시간이 필요한 동물은 없다. 인간은 자신의 삶을 스스로 영위하는 데 많은 시간이 소요되는 한편 성장 단계별로 적절한 교육을 요구하는 수준이 달라진다. 인간발달은 전 생애에 걸쳐 신체적 · 지적 · 사회적 · 경제적 · 언어적 영역에서 이루어지는 지속적이고 통합적인 과정으로 학자에 따라서 인간의 성장 · 발달단계를 다양하게 구분하고 있으나 일반적으로 영아기, 유아기, 아동기, 청년기로 구분한다.

(2) 발달단계별 특성과 부모역할

부모는 자녀를 낳아 기르면서 두 가지 발달과정을 거친다. 하나는 인간으로서 나이가 들어감에 따라 이루어지는 자연적인 발달이고, 다른 하나는 부모로서 자녀가 발달함에 따라서 이루어지는 부모역할이다.

부모는 자녀의 발달에 맞추어 발달해 가면서 자녀에게 수행하는 역할도 바뀌게 된다. 자녀의 각 발달단계에 대한 이해는 자녀지도를 위한 부모역할에도 크게 도움이 된다. 자녀들의 발달단계에 따른 부모의 역할은 다음과 같다.

① 영아기(0~2세)

ㄱ. 발달 특성

영아기(infancy)는 출생 후 24개월까지를 일컫는데 일생 중 가장 많은 변화가 일어나는 시기이다. 인간발달에 있어 결정적 시기(critical period)라 할 수 있고, 이 시기의 발달적 특성은 다음과 같다. 특히, 신체 및 운동발달은 인지, 언어, 사회성, 정서발달에 많은 영향을 준다.

가. 신체발달

- 신체적 성장이 가장 빠른 속도로 이루어지는 시기로, 생후 3개월이 되면 출생 시 체중의 2배, 1년이 되면 3배가 되는 등 신장과 체중이 급속도로 발달한다.
- 자기 몸을 조절하지 못하는 무기력한 존재에서 스스로 이동하거나 움직일 수 있는 독립적인 존재로 발달한다.
- 발달은 머리에서부터 신체 하부로 진행되고, 신체 중심 부분에서 말초 부분으로, 전체활동에서 특수활동의 방향으로 진행된다.
- 신체발달은 선천적 요인으로는 종족, 기후, 유전, 임신 중 어머니의 영양상태, 출생 순위, 성별 등이 있고, 후천적 요인으로는 질병, 영양 섭취상태 등이 있다.
- 수면시간이 줄어들고 배변훈련을 통하여 대소변을 가릴 수 있다.
- 뇌와 신경계가 급속히 발달하며 뼈의 조직이 연골에서 점차 경골화되어 간다.

나. 운동발달

- 영아기의 운동발달은 자신의 움직임을 자발적으로 통제하는 것부터 시작하여 신체의 운동발달은 머리에서 다리 방향을 따라 이루어진다.
- 생후 1년간의 특징적인 운동은 길 수 있는 것이고, 2년째부터는 걸을 수 있으며, 약 21개월 전후에는 달리기 시작한다.
- 7~8개월이면 손 전체를 이용하여 물건을 잡고 12~14개월이면 두세 손가락 끝으로 물건을 잡는 등 소근육 운동능력이 급속히 발달한다.
- 영아는 사람들을 관찰하고 대상과 가까이 하려고 하며, 주위 환경을 탐색하는데 이러한 호기심을 만족하기 위해 운동을 한다.

다. 인지발달

- 시각 · 청각 · 후각 · 미각 · 촉각 등 5감각은 생의 초기부터 발달하기 시작하며 영아기에 대부분 완성된다.
- 영아는 감각기관을 통해 주변 환경의 정보를 지각하고, 선택적으로 획득한 정보를 조직하며, 환경 자극에 반응하는 도식을 형성함으로써 인지발달을 이룬다.

- 피아제의 인지발달이론에 의하면 감각운동기에 속하는데 감각을 통해 획득된 정보를 조직하는 도식들과 환경적인 자극에 대해 반응하는 도식들을 형성한다.
- 2~3개월이 지나면 단서를 제공해주었을 때 회생기억이 가능할 정도로 기억능력이 발달한다.
- 영아기의 말에는 대상영속성의 개념이 획득된다.

라. 언어발달

- 보통 언어발달은 1~4세 사이에 가장 빨리 일어나지만 1세 동안의 경험이 영아의 언어 습득 기술을 지속하는 데 결정적인 역할을 한다.
- 2개월이 되면 쿠잉(cooing)을 하며, 3개월이 되면 울음과 쿠잉으로 의사소통을 하고, 4~5개월이 되면 옹알이(babbling)를 하고, 12~14개월 사이에 말을 한다.
- 1년이 되면 한 마디 말을 하고 18개월에는 몸짓과 억양을 동반한 단어로 성인이 사용하는 문장 전체의 의미를 표현하고 2세가 되면 구 단어를 조합하여 말하는 등 언어적 의사소통이 시작된다.
- 언어 수행 능력은 부모와 가정의 특성에 따라 영향을 받는데 부모와 영아가 함께 보내는 시간의 양이나 질에 따라서 영아의 언어능력도 발달한다.

마. 사회성 발달

- 영아기는 표현행동이 나타나는 사회성 발달이 시작되는 시기로 표현행동이란 외부 세계와의 의사전달로서 자신의 요구, 호기심 등을 표현하는 행동이다.
- 출생하면서부터 신생아는 다른 사람과 사회적 관계를 맺으면서 사회성을 발달시킨다.
- 울기, 응시하기, 옹알이, 모방하기, 미소 짓기와 같은 의사소통을 위한 표현행동은 처음에는 자연 발생적으로 나타나지만 시간이 갈수록 아기가 경험하는 내용과 질에 영향을 받는다.
- 자신과 타인 또는 사물이 별개의 존재임을 아는 자아인식이 나타된다.
- 양육자와의 신뢰관계, 애착형성은 차후 자율성 · 주도성 · 독립심 등 사회성 발달에 지대한 영향을 준다.

바. 정서발달

- 출생 시의 흥분상태는 2개월경에 쾌 · 불쾌로 분화되고, 5~6개월에는 불쾌가 분노 · 혐오 · 공포로 분화되며, 10~12개월에는 쾌가 애정 · 기쁨으로 분화된다. 또 2세경에는 불쾌로부터 질투는 정서로 분화된다(김진호 외, 2009).
- 6~7개월이 되면 친숙한 사람과 낯선 사람을 구별하여 다르게 반응하며, 양육자와의 사이에 형성되는 긴밀한 정서적 유대감인 애착형성이 이루어진다. 또

한 애착으로 인해 낯가림과 분리 불안이 나타나는데, 보통은 2세경이 되면 소멸된다(강혜원 외, 2014).

- 같은 또래나 성인에게 애정을 보인다.
- 욕구가 좌절되면 심하게 울거나 딩굴거나 우는 행동을 보인다.
- 큰소리나는 것을 무서워 한다.

ㄴ. 부모역할

영아기에는 어머니와 영아 간 상호작용의 질이 매우 중요하다. 부모는 일관성 있는 태도로 안아 주고, 이야기를 걸어 주며, 웃어 주고, 영아에게 사랑을 표현해야 한다. 이 시기에는 양육, 신뢰감 형성, 상호성 발달, 학습경험 제공 등 중요한 부모역할이 이루어져야 한다.

가. 양육

- 이 시기에는 영아 스스로 기본적 욕구를 해결할 수 없다. 따라서 부모가 양육자로서 영아가 살아가는 데 필요한 모든 것을 해결해 주어야 한다.
- 영아가 걷기 시작하면 위험한 장소나 물건에 의해 안전사고가 발생하지 않도록 유의한다.
- 이 시기에는 양육자와 상호작용이 빈번히 일어나므로 양육자는 양보다 질적인 면이 강조되어야 한다.
- 영아는 모든 것을 부모에게 의존하기 때문에 부모는 영아에게 부단한 관심을 가져야 한다.
- 생후 약 1년간은 급성장이 이루어지는 시기로, 영양 공급이 필수적이며 가급적이면 모유로 이루어져야 한다.
- 부모의 역할이 어려운 경우 조부모, 친척, 형제, 보육사의 도움을 받을 수 있다.
- 이 시기에는 영양 공급뿐만 아니라 적절한 체온, 질병 예방 등에 주력해야 한다.

나. 기본적인 신뢰감(basic trust) 형성

- 영아를 돌봐 주는 사람이 영아의 기본적인 욕구를 일관성 있고 민감하게 충족시켜줄 때 신뢰감이 형성된다.
- 영아를 양육하는 사람은 영아가 불편함을 느낄 때, 그 원인을 빨리 제거해 주고 일관성 있게 사랑, 관심, 놀이, 접촉 자극 등을 통해 영아의 욕구를 충족시켜 준다.
- 양육자가 일관성 없고 부적절한 행동으로 영아를 돌보면 영아는 세상에 대한 두려움과 불신감을 갖게 된다.
- 영아는 자신의 의사를 전달하는 수단으로 울음을 이용한다. 따라서 부모는 영

아의 우는 행위를 통해서 영아가 전달하고자 하는 내용을 알아야 한다.

- 영아가 양육자에 대한 신뢰감이 형성되면 사물이나 사건의 구체적인 상황에서 해석하고 의미를 부여할 수 있는 예측능력이 발달한다.

다. 상호성(reciprocity) 발달

부모는 영아의 최초 상호작용자로서 상호작용은 긍정적이든 부정적이든 서로 자극을 주고받는다. 영아는 부모에게 울음, 미소, 옹알이 등을 통하여 자신을 표현한다. 이에 대한 부모의 민감하고 적절한 반응을 통하여 영아는 다음과 같은 사실을 깨닫게 된다.

- 생후 6개월 동안 엄마와의 상호작용을 통하여 영아는 자신이 다른 사람과 분리된 존재임을 안다.
- 상호작용을 통하여 엄마와 다른 사람의 행동이 다르다는 것을 안다.
- 엄마와의 상호작용을 통하여 자신이 다른 사람에게 영향을 줄 수 있음을 안다.
- 엄마와 영아는 서로의 단서와 신호를 인식하는 법을 익힌다.

라. 학습경험 제공

부모는 영아기 후반부터 영아에게 무엇을 배울 수 있는 학습경험과 자극을 제공해 주어야 한다. 영아는 부모가 제공하는 자극의 종류에 따라 영향을 받는다. 영아기에 학습되는 능력은 다음과 같다.

- 자조 능력 : 스스로 먹고 대소변을 가리고 옷을 입을 수 있는 능력으로, 영아기 후반부터 대소변을 가릴 수 있는 기회를 주고 격려해 주며, 혼자 옷을 입을 수 있도록 눈과 손의 협응 및 소근육 발달의 기회를 제공해 준다.
- 자율성 : 부모에게 완전히 의존하는 상태에서 벗어나 독립하고자 하는 능력으로, 이를 위해 부모가 영아의 요구를 인정하여 지나치게 행동을 제한하지 않으며, 허용할 것은 허용해 주며 항상 일관성 있게 대해 준다.

② 유아기(3~5세)

ㄱ. 발달 특성

유아기는 3~5세까지를 일컫는데 영아기(0~2세) 다음으로 일생 중 가장 많은 변화가 일어나는 시기이다. 다음에서 각 영역별로 발달의 특성을 기술한다.

가. 신체발달

- 영아기때보다 양적인 성장률은 감소하지만 지속적으로 신체발달이 이루어진다.
- 신체 비율은 영아기에 비해 전신에 대한 머리의 비율이 낮아져서 어른의 신체 비율에 가까워진다.

- 영아기의 큰머리, 둥글고 통통한 얼굴, 볼록 나온 배, 짧은 사지 등이 없어지고 전형적인 유아기의 신체 모습이 나타난다(김나영, 2005).
- 영아기에 비해 발달이 잘 이루어져 달리기, 도약, 균형잡기, 기어오르기, 공던지기, 자전거타기 등 대근육의 발달이 가속화된다.
- 혼자 단추 끼우기, 신발 신기, 글씨 쓰기, 그림 그리기를 할 정도로 소근육이 발달한다.

나. 운동발달

- 유아기는 신체적 안정성, 이동능력, 조작적 능력이 급속도로 발달한다.
- 대 · 소근육이 발달하고 신체의 균형유지, 각 부분의 협응력 등 기초적인 운동능력이 발달한다.
- 3세 유아는 세발자전거, 5~6세 유아는 두발자전거를 타는 등 운동기구를 사용할 수 있다.
- 자조 기술이 발달하며 음식 먹기, 옷 입고 벗기, 대소변 가리기를 혼자 할 수 있다.
- 블록쌓기, 숟가락, 젓가락 사용하기, 단추끼우기, 가위질하기, 따라 쓰기 등 소근육이 발달한다.
- 눈과 손의 협응력이 발달하여 작은 조각들을 조립하는 구성놀이를 할 수 있다.

다. 인지발달

- 표상능력의 향상 : 피아제의 인지발달단계에서 전조작적 단계로서 사물에 대한 상징과 심상을 사용하는 표상능력이 향상된다.
- 지각능력의 증대 : 나이를 먹으면서 시간 지각, 형태 지각, 공간 지각이 점진적으로 발달하여 지각능력의 증대를 가져온다.
- 기억능력의 발달 : 대상에 대해 적극적이고 체계적인 탐색을 하지 못하며 충동적으로 탐색하는 경향이 있다. 또한 부호화 기술이 부족하여 재생에 많은 어려움을 겪는다.
- 인과관계의 인지 : 인과관계란 원인과 결과가 되는 두 사상 간의 비대칭적 관계를 말하는 것으로 이 시기에는 원인과 결과를 추론하지 못한다.
- 보존성 획득 : 보존성 개념을 획득하기도 하고 실패하기도 하는 혼란 단계이다.
- 자아중심성 : 타인의 생각 · 감정 · 지각 · 관점 등이 자신과 동일하다.
- 물활론적 사고 : 세상의 모든 사물에는 생명이 있다.
- 실재론적 사고 : 마음속에 생각한 것이 실제로 존재한다.
- 중심화 경향 : 한 번에 하나의 상황에 대해서만 생각하고 다른 부문을 고려하

지 못한다.

- 비가역적 사고 : 일련의 단계 등을 이해하고 그 단계를 처음으로 되돌아가서 사고하지 못한다.

라. 언어발달

- 2세에서 약 200개, 3세에 약 900개, 5세경에 약 2,500개, 유아기 말에 약 10,000개 단어를 획득하는 등 단어의 획득이 급속도로 발달한다(곽노의 외, 2007).
- 언어발달의 결정적 시기이다. 두 돌을 전후로 하는 3어문 시기에서 문법적 요소를 거의 다 이해하는 단계까지 이르게 된다.
- 유아는 자기중심적으로 생각하기 때문에 정확한 의사소통은 불가능하나 완벽하게 문장을 사용할 수 있는 능력을 갖게 된다.
- 4, 5세경에는 부분적으로 글자를 읽고, 책의 그림을 보고 실제단어를 몇 개 사용하여 꾸며 말하기 식으로 읽는다.
- 친구, 다른 사람들과 실제상황이나 공유할 경험에 대하여 능숙하게 대화한다.

마. 사회성 발달

- 신체적 자기 의식화 : 자기 몸을 하나의 독립체로 인식하고 자기 몸을 스스로 조절할 줄 알고 자신의 신체적 특징을 알게 됨으로써 신체적 자아의식을 갖게 된다.
- 숙달감의 발달 : 새로운 기술을 익히는 것이 유아에게는 즐거움이 되므로 한 가지 기술을 익힌 후 또 다른 기술을 익히려는 시도를 계속 확대해 나간다.
- 자율성의 발달 : 숙달감이 발달되면 자율성이 발달한다.
- 행동표현 : 같은 또래들 간의 놀이 시에 자신의 감정이나 생각을 적절한 말로 표현하는 경우가 많다.
- 동성선호 : 성 구별없이 놀이하지만 점차 동성 또래에 대한 접근이 빈번하다.
- 준법정신 : 차례지키기 등의 규칙을 학습한다.

바. 정서발달

- 영아기에 형성되었던 애착감정은 그 강도가 약해지며 의존성으로 발전한다. 행동을 통제하는 초자아, 양심발달이 이루어진다.
- 강렬한 자율성과 주도성이 발달하여 '나도 할 수 있어요', '나 혼자 할래요' 등의 표현을 많이 하고 성취하려는 욕구가 강하다.
- 사랑받거나 배척당하는 상황에 대해 사회적 인식이 생겨나서 자기 가치에 대한 감정을 형성하게 된다.

- 어떤 특정한 정서상태의 지속시간이 짧다.
- 정서상태가 폭발적이어서 작은 일에 대해서도 격렬한 정서를 표현한다.
- 정서상태가 잘 바뀌어 웃다가 울고, 울다가도 곧잘 웃는다.
- 정서 표현이 잦아 희로애락을 잘 표출한다.

ㄴ. 부모역할

이 시기는 표상적 사고능력에 기초하여 어떤 물체를 이용하여 다른 무엇인가를 나타낼 수 있다. 언어 사용이 가능하고 본격적인 사고는 할 수 있으나 논리적이지 못하고 자기중심적이며 부모는 자녀양육에 어려움을 느낀다. 이 시기 중요한 부모역할은 다음과 같다.

가. 양육과 훈육

양육이란 애정과 관심을 갖고 더 나은 발달을 도모하고 보호하는 것이다. 부모는 먹이고, 입히고, 위험에서 보호하는 차원을 넘어 유아가 건전하고 건강하게 자랄 수 있도록 안전한 기본 환경과 분위기를 조성해 주어야 한다.

나. 자아개념 형성

- 자아개념은 영아기에 환경과의 상호작용을 통해 자신이 분리된 존재라는 자아인식을 갖고 있으므로 유아기에 더 따뜻하고 부드럽게 대해 주어 확실한 자아개념이 형성되도록 지도해야 한다.
- 자아개념을 형성하기 위해서 자녀를 수용하고 존중하며 민주적으로 양육하고 온정적인 사랑을 많이 주어야 한다.
- 자아개념이 잘 형성된 유아는 학업성취가 높고 행복감을 느끼며 비교적 불안을 덜 느낀다. 따라서 자아개념형성에 더욱 노력해야 한다.

다. 주도성 발달

- 주도성은 유아가 계획을 세우고, 목표를 설정하며 이를 달성하고자 하는 노력으로 부모가 유아의 주도적 행동을 지지하고 도움을 주면 주도성이 훨씬 빨리 발달한다.
- 부모는 유아가 불안을 느끼지 않으면서 새로운 환경을 주도적으로 탐색할 수 있도록 환경을 조성해 준다. 그러나 부모가 유아의 탐색행동을 제한하고 질문을 귀찮아하면 죄의식이 발달한다.
- 부모는 유아가 환경을 탐색하도록 허용하고 격려하여 탐색활동을 주도하지만 과잉보호하거나 벌을 주면 탐색활동을 기피하게 된다.

라. 학습경험 제공

- 유아는 환경과의 상호작용을 통하여 학습한다. 따라서 유아의 인지발달을 위해서는 다양한 학습환경을 제공해 주어야 한다.

- 부모는 유아의 호기심을 자극하고 학습경험을 확장하기 위하여 풍부한 학습 환경을 조성해 주어야 한다.
- 놀잇감은 유아기 발달을 위한 중요한 환경 자극으로서 유아의 놀이를 위한 도구이므로 놀잇감은 유아 수준에 맞고 호기심을 유발하는 것으로 융통성, 내구성, 안전성을 갖춘 것이 좋다.

2) 유아발달특성과 생활지도

유아교육을 실시하든, 생활지도를 실시하든 간에 교육이나 생활지도의 대상이 되고 있는 대상 유아가 현재 신체, 사회, 정서, 언어, 인지 등에 걸쳐 어느 수준으로 발달되어 있는가를 알아보고 대상 유아의 발달수준에 알맞은 지도계획을 세우고 지도해야 함은 당연한 일이다. 특히 유아의 발달특성은

첫째, 신체적, 사회적, 정서적, 인지적 영역의 발달이 서로 긴밀하게 관련이 되어 있으므로 발달영역들 간에 상호 영향을 주며

둘째, 발달은 비교적 규칙적인 순서로 일어나며 새롭게 발달하는 능력이나 기능, 지식은 이미 발달된 내용을 기반으로 이루어지고

셋째, 발달은 유아마다 다른 속도로 진행되고 또한 유아마다 각 영역 간에 동일하게 균형적으로 발달이 진행되지 않는 특성들이 있어 유아교육이나 생활지도는 이러한 유아발달의 특성을 고려하여 진행시켜야 함은 재론의 여지가 없다.

(1) 발달에 적합한 생활지도

영유아기의 생활지도는 발달에 적합해야 한다. 발달에 적합성(developmental appropriateness)이란 연령의 적합성(age appropriateness)과 개인의 적합성(individual appropriateness)의 두 차원이다. 연령의 적합성은 유아의 생활지도에서 발달수준, 흥미, 욕구 등을 고려해야 하는 것을 의미한다. 유아의 성장과 발달은 예측 가능한 순서에 따라 이루어지므로 유아의 신체, 인지, 정서, 사회성 등 모든 영역의 발달수준에 적합하면서 유아의 흥미, 욕구수준에 알맞은 생활지도가 이루어져야 한다는 것이다. 2세 된 영수는 소변을 보기 위해 혼자 변기로 가는데 간혹 흥분, 피로, 병 또는 어떤 활동에 몰두한 탓으로 실수를 할 때가 있음에 비하여 5세 철이는 낮에는 교사나 부모가 주의를 촉구하여 소변 보기를 실수하지 않으나 밤에는 자기 통제력이 부족하여 가끔 실수를 한다. 위와 같이 소변 보기를 실수하는 경우이지만 영수와 철이의 배변습관 지도방법은 다르다. 이는 연령의 적합성이 다르기 때문이다. 또한 개인의 적합성이란 모든 유아가 성격, 신체조건, 지적 능력, 가족배경 등이 서로 다를 뿐 아니라 학습형

태와 성장속도가 각기 다른 독특성을 지니고 있으므로 각 개인의 특성에 적합한 영유아 생활지도가 이루어지도록 해야 한다는 의미이다. 예를 들면, 5세 된 영희가 엄마와 같이 엄마 친구 집에 갔다가 영희 엄마 친구 집에 있는 장난감을 들고 집에 왔다. 또한 5세 된 수돌이는 유치원에서 영수가 갖고 있는 빨간색 연필을 그리고 영호가 갖고 있는 청색 색연필을 차례로 훔쳐가지고 집안의 책상 속에 숨겨놓았다. 엄마가 물으니 친구 주었다고 거짓말을 했다. 위 두 사건은 똑같은 부적응행동인가를 생각해 보자. 앞의 행동은 엄마와 같이 있는 상황에서 단순한 호기심으로 또는 자기 물건과 타 유아의 물건을 구분하지 못한 상황에서 벌어진 행동으로 똑같이 남의 물건을 가져온 행동이나 행동을 유발한 동기가 다르다. 따라서 부적응행동의 치유방법도 달라야 한다. 이것이 개인의 적합성이다.

(2) 발달영역 간의 통합적인 생활지도

유아교육과정에서 통합의 개념은 유아의 전인적 발달과 효율적 학습을 위하여 유아의 경험, 흥미 및 요구와 교육내용을 통합하고, 유아와 유아, 유아주변의 인적·물적 환경을 통합하며, 또한 교과목(5대 영역)들을 통합적으로 재조직하여 가르치는 방법이다.

유아의 학습은 인지, 언어, 신체, 정서, 사회성 등의 발달영역별로 나누어서 학습이 이루어지지 않고 또한 학습이 산수, 음악, 미술 등의 교과별로 구분되어 지도되는 것도 아니다. 예를 들면, 인지발달이 이루어지려면 정서적으로 안정되어야 하며 미술활동을 하면서 수 개념을 학습할 수 있듯이 모든 생활(발달)영역이 통합되어 지도되면서 그 안에서 생활지도가 동시에 이루어지는 등 5대 생활(발달)영역과 생활지도가 통합되어 지도되어야 한다.

다시 말하면, 생활지도는 유아들이 안고 있는 부적응행동에서 부적응행동요인을 제거하는 것뿐만 아니라 유아 개개인의 전인적 성장·발달을 도모하는 일로서 인지, 신체, 정서, 사회성, 언어 발달 등 여러 발달영역이 잘 조화되고 전인적 성장·발달을 돕기 위해 생활지도가 이루어지는 것으로 결과적으로는 5대 생활(발달)영역의 통합과 생활지도가 또 통합되어 지도되어야 하는 것이다.

(3) 발달의 원리에 따른 생활지도

생활지도는 다음과 같은 발달의 원리에 따라 이루어져야 한다.

① 발달에는 순서가 있으며 그 순서는 일정하다.

② 발달은 일정한 방향으로 진행된다.

③ 발달은 연속적인 과정이지만 발달의 속도는 일정하지 않다.

④ 발달에는 개인차가 있다.

⑤ 발달에는 민감기가 있다.

⑥ 발달의 각 영역은 상호 밀접하게 연결되어 있다.

위 제 1원리인 발달에는 순서가 있으며 그 순서는 일정하다의 원리에 의한 지도의 '예'를 들어 본다.

유아의 식사습관을 적절히 지도하기 위해서는 소화능력의 발달과 식사도구를 사용할 수 있는 대·소근육의 발달 등을 이해하여 점차적이고 단계적으로 지도해야 한다. 유아의 소화능력 및 대·소근육의 발달은 다음과 같다(조운주 외, 2014).

① 5~8개월

이 시기의 영아들은 반 유동식 음식을 조금씩 먹을 수 있으므로 매일 정해진 시간에 이유식을 주어 규칙적인 시간을 알게 한다.

② 8~12개월

이 시기의 영아들은 고형식을 씹기 시작하고, 수저로 음식을 받아먹을 수 있으므로 수저를 사용할 수 있는 기회를 준다.

③ 12개월~만2세

만1세가 지나면서 유아는 컵이나 수저를 사용하여 혼자 먹으려고 하기 때문에 유아 스스로 먹는 연습을 한다. 컵이나 수저의 사용은 서툴기 때문에 음식을 많이 흘린다. 식사 습관으로 하루에 3번 식사하기, 정해진 시간과 장소에서 식사하기, 골고루 맛있게 먹기, 즐겁게 식사하기 등을 지도한다.

④ 만2~3세

만2세가 되면 스스로 숟가락이나 포크를 사용하여 음식을 먹을 수 있다. 성인의 도움이 필요하지만 스스로 먹을 수 있는 기회를 제공한다.

⑤ 만3~4세

이 시기의 유아들은 활동량의 증가로 식욕이 증가하고 음식에 대한 흥미가 생기며 식사태도를 이해하기 시작한다. 3세가 시작되면 젓가락을 사용할 수 있다.

⑥ 만4~5세

만4~5세가 되면 엎지르지 않고 식사를 할 수 있으며, 식사 시 타인을 의식하고 친구나 어른들과 대화를 하며 식사하는 등 바른 식사태도를 이해할 수 있다.

위와 같이 각 유아의 발달 시기마다 거기에 알맞게 유아가 지켜야 할 식사규칙 및 예절을 가르치는 것이 효과적이다.

제 II 부

아동행동의 이해 · 평가

생활지도가 합리적으로 이루어지기 위해서는 생활지도의 주체인 아동행동에 대한 이해가 전제되어야 한다.

아동행동이 결정되는 다양한 요인이 무엇인가를 알아야 그에 적절한 행동수정계획을 수립할 수 있기 때문이다.

아동의 행동은 아동이 선천적으로 가지고 태어난 기질과 아동을 둘러싼 환경과의 상호작용에 의해서 형성되는 것으로 이와 같은 아동의 행동에 영향을 주는 일반적인 요인이 무엇인가에 대하여 알아보고 그리고 아동생활지도에 필요한 다양한 정보와 자료를 확보하기 위한 아동행동 이해방법으로 다양한 유형의 아동평가가 이루어져야 하는바 아동평가방법으로 현장 유아교육기관에서 간편하게 활용할 수 있는 관찰법, 표준화검사법, 교사자작검사법의 방법과 절차에 대하여 알아본다.

제1장

아동행동의 영향요인

유아들의 다양한 문제 혹은 부적응행동을 유발하는 요인은 아주 다양하다. 유아들의 다양한 문제 혹은 부적응행동은 유아 개인의 내적 특성과 환경요인의 상호작용으로 형성된다. 유아들의 다양한 문제 혹은 부적응행동에 많은 영향을 주는 주요 요인으로 가정환경적인 요인, 또래관계의 요인, 교육기관의 요인, 교사의 요인, 지역사회와 대중매체의 요인으로 대별하여 다음에서 간략하게 기술하기로 한다.

1. 가정환경의 영향

가정환경이란 개인에게 영향을 미치는 가정의 모든 조건과 자극과 그 작용을 말한다(유안진, 1989). 가정은 사회의 가장 기본적인 단위조직으로 유아의 성장과 발달에 강력한 영향을 주며 자신이 속한 사회에서 요구하는 기본적인 생활양식을 터득시켜 주는 최초의 사회화 장소이다.

가정환경적인 요인으로서의 가족의 구조, 부모의 역할, 양육태도, 가정형태, 애착, 유전 등이 자녀의 행동에 미치는 영향을 생각해 보기로 한다.

1) 가족의 구조

가족의 구조 면에서는 가족의 형태, 형제의 수, 형제의 출생순위, 형제의 성, 가족원의 연령 등에 걸쳐 알아보기로 한다.

(1) 가족의 형태

가족의 형태로는 대가족(확대가족)과 핵가족, 직계가족과 부부가족, 부자중심 가족과 부부중심 가족으로 구분하는데 우선 대가족(확대가족)과 핵가족으로 나누어 생각해 보기로 한다.

① 대가족제도의 긍정적인 영향

ㄱ. 자녀들을 보다 현실적이고 개인보다 집단을 강조하며 조직과 지도력을 강조하는 등 보다 폭넓은 사랑을 받을 수 있다.

ㄴ. 사회성이 높고 경쟁을 조화시킬 줄 알며 양보할 줄 알고 어울려 사는 올바른 인생태도를 배우게 한다.

ㄷ. 정서적 안정감이 크고 관용적인 인간관계 기술을 쉽게 현실적으로 배우게 한다.

② 대가족제도의 부정적 영향

ㄱ. 유아의 행동에 여러 가지 제약을 받는다.

ㄴ. 성인 가족들 간의 가치관 차이로 유아들의 가치관 형성에 혼란을 준다.

③ 핵가족제도의 긍정적인 영향

ㄱ. 부모의 관심을 유아에게 집중시킬 수 있고 보다 자유로운 분위기에서 생활할 수 있다.

ㄴ. 부모의 교육이 일관적이고 단순하기 때문에 자녀의 욕구, 불만이 적고 명백한 구분을 배운다.

ㄷ. 자녀에게 일관된 가치체계를 형성시킬 수 있다.

④ 핵가족제도의 부정적 영향

ㄱ. 동일화 대상이 적어 유아의 균형적인 발달을 도모하기 어렵다.

ㄴ. 유아양육이 어머니에게 의존됨으로써 가치규범의 학습이나 정서발달의 불균형이 이루어질 수도 있다.

ㄷ. 부모에게 반항심을 조장하고 나아가 세대 간의 갈등을 조장할 우려가 있다.

(2) 형제의 수

형제 수가 적은 가정에서는
첫째, 유아의 욕구가 충족되기 위해 심리적으로 안정된다.
둘째, 유아의 개성을 발휘할 기회가 많아 성취의욕이 높다.

또한 형제 수가 많은 가정에서는
첫째, 각자의 생활에서 책임감을 갖는다.

둘째, 연령의 상하에 따라 윗사람에게 순종을 요구하는 경향을 보인다.

(3) 형제의 출생순위

첫째 아이는 동생에게 애정을 빼앗긴 경험으로 권리와 권력의 중요성을 알며 어른이 되어서는 규칙과 순서, 법칙을 불변의 것으로 받아들이는 보수주의가 되기 쉽다. 성격과 태도 면에서 형은 친애하려는 의욕이 강하여 외적인 영향에 좌우되는 경향이 많다.

둘째 아이는 자신을 보호하고 자신의 위치를 확보하기 위해 사교적이게 된다. 또한 재능이 많고 시기심도 강하나 정서적으로 불안정하고 성취욕구가 강하다. 또한 감정적이고 사교적이며 친구들과 잘 어울린다.

막내 아이는 경쟁자가 없는 안정된 위치에 있기 때문에 낙관적이며 긍정적인 특성이 많다. 그리고 의존적이며 자기평가도 낮다.

외동아이는 사교적, 협조적, 독립적인 행동을 함에 비하여 어떤 외동아이는 의존적, 경쟁적, 사교적이다.

(4) 가족원의 연령

① 젊은 부모에게서 자란 유아는
  ㄱ. 심리적으로 안정감이 결여되고
  ㄴ. 성장 후에도 경쟁의식이 강하다.

② 형제간에 터울이 적으면
  ㄱ. 경쟁과 질투 등으로 마찰이 크고

③ 형제간에 터울이 크면
  ㄱ. 큰 갈등이 적으며 동생에 대한 자기감정을 조절할 수 있고
  ㄴ. 형제관계가 우호적, 협동적, 애정적이다.

2) 부모의 양육태도

부모의 양육태도에 따른 유아에 미치는 영향은 다음과 같다(Diana Baumrind, 1967).

(1) 독재적 부모

특징

매우 제한적인 부모로서 자녀에게 많은 규칙을 부과하며 그것에 무조건 따를 것을 원하면서도 그 이유는 별로 설명해 주는 일이 거의 없다. 자녀가 따르지 않으면 강압적인 훈육을 사

용하기도 한다.

◉ 영향

- 활기차고 붙임성 있다.
- 명랑하고 붙임성이 있다.
- 어른에게 협조적이다.
- 목표 지향적이다.
- 자립적이다.
- 스트레스에 잘 대처한다.
- 호기심이 많다.
- 성취 지향적이다.

(2) 권위적 부모

◉ 특징

이들은 독재적 부모보다 융통성이 있는 양육방식을 취한다. 이들은 자녀에게 여러 가지 제한을 가하지만 왜 그래야만 하는지를 설명해 주며, 마땅히 따를 것을 요구하지만 그와 동시에 상당한 자유를 부여한다. 권위적인 부모는 자녀의 욕구나 견해에 반응적이다. 자녀가 규칙, 제안에 순종하지 않으면 납득하도록 설명해준다. 그러나 피치 못할 경우에는 강압적인 기법을 사용하기로 한다.

◉ 영향

- 갈등을 일으키고 화를 잘 낸다.
- 우울하고 불행하다.
- 수동적이고 공격적이다.
- 목적이 없다.
- 충동적이고 공격적이다.
- 두려워서 염려를 잘 한다.
- 쉽사리 짜증을 낸다.
- 스트레스에 약하다.
- 뿌루퉁하고 붙임성이 없다.
- 반항적이다.

(3) 허용적인 분위기

◉ 특징

가장 느슨한 양육방식을 사용하는 이들은 자녀에게 무엇을 교육하는 경우가 드물고 자녀들이 기분이나 충동을 제멋대로 표현하게 된다. 또한 자녀의 행동을 엄격하게 통제하는 경우는 거의 없다.

◉ 영향

- 자립심과 자제력이 낮다.
- 목적이 없다.
- 독재적이고 으스댄다.
- 성취 지향성이 낮다.

3) 가정형태

(1) 편부모가정

부모의 이혼에 의한 편부모가정은 Wallerstein & Kelly(1975)의 연구에 의하면,

2.5~3.5세의 연령이 낮은 집단의 유아는 퇴행적 행위(예를 들면, 배변훈련에서의 퇴행)

3.75세~4.75세의 중간집단의 유아는 퇴행적 행동을 보이며 공격적이며 울고 성미가 급하고 초조해진다. 또한 인지수준이 높은 유아는 성인과의 관계에서 불안정한 상태를 보인다.

5~6세의 높은 집단의 유아는 초조감, 높은 정도의 불안감, 성급함, 까다로운 행동이 나타난다.

(2) 어머니의 취업

어머니가 직업을 가진 유아는 직업을 갖지 않는 유아에 비하여

첫째, 학교에서의 사회적 적응이 빠르다.

둘째, 남녀 모두 성역할에 있어 평등적인 개념을 가지고 있으며 성역할에 대한 고정관념이 덜하다.

셋째, 사회적 적응은 남아보다 여아가 더 긍정적이다.

넷째, 학업과 인지기술은 뒤지고 있다.

4) 애착

애착이란 인간관계의 기본적인 결합으로 가까운 사람에게 느끼는 정서적 유대, 애정관계, 사랑의 감정을 의미한다.

영유아교사들이 애착과 훈육의 갈림길에서 고민하기도 한다. 애착형성을 강조하여 관심을 요구할 때마다 반응을 해주는 것이 영유아에 좋지 않은 습관을 들게 하는 것이 아닌지 염려하는 것이다.

만 0~2세 정도의 어린 영아를 돌보고 있는 어린이집 교사의 경우, 이러한 고민은 더 할 것이다.

(1) 애착의 특성

애착은 일반적으로 다음과 같은 특성이 있다.

① 애착은 의존성, 민감성, 정서적 상호관계, 사랑의 감정 등 용어와 대치되거나 비슷한 개념으로 생각할 수 있다.

② 애착은 지극히 소수의 제한된 대상에 대해 형성된다. 어머니뿐만 아니라 아버지, 형제,

조부모, 교육기관의 교사 등 영아의 삶에서 그들에게 많은 영향을 미치는 대부분의 사람들과도 형성된다.

③ 애착은 유아가 부모에게 애착하고 부모가 유아에게 애착하게 되는 상호적 관계이다.

④ 애착은 단기간에 형성되기보다는 최소한 몇 개월의 시간을 거쳐 서서히 형성된다.

⑤ 애착은 영유아의 신체발달, 지능발달, 인격발달, 사회성발달, 종교적 성장에 결정적인 영향을 준다.

(2) 애착의 영향

오늘날 어머니들은 직업을 가져 유아교육기관에 전적으로 영유아 교육을 의뢰하는 실정으로 어머니들 뿐만 아니라 유아교육기관의 교사들도 영유아에 대한 바른 애착형성을 통하여 바람직한 발달이 이루어질 수 있도록 지도해야 한다.

애착은 유아의 전 일생을 통해 인간발달의 여러 양상에 결정적인 영향을 준다. 애착의 긍정적인 영향으로는

① 영아의 어머니와의 상호작용을 통하여 자신의 능력과 예측가능성에 대한 안정감과 신뢰감을 형성하게 하고 안정감과 신뢰는 이후 인성의 기초가 된다.

② 안정된 애착을 형성한 영아는 기꺼이 주변세계를 탐색하여 새로운 것을 발견하고자 하므로 주위환경으로부터 더 많은 것을 배울 수 있게 한다. 그리고 사회적으로 성숙하고 또래들과도 적극적으로 상호작용을 하려 한다.

③ 다양한 측면에서 능력을 발휘하여 자신의 요구를 나타내기 위하여 의사소통하는 능력도 많다. 또한 애착이 결핍되면 인간발달에 부정적 영향을 준다(김연식, 1994).

첫째, 시설증(Hospitalizm)

영아가 병원이나 기관에 수용되어 양육될 때 충분한 영양을 취하게 하고 필요한 신체적 보호를 해줌에도 불구하고 건강이 좋지 못하여 발육이 정지상태에 있다. 이와 같이 어머니의 사랑을 받지 못하여 영아는 마라스무스(Marasmus)라는 병에 걸려서 죽기 쉽다고 한다. 마라스무스는 영아의 신체 각 부분에는 아무 병이 없으나 점차 쇠약해져서 죽고 마는 병이다.

둘째, 지능발달의 장애

보울비(Bowlby)는 '생후 4년간 유아가 그의 신체적 각 기관에 적당한 자극을 받지 않으면 뇌의 작용까지도 정상적으로 발달이 이루어지지 못한다.'고 하였다. 이와 같이 사랑의 결핍은 지능발달장애를 일으킨다. 즉, 사랑의 결핍이 주는 심각한 영향은 추상적 사고(abstract thought) 혹은, 개념화(conceptualization)의 무능이다.

셋째, 인격발달의 장애

원만한 인격 형성을 위해서는 최소한의 사랑이 있어야 한다. 그가 받은 사랑의 분량만큼 남을 사랑할 수 있고 마음이 자랄 수 있기 때문이다. 비행소년, 범죄아, 정신병, 신경병 계통의 병자나 결혼생활에 실패한 자 혹은 자살자들은 대체로 어려서 부모의 사랑을 받지 못한 데 그 원인이 있다.

넷째, 사회성발달의 장애

어머니와의 관계가 만족스러워야 다른 모든 인간관계가 원만히 이루어질 수 있다. 이것은 곧, 영유아를 사회적 적응으로 이끌어 주게 된다. 따라서 원만한 사회성의 형성능력은 어려서 부모나 부모 대리인과의 관계상황에 달려있 다.

다섯째, 종교적 성장의 장애

정서적인 안정감이 없고 정신건강이 약한 사람에게는 참다운 신앙생활을 기대하기 어렵다. 보이는 인간의 사랑을 경험해 보지 않은 사람이 보이지 않는 신의 사랑을 이해할 수 없다. 보이는 부모의 용서와 용납을 받아보지 못한 영유아가 하나님의 용서와 용납을 믿을 수 있겠는가?

애착의 유형에는 안정된(secure)애착, 불안정 – 회피(insecure-avoidant)애착, 불안정 – 저항(insecure-ambivalent)애착, 혼란된(confuse) 애착의 4종류가 있는데, 애착의 유형에 따라 행동특성이 다르게 나타난다.

2. 또래의 영향

또래란 행동의 복합성이 거의 같은 수준에서 상호작용하는 연령이 같거나 비슷한 친구유아를 말한다. 또래들 간의 상호작용은 물리적 · 간헐적 접촉이 아닌 지속적이며, 유아 서로가 대등한 관계 속에서 공통 관심사와 놀이를 중심으로 이루어짐으로써 유아의 성격이나 사회적 행동, 가치관, 태도 등에 많은 영향을 준다. 또한 또래집단은 가정과는 다른 사회적 조직으로 비슷한 연령층에 있는 구성원들이 직접적인 관심사를 중심으로 구성된 집단으로 유아들은 서로 모방을 하거나 강화를 하거나 벌을 줌으로써 서로의 행동을 변화시킨다.

그들은 부모들이 하는 방식 – 상을 주고 벌을 주며 모범을 보이는 것 – 과 똑같은 기본방식에 따라 사회화를 행한다. 즉, 그들은 어떤 행동에 대해서는 강화를 하고 다른 행동에는 벌을 준다. 그 외에도 그들의 행동은 관찰되고 모방되어질 수 있는 본보기의 역할을 한다.

1) 또래와 사회화

유아의 또래집단이 가지고 있는 가치나 태도는 성격특성과 사회적 행동을 아주 폭넓게 형성시키는 데 도움을 준다. 교육에 대한 또래의 태도는 학습에 대한 흥미나 목적, 그리고 열망뿐 아니라 감정에도 강한 영향을 미칠 수 있다. 또한 또래는 자아개념 형성 및 발달에 직·간접적으로 영향을 주고 있다. 또래에 의한 인정은 유아의 전반적인 자아개념을 높여 준다. 반면에 일반적인 거절은 그들의 자아개념을 떨어뜨린다.

더욱이 사회에서 특히, 또래의 세계에서 자신의 위치를 찾고 있는 유아는 자신의 매력, 지능, 인기, 공격성, 의존성, 책임감, 그리고 다른 많은 특성들을 스스로 평가하면서 다른 사람과 계속해서 비교한다. 이와 같은 자기평가는 유아의 자아개념 형성에 중요한 역할을 한다. 만일 유아가 자신을 판단하기에 자신의 매력이나 지능, 인기와 같은 바람직한 특성들이 또래보다, 높은 위치에 있다고 생각하면 그의 자아개념은 높아질 것이다. 그러나 만일, 유아가 자신의 이러한 특성들이 대부분의 또래보다 낮다고 생각하면 그의 자아개념은 낮아진다.

2) 또래의 기능

또래집단은 가정이나 유아교육기관에서 어버니나 교사로부터는 노저히 배울 수 없는 특유의 학습이 이루어지는 사회교육의 장이다. 또한 또래집단은 더러는 인기 있는 유아가 지도력을 행사할 수도 있으나 대부분의 유아들이 서로 평등한 수평적 관계 속에서 모델로서의 역할, 강화자로서의 역할, 준거집단으로서의 역할을 수행하면서 자기의 행동수행에 많은 영향을 준다(이태영 외, 1994).

(1) 모델로서의 역할

유아는 또래의 행동을 관찰함으로써 많은 지식을 얻는다. 유아교육기관에 처음 입원한 유아는 자신의 관찰을 통해 선생님께 인사를 하고 어떻게 대하며, 교실에서 뛰어다니거나 시끄럽게 굴면 어떻게 된다는 것을 쉽게 터득한다.

유아들이 또래에게서 배우는 것 중에는 긍정적인 행동, 즉, 바람직한 도덕적 판단, 협동하여 작업하는 것, 친구를 배려하는 것 등이 있다. 뿐만 아니라 부정적인 행동, 즉 싸움이나 공격적인 행동, 이기심, 불복종 등도 배우게 된다.

(2) 강화자로서의 또래

유아들은 자라면서 부모의 칭찬이나 인정을 받으려고 한다. 그러나 차차 나이가 들면서 또래들의 인정을 받고 싶어 하며 또래들의 이야기나 어떤 화제, 비판 등에 관심을 기울인다. 즉, 어른들의 인정을 받으려는 욕망에서 또래들의 인정을 받으려는 욕망이 보다 먼저 나타난다. 유아교육기관의 유아 즉, 3~4세경의 유아는 서로 간에 다음의 세 가지 요소를 주고받는다.

첫째, 미소를 지으며 도와주고 대화를 통해서 또래에게 주의와 관심을 표한다.

둘째, 말이나 신체적인 접촉을 통해서 또래들에게 애정을 표현함으로써 또래를 수용한다.

셋째, 또래의 행동을 따르거나 모방하여 아무런 생각이 없이 상대의 놀이를 그대로 따라함으로써 또래를 강화시킨다.

(3) 준거집단으로서의 또래

유아는 행동결정이나 판단에 있어서 자신과 비슷한 사람을 비교집단으로 삼는다. 만일 한 유아가 싸움을 잘 하는지를 알고 싶으면 자기 또래 중에서 싸움을 잘한다고 생각하는 유아를 비교대상으로 삼는다. 즉, 유아는 발달 정도나 처지, 능력, 주위환경 등이 비슷하므로 또래는 자신들에게 가장 적절한 비교상대가 된다. 또래들은 자신들의 힘을 겨루고 기술과 능력, 발달 정도 등을 서로 비교하여 평가할 수 있는 사회적인 준거가 된다.

3. 교육기관의 영향

유아교육기관은 유아가 가정을 떠나 최초로 경험하는 사회적 공간이다. 사회화의 첫 단계에서 성공적인 경험은 자신감과 정서적 안정감, 나아가서 사회적 유능감의 기초를 제공한다는 점에서 의의가 크다. 유아교육기관이 유아의 행동에 미치는 주요요인으로 물리적 환경, 유아교육경험, 유아교육 프로그램에 대해 생각해 보기로 한다.

1) 물리적 환경

(1) 원의 크기

많은 유아들이 있는 큰 학급의 교사는 자신의 교육방식을 공식화 또는 형식화하며 유아교육기관의 생활규칙을 강조하면서 통제적, 구속적, 그리고 직접적인 교수방법을 사용하는 한편 유아수가 적은 유아교육기관의 학급교사는

첫째, 유아들이 교육프로그램에 능동적이며 적극적으로 참여한다.

둘째, 교육활동에서 소외되는 유아가 적다.

셋째, 유아들이 유아교육기관 생활에 만족한다.

넷째, 유아들이 자신감과 만족감을 갖고 다른 유아와 친절히 지낼 수 있다.

(2) 교실의 공간배치

전통적인 네모난 교실에 있는 유아에 대해 몬테소리(Montessori)는 '핀에 꽂힌 나비처럼 책상에 각기 고정된 채로 의미 없는 지식이 쓸모없는 날개를 펴고 있는 것 같다'라고 기술한 적이 있다.

교실에서 유아들의 좌석의 위치에 따른 수업 참여도에 관한 연구(Summer, 1969)를 보면 교사와 정면으로 앉은 유아가 가장 수업에 적극적으로 참여했고 옆쪽에 앉은 유아들이 말을 적게 하였다. 줄로는 첫째 줄의 유아가 뒷줄의 유아들보다 더 열심히 수업에 참여했고 가운데 앉은 유아가 주변에 앉은 유아보다 더 열심히 수업에 참여했다. 이와 같이 학습활동이 잘 이루어지는 지역을 활동작용영역(action zone)이라고 한다. 이것은 거리가 멀수록 심리적 거리감이 크기 때문이다. 이러한 관점에서 보면, 교실공간배치를 융통성 있게 해야 한다. 움직일 수 있는 가구나 벽을 만들어 소위 '벽이 없는 학급'이라던가 여러 반을 한꺼번에 팀티칭하기 위한 개방식 건축방식 등이 점차 인기를 받고 있다. 유아교육기관에서는 유아들의 자리배치가 고정되어 있지는 않다. 그러나 여러 활동을 전개할 때 유아들이 교사와 어떠한 거리, 어떠한 방향에 있느냐에 따라 학습의 참여도가 다름을 시사해주고 있다. 따라서 각 활동에 유아들을 어떻게 배치해야 하는가에 대하여 교사는 늘 신경을 써야한다.

(3) 학급의 크기

학급의 크기가 증가함에 따라 활동적인 유아수가 줄어들었을 뿐 아니라 참여유아 수도 줄었다. 이와 같이 학급의 크기가 증가하면 증가할수록 토론의 양이 감소했을 뿐 아니라 토론에 참여하는 유아의 비율도 감소했다. 학급의 크기를 늘리는 것은 점차 유아들의 참여를 막아버리는 결과를 가져오게 되는 것이다. 만일 유아들이 학급활동에 많이 참여하면 할수록 더 많이 배우게 된다면 작은 학급이 더 낫다는 것을 알 수 있다. 예를 들면, 얼굴을 맞대면 이른바 언어적 의사소통을 더 많이 하게 되고 가깝게 앉아 있으면 더 많이 참여하게 되는 것이다.

학급의 크기가 유아와 교사에게 미치는 영향을 보면 학급의 크기가 큰 활동실에서 유아들은 원만한 대인관계 유지가 어렵고 방임적, 공격적 행동이 많으며 갈등적 상호작용이 더 많았다(Wein Stein, 1979). 그리고 교사와 유아 간의 개별접촉이 줄어들었다. 이에 대하여 Hymes(1981)는 3세 유아에게 적절한 학급크기는 유아 12명에 교사 2명, 4세의 경우, 유아 16명에 교사 2명, 5세의 경우, 유아 20명에 교사 2명, 그리고 미국유아교사협회(NAEYC, 1984)는 3세의 경우, 유아 10~16명에 교사 2명, 4세의 경우, 유아 16~20명에 교사 2명, 5세의 경우, 유아 16~20명에 교사 2명을 제시하고 있다.

(4) 놀이자료 및 설비

놀이자료 및 설비가 유아행동에 미치는 영향을 정리하면 다음과 같다.

① 놀이터에 놀이기구가 배치되었을 때에는 참여가 많아지고 서로 빼앗고 싸우고 울며 때리는 행동도 함께 나타났으나 놀이기구를 없애니까 게임이 증가되고 사회적 접촉도 증가하였다(Johnson, 1895).

② 놀잇감의 수가 적을 때 더 많은 공격적 행동이 나타났다(Body, 1931).

③ 놀잇감과 교구의 감소는 유아의 공격적 행동을 증가시켰다(Connolly, 1981).

④ 퍼즐과 같은 고립적 놀잇감을 가지고 놀이한 유아들은 혼자서 놀이를 하였으며 놀이 지속시간이 짧은데 비하여 테이블게임과 같은 사회적 놀잇감을 가지고 노는 유아들은 다른 유아들과 어울려 놀았으며 놀이시간도 증가되었다(Builich & Risley, 1942).

⑤ 놀이자료를 정리할 수 있는 교구장이 있을 때 놀잇감을 정리하는 시간이 감소되고 놀이시간이 길어졌다(Montes & Todd, 1951).

2) 유아교육경험

유아교육기관에 다니면서 갖는 교육경험이 유아행동에 미치는 영향을 정리하면 다음과 같다.

(1) 단기적 효과

① 약 6개월 간 유아교육기관에 교육받은 유아들은 교육을 받지 않은 유아들에 비하여 자발성, 독립성, 자기주장, 자신감, 호기심, 환경에 관한 관심 등의 행동특성에서 유의하게 높은 발달을 보였다(Walsh, 1931).

② 정규적 프로그램 속에서 교사-유아 간의 상호작용, 유아-유아 간의 상호작용을 경험한 유아들이 그렇지 않은 유아들에 비해 사회적 협동놀이에 더 많이 참여했으며 또래에 대해 언어적 발화가 많고 사교성이 발달되었다(Aurell & Procace, 1992).

(2) 장기적 효과

① 5세 이전에 집단경험을 한 남아가 청소년기에 가서 사회생활에 더 큰 관심을 보였으며 동료에 대해서도 사교적이며 인기가 높았다(Moore, 1975).

② 유아교육기관에서 유아교육을 받은 경험이 있는 유아들은 초등학교 1학년 때 유아교육을 받지 않았던 유아들보다 사회적 적응도가 유의하게 높게 나타났다.

3) 유아교육 프로그램

유아교육 프로그램의 유형에 따라 유아의 행동에 미치는 영향이 다르게 나타났다. 이에 대한 연구결과를 종합하면 다음과 같다.

① 프로그램의 구조화가 높은 학급의 유아들은 그렇지 않은 학급의 유아들에 비하여 또래들에게 친사회적 행동이 덜했지만 상호작용은 우호적이었다. 구조화가 높은 학급의 유아들은 집단활동시간에 더 참여하였으며 자유놀이가 끝난 후 정리 · 정돈을 하는 데 협조적이었다(Stein et al., 1977).

② 교사중심의 교수 · 학습방법으로 교육을 받은 집단보다 유아중심의 교수 · 학습방법으로 교육받은 집단이 사회 · 정서 발달에 더 효과적이었다(반운경, 1980).

③ 책상이 흩어져 있고 어떤 유아는 엎드리거나 안락의자에 앉고 작은 집단을 형성하여 활동하는 개방학급에서 학습한 유아들이 비개방적인 교실에서 학습한 유아들보다 감정표현이 자유롭고 독립심이 강하고 학급활동에 적극적이며 모든 활동이 자발적이다(이경옥, 2001).

4. 교사의 영향

유아들은 교사를 존경하고 따르며 강한 정서적 애착을 보인다. 교사가 온정적이며 융통성이 있고 긍정적인 태도로 유아들을 대할 때 유아들은 자신의 감정을 솔직하게 표현하며 모든 활동에 자율적으로 참여한다. 그리고 교사의 관심과 칭찬을 얻기 위해 교사의 행동을 모방하거나 자신의 행동을 수정한다. 유아의 행동에 영향을 미치는 교사의 특성이 많겠으나 그 중 교사의 성격, 성, 기대 등에 한해 알아보기로 한다.

1) 교사의 성격

교사가 유아의 활동을 이해하고 관심을 가지고 있기는 하지만 다소 냉담하여 활동계획도 유아들 스스로 세우게 하고 요청할 때만 도와주는 방법과 분위기로 교육을 받은 ㉮집단과 동일한 교사지만 따뜻하고 친절하고 협동적이며 자발적으로 유아활동을 지도하고 유아와 개인적 접촉을 많이 하는 방법으로 교육받은 ㉯집단이 각각 8주씩 교육을 받은 결과 ㉯집단 유아들이 보다 적극적으로 또래들과 사회적 관계를 맺었고, 덜 파괴적이며 덜 공격적이고, 실패에 대한 저항력도 강하고 신경증적 습성이 적었다(Thompson, 1971).

2) 교사유형별 영향

Lewin이 분류한 교사유형 즉, 독재형, 민주형, 자유방임형에 따른 유아에 대한 영향을 다음과 간다.

(1) 독재형의 교사

① 지도형태

교실 내의 행동규칙과 기준을 결정하고 교실 내에서 유아의 역할을 정해주며, 그들의 활동이나 행동을 칭찬하거나 비평하고 학급조직을 다룬다. 또한 독재형 교사는 시범을 보이는 것을 제외하고는 집단활동에 참여하지 않으며 교사는 친절하나 비인격적이다.

② 영향

서로 경쟁적이며 적대감이 있고 교사에 대한 의타심이 높다.

(2) 민주형 교사

① 지도형태

모든 유아들이 교실 내의 문제에 대한 토의나 결정에 같이 참여하도록 하며 일단 결정에 대한 동의가 이루어지면 모든 유아들이 자신들이 설정한 목표달성에 참여하도록 한다. 민주적인 교사는 교사-유아 간의 의사소통이 많고 유아들을 비교적 공정하게 칭찬하고 격려한다.

② 영향

유아들은 자발성이 높고 자기주장적이며 솔직하다.

(3) 자유방임형 교사

① 지도형태

부진한 유아의 활동에 대한 언급이나 간섭도 없으며 지도자의 역할을 수행하지 않으나 유아들에게는 자신이 원하는 대로 완전히 자유가 주어진다. 유아가 요구하면 충고를 해주나 유아들이 토의에 참여하지 않으며, 그들의 목표달성을 위한 어떠한 도움도 주지 않는다.

② 영향

자발적이나 규칙과 질서가 없다(이영자 외, 2001).

3) 교사의 성

교직이 여성화되어 감에 따라 이에 따른 영향도 만만치 않다.

(1) 긍정적 영향

여교사는 온화하고 부드러운 어머니와 같은 심성과 평온함을 지니고 봉사와 희생정신 등 교사로서의 바람직한 조건을 갖고 있다. 즉, 여성은 모성적 특성을 보이고 자연스러운 양육과 인내를 제공하고 남성보다 더 잘 유아를 이해한다고 생각하고 있으며 유아와 연관된 일은 남교사보다 더 잘한다.

(2) 부정적 영향

가정과 학교의 이중역할에 따른 역할갈등이 많고 교직의 여성화가 유아의 성역할의 사회화에 미치는 부정적 영향이 많은데 특히, 남자 유아를 여성화시킨다. 또한 많은 사람들이 여성이 교직에 알맞다고 하면서도 여교사의 능력이 남교사보다 부족하고 기관운영 및 관리능력이 부족하다는 점을 들고 있다.

4) 교사의 기대

교사는 유아 개개인에 대한 기대를 가지며 또한 유아들은 교사의 기대에 따라 성장한다. 유아의 잠재능력에 대한 적절한 기대는 유아의 잠재능력을 최대한 신장시켜 줄 수 있으나 지나친 과잉기대는 오히려 유아들에게 좌절감을 안겨주어 나쁜 인성을 형성시킬 우려가 있다. 전예숙 등(2003)은

① 어떤 유아가 학업을 잘 수행할 것이라고 믿고 있는 교사는 그 유아를 위하여 따뜻한 사회적 · 정서적 분위기를 만들어 준다.

② 유아의 수행에 대한 교사의 보상과 피드백이 다르다. 즉, 교사가 유아의 올바른 답에 보상을 해주며 틀린 것을 고쳐주는 정도가 능력이 있다고 기대하는 유아와 그렇지 않은 유아 간에 차이가 있다.

③ 투입으로서 교사가 받은 가르침의 양에 차이가 있다. 평균 이하의 유아는 학업을 잘 수행하지 못할 것으로 기대되며 똑똑한 유아는 학업을 잘 수행할 것이라고 교사가 기대하게 했다. 그 결과 교사는 똑똑한 유아에게 더 많이 가르친 것으로 나타났다.

④ 교사는 기대한 유아들에게 더 자주 접근하고 더 많은 질문을 하여 문제해결에 더 많은 시간을 주고 바른 답을 할 수 있도록 유도하였다.

5. 지역사회와 대중매체의 영향

1) 지역사회의 특성이 유아행동에 미치는 영향

지역사회는 지리적, 자연적, 경제적, 산업적, 사회적인 면에서 많은 특성을 가지고 있으며 이러한 특성에 따라 지역사회 구성원들의 직업, 생활수준, 관습, 생활양식, 유아의 행동 등에 많은 영향을 준다.

(1) 지리적 특성이 유아행동에 미치는 영향(권이종, 1990)

지역사회를 지리적, 자연적 특성에 따라 대도시, 중 · 소도시, 읍 · 면지역, 도서 · 벽지지역으로 나누어 거주지역에 따른 유아생활양식의 특성을 비교해보면 다음과 같다.

① 생활양식은 서울거주 유아가 가장 높고, 중 · 소도시 거주 유아가 가장 낮다.

② 도시에 사는 유아가 부모애착요인, 학습지향요인, 가족단위생활요인, 청결상황요인, 여가생활요인, 소비추구생활요인이 가장 높고 읍 · 면, 도서 · 벽지 순으로 낮다.

(2) 산업화 특성이 유아행동에 미치는 영향

① 산업화 정도가 높은 지역일수록 전통적인 가치인 복종, 공손함, 유순함보다는 지도력, 독립심, 성취 지향성을 더 많이 선택한다(Rosey, 1982).

② 지역사회의 산업화 정도에 따른 성취 지향적인 가치관의 차이에 의해 생태학적 변인과 아동의 지능 및 성취동기에 차이가 나타나고 또한 이것이 작용하여 도시 유아의 학습준비도가 농촌유아의 학습준비도 보다 높다.

③ 대도시 부모의 성취 지향적인 태도는 유아의 지적 · 동기적 발달과 학업성취에도 직접적인 영향을 준다.

(3) 경제적 수준이 유아행동에 미치는 영향

① 저소득층 가정의 유아는 자아존중감이 낮은데 이것은 가정의 경제적 상황이 유아의 지각을 통해 자아존중감에 영향을 미치기 때문이다(전예화 외, 2003).

② 저소득층 유아들은 부모와의 상호작용이 떨어지고 사회적으로 덜 활동적이며 낯선 상황이나 타인에게 잘 적응하지 못한다(박응임, 1987).

③ 저소득층 유아는 사회적 적응성이 낮고(이기현, 1947) 대인관계 형성능력이 부족하다(이규환, 1978).

④ 저소득층 가정의 경제력 부족으로 인한 싸움이나 폭력은 유아의 공격성 형성에 영향을

준다(김혜연, 1986).

(4) 교육자원이 유아행동에 미치는 영향

대도시 부모는 보다 풍부하게 구비된 지역사회의 교육자원을 적절하게 활용하여 다양한 경험과 자극을 제공하여 유아발달을 촉진시킨다.

(5) 기타요인이 유아행동에 미치는 영향

① 사회적 능력에 대한 지역사회의 영향은 여아에게 절대적이며 나이가 어릴수록 더 영향을 많이 받는다.
② 사회적 능력의 하위영역인 운동기술에서는 읍 · 면 이하 지역 유아가 높다.
③ 비도시지역 유아들이 도시지역 유아보다 신체적 활동을 활발히 한다(문경선, 1997).

2) 대중매체

대중매체에는 라디오, 텔레비전, 비디오, 잡지, 동화책, 만화책 등을 비롯한 기타 전달수단을 포함하는 것으로 송신자와 수신자 사이의 비인격적 전달관계이다(구관현 외, 2002). 또한 정보화 사회가 도래하면서 컴퓨터는 우리 인간의 일상생활에서 중요한 수단으로 자리 잡아가고 있다. 이상에 열거한 여러 대중매체들은 우리 인간과 상호작용하면서 유아행동에 긍정적 혹은 부정적인 영향을 준다.

(1) 텔레비전

오늘날 인간을 TV인간이라고도 한다. 이는 텔레비전의 영향이 대단히 크기 때문이다. 텔레비전은 우리 인간의 생활패턴과 의식구조를 바꾸어 놓을 정도로 우리 인간에게 많은 영향을 주는 사회적 환경이다. 텔레비전이 영유아의 행동에 주는 영향을 보면 다음과 같다.

① 긍정적인 영향

ㄱ. 문화가치의 교육적 기능이 있다.
ㄴ. 사회적 변동을 가속화시킨다.
ㄷ. 오락적 기능이 있다.
ㄹ. 심미수준을 높여준다.
ㅁ. 정서적으로 풍부한 감정을 가질 수 있다.
ㅂ. 미지의 세계에 대한 정보를 얻을 수 있다.

② **부정적 영향**

ㄱ. 공격성을 증가시킨다.

ㄴ. 가족 간의 대화를 제한시킨다.

ㄷ. 충동성이 높아지고 상대적으로 안정성, 사려성, 사회성이 낮아진다.

ㄹ. 나쁜 비행의 방법을 알려준다.

ㅁ. 나쁜 청소년과 어른들이 많아 성인과 사회에 대한 부정적 인식을 제고시킨다.

(2) 컴퓨터

오늘날 영유아들에게 컴퓨터 교육에 대한 시비가 늘 엇갈려 온 와중에도 현재 대부분의 유아교육기관에서는 활동실에 컴퓨터를 설치하는 등 컴퓨터 활용이 체계적으로 이루어지고 있는바 이에 대한 교육적 순기능과 역기능에 대하여 알아보자.

① **교육적 순기능**

ㄱ. 컴퓨터 활용 시에 유아는 일반적인 활동을 할 때보다 고립되지 않으며 오히려 협동적으로 활동에 참여한다(Silvern & Mcray, 1986).

ㄴ. 컴퓨터가 유아들의 사회적 상호작용을 고양시킨다(Borgn & Dick Son, 1986; Lipinski, Nida, Shade, & Waison, 1986; Davidson, 1989).

ㄷ. 유아교육기관에서의 컴퓨터 활동은 또래와의 상호작용, 유치원에서의 안정감, 성취동기, 호기심 등의 사회·정서적 발달에 효과가 있다(정현제, 2000).

ㄹ. 컴퓨터영역의 사회적인 상호작용의 질은 블록, 소꿉놀이, 미술, 조작영역과 같고 컴퓨터영역에서 이상의 네 영역처럼 부정적인 상호작용보다 긍정적인 상호작용이 더욱 많이 발생하고 또한 컴퓨터영역에서 타 유아의 활동을 관심 있게 보는 행동이 많이 나타났으며 남녀 유아의 참여비율이 비슷하다(이성희, 1991).

ㅁ. 컴퓨터영역에서 단독 활동보다 또래활동에 보다 긍정적인 영향을 준다(신승덕, 1996).

ㅂ. 컴퓨터가 고가의 기구임을 알고 파손되지 않도록 서로 주의를 촉구하면서 활용하는 절약태도가 형성된다.

ㅅ. 유아가 동료에게 컴퓨터를 활용하는 방법을 안내하는 등 규칙과 규율을 철저히 이행하고 있다.

ㅇ. 컴퓨터를 활용하고 있는 유아주변에 모여 컴퓨터 활용상황을 관찰하면서 지도해주고 서로 이야기하면서 컴퓨터 주변의 유아들 간에 사회적 상호작용이 활발해진다.

② 부정적 영향

유아 컴퓨터 교육을 비난하는 입장에서는 사회성 발달에 부정적 영향을 준다는 것으로 여러 학자들의 견해를 정리하면 다음과 같다(전예화 외, 2003).

ㄱ. 컴퓨터가 사회적 기술을 발달시키는 결정적 시기에 있는 유아들을 고립시킨다(Kaden, 1990).

ㄴ. 유아들이 컴퓨터를 사용함에 따라 또래와의 사회적 상호작용을 억제한다(Silvern & Meray, 1986).

ㄷ. 유아가 다른 유아와 상호 작용하기보다 기계와 더 상호작용한다(Holler & Martin, 1982).

ㄹ. 컴퓨터 활동이 협동보다는 경쟁심을 더 유발시킨다(Bowman & Roiler, 1983).

ㅁ. 인지발달, 언어습득, 사회성발달, 놀이행동, 창조성을 위축시킨다(Simon, 1985).

ㅂ. 컴퓨터 선호도는 사회성발달에 별 영향을 미치지 않으며 컴퓨터에 대한 선호도가 높을수록 유아의 정서는 감소된다(이춘경, 1999).

여러 학자들의 견해를 종합하면 유아가 컴퓨터를 사용함에 따라 또래와의 사회적 상호작용이 억제되어 사회적 기술이 발달되지 못한다는 점을 지적하고 있다.

(3) 독서물

유아들이 즐겨 시청하는 대중매체는 텔레비전, 컴퓨터, 독서물, 라디오 순으로 높은 편이다. 독서물에는 그림책, 동화책, 유아용 잡지 등이 있으며 유아들이 주로 읽는 것은 그림동화책으로 이것은 유아들에게 즐거움을 주며 내용 전달의 효과가 커 유아의 사회적 가치를 형성시켜 주는 데 많은 영향을 준다.

① 성역할에 영향을 준다. 유아가 보는 독서물은 유아의 성역할에도 영향을 준다. 많은 학자들의 연구에 의하면 그림 동화책에 나오는 주인공의 영향이 큰 것으로 나타났다. 대부분 책에 나오는 주인공들은 전통적인 성역할을 나타내고 있어서 그것을 읽는 유아들이 자연스럽게 성역할을 학습하게 된다.

② 동일시 대상이 된다. 그림책에 담겨 있는 내용을 통해 주인공의 행동과 사고 그리고 인간성을 동일시 대상으로 삼아 자기의 생각으로 흡수한다. 이러한 경향이 반복되면 유아는 사회적 가치, 태도를 형성하는 데 영향을 준다.

③ 친사회적 행동을 장려한다. '흥부와 놀부', '심청전'과 같은 전래동화를 통해서 유아들은 권선징악의 의미를 깨닫고 '오줌싸개 곰돌이'를 통해서 실수에 대한 책임의식을 갖게 하고 '뽀골뽀골 목욕하기'를 통해서 좋은 습관을 갖게 하는 등 동화읽기를 통해서 친사회

적 행동을 장려한다.

④ 문제해결력을 배양시킨다. 김명희(2000)는 전래동화에 나타난 도덕적 갈등상황의 토의 활동은 유아의 대인문제 해결에 영향을 미친다고 했고, 정영현(2000)은 유아들은 전래동화를 통하여 전통적인 도덕적 가치를 축적하게 되어 인격 형성에 중요한 영향을 주게 되어 적극적으로 자신의 환경을 개척하려는 강한 정신력과 선을 추구하려는 절대적인 성향을 나타낸 반면에 자신의 것을 지키려는 욕심과 비판적이고 개인주의적인 성향을 나타내기도 했다.

⑤ 형상화 능력과 미의 의식을 길러준다. 전래동화는 현실에 존재하지 않은 것을 상상으로 형상화하는 힘을 가지고 있으며 이 힘에 의하여 다른 사람의 마음이나 경험 속으로 들어가 다양하게 체험할 수 있게 된다. 또 심미적인 가치관이나 예술의 세계를 맛보게 하여 미의 의식을 길러준다. 투쟁성이 강한 유아에게 전쟁이나 싸움을 소재로 한 독서물을 읽히게 되면 공격성이나 투쟁성이 더욱 강화되고 유순하고 지극히 사려적인 유아에게 눈물날 정도의 어렵고 힘든 생활을 소재로 한 독서물을 읽히게 되면 더욱 성품이 나약하고 무기력해질 수도 있다.

이상과 같이 독서물의 막강한 영향력에 비추어 바람직한 유아의 행동지도를 위해서는 양서 위주의 독서에서 적서 위주의 독서로 전환시켜야 한다. 또한 독서의 부정적인 영향으로는 이 세상에 출간된 독서물은 모두 양서이나 이 양서를 무조건 읽히는 것이 아니라 유아의 심성, 가치, 성품, 태도에 따라 그에 알맞은 책을 선택하여 읽히는 적서 위주의 독서를 시킴으로써 유아의 바람직한 행동을 정착시켜야 한다.

제2장

아동행동의 평가

합리적인 생활지도가 이루어지게 하기 위해서는 일반적으로 ① 학생조사활동(학생분석활동) ② 정보활동(정보제공활동) ③ 상담활동(대화, 협의활동) ④ 정치활동(배치활동) ⑤ 추후활동(추수활동)의 5단계를 거치는데 본 절에서 다루려는 내용은 ① 학생조사활동(학생분석활동)이다. 학생조사활동(학생분석활동)은 생활지도에서 가장 먼저 진행시키는 기초단계로서 유아들에 대하여 정확하게 이해하는 데 필요한 각종 정보, 자료를 확보하기 위해서 유아행동에 관련된 각종 상황과 실태평가 분석하는 일이다. 유아에 대하여 바르고 깊이 있고 정확하고 포괄적인 이해 없이는 당해 유아에 대한 합리적인 생활지도를 할 수 없다.

1. 아동행동 평가방법의 개요

1) 아동 조사의 내용

아동 조사의 내용은 무엇인가에 대한 관심으로 여기에는 가정환경, 교우관계, 취원 전 경험, 양육방식, 학부모의 유아관, 교육관, 지능, 적성, 흥미, 성격, 건강, 장래희망, 현재적응·부적응행동유형 등 유아의 행동에 영향을 주며 유아에 관련된 모든 내용이 해당된다.

2) 아동 조사방법

아동 조사방법에는 형식적 방법과 비형식적 방법의 두 유형이다.

(1) 형식적 방법

심리검사(표준화검사법, 투사법)

(2) 비형식적법

관찰법, 교사자작검사법, 평정법, 질문지법, 면접법, 사례연구법, 사회성 측정법 등이 있다.

3) 아동 평가시 고려할 점

아동 이해는 결국 아동 평가를 통하여 이루어진다. 따라서 아동 평가 시 교사가 고려할 사항은 다음과 같다.

① 전 아동을 대상으로 실시하되 부적응아, 특수아동에 대해서는 또 다른 평가방법을 적용할 수도 있다.
② 평가는 아동의 윤리성을 고려해야 하며 아동 개개인의 존엄성과 개성을 존중하는 방향으로 시행되어야 한다.
③ 평가는 다양한 방법을 활용하여 평가한 후 평가결과를 종합한다.
④ 평가결과 분석 시 교사 자신의 주관적인 판단이나 어떤 편견도 개입되어서는 안 된다.
⑤ 평가는 원인 분석 시, 지도 시, 지도 후 등 시기에 따라 지속적이며 계속적으로 평가가 이루어져야 한다.

2. 아동행동 평가의 실제

아동행동 평가에서는 관찰법, 표준화검사법, 교사자작검사법에 국한하여 간략하게 기술한다.

1) 관찰법

(1) 관찰법의 이해

① 개념

관찰법은 유아의 행동을 보다 더 잘 이해하기 위하여 유아가 보여주는 자연스러운 여러 가지 상황이나 활동을 과학적인 방법으로 자세히 관찰하고 분석, 기록함으로써 유아의 인지적,

사회적, 정서적, 신체적 발달 및 행동에 대한 정보와 자료를 확보할 수 있는 평가방법이다.

② 관찰의 단계

관찰법을 활용하여 유아를 관찰할 때 그 절차에 있어서 대체로 3단계의 과정을 밟는다.

ㄱ. 기록단계

관찰한 내용을 기록하는 단계이다. 기록은 관찰자 앞에서 일어나고 있는 장면을 가능한 한 자세하고 객관적으로 기록한다.

ㄴ. 해석단계

해석은 눈앞에 보이는 것뿐만 아니라 행동의 원인, 행동할 때의 감정 등을 추측해 보고 기록된 자료의 의미를 찾아보는 과정이다. 추측이 적을수록 관찰의 신뢰도는 높다. 많은 추측이 필요한 경우에는 행동의 의미를 잘 파악하고 있어야 하며 사전에 많은 훈련이 필요하다.

ㄷ. 평가단계

축적된 관찰자료를 바탕으로 관찰된 내용에 대한 가치판단을 하는 단계이다. 어떤 행동이 바람직한가 혹은 바람직하지 않은가, 긍정적인가 아니면 부정적인가, 정상적인 발달을 하고 있는가 아니면 비정상적인 발달을 하고 있는가를 판단한다.

③ 관찰법 활용 시 고려할 점

ㄱ. 관찰의 방법과 절차를 사전에 치밀하게 계획한다(관찰대상, 관찰내용, 관찰시기, 관찰방법 등).

ㄴ. 가능하면 유아 1명씩 관찰한다.

ㄷ. 관찰내용의 중요도를 선별하여 중요한 내용에 치중하여 관찰한다.

ㄹ. 지속적으로 관찰하고 관찰시간을 최대한 확보한다.

ㅁ. 교사의 주관성을 탈피하여 객관적으로 평가한다.

ㅂ. 관찰은 다양한 기구를 활용하고 다양한 방법으로 상황에 맞게 기록한다(녹음기, 촬영기, 메모지 등).

ㅅ. 가능하면 관찰이 끝나는 즉시, 기록해두어야 한다.

(2) 관찰의 실제

관찰법에는 표본기록, 일화기록, 사건표집법, 시간표집법, 체크리스트법, 평정척도법에 한해 다음에서 기술한다.

① 표본식 기술

ㄱ. 개념

표본식 기술은 평가자가 관찰대상, 장소, 관찰시간 등을 미리 선정한 후 그 장면에서 유아가 한 말과 행동을 객관적이고 상세하게 일어난 순서대로 기술하는 방식이다. 따라서 정해진 시간 동안에 발생하는 관찰대상 유아의 모든 행동을 비디오를 찍듯이 충실하게 기록한다. 표본식 기술은 상황이나 행동을 자세히 묘사하기 때문에 유아를 지도하는 교사들에게 유용한 자료를 제공해 준다. 따라서 표본식 기술은 행동일화를 가장 자세하고 완전하게 기술할 수 있다.

ㄴ. 장 · 단점

표본식 기술의 장 · 단점은 다음과 같다.

가. 장점

㉠ 모든 상황을 아주 자세하게 기록하기 때문에 유아에 대한 자세한 정보를 얻을 수 있으며 이 정보를 활용하여 모든 교육활동 계획수립에 활용할 수 있다.

㉡ 표본식 기술은 특별한 관찰이나 기록기술이 필요 없으며 관찰된 행동이나 사건이 어떠한 맥락에서 일어났는지, 전후 관계를 파악할 수 있다. 따라서 어떤 유아가 가지고 있는 문제행동을 해결하거나 학기 초에 유아를 이해하는 데 도움이 된다.

ㄷ. 관찰기록의 실제

가. 관찰기록지에 날짜, 시간, 대상 유아명, 생년월일, 성별 등을 기입한다.

나. 관찰시간은 1회 10분 내외로 관찰하는 것이 적당하며 30분 이내로 한다.

다. 관찰유아의 행동이 관찰된 장소 및 상황을 기록한다. 상황을 자세히 기록하고 대상 유아가 수행한 모든 행동을 전체적으로 기록한다. 관찰유아의 행동과 그러한 행동에 영향을 미치는 상황적 요인이 있으면 무엇이든 자세히 기록한다.

라. 관찰대상의 말과 행동을 가능한 한 일상적인 용어를 사용하여 그대로 기록한다. 즉, 객관적인 사실만 기록하며 관찰자의 해석이나 주관적인 판단 혹은 추론을 포함시키지 않도록 한다. 만일, 필요하다면 기록지의 오른쪽 면에 여백을 남겨 관찰자의 해석을 별도로 적어서 상황을 이해하는 데 도움이 되게 한다.

마. 사건이 일어나고 있는 현장에서 적은 것이므로 현재형으로 적고 직접화법을 이용한다.

바. 관찰대상의 행동을 긍정적으로 기술한다. 이를테면, '무엇이 일어나지 않았다'라고 기술하는 것보다 '어떤 일이 일어났다'고 긍정적으로 기술하도록 한다.

사. 표본식 기술 마지막에 발달영역별로 간단하게 요약을 해 놓는다.

ㄹ. 표본식 기술 관찰기록지 양식

표본식 기술 관찰기록지 양식은 다음과 같다.

〈표 II-1〉 **표본식 기술 관찰기록지 양식의 '예'**

표본식 기술 기록지 관찰양식

관찰 유아명 : 성별 :
생년월일 : 관찰일 :
관찰 장면 :

시간	기록	추론 및 해석
요약		

② 일화기록법

ㄱ. 개념

일화기록법은 개인의 특성을 이해하기 위하여 개인이 나타낸 어떤 짧은 내용의 사건이나 행동을 될 수 있는 대로 상세하게 기록하는 방법이다. 사건이나 행동을 서술함에 있어서 마치 사진을 보는 것과 같은 사실적인 기록이다. 따라서 일화기록을 '글로 묘사된 사건(word picture)'이라고 표현하기도 한다.

ㄴ. 일화기록법의 장 · 단점

가. 장점

㉠ 일화기록법은 아주 간결한 형태로 기록되므로 시간을 많이 필요하지 않다.

㉡ 일화기록법은 유아들의 언어나 행동에 관찰의 초점을 두고 있어서 좀 더 명확하고 분명하게 보고 들은 것을 기록한다.

㉢ 여러 번에 걸쳐 관찰된 일화기록은 다른 관찰기록들과 비교될 수 있으며 교사가 유아의 독특한 발달의 패턴, 행동의 변화, 흥미, 유아의 능력, 필요로 하는 것 등을 정확하게 이해할 수 있다.

나. 단점

㉠ 정확하고 객관적인 관찰기록이 아닐 경우, 유아에 대한 그릇된 인상을 심어줄 우려가 있다.

㉡ 일화기록법은 체크리스트나 평정척도법에 비해 기록하는데 시간이 더 많이 소요된다.

ⓒ 유아의 전체 행동 중 일부만을 기록하기 때문에 해석 시 오류를 범할 우려가 있다.

ⓓ 표본식 기술에 비해 상황 묘사가 적다.

ⓔ 메모 후 시간이 지난 후에 상세하게 기록하는 경우에 관찰자의 편견이 들어가거나 그때의 상황을 잊어버리는 경우가 생길 수도 있다.

ㄷ. 일화기록의 실제

가. 일화기록은 어떤 일화가 발생한 후 될 수 있는 한 즉시 기록하여야 한다. 따라서 기록할 필기도구와 메모지를 준비해 둔다.

나. 일화기록지에 날짜, 시간, 장소, 장면, 관찰 유아의 성명, 생년월일 등을 기록한다.

다. 일화가 일어난 순서대로 기록한다. 즉, 일화의 시작, 중간, 끝의 내용이 있어야 한다.

라. 관찰대상 유아가 한 행동을 기술할 때 동일한 용어로 일관성 있게 기록한다.

마. 대상 유아의 특정적인 언행과 그 상황에서 있었던 다른 유아들의 반응을 그대로 기록한다.

바. 발달상의 중요한 포인트를 기록해야 한다.

사. 객관적이고 사실적이며 완전한 기록이어야 한다.

ㄹ. 일화기록법의 관찰기록양식

일화기록법의 관찰기록용지는 다음과 같다.

〈표 II-2〉 **일화기록법 관찰기록양식의 '예'**

일화기록법 관찰기록양식	
관찰유아 :	성별 :
생년월일 :	관찰일 :
장면 :	
기록 :	

③ 시간표집법

ㄱ. 개념

시간표집법은 평가자가 관찰행동을 미리 선정하여 정해진 시간동안 일정한 시간 간격을 두고 반복적으로 관찰하여 그 결과를 기록하는 방법이다. 즉, 시간표집법은 정해진 관찰시간 동안 계속 관찰하는 것이 아니라 일정한 간격으로 잠시 행동을 관찰하여 그 결과를 기록하는 방법이다. 관찰자는 일정한 시간 간격을 두고 특정한 행동들이 나타나는지를 관찰, 기록해야 하므로 그 행동은 빈번하게 발생하는 행동이어야 한다. 시간표집법은 일정한 기간 동안에 어떤 특정한 행동특성이 얼마나 발생했는가를 양적으로 알아볼 수 있기 때문에 통계처리가 편리하고 객관적이다. 또한 시간표집법을 활용하면 비교적 짧은 시간 내에 다양한 상황 속에서 여러 대상들을 관찰할 수 있다.

ㄴ. 시간표집법의 절차

시간표집법을 활용하려면 ㉠ 관찰하고자 하는 목표행동을 명확히 규정하고 ㉡ 관찰의 시간단위와 시간단위 간의 간격, 관찰횟수를 결정하고 ㉢ 관찰결과의 기록방식 결정의 절차를 밟는다(김병선 외, 1998).

가. 목표행동의 정의 및 범주화

평가자가 목표행동을 정의할 때 두 가지 점을 고려해야 한다. 첫째는 관찰하려는 목표행동을 분명하고 관찰 가능한 방식으로 세밀하게 기술하는 것이다. 따라서 목표행동에 대한 조작적 정의가 먼저 이루어져야 한다. 조작적 정의는 관찰할 수 있는 행동적 용어로 진술하는 것이다. 예를 들면, '울음'은 '격렬하게 또는 흥분되어 소리를 내면서 눈물을 흘리는 행동'으로 정의할 수 있다. 또 하나는 관찰하려는 행동의 단위를 하위행동으로 범주화하는 문제이다. 예를 들면, 어린이집의 자유놀이시간에 관찰대상 유아의 친구들과의 관계를 알아보기 위해 관찰을 실시한다면 '혼자서 논다', '다른 아이들과 같이 논다', '다른 아이들과 같이 있으나 상호작용이 없다' 등의 세 가지 범주로 나눌 수 있다.

나. 관찰의 시간단위와 시간단위 간의 간격 결정

시간표집법으로 관찰할 때 전체 관찰시간과 1회의 관찰시간을 결정해야 한다. 다시 말해서 목표행동의 포착시점을 얼마나 길게 그리고 얼마의 간격으로 잡을 것인가를 결정해야 한다. 이러한 결정에는 관찰대상의 수, 행동의 지속시간, 기록양식의 난이도 및 복잡성, 관찰자의 피로, 기록의 상세한 정도 등을 고려해야 한다.

다. 관찰결과의 기록

시간표집법에서 관찰기록 방법은 3가지 유형이 있다.

㉠ 행동의 출현 유무를 표시하는 것인데 일정한 단위시간 내에 단 한 번이라도 출현하면 출현으로 표시하는 방법이다.

㉡ 행동이 출현하는 빈도수를 표시하는 것인데 일정한 단위시간 내에 행동이 출현할 때마다 세기 표(/)로 표시하는 방법이다.

㉢ 행동의 지속시간을 추가하여 표시하는데 이는 일정한 행동이 출현했을 때 세기 표(/)로 체크하고 지속시간을 기록하여 일시적인 행동인지 지속적인 행동인지 알 수 있도록 한다.

ㄷ. 시간표집법의 장 · 단점

가. 장점

㉠ 관찰하고자 하는 행동에 대한 정의가 분명하고 관찰하고자 하는 시간이 정해져 있기 때문에 어떤 관찰유형보다 신뢰성과 객관성이 높다.

㉡ 서술적인 관찰방법에 비하여 시간과 노력이 덜 든다.

㉢ 수량화가 용이하다.

㉣ 행동이나 사건의 발생빈도를 파악함으로써 행동수정 프로그램을 작성하거나 평정척도 같은 측정도구를 만드는 데 기초 자료를 제공할 수 있다.

나. 단점

㉠ 어떤 행동이든지 최소 15분에 한 번은 나타나야 적용할 수 있다는 제한점이 있다.

㉡ 유아 내면의 감정이나 사고 등은 시간표집법으로 평가가 부적절하다.

㉢ 특정한 행동관찰에 초점을 맞추기 때문에 행동과 행동 간의 관계를 알 수 없다.

㉣ 행동이 '어떻게?' 즉, 어떤 질적 수준인가를 알 수 없다.

㉤ 연구자는 나타나는 현상을 그대로 기술하기보다 관찰범주에 적합한 행동을 무의식중에 찾으려는 경향을 보일수도 있다.

ㄹ. 시간표집법의 관찰양식

시간표집법의 관찰양식의 '예'는 다음과 같다.

〈표 II-3〉 **시간표집법의 관찰양식의 '예'**

시간표집법 관찰기록지

관찰 유아명 : 성별 :
생년월일 : 관찰일 :
장면 :
기록 :

• 관찰행동 : 다른 유아들과 같이 놀이를 한다.
• 관찰시간 : 10 : 00~12 : 00(15분 간격으로 120분)
• 표시방법 : 출현(/) 비 출현( )

15	30	45	60
1		1	
75	90	105	120
1	1	1	

※ 15분 동안 동일한 행동이 여러 번 나타나도 한 번만 표시한다.

④ 사건표집법

ㄱ. 개념

사건표집법은 하나의 특정한 행동이나 사건이 발생하기를 기다렸다가 관찰자가 관심을 갖고 있는 행동이나 사건이 나타나면 일정한 형식에 따라 기록하는 방법이다. 시간표집법이 행동의 발생유무에만 관심을 둔다면 사건표집법은 특정한 활동이나 사건이 발생되는 순서를 자세하게 기술한다. 따라서 사건표집법으로 관찰하면 사건이 일어난 전 후 맥락을 상세히 알 수 있다. 사건표집법은 관찰의 기준이 시간 간격이 아니라 어떤 행동이나 사건 그 자체이다. 따라서 관찰자가 특정행동이 나타날 때까지 기다렸다가 일단 그 행동이 발생하면 관찰하고 기록함으로써 언제 꼭 관찰해야 한다는 시간적 제약이 없다. 또한 행동이나 사건의 존재유무보다도 사건의 특성을 탐색하는 데 더 관심을 둔다.

ㄴ. 사건표집법의 절차

사건표집법에 의해 유아의 행동을 관찰하려는 평가자는 먼저 관찰대상 행동이나 사건을 결정하고 그것을 주의 깊게 정의해 세분화한다. 관찰대상 행동에 대한 정의가 이루어지면 그 행동이나 사건이 발생할 가능성이 높은 장소나 상황을 선정하고 관찰결과를 기록하는 절차를 고려해야 한다. 사건표집법은 행동관찰의 정의 및 범주화, 관찰상황의 선정, 관찰결과 기록의 순서를 밟는다(김병선 외, 1998).

가. 관찰행동의 정의 및 범주화

평가자는 관찰하고자 하는 행동 또는 시간을 결정하고 조작적으로 정의한다. 그리고 목표행동을 하위행동으로 범주화한다.

나. 관찰상황의 선정

관찰하고자 하는 행동이나 사건에 대해 연구자가 충분히 이해하고 있어야 하며 이러한 지식을 토대로 관찰하고자 하는 행동이나 사건이 가장 잘 출현할 수 있는 장소나 시간을 결정한다.

다. 관찰결과의 기록

행동특성을 자세히 기록해야 되므로 녹음기나 비디오 등의 영상기록 매체를 많이 사용한다. 평가자는 미리 정해진 행동범주에 대한 정의를 분명히 이해한 후, 어떤 항목에 대해 서술할 것인지를 미리 관찰기록 용지에 계획해 둔다.

ㄷ. 사건표집의 실제

가. ABC서술식 사건표집법

ABC서술식 사건표집법은 어떤 행동의 원인을 알려고 할 때 가장 적합하게 사용할 수 있는 방법이다. 유아의 어떤 문제행동에 대한 원인을 알게 되면 그에 맞추어 적절한 행동지도를 할 수 있다. ABC서술식 사건표집법의 기록양식의 '예'는 다음과 같다.

〈표 II-4〉 **ABC서술식 사건표집법의 관찰양식의 '예'**

관찰 유아 : 생년월일 :
관찰자 : 성별 :
관찰일 :
관찰행동 :

시간	기록	추론 및 해석	추론 및 해석

요약	

나. 빈도사건표집법

빈도사건표집법은 교사가 어떤 선별된 행동이나 사건이 얼마나 자주 일어나는지를 알아보고자 할 때 가장 유용하게 활용하는 방법이다. 빈도사건표집법에 의해서 수집된 자료를 토대로 수업활동을 계획하거나 교수전략을 짤 수 있다. 빈도사건표집 양식의 '예'는 다음과 같다.

〈표 II-5〉 **빈도사건표집법 양식의 '예'**

관찰유아 :
생년월일 :
관찰자 :
관찰대상자 :
연령 :
관찰행동 :

분류	동일성		유사성		재분류	
성공/실수 \ 영역						

요약	

〈지침〉
① 유아가 위의 활동영역에서 분류행동을 보였을 때 행동하는 난에 V자로 표시한다.
② 영역을 더 줄이거나 늘리거나 관찰하고 싶은 영역을 선택하여 선택적으로 관찰할 수 있다.

ㄹ. 사건표집법의 장 · 단점

가. 장점

㉠ 행동과 그 행동이 일어난 상황 사이에 관계를 연구할 수 있으며 행동의 계속성이 그대로 유지되는 이점이 있다.

㉡ 자주 발생하지 않는 행동도 연구할 수 있다.

㉢ 특정시간에 발생할 때에만 주의를 요하므로 관찰자의 시간을 절약할 수 있다.

나. 단점

㉠ 시간표집법보다는 사건의 전체를 알 수 있으나 표본식 기술에 비하여 사건이 일어난 전후의 연속성이 결여되어 있다.

㉡ 수량화할 수 없는 자료일 경우, 신뢰도를 측정하기가 어렵기 때문에 신뢰도 면에서 의문이 제기될 수도 있다.

⑤ 평정척도법

ㄱ. 개념

평정척도법은 관찰에서 얻은 인상 또는 지각을 수량화된 점수로 평정척도상의 일정한 위치에 점수를 부과하는 방법이다. 평정척도는 연속성이 있는 어떤 행동의 차원 또는 영역에 대하여 연구대상의 행동을 관찰한 후 일정한 위치에 평정하도록 즉, 수량화된 점수를 부과하도록 작성된다. 유아관찰에서는 유아의 행동을 일정기간 동안 계속적으로 관찰하고 난 후에 선정된 준거에 따라 행동의 특성을 판단하기 위해 평정척도를 이용할 수 있다.

ㄴ. 평정척도법의 종류

가. 기술평정척도

기술평정척도는 행동의 한 차원을 연속성 있는 몇 개의 범주로 나누어 기술하고 관찰자로 하여금 대상의 행동을 가장 잘 나타내는 진술문을 선택하게 하는 방법이다. 기술평정척도의 관찰양식의 '예'를 제시하면 다음과 같다.

〈표 II-6〉 **기술평정척도 관찰양식의 '예'**

유아성명 :	생년월일 :	(남, 여)
관찰자 :	관찰일 :	
※ 각 문항에서 유아의 행동이 가장 잘 나타낸 항목에 V표시를 하고 관찰일시를 적는다. ※ 만일 진술문 중 어느 것도 유아의 행동을 설명하지 못하거나 덧붙일 사항이 있으면 기타란에 적는다.		

- 놀잇감 정하기
  1) 교사가 지시해도 놀잇감을 정리하지 않는다. (관찰일시 : 월 일 시)
  2) 교사가 지시할 때만 놀잇감을 정리한다.
  3) 스스로 놀잇감을 정리한다.
  4) 스스로 놀잇감과 함께 주변을 깨끗이 정리한다.
  5) 기타
- 옷 바르게 입기
  1) 혼자서 옷을 입지 못한다. (관찰일시 : 월 일 시)
  2) 성인이 조금만 도와주면 혼자 옷을 입는다.
  3) 도와주지 않아도 혼자 옷을 입으나 제대로 입지 못한다.
  4) 도와주지 않아도 혼자 옷을 제대로 입는다.
  5) 기타

나. 숫자평정척도

숫자평정척도는 각 척도치에 숫자를 부여함으로써 이루어지며 숫자는 일종의 점수로서 평정된 자료를 수량화하고 통계적 분석을 가능하게 하는 방법이다. 숫자를 배정하는 일반적인 규칙은 가장 긍정적인 척도치에 높은 점수를 주는 것이다. 숫자평정척도 양식의 '예'를 제시한다.

〈표 II-7〉 유아 자조성 평가척도의 '예'

유아의 자조성 평정척도

유아이름 : 　　　　　　　　　　　　만 연령 : 　　　세(남, 여)
학급 명 : 　　　　　　　　　　　　관찰자 :
관찰기간 :

〈관찰시점〉
유아의 자조성에 대하여 다음과 같이 1~5로 평가하여 해당숫자에 ○표를 하시오.

	아주 못함	못함	잘함	아주 잘함
• 옷입기	1	2	3	4
• 손씻기	1	2	3	4
• 간식 먹는 책상 치우기	1	2	3	4
• 화장실 가기	1	2	3	4
• 장난감 치우기	1	2	3	4
• 활동을 스스로 선택하기	1	2	3	4

다. 도식평정척도

도식평정척도는 관찰자의 판단을 돕기 위해 기술적인 유목에 선을 첨가시킨 형태이다. 이때 선은 척도치에 따라 몇 개의 같은 간격으로 나누어지며, 일반적으로 횡적인 직선을 많이 사용한다. 또한 선의 형태도 동간으로 나누어진 선 또는 나누어지지 않은 선 그리고 연속선 또는 점선 등 다양하게 나눠진다.

도식평정척도 양식의 '예'를 제시한다.

〈표 II-8〉 도식평정척도 양식의 '예'

도식평정척도를 이용한 유아의 사회·인지적 놀이 관찰

- 관찰유아 :
- 관찰자 :
- 유아의 연령 :

- 생년월일 :
- 관찰일 :

〈지시〉 다음 각 항목의 가장 적합한 곳에 평점을 부여한다.

항목		
1. 놀이형태 :	혼자서 논다.	친구와 함께 논다.
2. 놀이방법 :	단순한 기능(연습)놀이를 한다.	친구와 역할놀이를 한다.
3. 놀이시간 :	학교에서 오래 놀이하지 못한다.	다양한 대화나 놀이방법으로 오랫동안 놀이를 지속한다.

라. 표준평정척도

표준평정척도는 관찰자에게 평정의 대상을 다른 일반대상과 비교할 수 있도록 구체적 준거를 제시하는 방법이다. 이 유형은 기술평정에서의 각 범주를 보다 객관적인 유목으로 기술한 형태라고 할 수 있으며 일반적으로 숫자평정이나 도식평정과 같이 사용한다. 다음은 표준평정척도 양식의 '예'이다.

〈표 II-9〉 표준평정척도 관찰양식의 '예'

표준평정척도를 이용한 유아의 언어·인지능력관찰

- 관찰유아 :
- 성별 :
- 관찰자 :
- 유아연령 :

- 생년월일 :
- 관찰일 :

〈지시〉 다음 각 항목의 가장 적합한 곳에 평점을 부여한다.

1. 읽기능력
2. 수세기능력
3. 의사소통능력
4. 언어이해능력

(하위50%에 속함) (하위20%에 속함) (중간20%에 속함) (상위20%에 속함) (상위5%에 속함)

ㄷ. 장 · 단점

가. 장점

㉠ 평정척도법은 사용하기가 편리하고 작성하기가 비교적 용이하며 수량화하기가 편리하다.

㉡ 다양한 범위의 행동연구에 적용할 수 있을 뿐 아니라 짧은 시간 안에 많은 발달영역을 한꺼번에 평가할 수 있다.

㉢ 행동의 질을 평가할 수 있으므로 유아교육현장에서 매우 유용하게 쓰일 수 있으며 반복해서 사용할 경우, 시간의 흐름에 따라 변화하는 유아의 행동이나 발달에 대한 정보를 얻을 수 있다.

나. 단점

㉠ 평정척도는 각 행동이 관찰되는 상황에 대한 설명 없이 행동의 수준만을 기록하게 되기 때문에 행동에 대한 원인이나 전후사정을 설명해주지 못한다.

㉡ 관찰내용을 직접 현장에서 기록하는 것이 아니라 이후에 기록하고 판단해야 하므로 관찰자의 기억이나 지각적 속성의 영향을 많이 받아 개인적 편견이나 오류의 개입가능성을 배제하기가 어렵다.

㉢ 평정척도법은 이미 개발된 척도를 사용하는 것이 매우 쉬우나 척도를 새로 만드는 것은 어렵다.

⑥ 행동목록법

ㄱ. 개념

행동목록법은 평가자가 관심을 가진 영역의 행동들의 목록을 사전에 준비하고 그 목록에 포함된 각 행동들이 나타나는지를 관찰하여 체크로 표기하는 방법이다. 관찰시 사용되는 기록양식을 행동목록 또는 행동목록표라고 한다. 관찰하려는 대상이 인간의 행동이 아닌 자료나 환경 등일 때 일반적으로 행동목록이라기보다는 체크리스트라고 부른다.

ㄴ. 행동목록법 관찰 '양식'

행동목록법 관찰양식의 '예'를 제시한다.

〈표 II-10〉 **행동목록법 관찰양식의 '예'**

<table>
<tr><td colspan="3">유아의 쓰기준비도</td></tr>
<tr><td colspan="3">• 관찰유아 : • 생년월일 : (남, 여)
• 성별 : • 관찰일 :
• 관찰자 :
• 유아연령 :</td></tr>
<tr><td colspan="3">〈관찰지침〉
다음의 행동이 관찰되면 '예', 관찰되지 않으면 '아니오'로 표시하시오.</td></tr>
<tr><td></td><td>예</td><td>아니오</td></tr>
<tr><td>• 손목과 손가락을 자기 원하는 대로 움직일 수 있다.</td><td>__</td><td>__</td></tr>
<tr><td>• 눈과 손의 협응이 가능하다.</td><td>__</td><td>__</td></tr>
<tr><td>• 필기도구를 바로 잡고 쓸 수 있다.</td><td>__</td><td>__</td></tr>
<tr><td>• 글자의 기본적인 획을 그을 수 있다.</td><td>__</td><td>__</td></tr>
</table>

ㄷ. 장 · 단점

행동목록법의 장 · 단점은 다음과 같다.

가. 장점

㉠ 유아의 여러 가지 행동을 가장 빠르고 효과적으로 기록할 수 있다.

㉡ 행동목록을 계속적으로 또는 누가적으로 작성함으로써 행동발달의 단계 및 유아 개개인의 단계적인 발달상황을 기록하고 관찰할 수 있다.

㉢ 유아의 행동뿐만 아니라 자료, 상호작용의 패턴, 행동의 순서 등 다른 종류의 대상에 대한 관찰에도 사용할 수 있다.

나. 단점

㉠ 행동목록표를 통해 행동의 출현 여부는 알게 되지만 행동의 질적 수준에 대한 정보는 얻을 수 없다.

㉡ 행동목록표는 사용하기에는 용이하나 이를 작성하기 위해서는 시간과 노력이 많이 소요되고 관찰자의 연구경험에 따라 그 유용성이 달라질 수도 있다.

2) 표준화검사법

(1) 개념

표준화검사법이란 교사가 임의로 만든 검사와는 달리 누가 사용하더라도 검사의 실시, 채점 및 결과의 해석이 동일하도록 절차와 방법을 표준화시켜 일정하게 만들어 놓은 검사를 말한다. 따라서 절차, 도구, 채점방법이 일정하여 어느 때, 어디서든 동일하게 실시할 수 있는 검사로서 절차, 도구, 채점방법 등이 표준화되어 있다. 이렇듯 표준화검사는 표준화된 절차를 통하여 행동을 표집하고 그것을 기초로 해서 두 사람 이상의 행동을 비교하는 체계적인 검사 방법이다.

(2) 표준화검사법의 조건

표준화검사법은 다음과 같은 조건을 충족시켜야 한다.

첫째, 표준화검사법에서는 표준화된 절차가 있다. 여기에서 표준화된 절차란 검사지 제작에 있어서 전문가에 의한 엄밀한 실험절차를 뜻한다. 보다 구체적으로 말하자면 표준화검사법은 동일한 지시문에 의하여 제한된 시간 내에 실시되고 채점과 해석도 동일한 규준에 따라 이루어진다.

둘째, 표준화검사법은 규준을 가지고 있다.

한 개인의 성취도 또는 특성이 비교하려는 집단에서 어떤 위치에 속하는가를 알기 위해서는 검사규준이 필요하기 때문이다. 즉, 표준화검사법은 규준이라는 준거에 비추어 검사점수를 해석하거나 비교한다.

셋째, 표준화검사법은 체계적인 절차로 만들어져야 하고 타당도, 신뢰도, 객관도, 실용도가 어떤 검사보다도 높아야 한다.

① 타당도

타당도란 한 검사가 혹은 평가도구가 측정하고자 한 것을 얼마나 정확히 측정하고 있느냐의 정도를 나타내는 말이다. 타당도는 그것을 판단하는 준거에 따라 내용 타당도, 예언 타당도, 공인 타당도, 구인 타당도로 구분된다.

② 신뢰도

신뢰도는 한 검사가 측정하고자 하는 내용을 얼마나 오차 없이 정밀하게 측정하고 있느냐 하는 정도를 말한다. 신뢰도는 신빙성, 일관성, 정확성, 예측가능성, 안정성과 같은 개념이다.

③ 객관도

객관도란 검사결과에 대해 여러 채점자들이 어느 정도 일치된 판단을 하느냐를 말한다. 그래서 평가자 혹은 채점자 신뢰도라고 한다. 어떤 검사의 답안지를 두 사람 이상이 채점했을 때 채점자들 간에 점수의 차가 심하게 나면 객관도가 낮다.

④ **실용도**

실용도란 평가도구가 시간, 경비, 노력을 적게 들이고도 소기의 목적을 달성하는 정도를 말한다.

(3) 표준화검사의 활용

표준화검사는 다음과 같이 활용된다.

① 유아를 이해하는 중요한 방법이다.
② 학습자의 생활지도와 상담에 중요한 자료를 제공해준다.
③ 교육적 배치를 위한 자료를 제공한다.
④ 교사의 자질향상에 도움을 준다.
⑤ 학습지도에 필요한 정보를 제공함으로써 학력진단에 활용한다.
⑥ 특수아의 발견에 활용한다.

(4) 표준화검사의 장·단점

① **장점**

ㄱ. 전문가에 의해 제작되었기 때문에 신뢰도와 타당도가 검증되어 있다.
ㄴ. 검사 실시와 채점이 표준화되어 있고 표준점수가 있다.
ㄷ. 유아의 성취수준을 다른 유아와 비교할 수 있다.
ㄹ. 어떤 표준화검사법은 진단적 기능을 한다.

② **단점**

ㄱ. 유아의 능력을 정확히 반영하지 못한다.
ㄴ. 고차원의 사고능력을 측정하지 못한다.
ㄷ. 진정한 교육이 무엇을 배워야 하고 무엇을 가르쳐야 하는가에 대해 아무런 기준이나 시사를 하지 못한다.

(5) 표준화검사지 유형

국내용으로 표준화되거나 국내에서 개발된 영유아용 표준화검사지를 유형별로 제시한다(곽금주, 2002; 이소희 외, 2005; 임창재, 2000; 학지사 심리검사 연구소, 2011; 황해익, 2009; 강혜원 외, 2014).

〈표 II-11〉 표준화된 영유아 발달 검사목록

검사명	대상	저자 및 제작년도	한국판 표준화 저자 및 제작년도	출처
한국형 deuverll검사 (KDDST)	2주~6세	W. K. FRankenburg(1986)	신희선 외 4인(2002)	현문사
베일리 영아발달검사(BSID-ll)	1~42개월	N. Bayley(1993)	배윤희. 2002가 예비연구	울산대학교 석사학위논문
유아용발달선별검사(ESI -R)	4~6세	S. J, Meisels, D. B. Marsdeu. M. S. Wiske, & L. W. Henderson(1997)	황해익과 손원경(2003) 예비연구	열린유아교육연구
유아발달수준검사	5세	국립교육평가원(1996)		
3-4세용 유아발달검사	3~4세	손원경(2004)		부산대학교 박사학위논문
영유아언어인지 사회 · 정서발달평가도구 (KEBA-2TO5)	2~5세	이종숙 외 8인(2008)		교육과학기술부
영아선별교육진단검사 (DEP)	0~36개월	정혜성외 2인(200)		학지사
아동발달검사(K-CDI)	15~16세	김정미, 신희선(2010)		학지사

〈표 II-12〉 영유아 창적특성 관련 검사목록

구분	검사명	대상	저자 및 제작연도	한국판 표준화 저자 및 제작연도	출처
성격검사	아동용 주제통각검사 (k-cat)	3~10세	L. BeLLAK(1949)	김태련 외 3인(1993)	이화여대 출판부
	유아성격검사(ptyc)	4~7세	송인섭(1994)		학지사
	한국아동인성검사 (K-PLC)	3~16세	홍창희 외 6인(1997)		한국가이던스
	유아정서 지능평가도구	5~6세	J. D. Mayer&P Salovey(1997)	이영자외 2인(2000)	창지사
사회성 숙도 및 적성검사	사회성숙도 검사	0~12세	이규성외 2인(1976)		a한국행동과학 연구소
	사회성숙도 검사	0세~성인	EA. DOLL(1953)	김승국, 김옥기(1985)	중앙적성출판사
	적성행동검사	3~7세	김승국(1990)		중앙적성출판사

구분	검사명	대상	저자 및 제작연도 한국판 표준화 저자 및 제작연도	출처
자아개념 검사	자아개념검사 (JPPST)	3세 6개월 ~9세 11개월	J. Joseph(1979) 신현옥(1996)	특수출판특수교육
	유아용 자아개념 검사	3세 6개월 ~6세 6개월	S. harter& R. Pike(1984) 김영숙(1997)	동국대학원 박사학위논문

〈표 II-13〉 **표준화된 영유아인지관련 검사목록**

구분	검사명	대상	저자 및 제작연도 한국판 표준화 저자 및 제작연도	출처
지능검사	고대-비네검사	4~14세	A. BINET& T. simom(1905) 치. M. terman. Stanford-Biner 검사2판(1937) 전용신(1971)	문천사
	인물화에 의한 간편지능검사	3~12세	F. L. Goodenough & D. B. Harris(1963) 김재은 외 2인(1973)	
	한국판 그림지능검사(KP시)	4~9세	Joseph L. & Frency(1964) 서봉연 외 2인(1986)	
	유아용한국웩들러 지능검사(K-WPPSL)	3세~7세 3개월	D. Wechsler(1989) 박혜원 외 2인(1995)	
	아동용지능검사	5~6세	D. Wechsley(1974) (KED-WLSC)	
	한국웩슬러아동지능검사 (K-WLSC-N)	6세	D. Wechsler(2004) 곽금주 외 2인(2011)	
	유아지능검사(KLSC)	3세 6개월 ~6세 6개월	한국행동과학연구소, (1993)	
	한국판 K-ABC	2세 6개월 ~12세 5개월	AS. Kaufman&N. L. Kaufman(1980) 문수백, 변창진, (1997)	
	종합인지능력검사(MCAT-C)	4-7세	송인섭외 2인, (1995)	
	한국판 라이터비언어성 지능검사(K-Leiter-R)	2-7세	G. H Roid&L. J. Miller(2002) 신민섭, 조수철(2009)	
	종합인지기능진단검사(CAS)	5-12세	J. A. Naglien& J. P. Das(1997) 문수백 외 3인 (2007)	

구분	검사명	대상	저자 및 제작연도	출처
			한국판 표준화 저자 및 제작연도	
창의성 검사	유아종합창의성 검사 (K-FCTYC)	4-6세	전경원(2000)	
	유아도형창의성검사 (K-RCTYC)	4-6세	전경원(2000)	
성취도 검사	유아학습준비도검사	2-6세	박혜정 외 2인(1987)	
	기초학습기능검사	5-12세	박경숙 외 2인(1987)	
	유아그림수학능력검사	4-6세	황해익, 최혜진(2007)	

3) 교사자작검사법

(1) 개념

교사자작검사법은 평가의 목적에 따라 교사들이 직접 제작하여 활용하는 검사이다. 교사자작검사법은 교사의 현시점에서 필요와 요구에 따라 제작되는 검사지로서 가장 구체적이고 실용적이다. 많은 연구자들이 다양한 검사지를 개발하여 보급함으로써 그들 나름대로의 가치와 목적이 있겠지만 교사가 교수 · 학습활동을 전개하는 과정에서 지금 당장 이 시점에서 꼭 필요한 검사지가 없을 수도 있다. 또한 개발된 검사지는 우리 학급의 유아들에게 부분적으로 적절하지 않을 수도 있고 적절한 검사지라 할지라도 방법과 시간적인 어려움 등으로 실시하기가 어려운 경우가 있다. 이때 교사는 지금 우리 학급유아의 상황에서 필요한 검사지를 제작하여 활용하여야 할 때가 있다.

(2) 특징

교사자작검사법은 다음과 같은 특징이 있다.

첫째, 교수 · 학습이나 생활지도의 진행과정에서 다양하게 제작 활용할 수 있다. 교수 · 학습이나 생활지도 계획을 수립하기 위해서는 진단용검사지, 교수 · 학습이나 생활지도 과정에서는 지도방법의 타당성을 확인하기 위한 검사지, 교수 · 학습이나 생활지도 종료 시에는 성과를 확인하기 위한 종합검사지 등을 과정이나 목적에 따라 최적한 검사지를 제작 활용할 수 있다.

둘째, 교사가 기대하는 목적이나 의도가 잘 반영되어 활용성이 높다.

교사자작검사지는 교사가 현재 교수 · 학습이나 생활지도를 위해 당장 필요로 하는 정보나 자료를 수집하기 위해 검사지를 제작하는 것으로 교사가 기대하는 목적이나 의도가 잘 반영되어 활용성이 높다.

셋째, 교사자작검사지는 유아의 특성이나 수준이 충분히 고려되어 검사실시가 용이하다. 교사는 자작검사지를 제작할 때 우리학급 유아의 특성이나 수준을 고려하여 진술방법, 사용된 용어, 기준 등이 적절하여 검사 실시 및 채점처리가 용이하다.

(3) 교사자작검사지의 유형

① 성취도검사지

교사자작성취도 평가는 유아누리과정 5대 영역별 목표도달도나 생활지도 목표도달도를 평가하기 위하여 제작한다.

② 체크리스트와 평정척도

교사자작 체크리스트와 평정척도는 유아의 수행기록, 인지적, 정의적, 심리 · 운동적 영역에서의 행동을 평가하기 위하여 교사가 제작한 척도이다. 교사가 제작한 체크리스트와 평정척도는 흔히 목표 지향적으로 되어 있으며 구체적인 목표에 밀접하게 어울리도록 제작되어 있으므로 유아에 대한 직접적이고 유용한 정보를 얻을 수 있다.

③ 작품분석

유아교사가 제일 많이 사용하는 방법이다. 작품분석은 유아들의 발달진도에 대한 정보를 얻기 위하여 작품을 체계적으로 정리하는 것이다. 따라서 유아교사는 동일한 시간간격으로 장기간에 걸쳐 수집한 유아작품을 평가하여 또래 유아와 비교하거나 전에 제작한 작품과 비교하여 변화과정을 이해할 수 있다. 특히, 작품분석에서는 인지적 발달상황도 중요하지만 행동이 어떻게 변해 왔는가에 관심을 가지고 작품을 분석한다.

(4) 교사자작검사법의 장 · 단점

① 장점

ㄱ. 잘 제작된 교사자작검사지는 검사문항과 프로그램 목표와의 사이, 그리고 검사문항과 유아발달수준 사이에 밀접한 관련이 있게 제작된다.
ㄴ. 표준화검사법보다 시간적인 구애 없이 융통성 있게 활용할 수 있다.
ㄷ. 유아들의 반응에 따라 다양한 검사법을 사용할 수 있다.
ㄹ. 다른 여러 가지 검사와 연계하여 사용할 수 있다.
ㅁ. 비용이 적게 들고 검사의 실시, 채점 및 해석에서 전문가의 도움이 필요 없다.

② **단점**

ㄱ. 프로그램 목표를 잘 반영할 수 있는 검사문항을 선정하는 것이 교사의 능력에 달려 있다.

ㄴ. 검사문항을 선정, 작성하는 데 시간이 많이 소요된다.

ㄷ. 수집된 자료의 객관성이나 타당성이 결여될 수도 있다.

ㄹ. 규준이 없어 다른 학급 유아와의 비교가 어렵다.

(5) 교사자작검사지의 '예'

교사자작검사지의 '예'를 몇 가지 검사지 가운데 앞부분만 제시하여 제작요령을 안내하기로 한다.

① **유아행동관찰기록** 〈예1〉

• 관찰유아 : • 생년월일 : (남, 여)
• 관찰 : • 관찰일 :
• 지시 : 다른 유아의 발달을 전체적으로 평가해 볼 수 있는 체크리스트입니다.
1. 유아를 선택하여 관찰한다.
2. 체크리스트에 있는 행동이 나타나면 V표로 표시한다.
3. 체크리스트 마지막 난에 각 발달영역별로 요약한다.
4. 관찰결과에 따라 각 영역별로 한 가지씩 교수방법을 계획한다.

영역	예	아니오	비고
기본생활습관			
1. 정리정돈을 할 수 있다.	__	__	__
2. 간식, 식사 전에 손을 씻는다.	__	__	__
3. 차례, 약속을 잘 지킨다.	__	__	__
4. 음식물을 골고루 먹는다.	__	__	__

※ 영역 : 기본생활습관, 신체발달, 인지발달, 부적응행동, 자기정체성 영역 등으로 구분하여 제작

② 사회 · 정서적 발달 평정척도

〈예2〉

• 반 이름 : • 성명 (남, 여)
• 생년월일 : 년 월 일 (만 세 월)

	아주 그렇다	약간 그렇다	중간정도	약간 그렇지 않다	전혀 그렇지 않다
1. 교사를 자기혼자만 독차지하려 한다.	__	__	__	__	__
2. 까꿍놀이 등 교사의 행동이나 놀이를 흉내 낸다.	__	__	__	__	__
3. 교사의 말을 흉내 내려고 한다.	__	__	__	__	__
4. 교사와의 관계에서 능동적이다.	__	__	__	__	__
5. 교사의 주의를 끌려고 한다.	__	__	__	__	__

③ 기본생활습관 평가

〈예3〉

반 성명( )

월	평가내용	구분	상	중	하
3	인사를 바르게 하는가?	전			
		후			
	신발 정리를 잘 하는가?	전			
		후			

④ 친사회적 행동 평가

〈예4〉

유아이름 : 만 연령 : 세 월(남, 여)
관찰자 :
관찰기간 : 년 월 일~ 년 월 일

〈관찰지침〉

유아에 대한 관찰결과를 1, 2, 3 단계 중의 하나로 판정하여 그 번호 표에 V표시를 한다. 이때 유아의 행동이 어느 단계의 평정기준과 가장 비슷한지에 따라 결정하며 여러 단계의 행동을 보일 때에는 더 많이 나타나는 행동에 따라 판단한다.

(1) 차례를 지킬 줄 안다.

단계	평가기준
	1) 차례를 지켜야 함을 모른다. 2) 차례를 지켜야 하는 것을 알지만 거의 지키지 못한다. 3) 차례를 잘 지킨다.

⑤ 유아행동관찰기록

〈예5〉

유아명 : (남, 여)

영역	관찰목표	평가		
		상	중	하
사회관계	1. 친구들과 잘 어울린다. 2. 놀잇감을 친구들에게 양보한다. 3. 친구들과 놀 때 앞장서서 논다.			

⑥ 자녀행동체크리스트

〈예6〉

유아명 : (남, 여)

현재 자녀의 행동과 가장 일치된 문항의 번호에 V표 해 주시기 바랍니다.

행동내용	매우 그렇다	자주 그렇다	보통이다	조금 그렇다	전혀 그렇지 않다
1. 친구들과 놀지 않는다.					
2. 친구들로부터 따돌림을 받는다.					
3. 친구들과 나누기를 잘 하지 못한다.					

제 Ⅲ 부

아동생활지도 운영

유아교육기관에서 이루어지는 교육활동을 대별하면 교과활동과 생활지도활동으로 구분할 수 있다.

교과활동이 누리과정이나 표준보육과정을 근간으로 하는 교육활동으로 국가가 제시한 인간상과 교육정책이나 시책구현에 중점을 둔다면 생활지도활동은 유아들의 기본생활습관, 사회성, 도덕성 등 생활상의 문제를 다루어 바람직한 인격형성에 중점을 둔다. 또한 생활지도활동은 대집단 또는 적어도 중·소집단활동 속에서 유아들이 공통적이며 일반적으로 당면하는 생활상의 과제나 문제를 주제활동을 통하여 해결하는 집단생활지도 형태와 특정 유아개개인이 안고 있는 부적응행동을 지도하는 개별생활지도 형태를 취한다. 그리고 생활지도의 영역이 광범위 함에 따라 생활지도의 방법 또한 다양하다.

따라서 제Ⅲ부에서는 생활지도에서 집단 생활지도방법으로 유아교사들이 이해하고 실천해야 할 운영내용으로

첫째, 0~2세 표준교육과정의 지도
둘째, 3~5세 누리과정의 지도
세째, 부모교육(가정연계)을 통한 지도
네째, 부모상담을 통한 지도
다섯째, 생활환경구성을 통한 지도
여섯째, 기본생활습관지도
일곱째, 신입원아 적응지도에 대하여

다루기로 한다.

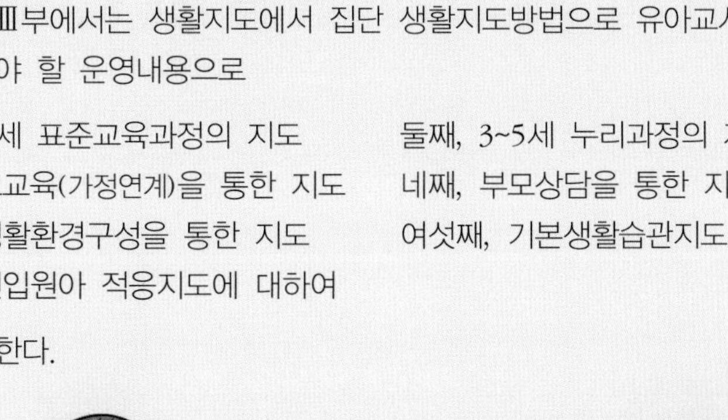

제1장

0~2세 표준보육과정의 지도

0~2세 어린이집 표준보육과정은 국가수준의 보육과정으로 모든 어린이집에서 당해 유아 기관의 보육과정을 편성할 때 그 기준으로 삼아 반영 · 지도함으로써 국가가 기대하는 보육 정책이나 시책을 구현시키고 있다. 그리고 0~2세 어린이집 표준보육과정은 기본생활, 신체운동, 의사소통, 사회관계, 예술경험, 자연탐구 등 6개 영역으로 구성되어 있으며 그 중 기본생활, 의사소통, 사회관계영역 내에 생활지도내용이 포함되어 있다. 따라서 제1장에서는 위에 열거한 3개 영역내에 제시된 생활지도 내용과 이들을 지도하기 위한 방안에 대하여 알아보기로 한다.

1. 0~2세 표준보육과정내 생활지도 내용 분석

0~2세 어린이집 표준보육과정 내에 반영된 생활지도 내용을 총괄하여 표로 게시하면 다음과 같다.

〈표 III-1〉 어린이집 표준보육과정 내 생활지도 내용 (0~1세)

<table>
<tr><th rowspan="2">영역</th><th rowspan="2">내용범주</th><th rowspan="2">내용</th><th colspan="4">수 준 별 내 용</th></tr>
<tr><th>1 수준</th><th>2 수준</th><th>3 수준</th><th>4 수준</th></tr>
<tr><td rowspan="10">1. 기본생활</td><td rowspan="6">건강하게 생활하기</td><td rowspan="3">몸을 깨끗이 하기</td><td></td><td colspan="3">몸이 깨끗해졌을 때 기분이 좋음을 안다.</td></tr>
<tr><td colspan="4">도움을 받아 손을 씻는다.</td></tr>
<tr><td></td><td colspan="3">도움을 받아 이를 닦는다.</td></tr>
<tr><td rowspan="3">즐겁게 먹기</td><td>편안하게 안겨서 우유(모유)로 먹는다.</td><td>이유식에 적응한다.</td><td>고형식에 적응한다.</td><td>다양한 음식을 먹어본다.</td></tr>
<tr><td colspan="2"></td><td colspan="2">도구로 음식을 먹어본다.</td></tr>
<tr><td colspan="4">즐겁게 먹는다.</td></tr>
<tr><td rowspan="4">안전하게 생활하기</td><td rowspan="3">안전하게 지내기</td><td colspan="3">안전한 상황에서 놀이한다.</td><td>놀잇감은 안전하게 사용한다.</td></tr>
<tr><td colspan="4">안전한 장소에서 놀이한다.</td></tr>
<tr><td colspan="4">차량 승하차시 안전장구를 착용한다.</td></tr>
<tr><td>위험한 상황에 반응하기</td><td></td><td>위험하다는 말에 반응을 보인다.</td><td colspan="2">위험하다고 알려주면 주의한다.</td></tr>
<tr><td rowspan="2">2. 의사소통</td><td>듣기</td><td>말하는 사람을 보기</td><td colspan="2">말하는 사람의 눈을 바로 본다.</td><td colspan="2">말하는 사람의 표정, 몸짓을 관심있게 본다.</td></tr>
<tr><td>말하기</td><td>말할 순서를 구별하기</td><td colspan="4">말할 순서에 따라 표정, 몸짓, 말소리로 반응한다.</td></tr>
<tr><td rowspan="11">3. 사회관계</td><td rowspan="3">나를 알고 존경하기</td><td>나를 구별하기</td><td colspan="2">거울 속의 나에게 관심을 가진다.</td><td colspan="2">거울 속의 나를 알아본다.</td></tr>
<tr><td rowspan="2">나의 것 인식하기</td><td colspan="4">자기 이름을 부르는 소리에 반응한다.</td></tr>
<tr><td colspan="2"></td><td colspan="2">친숙한 자기 물건을 안다.</td></tr>
<tr><td rowspan="2">나와 다른 사람의 감정 알기</td><td>나의 감정을 나타내기</td><td colspan="4">나의 복구와 감정을 나타낸다.</td></tr>
<tr><td>다른 사람에게 주의를 기울이기</td><td colspan="2">다른 사람의 말과 표정, 몸짓에 주의를 기울인다.</td><td colspan="2">다른 사람이 나타내는 여러 가지 감정에 주의를 기울인다.</td></tr>
<tr><td rowspan="6">더불어 생활하기</td><td rowspan="2">안정적인 애착 형성하기</td><td>양육자와 시선을 맞춘다.</td><td colspan="3">양육자에게 적극적으로 관심과 욕구를 표현한다.</td></tr>
<tr><td colspan="2">주변의 친숙한 사람의 얼굴과 목소리를 인식한다.</td><td colspan="2">주변의 친숙한 사람에게 애정을 표현한다.</td></tr>
<tr><td>또래에 관심갖기</td><td colspan="4">다른 영아와 함께 지내는 것을 경험한다.</td></tr>
<tr><td>자신이 속한 집단 알기</td><td colspan="2">담임교사를 구별한다.</td><td colspan="2">가지반에서 지내며 안정감을 가진다.</td></tr>
<tr><td rowspan="2">사회적 가치를 알기</td><td colspan="2"></td><td colspan="2">친숙한 물건의 자리를 안다.</td></tr>
<tr><td colspan="4">만나고 헤어지는 인사를 해본다.</td></tr>
</table>

〈표 III-2〉 **어린이집 표준보육과정 내 생활지도 내용** (2세)

<table>
<tr><th rowspan="2">영역</th><th rowspan="2">내용범주</th><th rowspan="2">내용</th><th colspan="2">수 준 별 내 용</th></tr>
<tr><th>1 수준</th><th>2 수준</th></tr>
<tr><td rowspan="14">1. 기본생활</td><td rowspan="9">1) 건강하게 생활하기</td><td>가) 몸을 깨끗이 하기</td><td colspan="2">스스로 몸씻기를 시도한다.</td></tr>
<tr><td rowspan="3">나) 바르게 먹기</td><td colspan="2">스스로 이 닦기를 시도한다.</td></tr>
<tr><td colspan="2">음식을 골고루 먹는다.</td></tr>
<tr><td colspan="2">정해진 자리에서 먹는다.</td></tr>
<tr><td rowspan="4">다) 건강한 일상생활 하기</td><td colspan="2">일과에 따라 규칙적으로 잠을 잔다.</td></tr>
<tr><td colspan="2">정해진 시간에 알맞게 휴식한다.</td></tr>
<tr><td colspan="2">하루일과에 즐겁게 참여한다.</td></tr>
<tr><td>정해진 곳에서 배변한다.</td><td>화장실에서 배변한다.</td></tr>
<tr><td>라) 질병에 대해 알기</td><td colspan="2">질병의 위험을 안다.</td></tr>
<tr><td rowspan="5">2) 안전하게 생활하기</td><td rowspan="2">가) 안전하게 놀이하기</td><td colspan="2">놀이기구나 놀잇감을 안전하게 사용한다.</td></tr>
<tr><td colspan="2">안전한 장소에서 놀이한다.</td></tr>
<tr><td>나) 교통안전 알기</td><td>교통수단의 위험을 안다.</td><td>교통수단의 위험을 알고 조심한다.</td></tr>
<tr><td rowspan="2">다) 위험한 상황 알기</td><td>위험한 상황과 위험한 것을 안다.</td><td>위험한 상황과 위험한 것을 알고 조심한다.</td></tr>
<tr><td colspan="2">위험한 상황 시 어른의 지시에 따른다.</td></tr>
<tr><td rowspan="2">2. 의사소통</td><td>1) 듣기</td><td>가) 말하는 사람을 주의깊게 보기</td><td colspan="2">말하는 사람의 표정, 몸짓, 억양 등을 주의깊게 보고 듣는다.</td></tr>
<tr><td>2) 말하기</td><td>가) 상대방을 바라 보고 말하기</td><td colspan="2">말할 순서에 상대방을 바라보며 말을 주고받는다.</td></tr>
<tr><td rowspan="5">3. 사회관계</td><td rowspan="3">1) 나를 알고 존중하기</td><td>가) 나를 구별하기</td><td colspan="2">나와 다른 사람의 모습을 구별한다.</td></tr>
<tr><td rowspan="2">나) 좋아하는 것 해보기</td><td colspan="2">내가 좋아하는 것을 찾아본다.</td></tr>
<tr><td>좋아하는 놀이나 놀잇감을 선택해 본다.</td><td>스스로 선택한 놀이나 놀잇감을 즐긴다.</td></tr>
<tr><td rowspan="2">2) 나와 다른 사람의 감정 알기</td><td>가) 나의 감정을 나타내기</td><td colspan="2">여러 가지 감정을 말과 행동으로 나타낸다.</td></tr>
<tr><td>나) 다른 사람의 감정에 반응하기</td><td colspan="2">다른 사람이 나타내는 여러 가지 감정에 반응을 보인다.</td></tr>
</table>

영역	내용범주	내용	수 준 별 내 용	
			1 수준	2 수준
	3) 더불어 생활하기	가) 내가족 알기	내 가족에게 애정을 표현한다.	내 가족에게 다른 사람과는 구별된 특별한 감정을 갖는다.
		나) 또래와 관계하기	또래에 관심을 보인다.	또래의 모습과 행동을 모방한다.
			또래의 이름을 안다.	또래가 있는 곳에서 놀이를 한다.
		다) 자신이 속한 집단 알기	자신이 속한 반과 교사를 안다.	자신이 속한 반의 활동에 즐겁게 참여한다.
		라) 사회적 가치를 알기	도움받아 물건을 정리한다.	스스로 물건을 정리한다.
			자기 순서를 안다.	순서를 기다린다.
			바른 태도로 인사한다.	
			간단한 약속을 지킨다.	

2. 지도방법

0~2세 어린이집 제3차 표준보육과정 내 생활지도 내용에 대한 지도의 효율성을 높이기 위하여 제3차 어린이집 표준보육과정에서 제시된 0~2세 교수·학습방법 지침, 0~2세 영아 생활지도를 위한 교사의 역할, 그리고 제3차 어린이집 표준보육과정에서 제시한 생활지도내용에 대한 시도방안을 중심으로 기술하기로 한다(고정곤 외, 2016).

1) 0~2세 영유아 교수·학습 방법 지침

제3차 어린이집 표준보육과정에 0~2세 영유아 교수·학습방법 지침을 다음과 같이 제시하여 생활지도 내용을 포함한 6개 영역의 교과 지도 방향을 시사하였다.

(1) 주도적인 놀이를 중심으로 교수·학습활동이 이루어지도록 한다.

① 영유아는 충분한 시간 동안 자발적이고 적극적으로 놀이에 참여하도록 한다.
② 교사는 영유아의 다양한 탐색과 자유놀이가 가능하도록 계획하고 실행해야 한다.

(2) 흥미를 중심으로 활동을 선택하고 지속할 수 있도록 한다.

① 영유아는 흥미 있는 활동에 적극적인 참여자가 되고 이를 통해 학습이 일어난다.

② 교사는 영유아의 개인차를 고려하여, 이에 적합한 다양한 활동을 준비하여야 한다.

(3) 생활 속 경험을 소재로 하여 지식, 기술, 바람직한 태도를 기르도록 한다.

① 영유아는 실제 생활 속의 경험을 통해 영유아가 의미 있는 내용을 습득하도록 한다.

② 가정 및 지역사회에서 얻은 영유아의 경험이 적합한 학습경험으로 연계될 수 있도록 한다.

(4) 교사와 신뢰감을 형성하고 개별적인 활동이 이루어지도록 한다.

① 영유아를 존중하는 교사의 상호작용은 언어적 상호작용, 온정적이고 긍정적인 비언어적 상호작용을 포함하며, 집단활동과 개별적인 상호작용을 통해서, 영유아 개인과의 신뢰감을 형성한다.

② 영유아의 발달 차이, 기질, 경험내용과 범위, 관심사, 학습능력, 가정문화 등의 개인차를 인정하고, 개별 영유아의 특성에 알맞게 놀이 및 활동 제공과 학습방식을 제공한다.

(5) 교사, 환경, 또래와 능동적인 상호작용이 이루어지도록 한다.

① 영유아가 능동적이며 적극적으로 교사, 환경, 또래와 상호작용할 수 있도록 놀이 및 활동, 환경을 지원한다.

② 영유아의 이전 경험과 현재 영유아의 발달수준, 사전 경험, 발달적 연계성 등을 고려하여 교사가 상호작용에 적용한다.

(6) 주제를 중심으로 여러 활동이 통합적으로 이루어지도록 한다.

① 주제 중심의 통합은 영유아의 발달과 흥미, 학습에 적합한 주제를 선정한다.

② 주제 전개에 따른 전체 계획을 체계화하여 통합적으로 운영한다.

(7) 만 0~1세 영아, 만 2세 영아는 일상생활 및 개별활동, 휴식 등이 균형 있게 이루어지도록 한다.

① 영아의 급·간식, 배변, 씻기 등의 일상생활과 개별활동, 휴식 등은 영아의 개별적 신체적 욕구를 충분히 고려하여 균형감 있게 배치하도록 한다.

② 영아와 함께 하는 모든 놀이 및 활동은 영아의 월령이 낮을수록 개별 리듬에 맞추어 융통성 있게 조절하며, 개별활동으로 하는 것이 중요하다.

2) 0~2세 영아생활지도를 위한 교사의 역할

영아는 세상에 태어나자마자 각 가정에 자연스럽게 형성된 무릎학교(Mother's Knee School)에서 온 가족의 총애와 배려를 받으며 자기중심적으로 생활해오다가 인위적으로 형성된 최초의 학교인 어린이집을 만나게 되는데, 이것은 영아에게는 영아의 일생에서 가장 큰 충격적인 변화가 아닐 수 없다. 이러한 특수성이 있는 영아를 지도하는 보육교사는 다음과 같은 사항을 고려하여 지도해야 한다.

(1) 영아에 대한 사랑

일반적으로 인간을 대상으로 하는 직업은 근본적으로 인간에 대한 사랑이 있어야 하며 특히 교사의 정서적 신호에 민감하게 반응하는 어린 영아를 대상으로 하는 보육은 영아에 대한 사랑을 더욱더 절실하게 기대한다. 영아들이 바르게 성장하기 위해서는 교사로부터 사랑의 감정을 충분히 느끼도록 영아를 쓰다듬고 안아주고 뽀뽀해주는 등 다양한 방법으로 사랑의 감정을 전달해 주어야 한다. 특히 다음과 같은 점을 고려한다.

첫째, 따뜻하고 부드러운 피부 접촉을 통해서 영아에게 쾌감과 만족감을 느끼게 한다.

둘째, 영아들의 느낌이나 생각에 민감하고 항상 영아편에 서서 그들의 말과 그들의 요구를 절대적으로 수용한다.

셋째, 말로써 사랑을 고백하고 칭찬과 감사를 표현하며 늘 이름을 불러준다.

넷째, 사랑이 가득 담긴 인자한 눈은 영아의 마음을 부드럽게 하고 평안하게 해준다.

다섯째, 머리를 쓰다듬어 주고 손을 잡아주며 안아주기를 실천하여 촉각적인 효과를 준다.

여섯째, 영아들이 필요로 할 때는 즉시 뛰어갈 준비를 하고 있어야 한다.

일곱째, 사랑이 깃든 선물을 자주 전달한다. 크고 작음은 개의치 않는다.

여덟째, 사랑을 전달하는 최선의 방법은 영아들과 즐겁게 놀아주는 것이다.

아홉째, 영아는 무한한 가치와 존엄성을 지닌 인간으로서 존경해 준다.

(2) 온정적인 자세

교사의 온정적인 성품은 따뜻하고 포근하고 배려적이며 이해심이 강하고 수용적이며 또한 유머스러우면서도 친절한 성품이다.

영아들이 각 가정에서 영아중심적으로 온 가족의 귀여움을 받고 생활하다가 갑자기 모든 것이 생소하며 낯설고 조직적으로 이루어지는 집단생활에 잘 적응할 수 있도록 하는 동인은 바로 보육교사의 온정적인 태도이다. 온정적인 태도는 영아들의 정서적인 불안감을 해소해주고 안정감을 주며 집단생활에 잘 적응할 수 있도록 하고 영아의 지지자, 격려자, 애정표현자,

불안제거자로서 영아의 어린이집 적응에 긍정적인 영향을 준다.

(3) 영아중심 교육의 실천

영아중심 교육은 아무리 강조해도 부족할 정도로 영아 본위로 각종 보육활동이 이루어져야 한다. 3~5세 유아에게는 집단의식 배양을 위해 유아중심 교육에 교사중심성이 가미될 수 있으나 0~2세 영아에게는 최대한 영아중심성이 고려되어야 한다.

영아에게는 연령차뿐 아니라 동일 연령 내에서의 개인차와 사전 경험을 파악하여 영아중심 교육을 실현해야 하며, 특히 다음 사항을 고려해야 한다.

첫째, 영아주도적 놀이를 시킨다. 교사는 3~5세 유아에게는 놀이를 학습의 수단으로 놀이중심의 통합지도(integrated learning)를 시도한다면, 0~2세 영아에게는 어린이집의 원활한 생활적응을 위해 놀이를 시킨다. 따라서 교사는 다양한 놀이를 제공해주고 영아들이 자신의 흥미와 요구, 기대 그리고 발달상황을 고려하여 놀이를 선택하고 자기주도적으로 이끌어간다. 특히 영아기 놀이는 한 가지 놀이에 오랫동안 몰입하면서 다양한 경험을 하도록 지도해야 한다.

둘째, 영아 개인별 맞춤식 프로그램을 적용한다. 3~5세 유아지도는 대집단, 중·소집단 활동의 균형적인 통합지도를 통하여 학습은 물론 집단 규범과 의식을 자연스럽게 형성시킴에 반하여 0~2세 영아에게는 집단 규범과 의식배양 교육은 배제되어야 한다. 가정교육의 연계선상에서 영아 개인의 발달수준, 특성, 흥미, 요구는 물론, 사전경험을 반영하여 해당 영아에게 알맞는 맞춤식 개별 프로그램을 편성 지도한다.

(4) 어머니와의 연계교육 실천

어머니는 가정교육의 대표자, 정보제공자로서 교사와 가장 쉽게 접할 수 있는 사람이다. 어머니와의 연계교육은 부모교육의 차원이 아닌 자녀교육을 위한 참여교사 또는 보조교사로서의 기능이다. 부모는 해당 자녀지도를 위한 각종 지식과 기술을 지니고 있는 자녀교육에 관한 정보의 보고이다. 어머니를 통하여 가정에서의 교육방법은 물론, 놀이 성향, 식생활 습관, 배변, 휴식 등 일상생활에 관한 모든 정보를 제공받아 가정생활의 연속선상에서 어린이집 교육이 이루어져야 한다. 이를 위해서는 부모로 하여금 보조교사의 역할을 수행하게 하는 일이다. 예를 들면, 가정에서 주로 가지고 노는 놀이기구가 무엇인가를 파악하여 해당 놀이기구를 활동실에 구입하여 비치하거나 가정에서 해당 놀이기구를 대여받아 배치할 수도 있다. 또한 자녀가 가정에서 즐겨 사용하는 기구를 활동실 자유선택 영역에 비치하여 가정과 같은 분위기를 조성하는 등 가정과의 연계교육을 위해 부모의 역할을 강화하는 것이다.

(5) 돌봄 위주의 균형적인 통합교육

영아들에게 주의 집중을 요구하고 놀잇감을 동료 영아에게 양보하게 하고 조용히 걷고 떠들지 말라고 하는 등 집단생활 규범을 지도하는 것이 아니라 가정에서와 같이 영아 자신이 자기 주도적인 놀이를 통해 재미있게 놀 수 있도록 급·간식, 배변, 씻기 등의 일상생활과 개별 맞춤식 프로그램, 휴식 등 영아의 신체적, 생리적 욕구를 충분히 고려한 돌봄 위주의 균형적인 통합교육이 되도록 노력한다.

3. 지도의 실제

다음에서 기본생활, 의사소통, 사회관계 영역내의 생활지도 내용에 대한 지도방법에 대하여 제3차 표준보육과정지도 지침서를 중심으로 알아보기로 하자.

1) 기본생활 내용 지도(0~1세)

(1) 건강하게 생활하기의 지도

0~1세 건강하게 생활하기의 지도 내용에는 1) 몸을 깨끗이 하기, 2) 즐겁게 먹기, 3) 건강한 일상생활하기의 3개 하위 내용이 있는데, 이에 대한 지도 내용과 방법은 다음과 같다.

① 몸을 깨끗이 하기

ㄱ. 교사는 영아의 기저귀를 갈거나 씻겨줄 때 눈맞춤을 하며 대화를 하거나 노래를 불러 주어 즐거움을 공유하도록 한다.

ㄴ. 영아의 위생과 청결을 위해 영아의 손을 깨끗하게 씻어주어야 한다. 손 씻는 과정이나 물에 대한 탐색을 언어적으로 표현해준다.

ㄷ. 수유, 식사 후 깨끗한 손수건이나 실리콘 칫솔 등 영아의 월령에 맞는 것을 이용하여 잇몸과 이를 부드럽게 닦아준다.

ㄹ. 영아의 청결을 위한 기저귀 갈이 영역, 화장실, 세면대 등의 공간을 항상 깨끗하게 유지하고 정기적으로 소독한다.

② 즐겁게 먹기

ㄱ. 교사는 영아가 수유와 이유를 통해서 배고픔의 욕구를 채우고, 정서적으로 편안함과 안정감을 느끼도록 해야 한다. 수유는 반드시 위생적이고 개별적으로 실시하며 영아

를 팔에 안고 우유병은 교사가 잡아준다.

ㄴ. 이유식을 시작하는 시기는 영아마다 개인차가 있으나 보통 생후 4~6개월이 지나면서 시작하며, 다양한 식재료에 대한 시도를 경험하도록 돕는 것이 중요하다.

ㄷ. 15개월 후반부터는 젖병을 떼야 하는 시기로 10개월 전후 빨대나 컵으로 먹기를 경험하며 점차 컵으로 먹을 수 있도록 지도한다.

ㄹ. 영아가 먹는 일을 즐거운 경험으로 인식하도록 하기 위해서, 새로운 음식에 대해 탐색할 수 있는 충분한 시간을 허용하고 교사의 따뜻하고 긍정적인 상호작용이 지속되어야 한다.

ㅁ. 여러 친구들과 함께 먹는 것은 영아에게 낯선 경험일 수 있으므로, 영아의 흥미를 끌 수 있는 그림을 게시하여, 영아가 관심을 가지고 스스로 앉을 수 있도록 유도한다.

③ 건강한 일상생활하기

ㄱ. 개별 영아가 잠드는 시간과 습관, 자고나서 깰 때의 행동을 잘 관찰하여 배려해 준다. 낮잠 준비과정을 여유 있게 천천히 진행하며, 자고 일어난 후에는 따뜻한 접촉과 눈 맞춤을 통하여 심리적 안정감을 준다.

ㄴ. 영아들이 편안하게 쉴 수 있는 휴식공간을 마련한다. 조용한 영역에 쿠션과 깔개를 마련하고 영아의 눈높이에 맞추어 가족, 친구, 좋아하는 동물이나 놀잇감의 사진 등을 붙여 친숙함을 느끼도록 한다.

ㄷ. 영아들이 일과를 안정되게 지내기 위해서 불필요한 정리, 전이 및 이동을 최소화하고, 일상활동은 개별로 이루어지도록 한다. 놀이 중에 영아의 개별상태를 확인하여 기저귀를 갈아 주는 것이 개별적인 일상활동이다.

(2) 안전하게 생활하기의 지도

0-1세, 안전하게 생활하기의 지도 내용에는 1) 안전하게 지내기, 2) 위험한 상황에 반응하기 등 2개 하위 내용이 있는데, 이에 대한 지도 내용과 방법은 다음과 같다.

① 안전하게 지내기

ㄱ. 교사는 영아의 안전을 위해 어린이집의 모든 환경을 안전하게 구성하여야 한다.

ㄴ. 영아가 놀이하는 장소는 안전하게 준비되어 있는 장소라도 예측하지 못한 상황이 안전을 위협하는 요인으로 작용할 수 있다.

ㄷ. 어린이집 등·하원 시 이용하는 차량에서 안전장구를 착용하는 것을 습관화되도록 지도해야 한다.

ㄹ. 영아의 안전을 위해 구성되어야 하는 환경요소와 놀잇감의 선택기준을 숙지해야 한다. 또한 발달에 적합하지 않은 놀잇감은 영아의 안전사고가 염려되므로 월령별 발달에 적합한 놀잇감을 배치한다.

ㅁ. 교사가 영아의 수유나 이유, 낮잠 등의 활동지도에서, 영아의 돌연사나 질식사 등의 예방을 위한 교사의 안전행동수칙을 숙지하여 실행하도록 하고, 또한 영아의 안전지도 교육을 정기적으로 받아야 한다.

② 위험한 상황에 반응하기

ㄱ. 교사는 영아의 움직임을 주의 깊게 관찰하고, 위험한 상황이 일어날 수 있는 것을 예측하여 위험함을 바로 알려준다.

ㄴ. 어린이집이나 가정에서 일어날 수 있는 위험한 물건이나 장소에 대해 일상생활 속에서 지속적으로 알려주도록 한다.

ㄷ. 세면대의 온수 온도 조절하기, 미끄럼틀이나 영아가 올라갈 수 있는 곳 바닥에 매트 깔기, 보육실 문 앞의 안전 문 설치, 서랍장의 안전 잠금 장치하기, 신체활동 시 위험한 상황이나 환경은 미리 점검하여 안전한 환경으로 구성하도록 한다.

ㄹ. 영아가 실내활동은 물론, 산책, 바깥놀이 등 실외활동 시에도 바닥에 넘어질 수 있는 위험한 장애물은 없는지, 높은 곳에서 추락의 위험은 없는지, 만지면 위험한 물건은 없는지 등 위험한 요소의 유무를 영아에게 사전 확인시킨 후 놀이를 시작하도록 한다.

2) 기본생활내용 지도(2세)

(1) 건강하게 생활하기의 지도

2세 건강하게 생활하기의 지도 내용에는 1) 몸을 깨끗이 하기, 2) 바르게 먹기, 3) 건강한 일상생활하기, 4) 질병에 대해 알기의 4개 하위 내용이 있는데, 이에 대한 지도 내용과 방법은 다음과 같다.

① 몸을 깨끗이 하기

ㄱ. 교사는 영아가 스스로 손을 씻도록 하며, 필요 시 도움을 주고 손을 씻는 바른 방법을 지속적으로 반복해서 지도해야 한다.

ㄴ. 2세 영아는 스스로 해보는 것을 좋아하기 때문에 영아가 이 닦기를 혼자 할 수 있는 경험을 제공한다.

ㄷ. 손 씻는 방법을 알 수 있도록 손 씻는 방법과 순서를 사진이나 카드로 제작하여, 세면대 거울 앞에 붙여두어 영아가 올바른 손 씻기를 습관화될 수 있도록 지도한다.

ㄹ. 세면대는 영아가 서서 활동하기에 불편함이 없는 높이인지 확인하여야 한다. 너무 높을 경우에는 영아용 발 디딤대를 준비해 주어야 한다.

ㅁ. 칫솔은 소독기를 사용하여 위생적으로 관리하도록 한다. 소독기를 사용할 수 없는 경우에는 교사가 깨끗이 씻어 통풍이 잘되는 곳에 세워서 말려야 하며, 칫솔모가 누워있거나 솔이 닳았을 때는 즉시 교환해 주도록 한다.

② 바르게 먹기

ㄱ. 2세 영아는 미각 발달로 음식에 대한 기호가 뚜렷해지므로 개별적인 특성을 고려하되, 편식습관이 생기지 않도록 다양한 음식의 맛과 향, 질감을 접할 수 있는 기회를 제공한다.

ㄴ. 2세 영아들이 식사도구를 사용하는 기술이 서툴더라도 영아 스스로 먹을 수 있도록 기다려주며 지도하여야 한다.

ㄷ. 영아들이 간식이나 식사 시 정해진 자리에 바르게 앉아서 먹는 태도가 습관화될 수 있도록 반복적이고 지속적으로 지도해야 한다.

ㄹ. 부모와 일상적 대화를 통해 가정에서의 식사 지도, 영아의 기호, 식사량, 체질 및 특이사항 등을 파악하여 특별한 요구가 있는 영아에게는 이를 고려하여 지도한다.

ㅁ. 잘 먹지 않으려는 영아는 식사 전에 신체활동에 적극적으로 참여하는 기회를 제공하면 영아가 스스로 음식을 잘 먹을 수 있다.

③ 건강한 일상생활하기

ㄱ. 잠을 자는 시간과 잠자기 전의 과정(옷 갈아 입기, 자장가나 이야기 들려주기 등)이 규칙적으로 이루어질 때 영아는 일과를 예측하고 편안해지며 안정된 수면습관이 형성될 수 있다.

ㄴ. 2세 영아는 0~1세 시기보다 놀이시간이 더 길어지고 휴식이나 낮잠시간도 정해진 시간에 지킬 수 있게 된다.

ㄷ. 정리 및 전이 시간을 미리 영아 개별로 알려주는 것이 효과적이며, 다음 일과를 안정되게 시작할 수 있다.

ㄹ. 배변 욕구를 표현하지 못하거나 해결을 못하여 실수를 하는 영아가 있을 때 교사가 불쾌한 느낌을 보이거나, 영아를 긴장하게 만들면 배변에 대해 부정적인 태도를 갖게 되므로, 교사는 영아가 변의를 느끼는 증후를 민감하게 인식하고 반응해야 한다.

④ 질병에 대해 알기

ㄱ. 교사는 등원 시 영아의 안색과 눈, 입, 코, 귀, 혀 등을 살펴보고 영아의 건강을 확인한다. 특히 놀이에 활발히 참여하지 못하는 상황이 반복되는 경우 체온계로 열을 재서 확인하거나 영아의 몸 상태를 물어 영아가 표현할 수 있도록 지도한다.

ㄴ. 전염성 질환이 유행하는 경우 등원, 낮잠 자기 전, 자고 일어난 후의 시간 등 일과 시간의 일정 시간을 정하여 영아 개인별로 체온을 측정하거나 살펴본다.

ㄷ. 보육실을 자주 환기시켜 주는 것과 어린이집 실내의 정기적인 소독, 영아들의 놀잇감의 청결한 세척 등을 통하여 위생적인 환경 관리가 이루어지도록 한다.

(2) 안전하게 생활하기의 지도

2세 안전하게 생활하기의 지도 내용에는 1) 안전하게 놀이하기, 2) 교통안전 알기, 3) 위험한 상황 알기, 3개 하위 내용이 있는데, 이에 대한 지도 내용과 방법은 다음과 같다.

① 안전하게 놀이하기

ㄱ. 영아가 놀이기구나 놀잇감을 사용할 때 안전하게 사용하는 방법을 알려주고 교사가 시범을 보이도록 한다. 또한 안전하게 놀이하는 영아에게 긍정적인 칭찬과 격려를 한다.

ㄴ. 영아가 안전한 장소에서 놀이할 수 있도록 교실환경을 점검 배치하고, 놀이환경을 재구성한다. 놀이장소에서 잘 못하면 다칠 수도 있다는 것을 지도한다.

ㄷ. 놀잇감으로 인한 다툼을 줄일 수 있도록 동일한 색과 모양이 같은 놀잇감을 여러 개 준비해 주고, 영아의 수보다 많을 정도의 충분한 놀잇감을 배치한다.

ㄹ. 던지거나 떨어져서 다칠 수 있는 무거운 재질보다 부드럽고 가벼운 재질의 놀잇감을 제공해 주고, 놀잇감이 뾰족하고 날카로운 부분이나, 쉽게 깨지거나 부서질 수 있는지 점검한 후 제공하도록 한다.

② 교통안전 알기

ㄱ. 영아가 교통안전에 대해 이해할 수 있도록 교통수단의 이름, 인도와 차도, 횡단보도, 신호등, 안전벨트 등 관련 용어를 쉽게 설명해주어 익숙해지도록 한다.

ㄴ. 영아가 위험할 수 있는 상황을 영아에게 구체적으로 설명하여 주의하도록 한다.

ㄷ. 탈것을 만들 수 있는 블록, 자동차 핸들, 안전벨트를 비치하여 영아가 놀이를 통해 교통안전에 대해 반복적으로 경험하도록 한다.

ㄹ. 영아에게 적합한 교통안전과 관련된 그림책, 다양한 화보, 인쇄물 등을 제공한다.

③ 위험한 상황 알기

ㄱ. 교사는 책, 그림 자료, 일상생활 속의 실물자료를 통해 영아가 위험한 상황과 위험한 것을 찾아보고 구분할 수 있도록 한다.

ㄴ. 영아가 위험한 상황에 처했을 때는 위험한 것을 알리며 바로 영아에게 이동하여 위험한 상황에서 벗어나도록 도와야 한다.

ㄷ. 영아가 위험한 상황에 처하지 않도록 문에 손 끼임 방지 장치, 모서리에 부착하는 보호대, 욕실바닥에 미끄럼 방지장치, 콘센트 안전 덮개 등 안전 설비를 한다. 약품류, 세제류 등 위험물질은 영아의 손이 닿지 않는 곳에 보관한다.

3) 의사소통 내용지도(0~1세)

(1) 듣기

① 말하는 사람을 주의 깊게 보기

ㄱ. 교사는 영아가 사람들의 말소리를 듣고, 말하는 사람의 눈을 바라보면서, 그 사람의 표정과 몸짓을 관심있게 보도록 상호작용한다.

ㄴ. 영아가 말하는 사람과 눈을 마주칠 수 있도록 교사는 영아의 이름을 불러주어 시선을 맞추고 이야기하고 영아의 눈높이에 맞춰 정서적으로 안정감있게 이야기 하도록 한다.

(2) 말하기

① 말할 순서 구별하기

ㄱ. 교사는 영아가 사물을 가리키거나 물건에 시선을 보낼 때, 주의를 기울이며 함께 보고있는 것에 대해 말을 걸어주어 영아가 표정, 몸짓, 말소리로 반응할 수 있는 기회를 반복하여 제공한다.

ㄴ. 교사가 영아의 흥미대상이 무엇인지 주의를 기울여 관찰하고 이를 언급해 주는 것이 좋다.

ㄷ. 영아가 동등하게 주고받는 반응적이 상호작용을 할 수 있도록 자신이 말할 순서에 고개를 끄덕이거나 웃으며 기다려준다.

4) 의사소통 내용지도(2세)

(1) 듣기

① 말하는 사람을 주의 깊게 보기

ㄱ. 교사는 영아의 시점에서 현재 일어나고 있는 상황에 관해 표정과 몸짓을 사용하며 다양한 억양으로 말한다. 몸짓, 표정, 소리, 단어를 사용하여 대화를 할 경우, 말하고자 하는 의도가 무엇인지 영아가 쉽게 알 수 있다.

ㄴ. 영아가 자신의 이야기 대상으로 교사를 초대했을 때, 교사는 하던 일을 멈추고 영아의 표현에 주의를 기울여 들어준다.

ㄷ. 영아는 놀이나 행동에 방해가 되지 않는 적절한 상황에서 말을 하여 영아가 교사의 말에 주의를 기울임에 있어 다른 방해요소가 없도록 하고 영아의 반응은 무시한 채 쉽게 계속하여 말하지 않도록 유의한다.

(2) 말하기

① 상대방을 바라보며 말하기

ㄱ. 교사는 영아가 주변을 인식하고 행동과 상황에 맞추어 말할 수 있는 능력이 늘어남에 따라 행동에 맞는 말을 할 수 있도록 격려한다.

ㄴ. 2세 영아는 전화기로 생각하고 느낀 것을 누군가와 대화하듯이 말하는 놀이를 즐긴다. 이때 교사는 영아가 자신의 생각과 느낌을 말할 수 있는 기회를 많이 주고 진전되도록 도와주어야 한다.

ㄷ. 언어영역에 손인형이나 막대인형 등의 언어재료를 정비하고 '말할 순서에 맞춰 상대방을 바라보며 말 주고 받기' 시에 영아들이 쉽게 꺼내서 말하기에 사용할 수 있도록 준비한다.

ㄹ. 일상생활에서 지속적으로 반복하여 인사말, 존댓말 등 상황에 적절한 말을 할 수 있도록 지도하되, 교사와 영아를 구분하여 평소에 하는 행동을 중심으로 높임말과 예삿말을 구분하여 말할 수 있도록 지도한다.

5) 사회관계 내용지도(0~1세)

(1) 나를 알고 존중하기의 지도

0~1세 나를 알고 존중하기의 내용 범주에는 1) 나를 구별하기, 2) 나의 것 인식하기 등 2개 하위 내용이 있는데, 이에 대한 지도 내용과 방법은 다음과 같다.

① 나를 구별하기

ㄱ. 교사는 0세 영아가 거울에 비치는 자신의 모습을 응시하도록 하거나 거울 속에 비치는 자신의 모습을 자연스럽게 주목할 수 있도록 거울을 함께 바라본다.

ㄴ. 영아가 항상 자신을 볼 수 있도록 영아의 활동 범위를 고려하여 문을 열거나 자주 다니는 통로 쪽이 아닌 보육실 벽면에 안전거울을 부착하여 활용하도록 한다.

ㄷ. 영아가 놀이활동하는 모습을 교사가 보여주거나 스스로 비춰볼 수 있도록 안전 손거울을 준비하여 활동 시에 제공한다.

ㄹ. 영아는 일차 양육자의 신체적 접촉과 개별적이고 반복적인 상호작용을 통해 다른 사람과 분리된 존재로서의 자신을 인식할 수 있음을 항상 인식하고 교사는 친숙한 상호작용을 지속적으로 지원한다.

② 나의 것 인식하기

ㄱ. 교사는 일상생활 속에서 영아의 일상적 양육활동(수유, 이유, 급·간식, 기저귀 갈기, 배변 훈련, 낮잠)과 놀이활동에서 친숙한 목소리로 이름을 불러주며 일과활동을 함으로써 영아가 자신의 이름에 반응하는 것이 익숙해지도록 한다.

ㄴ. 보육실에서 영아가 자신의 개별 물품에 관심을 갖도록 함께 찾아보거나 보여주며 개별적으로 상호작용하도록 한다.

ㄷ. 영아가 항상 자신의 이름을 듣고 반응할 수 있도록 벽면에 안전거울을 부착하여 함께 얼굴을 바라보고 부드러운 표정으로 상호작용한다.

ㄹ. 영아가 자신을 자연스럽게 인식할 수 있도록 옷이나 기저귀, 가방 등 개별용품을 영아의 얼굴 사진을 붙인 사물함에 보관한다.

(2) 더불어 생활하기의 지도

0~1세 더불어 생활하기의 내용 범주에는 1) 안정적인 애착형성하기, 2) 또래에 관심 갖기, 3) 자신이 속한 집단 알기, 4) 사회적 가치를 알기 등 4개 하위 내용이 있는데, 이에 대한 지도 내용과 방법은 다음과 같다.

① 안정적인 애착형성하기

ㄱ. 영아가 교사와 친숙해지고 애착을 형성할 수 있도록 시선 맞추기, 안아주기, 쳐다보며 미소짓기 등의 활동을 통하여 영아가 자연스럽게 관심과 욕구를 표현하도록 한다.

ㄴ. 친숙한 사람의 얼굴이나 목소리를 인식하고 도움을 요청하거나 애정을 표현할 때나 교사나 양육자에게 관심과 욕구를 표현할 때 어떤 상황인지, 어떤 것이 필요한지 알

아채고 영아의 정서적 행동을 언어로 표현해주고 안정감을 가질 수 있도록 돕는다.

ㄷ. 영아가 양육자와 떨어져 점차 교사와 친숙해질 수 있도록 적응프로그램을 충분히 가지는 것이 중요하다.

ㄹ. 영아가 분리불안을 느낄 수 있음을 고려하여, 실내보육환경을 가정과 같이 편안하고 안락하며 안전한 공간을 구성해준다.

② 또래에 관심 갖기

ㄱ. 교사는 영아가 또래에 대한 관심을 자연스럽게 인식할 수 있도록 하루 일과 중 개별적인 영아의 요구를 수용해 주면서도 다른 영아에 대한 보살핌을 함께 느낄 수 있도록 지속적으로 돕는다.

ㄴ. 영아가 교사를 신뢰하고, 안정적인 애착을 형성하기 위해 보육실을 가정과 같이 편안하고 안락하고 안전하게 구성한다.

ㄷ. 영아는 아직 자신의 개별용품에 대한 구별이나 인식이 약하므로 개별 수유용품 및 기저귀 등의 물품 보관에 유의하여 영아가 다른 영아의 소독된 우유병이나 다 쓴 기저귀 등을 만지지 않도록 관리한다.

③ 자신이 속한 집단 알기

ㄱ. 교사는 영아의 여러 가지 생리적 욕구를 온정적으로 충족시켜 주고 영아가 나타내는 여러 가지 감정에 민감하게 반응해 준다.

ㄴ. 영아가 교실에서 불편함을 느끼지 않고 안정감을 가질 수 있도록 쾌적하고 안락하게 정비된 환경과 친숙한 놀잇감을 제공한다.

ㄷ. 영아가 여러 가지 생리적 욕구를 보일 때 민감하게 대처하며, 유심히 관찰하고 온정적으로 반응한다.

④ 사회적 가치를 알기

ㄱ. 영아가 사용하는 놀잇감이나 물품은 항상 정해진 교구자리에 놓여 있어야 안정감을 갖게 되므로, 친숙한 놀잇감이나 개인 물품을 사용한 후에는 반드시 정해진 자리에 정리하도록 교사와 함께 정리하거나 찾기를 통해 알려준다.

ㄴ. 영아가 양육자와 헤어질 때, 온정적으로 안아주고 인사하면서, 다시 만났을 때 즐겁게 인사하는 경험을 통해 친숙한 사람에 대한 애정을 표현하도록 한다.

ㄷ. 영아가 양육자 혹은 친숙한 사람과 만나고 헤어지는 인사를 할 때, 편안한 분위기에서 할 수 있도록 좋아하는 놀잇감이나 일차 양육자를 느낄 수 있는 물건을 미리 준비해두었다가 함께 사용하여 안정감을 가지도록 한다.

6) 사회관계 내용지도(2세)

(1) 나를 알고 존중하기의 지도

2세 나를 알고 존중하기의 내용 범주에는 1) 나를 구별하기, 2) 좋아하는 것 해보기 등 2개 하위 내용이 있는데, 이에 대한 지도 내용과 방법은 다음과 같다.

① 나를 구별하기

ㄱ. 영아가 교사와 또래의 얼굴을 가리킬 수 있고, 간단한 신체 부위를 구별하여 손으로 가리킬 수 있도록 놀이활동 속에서 지속적으로 활동경험을 제공한다.

ㄴ. 영아가 항상 자신의 모습을 자연스럽게 구별할 수 있도록 보육실문, 사물함, 안전거울 등에 영아의 눈높이를 고려하여 자신의 사진을 붙여둔다.

ㄷ. 영아가 항상 자신과 다른 사람을 자연스럽게 구별할 수 있도록 언어영역 등에 영아가 속한 반 친구들 사진과 교사, 가족사진 등을 붙여두고 함께 찾아보는 놀이를 한다.

② 좋아하는 것 해보기

ㄱ. 교사는 일과 중 영아가 선호하는 놀이나 놀잇감을 개별적으로 관찰하여 좋아하는 인형이나 놀잇감 등을 함께 찾아보거나 조금 익숙해지면 스스로 찾아보는 활동을 지속적으로 제공한다.

ㄴ. 영아가 좋아하는 놀잇감 사진과 다른 사진을 함께 펼쳐두고 좋아하는 놀잇감 사진을 선택하도록 기회를 제공하고 좋아하는 놀잇감을 가지고 즐겁게 활동할 수 있도록 함께 상호작용하여 긍정적인 경험을 제공한다.

ㄷ. 영아가 개별적으로 좋아하는 놀잇감이나 놀이를 찾거나 선택할 수 있도록 영아의 키높이를 고려한 교구장에 찾기 쉽도록 놀잇감을 배치하고 놀이사진 등을 눈높이에 맞추어 벽면에 게시한다.

(2) 나와 다른 사람의 감정 알기의 지도

2세 나와 다른 사람의 감정 알기의 내용 범주에는 1) 나의 감정을 나타내기, 2) 다른 사람의 감정에 반응하기 등 2개 하위 내용이 있는데, 이에 대한 지도 내용과 방법은 다음과 같다.

① 나의 감정을 나타내기

ㄱ. 교사는 영아가 자신이 느끼는 다양한 감정을, 울거나 떼쓰거나 때리는 행동이 아닌, 적합한 말로 표현하거나 필요한 행동으로 나타낼 수 있도록 돕는다.

ㄴ. 영아가 느끼는 다양한 감정이 어떤 감정인지 구체적인 언어로 표현해주어, 영아는

자신의 감정에 대한 언어적 표현을 들으면서 자신이 느끼는 감정을 나타내는 말을 인식하도록 돕는다.

ㄷ. 넉넉한 수의 놀잇감을 준비하고 똑같은 모양과 색의 놀잇감을 영아 수만큼 준비하여, 교실 내에서 놀잇감 부족으로 인한 다툼이나 갈등상황을 최소화한다.

ㄹ. 영아가 긍정적인 감정을 표현할 뿐 아니라 부정적인 감정도 해소할 수 있는 놀이(예 : 밀가루 반죽, 모래놀이, 물놀이 등)를 계획하여 영아가 충분히 즐길 수 있도록 한다.

ㅁ. 교사는 영아가 부정적인 정서표현도 할 수 있음을 알고, 공감해주며 위로해준다.

② 다른 사람의 감정에 반응하기

ㄱ. 교사는 영아가 다른 사람이 다양한 감정을 가지고 있음을 인식할 수 있도록 감정표현에 대하여 언어로 표현해주고, 영아의 정서표현에 민감하게 반응해 준다.

ㄴ. 다양한 감정을 나타내는 영아들의 얼굴 사진을 붙여주어 영아들이 사진을 보며 감정이입을 통해 주인공의 상황을 추측해본다.

ㄷ. 다양한 표정 퍼즐이나 표정그림판, 표정 바꾸기 놀잇감, 감정표현 관련 그림책 등을 제공하여 영아가 놀이를 통해 자연스럽게 여러 가지 감정에 대한 관심을 가지고 반응해볼 수 있도록 한다.

(3) 더불어 생활하기의 지도

2세 더불어 생활하기의 내용 범주에는 1) 내 가족 알기, 2) 또래와 관계하기, 3) 자신이 속한 집단 알기, 4) 사회적 가치를 알기 등 4개 하위 내용이 있는데, 이에 대한 지도 내용과 방법은 다음과 같다.

① 내 가족 알기

ㄱ. 교사는 영아가 생활을 함께 하는 가족이 있음을 알고 자신을 둘러싼 가족에게 소속감을 느끼며 가족과 기쁨이나 즐거움 등을 함께 나누고 가족과 다시 만났을 때 적절한 애정을 표현할 수 있도록 상호작용하면서 격려한다.

ㄴ. 가족사진, 부모님이 일하시는 모습 사진, 부모님이 읽어주는 동화나 이야기 녹음한 것, 영아가 좋아하는 노래를 부모님이 불러서 녹음한 것 등 다양한 자료를 활용하여 영아가 가족구성원의 소중함을 느껴보도록 한다.

ㄷ. 가족구성원이 사용하는 물건, 아기용품 등을 준비하여 가족 역할놀이를 할 수 있도록 하고 소품을 실물자료로 제공할 때 안전하게 처리되도록 한다.

② 또래와 관계하기

ㄱ. 교사는 영아와 놀이할 때 또래에게 간단한 인사를 하게 하거나, 또래가 하는 놀이활동을 함께 바라보며 상호작용하도록 한다.

ㄴ. 영아가 일상적인 상호작용이나 놀이상황에서 자신의 이름뿐 아니라 또래의 이름을 자주 불러주는 경험을 가질 수 있도록 하고 영아가 또래와 병행놀이를 하면서 점차 함께 놀이할 수 있는 경험을 지속적으로 제공한다.

ㄷ. 영아가 또래에게 지속적으로 관심을 가질 수 있도록 개별 사물함에 영아 개별사진을 붙여두고 등·하원 시 가방 정리할 때 또래 사진에 관심을 가지도록 한다.

ㄹ. 영아가 또래와 함께 놀이하거나 나란히 앉아 놀이하는 모습을 사진으로 찍어 벽에 게시하고 영아와 일과 중 자연스럽게 바라보며 또래에 관심을 가질 수 있도록 한다.

ㅁ. 영아는 또래에 대해 관심을 가지나 아직 병행놀이단계이므로, 교사는 일과 중 지속적으로 또래의 이름을 자주 불러주고 함께 어울리며 상호작용할 수 있도록 함으로써 또래에 대한 관심과 사회적 기술을 증진하도록 한다.

③ 자신이 속한 집단 알기

ㄱ. 영아가 교사와 우리 반 친구들 사진에 관심을 가질 때, 사진 속의 인물이 누구인지 맞춰보는 놀이를 할 수 있다.

ㄴ. 영아가 선호하는 놀잇감을 선택하여 주도적으로 놀이할 수 있는 분위기를 조성해 주도록 한다.

ㄷ. 보육실의 하루일과를 규칙적으로 계획하여 영아가 보육실 내에서 안정감을 느낄 수 있도록 하며, 하루일과를 통해 영아의 발달수준과 개인적 흥미에 맞는 활동을 즐겁게 경험할 수 있도록 돕는다.

④ 사회적 가치를 알기

ㄱ. 교사는 영아가 자신이 사용한 물건을 평소 그 물건이 놓여진 자리에 정리해볼 수 있도록 돕고, 좀 더 큰 영아에게는 보육실 내 규칙적인 하루일과 속에서 스스로 친숙한 놀잇감을 정리할 수 있도록 상호작용한다.

ㄴ. 여러 친구들이 한 가지 일을 동시에 하려면, 순서를 기다려야 하며, 자기 순서가 되려면 앞사람이 먼저 일을 끝내야 자기 차례가 오게 된다는 것을 알게 하는 상호작용을 할 때, 영아가 자신의 순서가 올 때까지 욕구를 참고 기다릴 수 있도록 지원한다.

ㄷ. 영아가 어린이집에서 교사나 친구를 만나고 헤어질 때, 반갑고 예의바르게 인사할 수 있도록 모델링을 보이고 상호작용 해준다.

ㄹ. 영아가 식사를 한 후에 양치하기, 친구를 때리지 않기, 친구가 놀고 있는 놀잇감을 빼앗지 않기 등 어린이집에서 지켜야 할 규칙이 있다는 것을 알고 이를 지킬 수 있도록 상호작용해 준다.

제2장

3~5세 누리과정의 지도

누리과정의 5대 영역별로 생활지도 내용이 어떻게 반영되어 있고 또한 생활지도 방법이 어떻게 안내되어 있으며 또한 현장 유아교육기관에서 누리과정 내 생활지도 내용의 효율적인 지도방법에 대하여 살펴보기로 한다.

1. 3~5세 누리과정 내 생활지도 내용 분석

누리과정 내 반영된 생활지도 내용은 사회관계영역, 신체운동 · 건강영역, 의사소통 영역별로 총괄하여 표로 제시하면 다음과 같다.

〈표 III-3〉 누리과정내 생활지도 내용

영역	내용범주	내용	3~5세 누리과정		
			3세	4세	5세
신체운동 · 건강	건강하게 생활하기	몸과 주변을 깨끗이 하기	손과 이를 깨끗이 하는 방법을 알고 실천한다.	손과 이를 깨끗이 하는 방법을 알고 실천한다.	스스로 몸을 깨끗이 하는 습관을 기른다.
			주변을 깨끗이 한다.	주변을 깨끗이 하는 습관을 기른다.	주변을 깨끗이 하는 습관을 기른다.
		바른 식생활하기	음식을 골고루 먹는다.	음식을 골고루 먹는다.	적당량의 음식을 골고루 먹는다.
			몸에 좋은 음식에 관심을 갖는다.	몸에 좋은 음식을 알아본다.	몸에 좋은 음식을 선택할 수 있다.
			바른태도로 식사한다.	음식을 소중히 여기고 식사예절을 지킨다.	음식을 소중히 여기고 식사예절을 지킨다.

영역	내용범주	내용	3~5세 누리과정		
			3세	4세	5세
신체운동·건강	건강하게 생활하기	건강한 일상생활하기	규칙적으로 잠을 자고 적당한 휴식을 한다.	규칙적으로 잠을 자고 휴식을 취한다.	규칙적으로 잠을 자고 적당한 휴식을 취한다.
			하루일과에 즐겁게 참여한다.	하루일과에 즐겁게 참여한다.	하루일과에 즐겁게 참여한다.
			스스로 화장실에서 배변한다.	바른 배변습관을 가진다.	규칙적인 배변습관을 가진다.
		질병예방하기	질병의 위험을 알고 주의한다.	질병을 예방하는 방법을 알고 실천한다.	질병을 예방하는 방법을 알고 실천한다.
			날씨에 맞게 옷을 입는다.	날씨와 상황에 알맞게 옷을 입는다.	날씨와 상황에 알맞게 옷을 입는다.
	안전하게 생활하기	안전하게 놀이하기	놀이기구나 놀잇감, 도구를 안전하게 사용한다.	놀이기구나 놀잇감, 도구를 안전하게 사용한다.	놀이기구나 놀잇감, 도구의 바른 사용법을 알고 안전하게 사용한다.
			안전한 놀이장소를 안다.	안전한 장소를 알고 안전하게 놀이한다.	안전한 장소를 알고 안전하게 놀이한다.
			TV, 인터넷, 통신기기 등을 바르게 사용한다.	TV, 인터넷, 통신기기 등의 위해성을 알고 바르게 사용한다.	TV, 인터넷, 통신기기 등의 위해성을 알고 바르게 사용한다.
		교통안전 규칙 지키기	교통안전 규칙을 안다.	교통안전 규칙을 알고 지킨다.	교통안전 규칙을 알고 지킨다.
			교통수단을 안전하게 이용한다.	교통수단을 안전하게 이용한다.	교통수단을 안전하게 이용한다.
		비상시 적절하게 대처하기	학대, 성폭력, 실종, 유괴상황을 알고 도움을 요청한다.	학대, 성폭력, 실종, 유괴상황시 도움을 요청하는 방법을 알고 행동한다.	학대, 성폭력, 실종, 유괴상황시 도움을 요청하는 방법을 알고 행동한다.
			재난 및 사고 등 비상시 적절하게 대처하는 방법을 안다.	재난 및 사고 등 비상시 적절하게 대처하는 방법을 알고 행동한다.	재난 및 사고 등 비상시 적절하게 대처하는 방법을 알고 행동한다.
의사소통	듣기	바른 태도로 듣기	말하는 사람을 바라보며 듣는다.	다른 사람의 이야기를 주의 깊게 듣는다.	다른 사람의 이야기를 끝까지 주의깊게 듣는다.
	말하기	상황에 맞게 바른 태도로 말하기		듣는 사람의 생각과 느낌을 고려하여 말한다.	듣는 사람의 생각과 느낌을 고려하여 말한다.
			상대방을 바라보며 말한다.	차례를 지켜 말한다.	때와 장소, 대상에 알맞게 말한다.
			바르고 고운말을 사용한다.	바르고 고운말을 사용한다.	바르고 고운말을 사용한다.

영역	내용범주	내용	3~5세 누리과정		
			3세	4세	5세
사회관계	나를 알고 존중하기	나를 알고 소중히 여기기	나에 대해 관심을 갖는다.	나에 대해 알아본다.	나에 대해 알아본다.
			나와 다른 사람의 차이에 관심을 갖는다.	나와 다른 사람의 차이점을 알아본다.	나와 다른 사람의 신체적 사회적·문화적 차이를 존중한다.
			나를 소중히 여긴다.	나에 대해 긍정적으로 생각하고 나를 소중하게 여긴다.	나에 대해 긍정적으로 생각하고 나를 소중하게 여긴다.
		나의 일 스스로 하기	내가 할 수 있는 일을 알아본다.	내가 할 수 있는 일을 해본다.	내가 할 수 있는 일을 스스로 한다.
			내가 하고 싶은 일을 선택해 본다.	하고 싶은 일을 계획하고 해본다.	하고 싶은 일을 계획하고 해본다.
	나와 다른 사람의 감정 알고 조절하기	나와 다른 사람의 감정 알고 표현하기	자신에게 여러 가지 감정이 있음을 안다.	자신의 감정을 알고 표현한다.	자신의 감정을 알고 표현한다.
			다른 사람의 감정에 관심을 갖는다.	다른 사람의 감정을 안다.	다른 사람의 감정을 알고 공감한다.
		나의 감정 조절하기	자신의 감정을 조절해 본다.	자신의 감정을 조절해 본다.	자신의 감정을 상황에 맞게 조절한다.
	가족을 소중히 여기기	가족과 화목하게 지내기	가족의 소중함을 안다.	가족의 소중함을 안다.	가족의 의미와 소중함을 안다.
					가족과 화목하게 지낸다.
		가족과 협력하기	가족의 구성원을 알아본다.	가족구성원의 역할에 대해 알아본다.	다양한 가족구조에 대해 알아본다.
			가족을 위하여 내가 할 수 있는 일을 알아본다.	가족을 위하여 내가 할 수 있는 일을 알아보고 실천한다.	가족은 서로 도와야 함을 알고 실천한다.
	다른 사람과 더불어 생활하기	친구와 사이좋게 지내기	친구와 함께 놀이한다.	친구와 협동하며 놀이한다.	친구와 협동하며 놀이한다.
			나와 친구의 의견에 차이가 있음을 안다.	친구와의 갈등을 긍정적인 방법으로 해결한다.	친구와의 갈등을 긍정적인 방법으로 해결한다.
		공동체에서 화목하게 지내기		도움이 필요할 때 다른 사람과 도움을 주고받는다.	다른 사람과 도움을 주고 받고 협력한다.
			교사와 주변사람과 화목하게 지낸다.	교사와 주변사람과 화목하게 지낸다.	교사와 주변사람과 화목하게 지낸다.
		사회적 가치를 알고 지키기		정직하게 말하고 행동한다.	정직하게 말하고 행동한다.
			다른 사람의 소유물을 존중한다.	다른 사람의 생각, 행동을 존중한다.	다른 사람을 배려하여 행동한다.

영역	내용범주	내용	3~5세 누리과정		
			3세	4세	5세
사회관계	다른 사람과 더불어 생활하기	사회적 가치를 알고 지키기		친구와 어른께 예의바르게 행동한다.	친구와 어른께 예의바르게 행동한다.
			약속과 규칙을 지켜야 함을 안다.	다른 사람과 한 약속이나 공공규칙을 지킨다.	다른 사람과 한 약속이나 공공규칙을 지킨다.
				자연과 자원을 아끼는 습관을 기른다.	자연과 자원을 아끼는 습관을 기른다.
	사회에 관심갖기	지역사회에 관심 갖고 이해하기	우리동네의 이름을 안다.	우리동네에 대하여 알아본다.	우리동네에 대하여 알아본다.
			우리동네 사람들에 관심을 갖는다.	우리동네 사람들이 하는 일에 관심을 갖는다.	다양한 직업에 관심을 갖는다.
				물건을 살 때 돈이 필요함을 안다.	일상생활에서 돈의 쓰임에 대해 안다.
		우리나라에 관심 갖고 이해하기	우리나라를 상징하는 것에 관심을 가진다	우리나라를 상징하는 것을 안다.	우리나라를 상징하는 것을 알고 예절을 지킨다.
			우리나라의 전통놀이와 풍습에 관심을 갖는다.	우리나라의 전통놀이와 풍속에 관심을 갖는다.	우리나라의 전통, 역사, 문화에 관심을 갖는다.
				우리나라에 대해 자부심을 갖는다.	우리나라에 대헤 지부심을 갖는다.
		세계와 여러 문화에 관심가지기		세계 여러 나라에 대해 관심을 갖는다.	세계 여러 나라에 대해 관심을 갖고 서로 협력해야 함을 안다.
				다양한 인종과 문화에 관심을 갖는다.	다양한 인종과 문화를 알아보고 존중한다.

2. 지도방법

누리과정 5대 영역 지도의 효율성을 높이기 위해서는 누리과정 5대 영역별로 각 영역의 특질이나 특성에 따라 거기에 최적한 교수·학습모형을 구안·적용해야 한다.

누리과정 5대 영역별로 각 영역의 특질이나 특성, 그리고 5대 영역별 내용의 성격에 따른 고려가 없이 모든 영역 그리고 모든 내용에 대하여 똑같이 획일적인 방법으로 지도해서는 안 된다. 특히, 생활지도는 지식이나 덕목을 주입시키는 것이 아니라 행동을 내면화시켜야 하는 특수성이 있다. 따라서 다음에서 누리과정에 제시된 교수·학습방법 지침, 생활지도에 적절한 교수 · 학습방법 그리고 생활지도 내용에 따른 지도방법에 대하여 누리과정 교사용 지침서를 중심으로 알아보자.

1) 교수 · 학습방법 지침

3~5세 연령별 누리과정 해설서(교육 과학기술부고시 제2012-16호, 보건복지부고시 제2012-82호)에 제시된 교수 · 학습방법 지침을 알아보자.

(1) 놀이를 중심으로 교수·학습활동이 이루어지도록 한다.

① 놀이를 통해 가르치고 배우는 것이 유아기에 가장 적합한 교수 · 학습방법이 된다.
②교사가 의도하는 교육 목표와 내용에 부합하며 유아가 자발적이며 적극적으로 참여할 수 있는 놀이를 계획하고 제공하는 것이 필요하다.
③ 교사는 유아가 스스로 놀이계획 세우기, 선택, 수행, 평가의 기회를 가질 수 있도록 지도한다.

(2) 유아의 흥미를 중심으로 활동을 선택하고 지속할 수 있도록 한다.

① 자신이 흥미 있어 하는 활동이 제공되었을 때, 유아는 그 활동에 마음이 사로잡혀서 관람자가 아니라 적극적인 참여자가 되고 이를 통해 학습이 이루어진다.
② 교사는 세심한 관찰을 통해 유아의 관심이나 흥미가 무엇인가를 파악하여 이에 적합한 활동을 제시해야 한다.
③ 유아의 흥미가 지속적으로 유지되어 학습이 잘 이루어지기 위해서는 여러 활동을 단편적으로 경험하기보다 흥미 있는 활동을 반복하고 자신이 한 경험에 대해 생각할 기회를 제공하는 것이 필요하다.

(3) 유아의 생활 속 경험을 소재로 하여 지식, 기능, 태도 및 가치를 습득하도록 한다.

① 유아가 배워나가는 지식, 기능, 태도 및 가치는 일상생활의 문제를 해결할 수 있는 실제적인 것이다.
② 유아가 생활 속에서 하는 경험은 유아에게 가장 가깝고 친숙하며 구체적이고 직접적인 것이다.
③ 유아의 수많은 일상적 경험을 학습상황으로 이끄는 것은 교사의 교육적 접근이 있을 때 가능하다.

(4) 유아와 교사, 유아와 유아, 유아와 환경 간의 능동적인 상호작용이 이루어지도록 한다.

① 유아는 교사나 또래와 개별적 또는 집단적으로 상호작용하면서 새로운 지식과 기능을 습득하고 태도를 형성해간다.

② 교사는 교사-유아, 유아-유아, 유아-환경 간의 상호작용을 지원할 때 유아의 연령, 사전 경험, 발달수준을 고려해야 한다.

③ 상호작용의 핵심은 일방적이 아니라 쌍방향적인 것이다.

(5) 주제를 중심으로 여러 활동이 통합적으로 이루어지도록 한다.

① 부분들을 전체에 관련시켜 결합해가는 과정이며, 유아는 자신의 경험들을 통합하여 전인적으로 성장 · 발달한다.

② 중심의 통합은 유아의 흥미와 발달, 학습에 적합한 주제를 선정하여 이를 탐구하는 과정에서 누리과정의 5대 영역과 관련되는 내용들을 통합하여 운영하는 것이다.

③ 주제를 중심으로 통합적으로 활동들을 운영하기 위하여 교사는 주제 전개에 따른 전체적인 계획을 체계적으로 세워야 한다.

(6) 실내·실외활동, 정적·동적활동, 대·소집단활동 및 개별활동, 휴식 등이 균형 있게 이루어지도록 한다.

① 교수 · 학습활동은 실내활동과 실외활동, 정적활동과 동적활동, 개별활동과 대 · 소집단활동, 휴식 등이 고르게 안배되어야 한다.

② 개별활동과 대 · 소집단활동도 유아의 연령 및 시기 등을 고려하여 고르게 안배되어야 한다.

(7) 유아의 관심과 흥미, 발달이나 환경 특성 등을 고려하여 개별 유아에게 적합한 방식으로 학습하도록 한다.

① 교사는 유아의 연령만을 기준으로 교육활동을 계획할 것이 아니라 개별 유아의 특성을 함께 고려하여 활동을 계획하고 교수전략을 사용하는 것이 필요하다.

② 장애가 있는 유아의 경우, 교사는 전문가의 도움을 받아 장애상태와 발달에 적합한 교육, 보육계획을 세워야 한다.

2) 내면화 중심의 생활지도 교수 · 학습모형

본 항에서는 선정된 활동주제를 어떤 방법으로 지도하느냐 즉, 어떤 교수 · 학습모형을 적용하여 지도하느냐에 대하여 생각해 보기로 한다.

생활지도를 위한 교수 · 학습모형은 활동주제의 특징이나 성격에 따라 거기에 최적한 교수 · 학습모형을 구안해서 지도해야 하는데, 생활지도에 최적한 내면화 중심의 교수 · 학습모형을 표로 제시하면 다음과 같다.

〈표 III-4〉 내면화 중심의 생활지도 교수 · 학습모형

기본모형	교수 · 학습유형
내면화 교수 · 학습모형	1) 감동 · 감화학습
	2) 가치판단학습
	3) 지적사고학습
	4) 활동체험학습

내면화란 도덕적 의식이나 생활습관이 몸에 완전히 밴 상태로서 도덕적 의식이나 생활습관이 몸에 완전히 배이게 되면 유아들은 어떤 상황이나, 누가 보든지, 보지 않든지 간에 항상 바람직한 생활습관이나 행동을 유지하게 된다.

따라서 유아들에게 바른생활 습관을 내면화시키기 위한 교수 · 학습방법에는 감동감화 학습, 가치판단 학습, 활동체험 학습, 지적사고 학습 등 4가지 유형이 있는데 다음에서 위 4가지 교수 · 학습방법 유형에 따른 학습의 전개방식에 대하여 설명하기로 한다.

(1) 감동감화 학습

감동감화 학습은 심정(감동) 주제에 대한 교수 · 학습방법으로 유아들에게 학습활동을 통해 감동과 감명을 주어 심정의 변화를 일으켜 내면화시키기 위한 교수 · 학습방법이다.

감동감화 학습의 교수 · 학습과정은 다음과 같다.

단계	과정	구조 (교수 · 학습과정)
도입	확인 (초점화)	주제 제시 생활경험의 상기(반성) 생활경험의 분류 문제의 초점화 — 간접경험의 제공
전개	문제해결	(감명자료 투입) …… 감명 …… (가치 인정) 감동의 교환
정리	실천의욕 갖기	(실천 의욕) → 감화 ← (자기중심에의 통일)

〈그림 III-1〉 **감동감화 학습의 교수 · 학습과정**

위 교수 · 학습과정에 따른 학습활동 전개방식을 개략적으로 설명하면 다음과 같다.

① 학습주제 제시

교사는 본시에 학습할 활동주제를 도입 단계에서 유아들에게 제시한다. 학습주제를 제시하는 방법은 교사가 직접적으로 언어적 표현을 통해 학습주제를 제시하는 방법, 그리고 유아들의 생활경험을 상기시켜 학습주제로 이끄는 방법 등 다양하다. 학습주제 제시는 본시 학습활동의 방향을 안내해 주는 역할을 한다.

② 학습주제에 따른 생활경험 상기

학습주제에 관련하여 유아들이 과거에 경험했거나 느꼈던 일 또는 보고 들었던 일들을 되새겨 보고 과거의 경험과 일들을 떠올리면서 이야기 나누기를 한다.

③ 생활경험의 분류

유아 각자가 느끼고 경험했던 사실 가운데에서 서로 같은 성질의 문제 또는 할 수 없는 문제, 나아가서 옳은 생각, 그릇된 생각, 어찌할 수 없는 문제 등 일정한 기준에 따라 분류한다.

분류작업은 학습 진행의 방향을 결정해주는 중요한 과정이므로 유아들끼리 또는 교사와 유아가 공동활동으로 명확하게 분류하도록 하여야 한다.

④ 간접경험의 제공

학습할 문제의 방향을 더욱 명확히 하기 위하여 보조적인 예화 또는 유사한 경험이나 사실을 제공한다.

⑤ **학습문제의 초점화**

본시에 학습할 문제(내용)에 대하여 유아들에게 확실히 이해시키는 과정이다. 어떠한 내용의 학습활동이든 간에 학습문제를 초점화시켜 학습문제를 보다 명확히 하고 뚜렷하게 만드는 것은 중요한 일이지만, 특히 도덕적인 문제나 생활지도상의 문제를 초점화시키는 일은 그리 쉽지 않다. 왜냐하면 도덕적인 문제나 일상생활상의 문제는 대단히 광범위하기 때문에 조금만 관점을 달리하면 학습활동의 방향이 엉뚱하게 달라지기 때문이다.

⑥ **간접자료 투입**

감동감화 학습의 교수 · 학습과정은 유아들에게 학습주제나 지도하려고 하는 행동덕목에 대하여 꼭 지킬 수 있도록 감명이나 감동을 주어 행동에 대한 실천의욕을 내면화시키려는 데 목적이 있기 때문에 유아들에게 더욱 깊은 감명이나 감동을 줄 수 있도록 해야 한다. 따라서 감동감화 학습의 교수 · 학습과정에서 제일 중요한 활동은 어떤 시청각자료나 예화자료를 제공하여 유아들로 하여금 그들의 심중에 강한 감명과 감동을 받게 하여 학습한 행동덕목을 내면화시키는 일이다.

⑦ **감명(가치 확인)**

유아들이 감동감화 학습을 전개하면서 전 학습과정을 통하여 감명이나 감동을 받게 되지만 이 단계에서는 감화가 더욱 깊어지도록 다양한 감명, 감동자료를 활용하여 학습을 전개하여야 한다.

⑧ **감명의 교환**

유아들은 지금까지의 학습과정을 통하여 많은 감명과 감동을 받았기 때문에 유아 상호 간에 서로 느낀 감명과 감동을 교환하도록 한다.

⑨ **감화**

감화 단계에서는 유아들이 감명 · 감동이나 감화를 받은 정도에 따라 일상생활 속에서 실천할 수 있는 마음의 결의를 하거나 마음속 깊이 다짐하여 앞으로 어떻게 행동할 것인가를 결의하도록 한다.

위 감동감화 학습의 학습과정에 따른 학습활동안의 '예'를 제시한다.

〈표 III-5〉 **감동감화 교수 · 학습활동안의 '예'**

<table>
<tr><td colspan="2" rowspan="5">• 생활주제 : 유치원/어린이집과 친구
• 활동주제 : 나의 기분</td><td>교육과정 관련</td><td>사회관계영역</td></tr>
<tr><td>학습형태</td><td>감동감화 학습</td></tr>
<tr><td>주요활동</td><td>감명, 감동, 이야기 나누기</td></tr>
<tr><td>학습목표</td><td>• 마음대로 하면 안 되는 것이 있음을 안다.
• 남을 위해 나의 행동을 조절할 줄 안다.</td></tr>
<tr><td>준비물</td><td>• 감명, 감동, 시청각 자료 · 이야기 자료, 예화 자료</td></tr>
<tr><th>단계</th><th>과정</th><th colspan="2">활동내용</th></tr>
<tr><td>도입</td><td>주제 제시

생활경험의 상기

생활경험의 분류

문제의 초점화</td><td colspan="2">① 오늘은 다른 사람과 사이좋게 그리고 즐겁게 생활하는 방법에 대해 공부해요.
① 다른 사람이 마음대로 행동하여 나에게 불편을 준 사례를 이야기한다.
• 어떤 일 • 어떤 기분
• 친구들의 기분 • 기타
② 내가 마음대로 행동하여 다른 사람에게 불편을 준 사례를 이야기한다.
• 어떤 일 • 어떤 불편
• 친구의 심정 • 나의 기분
① 같은 시각에도 기분이 좋은 유아, 그렇지 않은 유아가 있음을 안다.
② 오늘 아침 유치원 활동실에 들어온 후의 일들을 각자 발표시킨다.
• 있었던 일과 그때의 기분
③ 유아들의 사진을 실물환등기에 확대하여 비춰보면서 어디에서 무엇을 하고 있는 사진인지 이야기를 나눈다.
④ 사진에 나타난 표정들을 살펴보며 사진의 주인공들에게 그때의 상황과 기분에 대하여 이야기를 나눈다.
• (함께 즐겁게 웃으며 놀이하는 사진을 보여주며) 이 사진의 친구들은 모두 웃고 있네, 왜 이렇게 웃었니?
• (한 명은 웃는데 다른 한 명은 화난 모습을 보여주며) 이 두 사람의 기분이 서로 다른 것 같구나, 어떻게 해서 이렇게 되었니?
• 두 사람이 모두 기분이 좋을 수 있는 방법은 없을까?
• (서로 다투는 모습의 사진을 보여주며) 왜, 이런 일이 일어나게 되었니?
• 이렇게 다투지 않고 해결할 수 있는 방법은 무엇일까?
① 사진 외에 실제로 기분이 좋았던 경험, 속상했던 경험 등에 대하여 이야기를 나누고 바르게 해결해 나가는 방법을 알아본다.
• 내가 기분이 나쁘고 속상할 때 친구에게 어떻게 알릴까?
• 친구가 나에게 속상한 것을 이야기하면 어떨까?
• 마음대로 행동해서는 안 되는 것에는 무엇이 있는지 이야기해 본다.
- 놀이터에서, 공공시설에서, 유치원에서</td></tr>
<tr><td>전개</td><td>감명

감명 교환</td><td colspan="2">① 감명자료를 들려준다.
• 친구들을 배려하는 영희
- 매사에 친구들을 위하여 솔선수범하는 영희의 배려하는 마음을 그린 글
• 욕심쟁이들
- 서로 자기 욕심만 차리다가 모두가 낭패를 보는 이야기
① 감명자료를 듣고 난 느낌을 말해보도록 한다.
• 모든 일에 솔선수범해요.
• 모두를 위해 내가 참아요.
• 친구들의 마음을 상하지 않게 해요.
• 내 기분대로 행동하지 않아요.</td></tr>
<tr><td>종결</td><td>실천 의욕</td><td colspan="2">① 앞으로 어떻게 행동할까? 자기의 각오를 하나씩 말해 봐요.</td></tr>
</table>

(2) 가치판단 학습

가치판단 학습은 가치 주제에 대한 교수·학습방법으로 유아들이 겪는 도덕적 갈등이나 사회적인 문제에 대한 학습활동에서 다양한 토의와 토론을 통하여 올바른 가치를 선택하여 유아의 심정에 내면화시키기 위한 교수·학습방법이다. 가치판단 학습의 학습과정은 다음과 같다.

단계	과정	구조 (교수·학습과정)
도입	문제의 확인 (초점화)	주제 제시 경험의 상기(반성) 경험의 정리 분류 문제의 초점화 ······ (직접자료 투입)
전개	문제해결 (토의, 토론)	(토의) → 가치 추구 ← (토론) (조건 규명) → 각자 의견 발표 ← (준거 제시) 집단 사고
정리	가치 (가치판단)	(의욕화) → 가치화 ← (자각화) 태도화

〈그림 III-2〉 **가치판단 학습의 교수·학습과정**

가치판단 학습의 학습활동은 전 절에서 밝힌 감동감화 학습의 도입 단계나 정리 단계는 거의 비슷하다. 다만 감동감화 학습의 전개 단계에서는 유아들에게 학습주제에 대하여 많은 감명과 감동을 주어 유아들의 심정에 내면화시키는 데 주력한다면 가치판단 학습에서는 학습주제에 대하여 다양한 토의와 토론을 통하여 유아들 스스로가 올바른 가치를 선택하도록 하고 실천의욕을 갖도록 유아의 심정에 내면화시키는 데 주력한다. 위 학습과정에 따라 학습활동의 전개방식을 개략적으로 설명하면 다음과 같다.

① 주제 제시

주제 제시 방법은 감동감화 학습과정과 같다.

② 경험의 상기(반성)

경험의 상기(반성)는 감동감화 학습과 같은 방식으로 전개하는데 특히 자기가 과거에 잘못 판단하여 낭패를 본 사례 그리고 그때의 기분 또한 정확히 판단하여 이익을 가져온 사례, 그리고 그때의 기분에 중점을 두어 이야기하게 한다.

③ 경험의 정리, 분류

학습활동 주제에 관련된 생활경험을 발표하도록 유도하여 유아들의 생활경험을 교사가 선정한 기준에 따라 유아와 이야기 나누기를 통해 분류한다. 이 과정에서 유아들이 당면하는 과제가 무엇이며 어떤 갈등을 느끼는가를 알 수 있도록 유도해 나간다.

④ 문제의 초점화

학습활동 주제를 결정하고 주제에 따른 학습문제와 학습활동의 방향을 전 유아들이 이해하도록 이야기 나누기를 이끌어간다.

⑤ 가치추구

가치추구는 가치판단의 과정으로 가치판단 학습에서 가장 핵심적인 활동이 이루어진다. 가치추구 단계에서는 경험의 정리 · 분류와 문제의 초점화 과정을 통해 확인된 문제 사태와 이에 따른 상반된 견해에 대하여 자기의 주장이나 이유를 발표하도록 하여 서로 상반된 의견에 대한 토론과 토의활동으로 객관적인 가치를 선택하도록 한다.

⑥ 집단사고

앞 과정인 가치추구활동을 더욱 심화시키기 위하여 집단적으로 사고하도록 하여 객관적인 가치를 선택할 수 있도록 이끌어간다.

⑦ 가치화, 태도화

가치판단 학습의 마지막 과정으로 지금까지의 다양한 가치판단활동을 통해 나타난 가치 가운데 가장 합리적이고 타당한 가치를 선택하고 실제 생활에서 적용 · 실천하려는 의지를 갖도록 한다.

(3) 지적사고 학습

지적사고 학습은 지적(이해) 주제에 대한 학습모형으로 유아들에게 학습활동 주제에 대하여 폭넓고 체계적인 지식을 넣어주어 현재 상황을 바르게 이해시켜 내면화시키기 위한 학습모형이다.

지적사고 학습의 교수 · 학습과정은 다음과 같다.

단계	과정	구조 (교수 · 학습과정)
도입	문제의 확인 (초점화)	주제 제시 경험의 상기(반성) │ 경험의 정리 │ 문제의 초점화 …… (간접자료 투입) │
전개	문제해결 (통찰)	사실의 통찰 │ 근거 제시 → (합리성의 추구) ← 간접자료 투입 │ 개념의 이해 확인 │
종결	자각	자각 (조직화) (태도화)

〈그림 III-3〉 **지적사고 학습의 교수 · 학습과정**

위 교수 · 학습과정에 따른 학습활동 전개방식을 개략적으로 기술하면 다음과 같다.

① 주제 제시

학습활동 주제 제시, 주제 제시 방법은 모든 내면화학습방법과 같다.

② 경험의 상기

각자가 알고 있는 경험 또는 경험한 사실에 대하여 이야기 나누기를 한다.

③ 경험의 정리

발표한 경험이나 사실을 어떤 기준이나 성격 또는 학습활동 의도에 따라 분류 정리한다.

④ 간접자료 투입

학습활동의 방향을 명료화하고 학습동기를 유발시킬 수 있는 관련 그림이나 사진 등 간접자료들을 투입시킨다.

⑤ 문제의 초점화

본시 학습문제를 확실히 이해할 수 있도록 이야기 나누기를 한다.

⑥ 사실의 통찰 → 합리성의 추구 → 개념의 이해 확인

본시 학습활동 문제에 대하여 깊이 있게 연구하고 궁리하여 어떤 문제인가? 어떤 내용인가? 사실과 현상은 어떠한가? 등에 대하여 근거를 제시해 가면서 이야기 나누기를 한다.

⑦ 자각

위의 전 과정을 통하여 새롭게 터득한 원리 지식, 내용들을 정리하여 유아들에게 다시 확인시켜 준다. 그리고 새로 이해된 내용을 기초로 하여 실생활에서 어떻게 적용할 것인가를 궁리해 보고 실천의욕을 갖도록 한다.

(4) 활동체험 학습

활동체험 학습은 활동주제 즉, 학습문제에 대하여 유아들이 직접 활동이나 실천, 실행을 통해 기술, 기능, 방법을 터득시켜 내면화시키는 학습모형이다. 예를 들면, '손씻기'를 습관화시키려는 활동주제를 학습할 때는 학습활동을 구두로 손씻기 방법을 안내하는 것이 아니라 직접 수돗가에 데리고 가서 '손씻기' 교사의 시범을 직접 보면서 '손씻기' 방법을 체득시키는 학습방법이다. 따라서 활동체험 학습에서는 학습주제에 관련된 내용에 대하여 시범, 실연, 실행, 실천, 추체험을 실시하여 생활 습관을 내면화시킨다.

활동체험 학습의 교수 · 학습과정은 다음과 같다.

단계	과정	구조 (교수 · 학습과정)
도입	문제의 확인 (초점화)	주제 제시 경험의 상기(반성) 경험의 정리 분류 문제의 초점화 …… (간접자료 투입)
전개	문제해결 (시범, 추체험, 극화, 실연)	조건의 규명 추체험, 시범, 극화 · 실연화 집단사고
정리	실천계획	(자기계획) - 실천계획수립 - (태도화)

〈그림 III-4〉 **활동체험 학습의 교수 · 학습과정**

위 활동체험 학습과정에 따른 학습활동 전개방식을 개략적으로 기술하면 다음과 같다.

① 학습활동 주제 제시

학습활동 주제 제시 방법은 감동감화 학습, 가치판단 학습, 지적사고 학습모형과 같다. 다만, 제시되는 주제가 습관(실천) 주제일 뿐이다.

② **생활경험의 상기**(반성)

활동주제에 관련하여 유아 개인 또는 집단적으로 그러한 상황에서 어떻게 행동하고 실천했는가의 자기 경험을 발표(이야기)시킨다.

③ **경험의 정리**(분류)

활동주제와 관련된 경험들을 몇 가지 관점 또는 행동 유형으로 분류하여 학습활동 전개에 편리하도록 정리(분류)하여 학습의 방향을 명료하게 한다.

④ **사실자료의 투입**

분류된 경험에 구체적인 사실자료들을 투입하여 학습활동의 방향을 더욱 명료하게 한다.

⑤ **문제의 초점화**

본시 학습내용을 재확인하고 학습문제에 대한 학습활동 방향을 명확하게 이해시킨다.

⑥ **조건의 규명**

본시 학습활동내용에 관련하여 어떻게 해야 하는가? 왜 그렇게 해야 하는가? 하는 이유를 알아본다.

⑦ **시범, 추체험, 극화, 실연**

본시 학습문제에 대하여 유아들이 직접적으로 시범, 실천, 실연, 실행해 보고 상황에 따라서 극화해서 실천, 기술, 방법을 터득하고 심화시킨다.

⑧ **실천계획 수립**

본시 학습활동내용에 대하여 학습한 후 앞으로 유아 개개인 또는 집단적으로 어떻게 행동할 것인가를 계획하고 결의를 다진다.

(5) 내면화학습 진행상의 유의점

① 내면화학습은 교수·학습과정에서 유아들에게 도덕적 의식이나 생활습관을 몸에 완전히 배이게 내면화 활동을 강조하는 것이 특징이다. 위에 제시한 4개 교수·학습방법 유형별로 강조하는 내면화 활동은 다음과 같다.

가. 감동감화 학습 : 활동주제에 관련된 시청각자료나 읽을거리(동화, 동시, 예화 등)를 유아들에게 들려주어 강한 감명, 감동, 감화를 받게 하여 내면화시킨다.

나. 가치판단 학습 : 활동주제에서 지도하려고 하는 실천덕목에 관해 다양한 토의, 토론을 통하여 올바른 가치의 선택은 물론, 올바른 가치를 선택한 이유나 근거를 확실히 이해시켜 내면화시킨다.

다. 지적사고 학습 : 유아들에게 새로운 지식이나 정보 또는 사실을 처음으로 이해시키기 위하여 유아들에게 학습문제에 대한 새로운 내용, 지식, 정보, 사실, 원리 등을 발견하고 찾아내기 위한 통찰을 강화하여 내면화시킨다.

라. 활동체험 학습 : 유아들이 늘 사회생활 속에서 실천해야 할 생활습관을 말로 지도하는 것이 아니라 교사가 직접 시범, 본보기, 모델, 실연, 추체험 등을 통해서 지도한 후 유아들이 직접 실행(실천)해 보도록 하여 내면화시킨다.

② 위에 제시한 4개 유형의 내면화학습에서 공통적으로 도입 단계에서는 학습문제를 초점화시키고 있는데, 초점화는 학습문제를 정확히 이해시키는 과정으로 반드시 유아들의 생활경험 속에서 이끌어내야 한다.

③ 4개 교수·학습방법 유형이 모두 내면화 교수·학습과정(구조)이 상세하게 분류, 제시되어 있는데 교수·학습의 실제 상황에서는 일부 과정이 생략될 수도 있고 여러 개의 과정이 동시에 연속적으로 사고활동이 이루어져 활동시간이 자연스럽게 단축된다.

3. 지도의 실제

다음에서 신체운동·건강, 의사소통, 사회관계영역 내의 생활 지도내용에 대한 지도방법에 대하여 누리과정 지도지침서를 중심으로 알아보기로 한다.

1) 신체운동·건강영역 내용 지도

(1) 건강하게 생활하기

① 몸과 주변을 깨끗이 하기

ㄱ. 질병을 예방하기 위해 자신의 손과 몸을 깨끗이 하는 방법을 알고 실천한다.

ㄴ. 유아생활 주변을 깨끗이 하는 습관을 기르도록 한다.

▸ 지도지침 및 유의점

ㄱ. 유아들 스스로 손씻기나 양치를 바르게 실천할 수 있도록 교사가 관찰지도한다.

ㄴ. 유아들의 칫솔은 교체가 필요한 경우, 학부모에게 알려주어 교체하도록 한다.

ㄷ. 칫솔질이 바르지 않은 유아를 찾아 지도한다.

ㄹ. 핸드타월을 비치하고 칫솔을 살균소독기에 보관한다.

ㅁ. 유아의 발달 및 각 영역의 정리 표시를 해두어 놀잇감을 정리하도록 한다.

② 바른 식생활하기

ㄱ. 음식을 골고루 적당량 먹고 몸에 좋은 음식에 관심을 갖고 구별할 수 있게 한다.
ㄴ. 바른 식사예절과 태도를 알고 실천할 수 있게 돕는다.

▸ 지도지침 및 유의점

ㄱ. 유아의 특성을 고려, 양을 조절해 주어 즐거운 식사시간이 되게 한다.
ㄴ. 가정과 같은 식사 분위기를 조성해준다. (예 : 음악, 분위기 등)
ㄷ. 교사는 식사 방법 및 태도에 대한 모델링이 된다.
ㄹ. 음식에 대한 관심을 갖게 한다. (예 : 이름, 모양, 색, 맛, 경험 등)
ㅁ. 식사도구에 관심을 갖고 젓가락 사용을 시도해본다.

③ 건강한 일상생활하기

ㄱ. 규칙적인 수면과 휴식, 배변습관을 가지고 즐겁게 생활하는 태도를 기른다.

▸ 지도지침 및 유의점

ㄱ. 건강생활은 일상생활 속에서 지속적으로 지도하고 하루일과를 균형적으로 운영하여 (예 : 동적활동 뒤에는 정적활동) 규칙적인 휴식시간을 제공한다.
ㄴ. 유아들이 안정감을 느끼고 편안히 쉴 수 있는 아늑한 환경을 조성해 주어야 한다. (예 : 햇빛과 소음차단, 온도, 장난감, 인형, 음악, 동화 등)
ㄷ. 유아들의 긍정적인 정서와 정신건강을 위하여 인내력을 가지고 긍정적인 방법으로 지도한다.
ㄹ. 즐거운 놀이에 참여할 수 있는 일과를 운영한다.
ㅁ. 유아의 놀이 도중 표정이나 행동을 살펴 화장실 가기를 안내한다.

④ 질병 예방하기

ㄱ. 질병의 위험에 대한 대비, 날씨와 상황에 따른 옷입기를 통하여 체온을 조절하고 건강을 유지한다.

▸ 지도지침 및 유의점

ㄱ. 질병 관리를 위해 실내의 습도 및 온도 조절, 수시로 창문 열기, 정기적인 공기질 검사를 의뢰한다.
ㄴ. 질병감염 유아에 대하여 지도한다. (예 : 가정휴식, 병원치료 등)
ㄷ. 질병예방을 위해 가정과의 연계지도, 부모교육을 실시하며 일상생활에서 지속적으로 지도한다.

(2) 안전하게 생활하기

① 안전하게 놀이하기

ㄱ. 놀이기구, 놀잇감, 도구, 전자미디어를 안전하게 사용하는 지식, 기능, 태도를 형성한다.

▸ 지도지침 및 유의점

ㄱ. 놀잇감과 도구의 위험요소(예 : 날카로운면, 파손) 등을 매일 점검하고 시설 · 설비안전 점검표를 활용하고 지속적인 안전교육을 실시하며 안전사고를 예방한다.

ㄴ. 이야기 나누기, 동화, 토의 등을 통해 안전의 중요성을 이해시킨다.

ㄷ. 전자미디어를 바르게 사용하는 방법을 지도하고 가정과의 연계지도를 강화하여 지나친 욕구를 조절하며 정해진 시간에만 활용하도록 한다.

② 교통안전 규칙지키기

ㄱ. 교통사고의 위험으로부터 자신을 보호하기 위한 지식, 기능, 태도를 형성한다.

▸ 지도지침 및 유의점

ㄱ. 교통안전 규칙을 숙지시키기 위하여 부모교육, 교통공원 체험학습(만 5세), 일상생활 장면별 현장지도를 지속적으로 실시한다.

ㄴ. 승차시 '안전하게 뒤쪽 앉기', '안전띠를 매고 방해되지 않게 앉기' 등의 규칙을 알려준다.

③ 비상시 적절히 대처하기

ㄱ. 비상상황에서 자신을 보호하는 지식, 기능, 태도를 배양한다. (예 : 학대, 성폭력, 실종, 유괴, 재난 및 사고 등)

▸ 지도지침 및 유의점

ㄱ. 위험상황을 인식하고 스스로 자신을 보호하는 방법을 이해시킨다. (예 : 성인에게 도움 요청 방법, 지속적인 정보 제공과 교육 등)

ㄴ. 유아교육기관의 교직원에 대한 전문적인 안전교육을 실시한다.

ㄷ. 사회적인 선입견이나 편견을 갖지 않도록 지도한다. (예 : 낯선 사람에 대한 부정적 시각, 어른의 부탁을 거절할 경우, 나쁜 아이다는 등)

ㄹ. 재난 대피훈련 시 예정훈련시간, 대피장소, 대피요령을 사전에 안내하고 가정에 가정통신문을 통해 연계 교육을 실시하며 재난 대피훈련 시 상황에 따른 다양한 대피방법으로 이해시키며 지속적으로 실시한다.

2) 의사소통영역 내용지도

(1) 듣기

① 바른 태도로 듣기

ㄱ. 다른 사람이 말을 할 때 말하는 사람을 바라보며 주의 깊게 끝까지 듣는 내용이다.

▸ 지도지침 및 유의점

ㄱ. 말하는 사람에게 시선을 고정하여 말소리를 끝까지 듣게 한다.

ㄴ. 만 3세 유아는 말하는 사람의 표정, 시선, 몸짓, 입 모양을 동시에 바라보면서 듣게 한다.

ㄷ. 3~4세 유아는 새로운 주제를 도입할 때 그 이야기와 관련된 사전 경험을 하고 흥미가 생겼을 때 이야기를 들려준다.

ㄹ. 대집단에서 이야기할 때는 이미 충분히 소개된 내용, 직접 경험한 것, 함께 보았던 내용을 주제로 해야 한다.

ㅁ. 친구가 한 말을 동작으로 해보기, 친구가 낸 수수께끼 듣고 알아맞히기 활동은 다른 사람의 이야기를 주의 깊게 듣는 태도를 길러준다.

ㅂ. 교사는 남의 말을 잘 들어 주는 모델이 되며 남의 말을 주의 깊게 잘 듣는 유아를 칭찬해준다.

(2) 말하기

① 상황에 맞게 바른 태도로 말하기

ㄱ. 때, 장소, 대상, 상황 등을 고려, 바르고 고운말을 사용하여 말하는 내용이다.

ㄴ. 상대방을 바라보며 차례로 말하기

ㄷ. 듣는 사람의 생각, 느낌을 고려하여 말하기(만 5세)

ㄹ. 바르고 고운 말 사용하기(만 3~5세)

▸ 지도지침 및 유의점

ㄱ. 그림자료를 통해 제시된 다양한 상황 또는 놀이상황에서 듣는 사람의 느낌, 생각이 어떨까에 대해 이야기해 보도록 한다(만 3~4세).

ㄴ. 역할놀이나 갈등상황에서 상대방의 느낌과 생각을 고려할 때, 장소, 대상에 알맞게 말해 보는 기회를 제공한다(만 5세).

ㄷ. 유행어나 속어 등을 사용할 때 바른말로 대체하도록 모델을 보여준다.

ㄹ. 교사는 늘 바르고 정확하게 말하는 언어적 모델을 보여준다.

3) 사회관계영역 내용지도

(1) 나를 알고 존중하기

① 나를 알고 소중히 여기기

ㄱ. 긍정적인 자아개념 형성을 돕기 위해 자신을 소중히 여기면서 다른 사람을 존중하도록 하기 위한 내용이다.

▸ 지도지침 및 유의점

ㄱ. 이야기 나누기를 비롯한 다양한 활동을 통해 자신에 대해 알아보도록 한다. (예 : 이름, 성별, 나이, 가족 등)

ㄴ. 자신의 신체를 인식하고 자신의 신체가 변화하고 성장해가는 것을 경험할 수 있는 활동을 제공한다. (예 : 다양한 모양과 소리를 만들어 봄)

ㄷ. 유아가 자신을 소중히 여길 수 있도록 지도한다. (예 : 자신의 모습, 잘하는 것, 좋아하는 것을 친구나 가족에게 소개하기)

ㄹ. 자신과 친구와의 공통점과 차이점(예 : 놀이, 음식, 색깔 등)에 관심을 갖는다. (예 : 성별, 외모, 장애 등)

ㅁ. 책, 현장체험, 역할놀이, 외국인 초빙 등의 활동을 통해 차이를 인정하고 서로 존중하는 태도를 형성시킨다.

ㅂ. 교사는 유아의 외모, 행동, 정서, 능력, 흥미, 생각을 존중해 주고 유아의 활동 결과물이나 바람직한 행동을 칭찬, 보상해 자신감과 자신을 소중히 여기는 태도를 형성시킨다.

ㅅ. 교사는 긍정적 자아개념 형성, 의사소통에 걸림돌이 되는 언어를 사용하지 않는다. (예 : 지시, 명령, 위협, 경고, 비난, 충고 등)

② 나의 일 스스로 하기

ㄱ. 자기가 할 수 있는 일을 찾아서 실천하는 과정을 통해 유아의 성취감과 책임감을 기른다.

▸ 지도지침 및 유의점

ㄱ. 유아의 놀잇감, 개인용품 등에 표시를 해주어 자기 물건을 정리하고 정돈하도록 하고 잘 이행했을 때 격려한다.

ㄴ. 동화, 이야기 나누기를 통해 자기 스스로 할 수 있는 일을 찾아 실천하도록 한다.

ㄷ. 교사는 다양한 흥미영역에서 자신이 계획하고 선택할 수 있는 기회를 제공한다.

ㄹ. 민주적이고 개방적인 학급 분위기를 조성하여 하고 싶은 일을 스스로 선택하게 하고 아이디어를 자유롭게 실천해 보도록 한다.

(2) 나와 다른 사람의 감정 알고 표현하기

① 나와 다른 사람의 감정 알고 조절하기

ㄱ. 자신의 감정을 표현할 줄 알고 다른 사람의 감정을 이해하여 감정을 공감하는 내용이다.

ㄴ. 자기의 감정을 언어적 또는 비언어적으로 표현하는 방법을 익힌다.

▸ 지도지침 및 유의점

ㄱ. 자신의 감정을 알고 말로 표현할 수 있게 한다. (예 : 슬프고, 기쁘고, 행복하고, 화나고 등)

ㄴ. 다양한 감정의 종류에 대해 관심을 가질 기회를 제공한다. (예 : 다양한 감정을 표현하는 사진이나 그림 제시 등)

ㄷ. 친구들의 감정은 모두 다를 수 있다는 것을 알게 한다.

ㄹ. 기쁘거나 슬픈 감정과 관련된 상황을 유아가 다른 사람의 감정을 공감할 수 있는 기회로 삼는다. (예 : 갈등해결사항, 일상생활중)

ㅁ. 부정적인 감정은 사회적으로 수용 가능한 방법으로 표현해야 함을 알게 한다.

② 나의 감정 조절하기

ㄱ. 유아가 사회적, 문화적으로 수용될 수 있는 감정 표현을 알고 조절함으로써 다른 사람과 긍정적인 관계를 맺는 기초를 형성한다.

▸ 지도지침 및 유의점

ㄱ. 부정적인 감정을 긍정적으로 조절하도록 하는데 중점을 둔다.

ㄴ. 유아가 다양한 감정을 상황에 따라 적절하게 표현할 수 있는 기회를 제공한다.

ㄷ. 교사는 학습에서 무의식으로 나타내는 자신의 감정표현방식에 유의하고 감정을 때와 상황에 따라 조절하는 본보기가 되어야 한다.

(3) 가족을 소중히 여기기

① 가족과 화목하게 지내기

ㄱ. 가족의 의미와 소중함을 알며 화목하게 지내는 내용을 다룬다.

ㄴ. 가족을 소중히 여기는 마음을 갖도록 한다.

▸ 지도지침 및 유의점

ㄱ. 가정에서 가지고 온 사진, 물건 등을 활용하여 가족의 의미와 소중함을 느낄 수 있는 기회를 제공한다.

ㄴ. 가족에게 고마움이나 소중함을 전달하는 방법을 알도록 한다. (예 : 행동, 말, 선물 등)

ㄷ. 가족 간에도 화목하게 지내려면 서로 예의를 지키며 존중해야 함을 알도록 한다.

ㄹ. 가정과 연계하여 집에서 가지고 온 사진, 물건 등으로 환경구성을 한다.

ㅁ. 허용적인 분위기를 조성하여 자신의 가족에 대하여 자연스럽게 말할 수 있도록 한다.

② 가족과 협력하기

ㄱ. 가족을 위해 유아 수준에서 할 수 있는 일을 알아보고 실천하며 가족 간에 어떠한 도움을 주고받을 수 있는지에 대하여 지도한다.

▸ 지도지침 및 유의점

ㄱ. 가족이 다양한 구성원으로 조직되어 있음을 알게 한다. (예 : 한 부모, 다문화가족 등)

ㄴ. 가족의 다양한 특성(예 : 엄마역할을 하는 할머니)과 역할(예 : 가족을 돌보는 아버지)에 관심을 갖고 존중하도록 한다.

ㄷ. 가족 간에 서로 도와야 하며 자신의 수준에서 가족에게 도움을 줄 수 있는 일을 실천해 보도록 한다.

ㄹ. 역할놀이 영역에 가족에 관련된 소품을 다양하게 제공한다.

ㅁ. 가족구성원의 역할에서 양성평등의식을 가지도록 한다.

ㅂ. 교사는 각 가족에 대해서 다양성을 존중하는 반편견 · 다문화 관점을 갖도록 한다.

(4) 다른 사람과 더불어 생활하기

① 친구와 사이좋게 지내기

ㄱ. 친구의 소중함을 알며 바람직한 관계를 형성하고 유지하는 능력을 기르는 내용이다.

ㄴ. 친구들과 사이좋게 지낼 수 있는 사회적 기술을 익히도록 한다. (예 : 수용, 배려, 양보, 타협 등)

▸ 지도지침 및 유의점

ㄱ. 친구와 함께 생각하고 행동하면서 협동의 효과와 즐거움을 느낄 수 있는 다양한 경험의 기회를 갖도록 한다.

ㄴ. 친구들 간에 서로 의견 차이와 갈등이 있음을 알고 긍정적인 방법으로 문제를 해결하도록 한다.

ㄷ. 갈등상황에 개입할 때에는 명확한 상황판단으로 어느 쪽에게만 일방적인 양보나 배려를 요구하지 않도록 한다.

② 공동체에서 화목하게 지내기

ㄱ. 다른 사람들과 도움을 주고받으며 서로 협력하여 화목하게 지내면서 더불어 살아갈 수 있는 능력을 기르는 내용이다.

▸ 지도지침 및 유의점

ㄱ. 유아교육기관에서 유아－유아, 교사－유아 간에 자연스럽게 도움을 주고받으며 서로 협력할 수 있도록 지도한다.

ㄴ. 상대방의 어려움을 이해하고 도움을 줄 수 있는 사회적 기술을 익힌다.

ㄷ. 다른 사람들과 함께 지내면서 어울려 사는 공동체의 기쁨과 친밀함을 느낄 수 있는 긍정적인 경험을 갖도록 한다.

③ 사회적 가치를 알고 지키기

ㄱ. 사회적 질서를 유지하기 위해서 필요한 사회적 가치를 알고 지키는 습관을 기르도록 하는 내용이다. (예 : 정직한 말과 행동, 다른 사람에 대한 존중과 배려, 예의바른 행동, 약속과 공공규칙 지키기, 자연과 자연 보호하기 등)

▸ 지도지침 및 유의점

ㄱ. 정직한 말과 행동의 중요성에 대해 알아보고 어떠한 경우에도 정직하게 말하고 행동하도록 지도한다.

ㄴ. 다른 사람과 함께 생활할 때에는 자신의 생각과 감정만이 아니라 상대방의 의견이나 감정을 존중하고 배려할 줄 안다.

ㄷ. 예의바른 행동으로 다른 사람에 대한 존중과 배려, 친절한 얼굴로 인사하고 예의를 갖추어 행동하도록 한다.

ㄹ. 사회가 건강하고 질서 있게 유지되기 위해서는 약속과 공공규칙을 지키는 노력이 필요함을 알게 하고, 이를 통해 유아 스스로 행동을 선택하고 통제하는 법을 습득하여 사회적 가치규범의 중요성을 내면화할 수 있도록 도와준다.

ㅁ. 자연과 자원이 우리 생활에 주는 도움과 그 가치에 대하여 알아보고 자연과 자원을 보호하는 습관을 가지도록 지도한다.

ㅂ. 다양한 경험을 통하여 익힐 수 있도록 현장체험이나 직접 경험의 기회를 많이 제공한다.

(5) 사회에 관심 갖기

① 지역사회에 관심 갖고 이해하기

ㄱ. 우리 동네 이름과 우리 동네가 갖고 있는 다양한 특성, 함께 어울려 사는 사람들과 하는 일, 다양한 직업 등 지역사회의 특성과 만나게 되는 다양한 사람들에 대한 구체적인 것들을 알아보는 내용이다.

▸ 지도지침 및 유의점

ㄱ. 우리 동네에 관심을 가지도록 한다. (예 : 동네 이름, 다양한 장소 등)
ㄴ. 직접적인 정보수집 활동을 통해 우리 동네의 특징에 대해 알아본다.
ㄷ. 동네와 공공기관에서의 다양한 모습, 경험한 서비스를 놀이로 표현할 수 있도록 자료와 기구를 비치한다.
ㄹ. 지켜야 할 규칙, 예절규범을 놀이를 통해 접해 보도록 한다.
ㅁ. 역할놀이를 통해 다양한 직업의 세계를 체험시킨다.

② 우리나라에 대해 관심 갖고 이해하기

ㄱ. 우리나라의 상징, 전통놀이와 풍습, 문화에 대한 관심을 갖게 하여 우리나라에 대한 자부심을 갖게 하는 내용이다.

▸ 지도지침 및 유의점

ㄱ. 우리나라의 상징물이 어떻게 사용되는가 알아본다. (예 : 태극기, 애국가, 무궁화 등)
ㄴ. 우리나라의 상징물을 대하는 태도와 예절을 지킨다.
ㄷ. 우리 고유풍속을 생활 속에서 자연스럽게 접해 친숙감을 갖게 한다.
ㄹ. 유아의 역사적 사건과 흐름에 대한 이해를 돕고 우리나라가 갖고 있는 과제에 대해 생각해 볼 기회를 준다. (예 : 남북통일 외)
ㅁ. 시간의 흐름을 구체화하여 보여줄 수 있는 환경을 구성한다.
ㅂ. 역사와 문화 · 문화재에 대한 조사활동을 통해 우리문화에 대한 우수성과 자부심을 갖게 한다.

③ 세계와 여러 문화에 관심 가지기

ㄱ. 다양한 인종과 문화에 대해 이해시키고 존중하는 태도를 기른다.

▸ 지도지침 및 유의점

ㄱ. 대중매체, 직접 여행 등을 통해 얻은 세계 여러 나라 정보를 중심으로 이야기해 본다.
ㄴ. 세계 여러 나라의 다양한 인종과 문화에 대한 정보를 접할 수 있도록 환경을 구성한다. (예 : 여행지에서 찍은 사진, 기념품, 특산품, 공예품, 현재의 달라진 모습 등)

ㄷ. 세계 각국이 서로 교류하며 지구촌 문제를 공동으로 대응하기 위해 서로 협력하며 살아야 한다는 것을 알게 한다.

ㄹ. 세계 각 나라는 다양한 생김새, 의식주생활, 풍속, 문화가 서로 다르며 다른 것을 이해시키고 또한 존중하는 태도를 갖게 한다.

제3장

부모교육(가정연계)을 통한 지도

유아교육에서 부모교육은 필수적이다. 생활지도에 있어서도 부모로부터 유아에 대한 다양한 정보와 자료를 얻음은 물론 교사역할의 보조 또는 교사역할의 대행 등 부모참여 활동을 통하여 생활지도의 효율성을 도모할 수 있다. 특히 생활지도 프로그램을 개발하여 유아교육기관과 가정과의 연계지도를 통한 생활지도를 시행하기 위해서는 부모교육이 필요하다. 다음에서 부모교육의 개념 부모교육을 통한 생활지도의 방향 유아생활지도를 위한 생활지도 프로그램의 제작 및 활용방안에 대하여 기술하기로 한다.

1. 부모교육의 개념

1960년대 이전 전통적인 부모교육이란 부모로서의 역할을 원활히 수행할 수 있도록 정보 · 지식 · 기능 · 기술을 가르치는 일이고, 부모교육의 목적은 기관이나 타인의 도움 없이 부모가 자녀의 성장 · 발달을 위해 부모 스스로 체득한 정보 · 지식 · 기능 · 기술 등을 효율적으로 활용하는데 있다. 따라서 부모교육은 첫째, 교사와 부모 간에 가르치고 배우는 수직적인 관계가 성립되고, 둘째, 부모가 보다 효율적인 자녀의 성장과 발달에 적극적으로 참여하기 위해 교육을 받는다는 소극적인 의미가 함축되어 있다. 반면에 1960년대 이후 현대적인 부모교육은 부모참여 개념으로 부모참여란 '자녀의 성장과 발달을 위하여 가정의 부모와 유아교육기관의 교사가 동반자라는 동등한 입장에서 상호 유대관계와 연결을 유지하며 보다 효율적인 자녀의 성장과 발달을 위해 적극적으로 노력하는 모든 과정을 일컫는 보다 포괄적이고 적극적인 교육'으로 정의될 수 있다. 따라서 현대적인 의미로서의 부모참여는

첫째, 부모와 교사와의 관계가 수평적 · 상호 보완적 · 상호작용적인 관계이며

둘째, 부모가 자녀교육을 위해 기관의 정책이나 프로그램 운영에 자주적이며 적극적으로

참여한다는 것이다(고정곤, 2009).

따라서 본 서에서의 부모교육은 부모가 보다 효율적인 자녀의 성장과 발달에 적극적으로 참여하기 위해 교육을 받고 또한 부모가 자녀교육을 위해 유아교육기관의 정책이나 프로그램에 자주적이며 적극적으로 참여하는 등 양면성을 모두 고려한 부모교육의 개념을 수용한다.

2. 부모교육을 통한 생활지도의 방향

전 항에서 부모교육의 개념에서 밝힌 바와 같이 부모가 자녀의 성장과 발달에 적극적으로 참여하기 위해 유아교육기관으로부터 자녀의 효율적인 지도방법에 대한 교육을 받아 교사로서의 자질을 함양하고 또한 부모가 자녀교육을 위해 유아교육기관의 시책이나 프로그램의 진행과정에서 부모와 교사가 수평적이며 동등한 위치에서 자녀교육 특히 자녀들의 바람직한 인격, 인성, 바른생활에 대한 가치, 태도, 행동, 습관 등을 형성시켜 주기 위하여 생활지도에 참여하는 것이다.

다시 말하면, 부모교육을 통한 생활지도 방향은

첫째, 유아교육기관의 교사들이 학부모를 대상으로 유아생활지도에 관한 다양한 이론과 실천적인 방법, 기술에 대하여 교육을 시켜 교사로서의 자질을 함양하는 등 학부모들이 '부모교육'에 참여한다.

둘째, 학부모는 유아교육기관에서 전개하는 다양한 생활지도 프로그램을 각 가정에서 자신의 자녀를 대상으로 직접적으로 적용지도하여 자녀들의 바람직한 인격, 인성, 바른생활 습관과 태도를 형성시키는 데 교사와 학부모가 연계체제를 구축하여 지도한다. 이를 위하여 부모교육이 병행되어야 한다.

3. 생활지도 프로그램의 유형

부모교육을 통한 생활지도 프로그램은 아주 다양하다. 또한 유아교육기관에서는 유아들의 특성, 문제성의 유형, 학부모의 요구나 기대 등에 따라 해당 유아교육기관에서 적용하기에 적합한 생활지도 프로그램을 선택하여 활용하여야 한다.

본 서에서 활용하려는 생활지도 프로그램은 다음의 4가지 유형의 프로그램으로 여기에 제시된 생활지도 프로그램은 모든 유아교육기관에서 편리하게 적용할 수 있다.

〈표 III-6〉 생활지도 프로그램

순	프로그램명	내용	활용시기
1	가정 기본생활학습활동지	가정에서 학부모가 자녀의 기본생활습관 정착을 위한 학습활동 프로그램	월 1회
2	유아 기본생활습관 강화지	가정에서 학부모가 자녀의 기본생활습관 정착을 위한 학부모와 교사의 연계지도를 위한 활동강화지	매일
3	가정통신문 자료	자녀들의 기본생활습관 지도를 위한 읽을거리 자료	월 1~2회
4	이야기(강연회)자료	부모들에게 교육 전반에 대한 지식을 전달하거나 자녀교육의 방법을 이해시키며 그 중요성을 주지시키기 위한 자료	수시 월 1회

4. 생활지도 프로그램 제작 및 활용 방법

가정에서 자녀들을 대상으로 하여 적용할 수 있는 생활지도 프로그램은 다양하게 개발할 수 있는데 제작이 용이하고 활용성이 높은 가정 기본생활학습활동지와 유아기본생활습관 강화지에 국한하여 다음에서 제작과 활용 방법에 대하여 기술하기로 한다.

1) 가정 기본생활학습활동지

(1) 성격

기본생활습관 5개 덕목 즉, 예절, 질서, 청결, 절제, 화합 등에 걸친 기본생활습관을 가정에서 유아들에게 지도하기 위하여 유아교육기관에서는 활동주제를 선정하고 활동주제에 따른 학습활동요령을 안내한 가정 기본생활학습지를 개발하여 각 가정에서 유아생활지도에 활용하도록 한다. 또한 유아교육기관에서는 학부모들에게 가정 기본생활학습 활동지를 활용하여 가정에서 자녀들의 기본생활습관 형성지도를 위한 학습활동요령에 대한 부모교육을 실시한다. 그리고 학부모는 유아교육기관에서 안내받은 학습활동 요령에 의거 가정 기본생활학습활동지를 안내에 따라 자녀를 대상으로 학습활동을 전개하여 자녀들의 기본생활습관을 정착시키기 위한 가정생활지도 프로그램이다.

(2) 활동지 구성

활동지는 다음과 같은 과정을 밟아 구성한다.

① 가정기본생활 덕목별 활동주제 선정

가정기본생활학습 활동지를 제작하기 위해 제일 먼저 해야 할 일은 지도하려는 기본생활습관 덕목별로 활동주제를 선정하고 여러 활동주제를 묶어 교육활동 주제를 선정한다.

가정기본생활 덕목별 활동주제의 '예'를 들면 다음과 같다.

〈표 III -7〉 기본생활습관 덕목별 활동주제

교육활동주제	지도덕목	지도덕목별 활동주제
1. 나와 친구	예절	1) 말로 하세요
	예절	2) 따르릉 전화왔어요
	예절	3) 어떤 말로 인사할까?
	화합, 절제	4) 제 마음대로 닦은 걸레
	청결	5) 이를 닦았어요
	청결	6) 이상한 안경
	청결, 절제	7) 갖고 싶은 장난감
	절제	8) 그냥 두고 갔더니
	질서, 화합	9) 사자임금님과 시계
	절제	10) 아껴 쓰세요
	절제	11) 적당히 쓰세요
	절제	12) 바람이와 비뚤이
	절제, 예절	13) 화가 났을 때 어떻게 할까?
	청결, 절제	14) 모아보세요
2. 계절	절제	1) 우리나라에는 사계절이 있어요
	질서	2) 가을
	질서, 화합	3) 물조심 합시다
	청결, 질서	4) 우리 동네를 깨끗이 해요
	청결, 예절	5) 산과 들로 놀러갑시다
	청결, 예절	6) 수집왕 돌이
	청결, 예절	7) 물놀이 기구는 어떻게 만들까요?
	화합, 절제	8) 크리스마스 나무를 함께 꾸며보세요
3. 식물	청결, 질서	1) 산에 갑시다
	청결, 질서	2) 꽃과 벌
	청결	3) 왜 더러워졌을까요?
	질서, 예절	4) 식물원에 가보아요

교육활동주제	지도덕목	지도덕목별 활동주제
3. 식물	질서, 절제	5) 왜 순서를 기다려야 할까요?
	절제	6) 달력으로 퍼즐을 만들어보세요
	청결	7) 귤나무 기르기
	절제	8) 몽당연필을 아시나요?
4. 동물	예절	1) 아침, 저녁 인사해요
	예절	2) 성미 급한 호랑이의 친구초대
	청결	3) 금붕어 기르기
	질서	4) 아빠와 함께 목공놀이해요
	질서	5) 동물들이 왜 다쳤을까요?
	절제	6) 고래이야기
	절제	7) 곤충 그리기 게임
	화합, 절제	8) 토끼 먹이주기

활동주제 선정 시 고려할 점은 다음과 같다.

첫째, 활동주제는 누리과정 교사용 지도서로 발간된 월별지도자료집 내에 수록된 주제와 일원화하는 방법이 있고 또는 각 유아교육기관별로 유아교육기관의 실정과 유아의 기대와 요구를 반영하여 활동주제를 선정하는 방법의 두 종류가 있다.

둘째, 지도덕목 즉, 예절, 화합, 절제, 질서, 청결 등 5개 덕목이 균형적으로 지도될 수 있는 계획을 세운다.

셋째, 활동주제는 유아교육기관에서 유아활동을 통해 지도된 내용과 중복이 되어도 관계는 없으나 유아들이 가정학습지도에서 흥미를 잃을 우려가 있으니 활동자료를 바꾸거나 유아교육기관에서 전개한 학습활동과 차별성을 두어 학습활동에 신비감을 갖도록 한다.

넷째, 활동주제 선정은 활동자료 수집이 용이하고 가정이나 사회생활 속에서 지켜야 하는 지도덕목을 중심으로 구성하며 가정에서 자녀에게 지도하기에 적절해야 한다.

② 활동지 구성

활동지는 지도목표, 활동자료, 활동방법, 추후활동, 유의사항의 순으로 구성한다. 이에 대하여 간단히 약술하면 다음과 같다(전라북도 교육청, 1992).

ㄱ. 지도목표

활동주제를 통한 지도를 통하여 지도해 주려는 지도목표를 확실히 이해시켜 학습활동의 방향을 명료하게 한다. 지도목표의 '예'는

예

나의 물건이 소중한 것처럼 친구의 물건을 소중히 여기고, 빌려 쓴 물건을 되돌려 주는 책임감을 길러 친구와 잘 어울릴 수 있도록 한다.

ㄴ. 준비물

활동주제의 학습활동에 소요되는 활동자료를 안내하여 부모들이 가정에서 사전에 철저히 준비하도록 한다.

예

동화 '이상한 안경'

ㄷ. 활동방법

지도목표 달성을 위해 이루어지는 유아교육 활동내용에 대하여 상세하게 기술한다. 여기에서는 교사의 발문내용, 유아의 활동내용, 유아활동 전개 시 교사의 유의점, 제시자료의 활용방법 등 가정기본 생활학습 활동지 활용학습에 필요한 전반적인 학습활동 요령을 상세하게 기술한다.

ㄹ. 추후활동

활동주제 학습을 하고 나서 더욱 발전적으로 이끌어 갈 내용을 제시한다.

예

전화 거는 방법, 오는 전화를 받는 방법에 대하여 학습을 하였다면 전화를 걸었는데 상대가 전화를 받지 않았을 때 전화 받는 사람에게 뭐라고 말할 것인가를 연구해 본다.

ㅁ. 활동지의 '예'

활동지의 '예'를 덕목별로 1개씩 제시하기로 한다.

예 1

교육활동주제	지도덕목	지도덕목별 활동주제
1. 나와 친구	예절	따르릉 전화 왔어요

〈예절〉

활동주제 따르릉 전화 왔어요

전화놀이를 하여 전화하기에 적절한 시간이 있다는 것과 전화를 걸고 받을 때에는 지켜야 할 예절이 있음을 알게 한다.

- **활동자료** : 고장 난 전화기나 장난감 전화기, 장난감 시계
- **활동방법** : 전화를 걸 때에는 그 시간이 전화하기에 적당한지를 먼저 알아보아야 함을 알게 한다.
- **활동내용** : 시계 바늘을 돌려가면서 어떤 시간은 왜 적절하지 않으며, 어떤 시간은 왜 적절한지를 이야기한다.
  "지금은 시간이 너무 이르구나. 철수는 아직도 자고 있겠지?"
  "지금은 식사시간일 거야."
  "지금은 너무 늦었군. 잠이 들었을지도 몰라."

"지금쯤이면 식사시간도 아니고 자고 있을 시간도 아니어서 전화를 해도 괜찮겠구나."
전화 통화 시 지켜야 할 예절에 대해서는 직접 전화놀이를 하면서 전화를 걸거나 받을 때에는 자기가 누구인지를 밝혀야 하고 인사를 나누며 용건은 간단히 말하고 맺는 인사말을 한 후, 조용히 수화기를 내려놓는 방법을 역할놀이를 통하여 알 수 있게 한다.

예 〈전화를 거는 경우〉
① "여보세요?"
② "나는 ○○야."
③ "내일 '혹부리 영감님' 동화 책을 빌려 줄 수 있니?
④ "고마워."
⑤ "그럼 잘 있어."
조용히 수화기를 내려놓음.
역할을 바꾸어서 해본다.
전화 통화의 내용을 다양하게 바꾸어서 해본다.

〈전화를 받는 경우〉
① "누구세요?"
② "무슨 일이니?"
③ "그래. 내가 내일 유치원에 가지고 갈게."
④ "괜찮아."
⑤ "안녕."

- **추후활동** : 직접 받지 않았을 경우나 친구가 외출하고 집에 없는 경우를 가상해서 해본다.
- **유의사항** : 자녀가 위험상황에 대처할 수 있도록 공중전화를 사용하는 방법을 가르쳐 줄 필요가 있다.
- 긴급상황에서 연락을 취할 수 있는 곳의 전화번호 몇 군데를 알고 있도록 한다. –할머니 집, 이모 집, 유치원, 소방서, 경찰서 등
- 꼭 알아야 할 전화번호를 자녀가 쉽게 볼 수 있는 곳에 큼직하게 써 붙여 외워 알게 하거나, 전화번호를 크게 적어 주머니 속에 넣어 준다.
- 자기에게 온 전화가 아닌 경우에 어떻게 처리해야 하는지에 대해서는 전화놀이를 통해 지도해 줄 수 있다.
- 전화한 사람이 누구이며, 전할 내용에 대해서도 여쭈어 글씨를 쓸 줄 아는 자녀에게는 메모를 하여 두었다가 반드시 전하도록 할 수 있다.

예 2

교육활동주제	지도덕목	지도덕목별 활동주제
2. 계절	화합	우리 동네를 깨끗이 하자

〈화합〉

활동주제 1. 우리 동네를 깨끗이 하자

산이나 들에 버린 은박지, 스티로폼, 비닐 등이 나무나 꽃들에게 얼마나 해로운지를 알아보고, 주변과 마을의 이곳저곳에 쓰레기를 함부로 버리지 않으며, 버린 쓰레기는 보는 대로 줍는 애향의 생활태도를 갖도록 한다.

- **활동자료** : 화분 두 개, 잘게 썬 은박지, 스티로폼, 비닐 조각들, 흙, 씨앗 또는 모종
- **활동방법** : 식목일(4박 5일) 전후로 화분갈이 및 화단의 흙 일구는 일에 자녀들도 참여하도록 한다.
- **활동내용** : "요즈음 TV나 신문에서 쓰레기를 함부로 버리지 말자는 운동을 벌이는데 왜 그

러한 운동을 한다고 생각하니?"
자녀들과 환경오염 문제에 대해 얘기하면서 자연스럽게 준비한 자료를 내어 놓는다.
"흙 속에 여러 가지 해로운 것들이 가득 차 있다면 식물이 어떻게 자라는지를 관찰해 보자."
한 화분에 은박지, 스티로폼, 비닐, 유리 조각 등 여러 가지 쓰레기가 많이 섞여 있는 흙을 담고, 다른 화분에는 비료를 잘 섞은 흙을 담는다.
화분에 씨를 심거나 모종을 한다.
심은 날짜와 꽃 이름을 종이에 기록하여 붙여 둔다(이때 물기에 닿아도 글씨가 지워지지 않도록 유리 테이프를 붙여 놓는다).
화분을 양지 바른 곳에 두고 매일 일정한 양의 물을 주며 유아와 함께 돌본다. 식물이 자라나는 모습을 관찰하여 관찰지에 그림이나 글로 기록한다. 흙에 어떤 물질을 섞었는지를 알 수 있도록 화분 곁에 몇 조각씩 붙여 둔다.

- **추후활동** : 관찰하는 식물의 변화를 더욱 잘 알기 위하여 가끔 사진기로 찍어 날짜를 기록해 둔다.
  "왜 이 화분의 식물은 쑥쑥 자라지 못했을까?"
  "무엇이 식물을 자랄 수 없게 하는 걸까?"
  "왜 산과 들에 쓰레기를 버리지 않아야 하는 걸까?"
- 이러한 내용을 진지하게 토의함으로써 쓰레기 수거에 앞장설 수 있도록 도울 수 있다.
  유아들과 함께 어린이집 주변과 마을을 함께 돌아보며, 썩지 않는 쓰레기를 줍는다.
- **유의사항** : 부모님이 생활 속에서 공기 오염, 수질 · 토질 오염 등에 관심을 가져야 자녀도 어려서부터 환경 보전에 관심을 갖고 실천하는 사람, 마을과 고장을 사랑하고 애국하는 사람으로 성장할 수 있다.

예 3

교육활동주제	지도덕목	지도덕목별 활동주제
3. 식물	질서	왜 순서를 기다려야 하나요?

〈절제, 질서〉

활동주제 1. 왜 순서를 기다려야 할까요?

이 활동을 통하여 자녀는 차례 지키기의 중요성과 조금 힘이 들더라도 참고 자기의 순서를 기다리면 모두에게 좋은 결과가 온다는 사실을 알게 된다.

- **활동자료** : 이야기 나누기용 그림자료 3장

• **활동방법** : 자녀에게 '수박'에 관한 수수께끼를 내어 알아맞히게 한다.

예 : 나는 동그란 몸을 갖고 있어. 내 몸은 초록색인데 검은 줄이 쳐 있지. 그런데 내 몸 속은 모두 빨간색이야, 나는 여름에 나는 과일이다. (수박 먹는 시늉을 하며) 사람들은 나를 이렇게 먹어. 나는 무엇일까?

• **활동내용**

자녀에게 1번 그림을 보여주며 함께 이야기를 나눈다.

"이 그림을 보자! 어떤 그림일까?"

(자녀의 반응을 듣고 나서) "그래, 토순이네와 꿀꿀이네가 산으로 놀러 나갔대. 간식 먹을 시간이 되자 토순이 엄마와 꿀꿀이 엄마는 수박을 가지고 오셨어."

"엄마는 뭐라고 말하면서 아이들을 불렀을까?"

"수박 먹으라는 소리를 들은 아이들은 기분이 어땠을까?"

자녀에게 2번 그림을 보여주며 함께 이야기를 나눈다.

"이 그림을 볼까? 어떤 일이 생겼니?"

"토순이네 아이들과 꿀꿀이네 아이들은 어떻게 다르니?"

"꿀꿀이네 아이들은 왜 우당탕 난리가 났을까?"

"꿀꿀이네 수박은 어떻게 되었을까?"

자녀에게 3번 그림을 보여주며 함께 이야기를 나눈다.

"꿀꿀이네 수박은 어떻게 되었니?"

"꿀꿀이 엄마는 지금 기분이 어떨까?"

"네가 꿀꿀이 엄마라면 아이들에게 뭐라고 말하겠니?"

"꿀꿀이네 아이들은 지금 어떤 생각을 하고 있을까?"

"토순이네 아이들은 무엇을 하고 있니?"

"꿀꿀이네 아이들은 왜 수박을 못 먹게 되었니?"
"아이들이 수박을 사이좋게 나눠 먹는 모습을 보는 토순이 엄마의 마음은 어떠할까?"

- **추후활동** : 자녀들이 차례로 줄서기를 싫어하는 이유 중의 하나는 뒤에 줄을 서면 불이익을 보게 된다는 선입견 때문이다. 유아들은 앞에 선 아이들이 보다 큰 것을 고르고 나면, 뒤에 선 아이는 작은 것을 가질 수밖에 없으니까 뒤에 줄서는 것은 나쁘다고 단순히 생각하곤 한다. 부모는 자녀들이 이러한 생각을 갖지 않도록 하기 위해 다음과 같은 약속을 정할 수 있다.

1. 수박과 같이 칼로 잘라서 나누어 먹는 과일은 엄마가 과일을 자른 다음 똑같은 크기의 과일을 똑같은 개수만큼 나누어 준 뒤 같이 먹는다.
2. 딸기와 같이 개수를 셀 수는 있으나, 크기가 조금씩 다른 과일은 각자의 접시에 큰 것을 먼저 나누어 담은 다음 작은 것도 골고루 나누어 담아 먹는다.
3. 피자나 빈대떡과 같이 크기를 똑같이 분할해서 먹는 음식인 경우는 가족 중의 누구든지 칼로 똑같이 나누어 한 조각씩 나누어 먹되, 나누는 일을 한 사람이 제일 마지막 조각을 선택하여 먹게 한다. 만약 자녀가 조각 나누는 일을 하게 되었다면, 그 자녀는 자기가 마지막에 제일 작은 것을 먹게 되는 일이 없도록 최선을 다해 모든 조각을 같은 크기로 나누려고 노력할 것이다.

예 4

교육활동주제	지도덕목	지도덕목별 활동주제
4. 동물	청결	금붕어 기르기

〈청결〉

활동주제 3. 금붕어 기르기

집에서 금붕어를 길러 봄으로써 유아기 자녀는 동물을 사랑하는 마음을 갖게 될 뿐 아니라 청결한 생활의 필요성을 깨닫게 된다.

- **활동자료** : 어항, 여러 종류의 금붕어, 수초, 자갈이나 모래, 금붕어 먹이, 산소기, 종이와 필기도구, 금붕어에 관한 책
- **활동방법** : 어항에 수초, 자갈, 모래, 산소기를 넣고 금붕어를 기른다. 자녀와 함께 금붕어의 생김새, 움직임 등을 자세히 관찰한 후에 이야기를 나눈다.
- **활동내용**

"금붕어를 잘 살펴보자. 이 금붕어와 저 금붕어의 다른 점이 무엇이니?"
"금붕어가 어떻게 움직이니?"
금붕어에 관한 책을 함께 보면서 금붕어의 이름, 특징을 알아본다.
먹이는 식구들이 순서를 정해서 매일 조금씩 주게 한다. 먹이 당번표를 만들어 사용한다.

요일	금붕어 먹이 당번	먹이를 주었어요
월	엄마	O
화	철민	O
수	아빠	X
…		

10~15일이 지난 후, 어항 속의 물과 유리가 어떻게 변했는지 관찰하도록 한다.
"물이 어떻게 됐지? 왜 그렇게 되었을까?"
"어떻게 해주면 좋을까?"
자녀와 함께 어항의 물을 갈아 준다. 금붕어를 조심스럽게 다른 그릇에 옮긴다. 수세미로 어항의 유리를 깨끗하게 닦아 낸 후, 하루 전에 받아 두었던 물을 넣는다.
어항의 물을 갈아 준 후, 변화를 관찰한다.
"물이 어떻게 되었니?"
"금붕어의 기분이 어떨까?"

- **추후활동** : 금붕어 이외에 열대어, 거북이를 기를 수 있다.

학습활동지 구성 시 유의할 점은 다음과 같다.

첫째, 학습활동지는 유아교육기관의 활동실에서 이루어지는 교수 · 학습활동 계획과 같은 성격이나 다만, 가정에서 교사로서의 자질과 기술이 부족한 학부모에 의해 지도된다는 점을 고려하여 유아교육활동 진행에 필요한 내용이 상세하게 안내되어야 한다.

둘째, 활동에 소요되는 시간은 20분 내외가 적절하며 활동에 소요되는 준비물은 가정에서 손쉽게 구할 수 있는 활동주제와 학습활동을 선정, 계획한다.

셋째, 한 번 작성된 활동지를 보관하여 두었다가 매년 활용할 수 있도록 한다.

넷째, 학습활동지가 유아교육기관에서 지도한 학습활동내용이라면 가정에서 연속적이며 연계적으로 이루어져 기본생활습관이 바르게 정착될 수 있도록 학습활동을 이끌어간다.

다섯째, 학습활동지는 교사가 활동실에서 생활덕목 지도를 위해 전개하는 교수 · 학습활동 계획을 수정 또는 보완하여 가정에서 부모가 자녀에게 유아교육기관의 교사를 대신하여 지도하는 일종의 교수 · 학습활동계획안으로 아주 치밀하고 세밀하게 작성해 주어야 한다.

여섯째, 유아교육기관에서 활용하고 있는 다양한 교수 · 학습계획안 중에서 가정에서 부모가 기본생활습관 지도에 최적한 교수 · 학습계획안을 선정해야 한다.

③ 부모교육 실시

가정 기본생활학습활동지는 일종의 부모교육 자료인바 학부모들이 각 가정에서 자녀지도에 효율적으로 활용할 수 있도록 가정 기본생활학습활동지 활용학습의 효율성을 높이기 위한 부모교육을 실시해야 한다.

가정 기본생활학습활동지 활용을 위한 부모교육은 부모가 가정에서 학습활동지를 활용하여 학습활동을 이끌어가기 위한 교사로서의 교수 · 학습지도 기술 연마를 비롯하여 금번에 적용하는 학습활동지 활용학습에 관한 세부적인 요령과 기술을 체득시키는 데 더욱 치중해야 한다. 기타 부모교육 실시에 따른 일반적인 고려사항은 관련도서를 참고하기 바란다.

④ **지도의 실제**

ㄱ. 학습활동지를 활용한 가정학습 활동 시에 학부모는 유아교육기관에서 교사로부터 부모교육을 통해 체득한 교수·학습방법과 기술을 잘 적용해서 지도해야 한다.

ㄴ. 학부모는 학습활동지를 숙지하고 자녀와 같이 학습활동을 하기 전에 모의수업을 통해 학습활동 진행과정을 잘 숙지하여 자녀와의 학습활동이 효율적으로 전개될 수 있도록 학습활동 과정을 충분히 익힌 후 실제 가정 학습지도에 임해야 한다.

ㄷ. 학습활동지를 통한 자녀와의 학습활동 전개 후 자녀들의 기본생활습관이 어떻게 형성되었는지를 관심 있게 관찰하고 결과에 따라 적절한 방법을 재 구안하여 추후에 계속적으로 지도한다.

ㄹ. 학습활동지에 제시되지 않은 활동도 보완하여 자녀들이 지루하지 않고 흥미를 가지고 학습에 임할 수 있도록 다양한 활동을 첨가하여 지도할 수 있다(예 : 간식시간 갖기, 부모와의 간단한 대화 등).

2) 유아 기본생활습관 강화지

(1) 성격

유아 기본생활습관 강화지를 통한 지도는 긍정적 강화의 원리를 적용하여 유아들의 기본생활습관과 태도를 형성시켜 주기 위한 생활지도 프로그램이다.

영유아의 기본생활습관을 지도하는 데 있어서 긍정적 강화는 가장 합리적이며 효율적인 행동수정 방법으로 평가받고 있으나 현장에서는 가장 소홀히 하는 방법이기도 하다.

따라서 유아교육기관에서는 유아들에게 형성시켜 주어야 할 기본생활습관 행동덕목을 선정하여 기본생활습관 강화지를 제작하여 학부모에게 제공하고 학부모로 하여금 가정에서 긍정적 강화의 원리를 적용하여 지도하도록 한다. 또한 교사도 유아교육기관과 각 가정에서 지도된 기본생활습관 행동덕목의 생활화 상황을 관찰하여 긍정적 강화의 원리를 적용하여 지도함은 물론 그 결과를 학부모에게 통보하여 협조를 얻는 등 학부모와 교사가 서로 연계하여 협력적으로 지도하는 부모교육을 통한 협동 지도체제이다.

(2) 강화와 강화지

① **강화**

유아 기본생활강화지 활용을 통한 유아 기본생활습관 지도를 위해서는 강화에 대한 이해가 전제되어야 한다.

ㄱ. 강화의 개념

강화이론은 스키너(Skinner) 등에 의해 주장된 이론으로 이 이론에서는 사회화과정에서의 다양한 행동은 전적으로 강화에 의해 이루어진다고 주장한다.

강화란 '행동이 증가하거나 빈번해지도록 한 행동의 원인 또는 가치 있는 어떤 것을 제공함으로써 바람직한 행동의 강도와 빈도를 증가시킴'을 가리키는 말이다. 즉, 사람이 어떤 행동을 했을 경우, 그 행동과 관련하여 어떠한 환경적 자극의 변동을 가하여 그 행동이 증가되었다면 이러한 경우, 강화(reinforcement)가 제공되었다고 말한다.

ㄴ. 강화의 유형

강화에는 정적강화와 부적강화의 두 종류가 있다.

정적강화란 '어떤 환경적인 자극을 제공함으로써 행동을 증강시키는 것'을 말한다. 예를 들면, 공부를 하고 있을 때 칭찬을 하니 더 열심히 공부하게 되었다고 하면 칭찬은 정적강화라고 볼 수 있다.

이와는 달리 부적강화는 기왕에 제공되던 자극을 제거하면 오히려 그 행동이 증가되는 경우를 말하는데 그 예를 들면, 자녀가 일찍 일어나게 하기 위하여 아무리 잔소리를 하여도 잘 일어나지 않았는데 어머니가 생각을 바꾸어 아무런 말을 하지 않고 그냥 놔두었더니 오히려 일찍 일어나게 되었다면 잔소리를 하지 않은 것 즉, 잔소리를 제거한 것이 부적강화의 '예'이다.

② 기본생활습관 강화지

기본생활습관 강화지란 '기본생활습관 5개 덕목 즉, 예절, 질서, 청결, 절제, 화합 등에 걸쳐 유아들이 꼭 지켜야 할 행동덕목을 선정하여 유아들이 준수하도록 하고 또한 부모나 교사가 유아들의 행동실천상황을 부단히 관찰하고 지도하는 데 편리하게 제작해놓은 기본생활습관 지도 자료'이다. 또한 이 자료는 유아들의 입장에서 보면 기본생활습관에 대한 실천다짐의 내용이고 학부모나 교사의 입장에서 보면 유아들의 기본생활습관에 대한 강화의 근거를 확보하기 위한 기본생활습관 지도내용으로 구성한다.

(3) 강화지 작성

강화지의 작성의 '예'를 제시한다.

〈표 III-8〉 기본생활습관실천 강화지

<table>
<tr><th rowspan="2">영역</th><th rowspan="2" colspan="2">실천내용</th><th colspan="10">이행상황</th></tr>
<tr><th>월일</th><th>수준</th><th>월일</th><th>수준</th><th>월일</th><th>수준</th><th>월일</th><th>수준</th><th>월일</th><th>수준</th></tr>
<tr><td rowspan="3">예절</td><td colspan="2">1. 유치원에 갈 때 부모님에게 반드시 인사하겠습니다.</td><td></td><td></td><td></td><td></td><td></td><td></td><td></td><td></td><td></td><td></td></tr>
<tr><td colspan="2">2. 항상 바르고 고운말을 쓰겠습니다.</td><td></td><td></td><td></td><td></td><td></td><td></td><td></td><td></td><td></td><td></td></tr>
<tr><td colspan="2">3. 어른께 물건을 반드시 두 손으로 드리겠습니다.</td><td></td><td></td><td></td><td></td><td></td><td></td><td></td><td></td><td></td><td></td></tr>
<tr><td rowspan="3">질서</td><td colspan="2">1. 유치원에서의 규칙을 잘 지키겠습니다.</td><td></td><td></td><td></td><td></td><td></td><td></td><td></td><td></td><td></td><td></td></tr>
<tr><td colspan="2">2. 도로에서는 침을 뱉지 않겠습니다.</td><td></td><td></td><td></td><td></td><td></td><td></td><td></td><td></td><td></td><td></td></tr>
<tr><td colspan="2">3. 건널 때는 신호등을 잘 지키겠습니다.</td><td></td><td></td><td></td><td></td><td></td><td></td><td></td><td></td><td></td><td></td></tr>
<tr><td rowspan="3">청결</td><td colspan="2">1. 옷을 단정히 입겠습니다.</td><td></td><td></td><td></td><td></td><td></td><td></td><td></td><td></td><td></td><td></td></tr>
<tr><td colspan="2">2. 소지품을 잘 간수하겠습니다.</td><td></td><td></td><td></td><td></td><td></td><td></td><td></td><td></td><td></td><td></td></tr>
<tr><td colspan="2">3. 나무를 꺾지 않겠습니다.</td><td></td><td></td><td></td><td></td><td></td><td></td><td></td><td></td><td></td><td></td></tr>
<tr><td rowspan="3">절제</td><td colspan="2">1. 물건을 아껴 쓰겠습니다.</td><td></td><td></td><td></td><td></td><td></td><td></td><td></td><td></td><td></td><td></td></tr>
<tr><td colspan="2">2. 무슨 일이든 서둘지 않고 침착하게 처리하겠습니다.</td><td></td><td></td><td></td><td></td><td></td><td></td><td></td><td></td><td></td><td></td></tr>
<tr><td colspan="2">3. 거짓말을 하지 않겠습니다.</td><td></td><td></td><td></td><td></td><td></td><td></td><td></td><td></td><td></td><td></td></tr>
<tr><td rowspan="3">화합</td><td colspan="2">1. 내가 맡은 일을 잘 처리하겠습니다.</td><td></td><td></td><td></td><td></td><td></td><td></td><td></td><td></td><td></td><td></td></tr>
<tr><td colspan="2">2. 남을 도와주겠습니다.</td><td></td><td></td><td></td><td></td><td></td><td></td><td></td><td></td><td></td><td></td></tr>
<tr><td colspan="2">3. 친구들과 사이좋게 지내겠습니다.</td><td></td><td></td><td></td><td></td><td></td><td></td><td></td><td></td><td></td><td></td></tr>
<tr><td>잘지킨행동</td><td></td><td>잘못지킨행동</td><td colspan="5"></td><td>강화내용</td><td colspan="5"></td></tr>
</table>

강화지 작성요령은 다음과 같다.

① 영역별 실천내용은 각 영역별로 가장 기본적으로 실천해야 할 행동내용으로 현재 유아들이 잘 이행하지 않는 행동덕목을 선정하여 우선적으로 제시한다.

② 위 활동지에서는 각 영역별로 3개의 실천내용을 제시하고 있으나 상황에 따라 실천내용 수를 줄이거나 늘릴 수도 있다.

③ 실천내용은 부모들이 관찰하고 지도하기에 알맞은 내용으로 해야 하며 교사가 일방적으로 선정하지 말고 학부모와 협의하여 선정한다.

④ 이번 달에 실천내용이 잘 이행되었다고 생각되면 다음 달에는 다음 실천내용으로 교체한다.

(4) 강화지 활용학습의 실제

① 부모교육

강화지를 효율적으로 활용하기 위해서 교사는 학부모를 대상으로 제일 먼저 강화지 활용방법, 강화의 종류와 제시방법, 강화 시 고려할 점, 그리고 실천내용에 대한 관련이론 및 지도방법에 대하여 부모교육을 통하여 철저히 이해시켜야 한다. 강화지 활용학습에서 학부모는 가정에서 교사로서의 역할을 원활히 수행해야 되기 때문이다.

② 강화지 활용학습

학부모는 유아교육기관에서 실시한 부모교육 내용에 따라 유아들을 대상으로 강화지 활용학습을 전개한다. 강화지에 수록된 기본생활 실천내용에 대하여 자녀들의 이행상황을 관찰하고 관찰결과에 따라 좋은 행동에 대해서는 강화하고, 발견한 문제점에 대해서는 교사와 협의하여 지도대책을 강구하여 자녀를 지도한다.

③ 강화종류 및 방법

가정이나 학급행동수정을 위하여 유아에게 사용할 수 있는 강화의 종류는 많다. 어떠한 보상이 강화되느냐는 그것이 행동변화에 효과가 있었느냐에 의해 결정되는 것이기 때문에 일률적으로 말할 수는 없지만 가정이나 학급에서 쉽게 사용할 수 있는 강화의 종류는 다음과 같다.

ㄱ. 소모품

여기에 속하는 것으로 과자, 음료수 등과 같은 음식물이 있다. 음식물은 유아의 1차적인 욕구를 충족시켜 주기 때문에 효과적인 강화물이 될 수 있다.

ㄴ. 놀이용품

장난감이나 운동용품, 또는 공작재료들이 여기에 속한다. 소모품과 같이 돈이 들며 보관, 분배에 있어 번거롭다는 약점이 있으나 일반적으로 모든 유아들에게 매력 있는 보상물이 된다.

ㄷ. 활동

유아들이 좋아하는 여러 가지 활동을 하게 하는 것은 효과적인 보상이 될 수 있다. 예컨대, 자유놀이시간을 주는 것, 선생님 심부름을 시키는 것, 학급의 당번이 되는 일, 가정에서라면 TV를 보는 것, 주말에 동물원 가는 것 등을 생각할 수 있다.

ㄹ. 사회적 자극(강화)

사회적 강화라고도 하며 가장 많이 쓰는 방법은 교사의 칭찬, 미소, 인정 그리고 동료 유아의 관심 등이다.

(5) 교사의 역할

기본생활습관 강화지는 가정에서 부모가 자녀를 대상으로 이루어지는 생활지도 프로그램이며 또한 가정과 유아교육기관과의 연계교육 지도 자료로서 학부모와 교사가 상호 협조체제를 모색하여 지도할 때 더욱더 많은 실효를 거둘 수 있다. 학부모는 자기자녀 한 유아만이 지도의 대상이 되지만 교사는 학급 전체의 유아가 지도의 대상이 되기 때문에 전체 유아에 대한 관찰과 지도가 뒤따라야 한다. 원내에서 유아의 긍정적 강화를 통한 기본생활지도 시 교사가 고려할 점은

① 교사가 지도의 대상인 특정 영유아를 관찰할 때에도 전체 영유아를 수시로 관찰하여야 한다.

② 모든 영유아를 관찰할 때는 반드시 긍정적인 얼굴표정을 유지해야 한다.

③ 바람직한 행동이 발견되면 상황에 맞게 적절한 방법으로 강화해준다.
예를 들면, 상황에 따라 바람직한 행동에 대해 구체적으로 격려하기, 눈 맞추고 웃고 미소 짓기, 고개를 끄덕이기, 어루만지기, 머리 쓰다듬기, 격려와 칭찬하기 등을 들 수 있다.

④ 영유아가 부적절한 행동을 하려고 하면 바람직한 행동이 아니라는 메시지를 보낸다. 예를 들면, 영유아를 바라보며 얼굴 찌푸리기, 놀라는 표정 짓기, 손을 내젓기, 얼굴을 좌우로 흔들기 등을 들 수 있다.

⑤ 교사의 메시지를 받고 바람직하지 않은 행동을 한 영유아의 노력을 인정하고 격려해준다.

제4장

부모상담을 통한 지도

유아의 생활지도뿐만 아니라 유아교육 전반에 걸친 효율적인 지도를 위해서 부모상담은 필수적인 것으로 대부분의 유아교육기관에서 많이 활용하는 편이나 그 운영 면에서는 다소 비효율적인 면이 없지 않다. 따라서 이에 대한 검토가 있어 마땅하다.

1. 부모상담의 이해

1) 개념

상담이란 '내담자와 상담자 간에 수용적이고 구조적인 관계를 형성하고 이런 관계 속에서 내담자가 자기 자신과 환경에 대해 의미 있는 이해를 증진하도록 함으로써 내담자 스스로가 효율적으로 의사결정을 하고 여러 가지 심리적인 특성을 긍정적으로 변화하도록 원조하여 결과적으로 내담자의 성장과 발전을 촉진하는 심리적인 조력과정'으로 유아교육에서는 유아교육의 대상인 유아나 유아교육의 동반자인 부모가 내담자이며 교사가 상담자가 된다.

2) 부모상담의 목적

부모상담은 부모가 자녀들이 안고 있는 과제나 문제를 해결하기 위한 방안을 결정할 수 있도록 교사와 상담을 통하여 문제해결에 필요한 각종 정보, 기술, 지식을 입수하는 과정이다.

특히, 유아생활지도에 초점을 둔 부모상담은 교사와 부모가 서로 대면하여 유아의 기본생활 습관과 부적응행동에 대해 의견을 교환함으로써 바람직한 행동지도방안을 모색하는 활동이다.

물론, 자녀들의 바람직한 교육적 성취를 위해서 교사와 부모의 상담은 필수적이나 생활지도를 위한 부모상담에서는 자녀 부적응행동과 기본생활습관에 초점을 맞춘다.

3) 운영방침

(1) 상담시간은 유아교육기관 정규수업이 종료된 후 하원시간에 맞춰 실시한다.
(2) 상담내용은 유아의 기본생활습관, 부적응행동 지도를 우선적으로 다룬다.
(3) 교사는 해당 유아에 대한 다양한 정보를 수집, 정리한 후 학부모와 상담한다. 상담의 성공 여부는 정확하고 풍부한 정보나 자료의 수집 여부에 달려 있다.
(4) 학부모는 자녀의 기본생활 및 부적응행동을 비롯하여 이에 관련된 정보를 체계적으로 정리한 후 교사상담에 임한다.
(5) 학부모는 교사상담을 통하여 유아와 관련하여 학부모와 교사가 가지고 있는 각종 정보와 자료를 교환하여 공유화한다.
(6) 교사는 유아교육기관에서, 학부모는 각 가정에서 유아지도를 위한 지도방향과 방안을 모색하는 데 주력한다.
(7) 생활지도를 위한 부모상담은 연 2회 정도 실시하며 3월 초에는 문제행동에 대한 처방계획을, 9월에는 문제행동 지도 후 그 결과평가 및 평가결과에 따른 지도계획 수립을 위한 각종 정보나 자료를 교사와 학부모가 공유화하기 위함이다.
(8) 집단상담은 학부모 편에서 볼 때 자녀에 대한 고민이나 문제성 또는 관심분야가 같은 부모끼리 참석하며 사례발표, 협의 중심으로 이루어지는 것이 효율적이다.
(9) 개별상담은 1년에 2회 정도 시행하며 개별상담은 누리과정 5대 영역의 발달과정 그리고 기본생활습관, 부적응행동 지도에 주안점을 두어 실시한다.

2. 부모상담의 실제

부모상담에는 형식적 상담과 비형식적 상담의 두 유형이 있는데, 형식적 상담에는 개별상담과 집단상담, 비형식적 상담에는 현관에서의 부모만남, 전화상담의 두 유형이 있다.

본 절에서는 집단상담과 개별상담에 국한하여 기술하기로 한다. 비형식적 상담에 대해서는 관련 문헌을 참고하기 바란다.

1) 집단상담의 실제

집단상담의 실제에서는 상담내용의 선정, 상담안내, 상담실시의 순으로 기술한다.

(1) 상담내용 선정

교사는 부모상담에 앞서 학부모와 상담할 내용을 선정하여 학부모에게 사전에 안내한다. 상담내용은 다음과 같은 요령으로 선정한다.

① 집단상담 시 상담내용

학급에서 유아생활지도를 하면서 일반적으로 야기되는 문제 또는 부적응행동을 우선적으로 선정한다. 예를 들면,

ㄱ. 친구들끼리 협동하지 못하고 잘 싸운다.
ㄴ. 자기 마음에 안 들면 소리를 지르고 발과 손으로 동료유아를 때린다.
ㄷ. 수줍음을 잘 타고 매사에 소극적이다.
ㄹ. 고자질을 잘 하며 동료유아에 대한 험담을 자주한다 등 일반적인 행동상의 문제점을 중심으로 선정한다.

이는 집단상담을 통하여 유아들의 바람직하지 못한 행동을 지도하려는 데 목적이 있기 때문이다.

(2) 상담안내

상담내용이 선정되면 학부모에게 상담에 따른 내용을 안내하여야 한다.
집단상담 안내내용은 일반적으로 다음과 같은 내용을 포함시킨다.

• 집단상담에 참여하고 싶은 영역 : 공격적 행동, 반항행동, 정서적 행동, 기타 • 집단상담 일시 : • 집단상담 시 준비할 내용 :

위 집단상담 안내내용을 포함한 부모집단상담안내서의 '예'를 제시한다.

〈자료 1〉 부모집단상담안내서

학부모님 안녕하십니까?

- ○월 ○일은 학부모님과 담임교사와의 집단상담이 있습니다.
  원아들의 생활지도에 관한 집단상담이 아래와 같이 계획되어 있으니 한 분도 빠짐없이 참여해 주시면 감사하겠습니다.

1. 참석하고 싶은 분과

행동유형	행동사례	희망분과
공격아 행동	장난감을 빼앗는 행동	
	친구들을 때리고 밀고 꼬집는 행동	
	놀잇감을 던지는 행동	
반항 행동	소리 지르기	
	자기 마음대로 안 되면 떼쓰기	
	장소이동 시 가지 않으려고 하는 행동	
	놀잇감 나누기 거부하기	
	기저귀 갈기 거부하기	
정서적 행동	칭얼대는 행동	
	어머니와 헤어질 때 우는 행동	
	손가락 빠는 행동	
	낯선 사람을 두려워하는 행동	
	평상시 애착을 가지고 다니는 행동	

- 희망분과에 ○표 하시고 해당되는 행동이 없으면 희망분과 란에 써주세요.

집단상담일

행동유형	상담일
공격아 행동	월 일(금요일) 시~ 시
반항행동	월 일(금요일) 시~ 시
정서적 행동	월 일(금요일) 시~ 시

- '부모님이 생각하는 우리아이' 부모상담 자료를 보내드리니 작성하여 상담일 2일 전까지 보내주세요.
  상담자료를 제출하지 않는 학부모는 상담하지 않는 것으로 처리합니다.

년 월 일

○ ○ 어린이집 원장 ○ ○ ○

〈자료 2〉 집단 부모상담 자료

집단 부모상담 자료를 작성하여 부모상담 2일 전까지 제출하여 주세요.

부모님이 생각하는 우리아이

반명		유아이름		학부모	

1. 자녀의 바람직한 점 2가지 이상 적어주세요.

2. 자녀의 행동 중 고쳐야 할 점을 적어주세요.

3. 왜 그런 행동을 한다고 생각하십니까?

4. 행동교정을 위하여 어떤 방법으로 지도하였습니까?

5. 지도 후 어떤 변화가 있었습니까?

6. 앞으로의 계획은 무엇입니까?

(3) 상담실시

집단상담은 아래와 같은 요령으로 진행한다.

① 주제 강의

교사가 문제행동 유형에 대한 개념, 부모상담 진행요령에 대하여 설명한다.

② 사례발표(지도경험 발표)

참가 부모들이 해당 문제행동 유형에 대하여 자녀들을 대상으로 지도한 경험, 지도사례, 지도하면서 느낀 애로점, 지도에 따른 성과 등을 차례로 발표시킨다.

③ 질의응답

참가 부모들이 발표한 내용에 대하여 질의응답을 통하여 참가 부모들이 발표한 내용에 대하여 확실히 이해시킨다.

④ 종합지도

참가 부모들이 발표한 실천사례에 대해 교사의 의견을 이야기한다. 주로 지도방법의 타당성, 교육적 가치, 효과성에 대해 이야기하고 종합적으로 지도방안을 종합 정리한다.

(4) 기타

① 집단상담은 같은 문제행동 유형을 가진 학부모끼리만 모여 이루어진다.
② 집단상담은 사정에 따라 문제행동 영역별로 수일간에 걸쳐 이루어질 수도 있다.

2) 개별상담의 실제

개별상담에서는 개별상담의 내용, 개별상담 안내서 발송, 학부모 개별상담 준비자료, 교사 개별상담 준비자료, 개별상담요령 등에 걸쳐 기술한다.

(1) 개별상담 내용

학부모 개별상담은 1년에 1~2회 정도로 이루어지므로 상담내용은 유아지도에 관한 전반적인 내용과 유아가 지니고 있는 부적응행동 지도내용을 반드시 포함시킨다. 개별상담을 통하여 교사는 학부모로부터

① 가정에서의 생활습관 및 태도
  • 바람직한 행동, 바람직하지 못한 행동
② 건강
③ 성격
④ 교사에게 바라는 점에 관한 정보를 얻고

학부모는 교사로부터

① 기본생활습관 및 태도
② 친구관계
③ 학습태도
④ 부적응행동
⑤ 학부모에게 바라는 점 등에 대하여 다양한 정보를 교환하면서 교사, 학부모가 공동으로 유아지도방안을 모색한다.

(2) 학부모 개별상담안내서 발송

교사는 학부모에게 개별상담안내서를 발송한다.

개별상담안내서에는 상담일시, 상담장소, 상담내용에 대하여 안내한다. 그 '예'를 들면 다음과 같다.

〈자료 1〉 학부모 개별상담안내서

안녕하십니까?

학부모님들의 많은 사랑과 관심 덕분에 우리 어린이들의 어린이집 생활은 하루가 다르게 변화되어 가고 공동체 생활에 익숙해지고 있습니다. 앞으로도 많은 관심과 격려를 부탁드립니다.

본 어린이집에서는 아이들의 보다 나은 교육을 위해 학부모님들로부터 그동안 자녀를 키우시면서 학부모가 바라본 자녀에 대한 의견을 듣고 앞으로 가정과 어린이집이 연계하여 아이들의 성장 발달을 도울 수 있는 방안을 모색하고자 학부모님들과 함께 이야기를 나누고자 합니다.

바쁘시더라도 자녀교육을 위해 아래 해당하는 날짜에 꼭 참석해 주시기 바랍니다.

1. 일시 : 년 ○월 ○○일(수)~ ○월 ○○일(금요일)
2. 장소 : 각 활동실
3. 상담일

상담일자	상담시간	상담학부모 원아명	상남시간	상담학부무 원아명
○월 ○○일 (요일)	오후00 : 00~00 : 00	○○○ ○○○	오후00 : 00~00 : 00	○○○ ○○○
	오후00 : 00~00 : 00	○○○ ○○○	오후00 : 00~00 : 00	○○○ ○○○
	오후00 : 00~00 : 00	○○○ ○○○	오후00 : 00~00 : 00	○○○ ○○○
○월 ○○일 (요일)	오후00 : 00~00 : 00	○○○ ○○○	오후00 : 00~00 : 00	○○○ ○○○
	오후00 : 00~00 : 00	○○○ ○○○	오후00 : 00~00 : 00	○○○ ○○○
	오후00 : 00~00 : 00	○○○ ○○○	오후00 : 00~00 : 00	○○○ ○○○
○월 ○○일 (요일)	오후00 : 00~00 : 00	○○○ ○○○	오후00 : 00~00 : 00	○○○ ○○○
	오후00 : 00~00 : 00	○○○ ○○○	오후00 : 00~00 : 00	○○○ ○○○
	오후00 : 00~00 : 00	○○○ ○○○	오후00 : 00~00 : 00	○○○ ○○○

4. 상담내용
: 가정에서 아직까지 고치지 못한 나쁜 습관
: 자녀를 키우면서 학부모가 바라본 우리 아이에 대해 교사에게 하고 싶은 이야기
: 자녀의 생육과정 중에서 교사가 알아두어야 할 건강문제(질병, 특이체질, 알레르기 등)
: 학부모님께서 어린이집에 바라는 점

- 정해진 시간을 꼭 지켜 주시기 바랍니다.
- 어린이집에서 정한 상담방법 외 다른 방법으로 상담을 원하시거나, 정해진 상담시간이 맞지 않은 학부모님은 담임교사에게 미리 연락주시기 바랍니다.
- 종일반 학부모님께서는 상담을 원하는 시간을 정하여 담임께 알려주시기 바랍니다.
- 첨부된 조사지 〈자료1-2〉는 성실히 작성하여 부모상담 2~3일 전까지 유아편에 제출하여 주시기 바랍니다.

년 월 일

○○어린이집원장 ○○○

(3) 학부모 · 교사 상담자료준비

학부모상담이 효율적으로 이루어지기 위해서는 학부모, 교사가 각각 상담에 필요한 기초자료를 충분히 확보하여야 한다.

상담에 관한 기초자료의 확보 없이는 부모상담이 효율적으로 이루어질 수 없다. 학부모, 교사가 필히 확보해야 할 기초자료를 중심으로 기술한다.

① 학부모가 준비할 상담자료

학부모는 교사와의 개별상담을 위해서 상담에 필요한 다양한 자료를 준비해야 한다. 정보수집을 위한 조사지는 교사가 제작하여 학부모 개별면담 안내서와 같이 학부모에게 발송한다. 정보 수집을 위한 질문서는 면담이 이루어지기 2~3일 전까지 교사에게 제출하도록 안내서에 명시한다.

정보 수집을 위한 질문서 2종을 다음에서 소개한다.

〈자료 1〉 부모님이 생각하는 우리아이

반명		유아이름		학부모 이름	

1. 자녀의 바람직한 점을 2개 이상 적어 주세요.
   ①
   ②
2. 자녀가 집에 돌아가서 부모님께 인사를 어느 정도 하는 편입니까?
   ① 매일 스스로 한다. ② 시켜야 한다. ③ 거의 하지 않는다.
3. 자녀가 현재 어린이집 생활에 어느 정도 만족하다고 생각하십니까?
   ① 매우 만족 ② 만족 ③ 그저 그렇다. ④ 약간 불만족
4. 3항 ④번의 대답 시 이유는?
   ( )
5. 자녀가 집에서 잘하는 놀이와 친하게 노는 친구는 누구입니까?
   ( )
6. 자녀의 행동 중 바람직하다고 생각하는 행동은 무엇입니까?
   ( )
7. 자녀의 행동 중 고쳐야 할 점은 무엇이라고 생각하십니까?
   ( )
8. 부모가 원하는 자녀의 장래 희망은 무엇이라고 생각하십니까?
   ( )
9. 자녀에게 하고 싶은 말을 적어 주세요.
   ①
   ②
10. 기타 참고 사항
    (자녀교육을 위해 참고할 사항이 있으면 기록해 주십시오.)

〈자료 2〉 유아의 생활습관 기록지

ㅇㅇ유치원

일시	2016년 월 일		장소	교실
원아성명		학부모성명		원아와의 관계

1. 어린이집에 입학하기 전 자녀를 주로 양육한 사람 :
2. 자녀가 어린이집에서 돌아오면 돌보는 사람 :
3. 어머니께서 직장생활을 하는 원아

근무처	근무시간	출퇴근 소요시간

4. 학부모의 자녀 양육방법
   - 유아가 칭찬받을 행동을 한 경우 :
   - 유아가 잘못한 행동을 한 경우 :
5. 대·소변 습관(O)
   - 대변을 정해진 시간에 본다(아침, 낮, 밤).
   - 소변이 잦다(잦다, 보통, 가끔).
   - 기타 특별한 버릇( )
6. 자녀의 생육과정 중에서 교사가 알아두어야 할 건강문제
   -
7. 자녀의 행동 중 바람직하다고 생각하는 행동
   -
8. 자녀의 독특한 습관이나 고치고 싶은 버릇
   -
9. 교사에게 특별히 바라는 점
   -
10. 기타
   -

*작성하셔서 상담일에 가지고 오시기 바랍니다.

② 교사가 준비할 상담자료

교사가 부모상담을 위하여 준비할 자료는 2가지가 필수적이다. 하나는 유아들의 개인별 행동특성에 관해 자료를 수집하는 일이고, 또 하나는 유아 개인별로 누리과정 5대 영역의 발달상황에 관한 자료를 수집, 정리하는 일이다.

ㄱ. 유아 개인별 행동특성

유아 개인별 행동특성은 다음 요령으로 파악하여 바람직한 행동은 더욱 강화하도록 하고 바람직하지 못한 행동은 가정에서 교정하도록 방안을 부모와 같이 궁리하여 안내한다. 개인별 행동특성 조사지 양식은 다음과 같다.

〈표 III-9〉 유아 개인별 행동특성 조사지

유아명	바람직한 행동 사례	바람직하지 못한 행동 사례

ㄴ. 누리과정 5대 영역별 발달상황

유아들이 어린이집에 다니는 목적은 최종적으로는 누리과정 5대 영역 즉, 신체운동, 건강, 의사소통, 사회관계, 예술경험, 자연탐구 등 5대 영역의 균형적인 발달을 지원하여 전인적인 유아를 육성하는 일이다.

따라서 이에 관한 정보를 수집하여 학부모에게 현재의 상황을 이해시키고 앞으로 발달을 위한 가정에서의 지도 및 협조방안을 학부모와 같이 공동 협의한다. 누리과정 5대 영역별 발달상황 조사지는 다음과 같다.

〈표 III-10〉 누리과정 5대 영역 발달상황 조사지

유아명		생년월일	
상담일시		학급명	
영역	발달상황		
	우수한 점		노력할 점
신체운동, 건강			
의사소통			
사회관계			
예술경험			
자연탐구			
총평			

(4) 상담 실시

① 부모로부터 접수한 '부모님이 생각하는 우리아이', '유아의 생활습관 기록지'를 분석 정리하여 상담 시 활용계획을 유아 개인별로 구체적으로 수립 · 정리한다.

② 부모로부터 제출받은 '부모님이 생각하는 유아', '유아의 생활습관 기록지'를 분석하여 요지를 정리해두고 교사가 더욱 확인하거나 지도할 내용을 다음 표와 같이 정리한다.

③ 사전에 학부모에게 확인하거나 지도해줄 내용을 개인별로 정리하여 두었다가 상담 시 활용한다.

〈표 III-11〉 학부모 면담자료

반		유아명		학부모명	
부모님이 생각하는 우리아이	유아의 생활습관 기록지	교사에게 바라는 점	확인, 지도내용		

④ 학부모는 자녀들이 만든 명찰을 가슴에 부착한다.

⑤ 학부모상담을 진행하면서 상담내용에 대하여 요점을 기록하여 두었다가 상담종료 후에 다시 정리한다.

제5장

생활환경구성을 통한 지도

활동실은 유아들이 유아교육기관에서 거의 대부분의 시간을 보내는 곳이며 가정과 같은 공간이다. 그러므로 학급의 시설이나 환경은 물리적인 존재가 아니라 유아들의 성장 · 발달에 끊임없이 작용하는 정신적인 영향을 주는 곳이다. 이렇게 볼 때 활동실 환경구성은 유아들에게 바람직한 행동이나 성장 · 발달을 가져올 수 있도록 유아들의 정서적, 심리적, 사회적 발달단계에 맞는 자극을 유아들이 받아들이기 쉽게 구성해야 한다.

1. 개념 및 성격

환경구성을 통하여 생활지도가 어떻게 이루어지는가에 대하여 살펴보기 전에 먼저 환경구성의 개념에 대하여 생각해 보기로 한다.

Dewey는 '교육은 인간의 성장 · 발달을 조장하기 위하여 선정, 제공된 교육환경이다'라고 하였고, 정원식(1989)은 '교육환경이란 개인에게 교육적으로 긍정적인 역량을 미치는 외적 조건 및 자극의 개별적 또는 종합적인 구조의 작용을 의미한다'고 말하였다. 그리고 윤형모(1997)는 학습환경이란 '학습활동 또는 행동이 행해지고 있는 환경'이라고 말하고, Bloom(1964)은 '환경이란 개인에게 부딪히는 조건, 힘 및 외적 자극이다'라고 하였다.

이들 여러 학자들의 견해를 종합하면 '환경구성은 인간에게 어떤 행동을 유발하게 하며 인간의 여러 특성을 형성하게 하는 힘을 가지고 다양한 기능을 수행하게 하는 교육적 여건을 조성하는 활동'이라고 할 수 있다.

또한 교사는 유아들의 부적응행동이 자주 나타나는 영역이나 공간이 있다면 환경을 갈등이나 문제가 유발하지 않도록 적절하게 재구성해야 할 것이다. 이렇게 함으로써 환경구성 자체가 영유아들의 바람직한 행동을 교사가 가르치지 않아도 자연스럽게 학습시키는 교수적 기능을 가지고 있다.

2. 환경구성의 가치

학급환경을 '살아있는 존재', '영향력을 미치는 존재', '분위기를 조성하는 존재'라고 말한다(황응연, 1964). 학급환경은 학습자의 성장과 발달, 인격 형성에 직접적인 영향을 미친다. 따라서 학급환경은 유아들에게 계속적인 영향과 자극을 주므로 긍정적인 영향을 미칠 수 있는 학급환경을 조성해주는 것은 대단히 중요한 일이다. 학급환경이 갖는 교육적 의의를 생각해 보기로 하자.

1) 체계적이며 긍정적인 경험과 자극을 줄 수 있게 구성된 학급환경은 자연발생적으로 영유아에게 영향을 미쳐 영유아의 바람직한 행동을 형성하게 하는 교수적 기능을 갖는다.
2) 각종 학습교구와 자료가 정비되어 있어 영유아들의 인지적 성장을 돕는 교수적 기능을 갖는다.
3) 영유아들의 각종 학습물이 누가적으로 보존관리됨으로써 영유아들의 지금까지의 발달 수준과 발달과정을 이해할 수 있다.
4) 학급환경구성에 영유아들이 직접 참여함으로써 집단소속감과 책임감을 배양할 수 있다.
5) 학습결과물을 동시에 전시함으로써 영유아 상호 간의 장·단점을 이해할 수 있고 상호 간에 선의의 경쟁심을 유발하여 학습활동을 더욱 촉진시킬 수 있다.
6) 각종 코너활동을 통하여 여가를 선용하고 개개 영유아들이 가지고 있는 잠재능력을 계발할 수 있다.
7) 학급사회는 작은 소집단사회로서 사회성, 준법성 배양을 통해 민주시민 의식을 배양할 수 있다.
8) 정서적이고 생동감 있는 분위기 조성을 통하여 영유아들에게 안정성 있는 정서감을 배양할 수 있다.

3. 바람직한 행동형성을 위한 환경구성의 방향

긍정적인 경험과 자극을 줄 수 있게 체계적으로 잘 구성된 학급환경은 영유아들의 바람직한 행동을 형성하게 하는 교수적 기능을 갖고 또한 영유아들의 부적응행동을 감소시키는 역할을 한다.

또한 이와 같은 교수적 기능과 부적응행동을 감소시킬 수 있는 학급환경은 크게 물리적 환경과 심리적 환경으로 대별할 수 있는데, 여기에서는 물리적 환경에 국한하여 기술하기로 한다.

그리고 물리적 환경 또한 그 범위는 대단히 광범위하므로 그 중 영유아들의 행동에 직접적으로 영향을 주는 현관, 활동실, 화장실, 휴식영역, 놀잇감 관리, 활동실 내 공간에서 바람직한 행동지도를 위한 환경 구성방안에 한정하여 기술하기로 한다.

1) 시설 · 기구면

(1) 현관

모든 유아가 유아교육기관에 도착하면 이 문을 통해 활동실에 들어오게 된다. 현관에서는 인사법, 대화기술, 질서의식, 정숙태도 등의 행동지도에 적절한 공간이다. 너무 좁으면 시끄럽고 신체적 접촉이 심하여 부적응행동을 일으킬 수 있다. 현관은 다음과 같은 사항이 고려되어야 한다.

① 유아가 친구와 교사를 쉽게 만날 수 있는 공간이어야 한다.

② 부모와 유아가 만나고 헤어지는데 충분한 공간이 확보되어야 한다.

③ 부모들이 교사 또는 원장과 개별 또는 집단면담을 하거나 인사를 할 수 있는 공간이 확보되어야 한다.

④ 현관의 문은 위험하지 않도록 만들고 너무 무겁지 않으며 다치지 않도록 설계되어야 하며 바닥은 안전에 유의해야 한다.

(2) 활동실

유아의 활동실은 유아가 일과의 대부분을 놀이나 활동으로 보내는 장소로서 유아교육기관에서는 가장 많은 역할과 기능을 가지고 있다. 활동실에서는 생활지도의 전반적인 내용이 지도되는 공간이지만 그 중 공격성과 투쟁성을 예방하여 친사회적 행동지도에 적절한 공간이다. 따라서 활동실 구성에서는 다음과 같은 사항이 고려되어야 한다.

① 활동실은 가능한 한 건물의 1층에 두는 것이 좋고 운동장과 화장실이 가까워야 한다.

② 적절한 채광, 방음, 환기, 온도조절에 도움이 되도록 하며 충분한 공간을 확보하여 놀이와 비품배치에 어려움이 없어야 한다.

③ 활동실의 창문은 유아 키보다 낮은 것이 좋고 출입문의 위치가 유아의 활동에 적절해야 한다.

④ 책 · 걸상을 비롯한 모든 가구는 유아의 키에 알맞아야 한다.

⑤ 놀이활동에 불편함이 없도록 바닥자재 선정과 안전상태에 유의해야 하며 활동실 내의 흥미영역별 공간배치가 합리적으로 이루어져야 한다. 활동실 내에서 영유아들이 모이는

공간은 넓은 곳을 택하여 영유아들의 신체적 접촉으로 인한 갈등상황이 발생하지 않도록 한다.

⑥ 활동실에서 동적 활동공간을 최대한 넓게 확보하는 데 주력해야 한다.

(3) 흥미영역

흥미영역은 유아들이 활동실에서 하루일과 중 가장 많이 활용하는 공간으로 양보, 순서 기다리기, 협동, 우애 등 친사회적 행동을 학습하는 데 적절한 공간이다. 그러나 갈등상황이나 부적응행동이 나타나고 있는지 늘 관찰하여 재정비해 주어야 한다.

① 흥미영역의 수는 활동실의 크기를 고려하여 배치한다.

② 영유아들이 동시에 많이 활용되는 흥미영역은 영유아 수를 고려하여 공간을 적절히 확보한다.

③ 놀잇감에 의한 분쟁이 잦은 영역의 경우에는 놀잇감을 충분히 확보하여 분쟁이 일어나지 않도록 한다.

④ 놀잇감이 고가이거나 계절적 놀이기구로서 1회성 사용에 한정된 놀이기구의 경우에는 영유아의 수를 제한하거나 순서대로 놀이에 참여하도록 유아들이 스스로 규칙을 제정하고 지키도록 지도한다.

⑤ 흥미영역 수를 늘리거나 줄이기 또는 위치를 수시로 변화시켜 유아들이 호기심을 갖도록 하고 항상 분쟁이나 갈등의 소지가 있는가를 확인하고 대처방안을 동시에 강구한다.

(4) 화장실

화장실과 세면대는 신진대사가 빈번한 유아들이 사용하기 편리한 위치에 적절한 크기로 충분한 수만큼 설치되어야 한다. 유아는 화장실이나 세면대의 사용이 용이할 때 모든 생활에 쉽게 적응하는 한편, 자신감과 독립심, 청결, 양보, 차례 지키기 등의 행동덕목을 지도할 수 있다. 화장실 설비 시에는 다음 사항이 고려되어야 한다.

① 화장실의 위치는 활동실에서 출입이 편리해야 한다.

② 화장실 1개 정도는 실외 놀이장에 설치하고 직접 출입할 수 있는 문이 달려 있어야 한다.

③ 유아수가 40~50명 이상인 경우는 화장실을 여러 군데로 나누어 설치한다.

④ 화장실은 활동실과 같은 평면에 위치해야 한다.

⑤ 자연스러운 성교육을 위하여 화장실은 남아용, 여아용으로 구분하지 않는다.

⑥ 화장실 칸막이는 90cm 정도로 설비하여 문을 다는 경우에는 안에서 잠그는 장치를 하지 않는다.

⑦ 화장실 바닥은 타일을 사용하여 물을 닦아내기 쉬어야 하며 바닥의 배수가 잘 되게 한다.

⑧ 화장실은 밝고 환기가 잘 되며 밝은 색을 칠해 밝게 해주어야 한다.

(5) 휴식을 위한 영역

하루의 일과에 휴식 및 낮잠시간을 포함시키는 것은 프로그램의 유형에 따라 다르지만 일반적으로 종일제 프로그램과 아주 어린 유아를 포함하는 반일제 프로그램에서는 낮잠을 재울 수 있는 시설이 꼭 있어야 한다. 휴식영역에서는 정숙, 타인에 대한 배려, 자기시간 확보를 통한 자율성 배양이 가능하나 취침을 방해하는 경우, 다양한 부적응행동이 유발될 수 있다.

휴식을 위한 영역에서 고려해야 할 내용은 다음과 같다.

① 휴식을 위한 시설은 주위의 소음으로부터 차단되고 조명을 조절할 수 있어야 하므로 가능하면 유아의 활동실과는 따로 분리된 방을 마련하는 것이 좋다.

② 활동실이 두 곳 이상인 기관일 때 하나의 활동실은 낮잠을 위한 영역과 겸용하도록 하여 보통 때는 간이침대나 침구를 한쪽 구석에 놓아두고 놀이에 지장이 없도록 하며 낮잠 자는 시간에는 휴식실로 활용한다.

이렇게 하면 유아교육기관에서 잠을 잘 수 없는 유아가 다른 놀이영역에서 마음대로 놀 수 있으므로 좋다.

(6) 놀잇감 관리

유아교육활동에서는 놀이기구가 차지하는 비중이 아주 크다. 놀이를 통하여 양보, 차례 지키기, 협동, 우애, 절약, 정리정돈, 친교기술을 학습하는데 적절하나 놀이기구 사용 시 야기되는 영유아들의 부적응행동 또한 아주 많다. 따라서 교사는 영유아들이 부적응행동이 노출되지 않도록 놀이기구의 선정, 배치, 활용, 관리 등에 신경을 써야 한다.

① 놀잇감의 수준이 영유아의 발달수준에 맞아야 한다.
놀잇감의 수준이 영유아의 발달수준보다 높거나 낮은 경우, 영유아들이 놀이에 집중하지 못한다. 재미가 없어 놀이에 집중하지 못하면 자연히 부적응행동이 나타난다.

② 놀잇감은 유아 수에 적정한 수량이 배치되어야 한다. 그렇지 않으면 서로 차지하려고 여러 가지 공격, 투쟁, 소란 등 부적응행동이 나타난다.

③ 놀잇감은 유아들이 손쉽게 선택하고 치울 수 있는 위치 및 공간에 배치해야 한다. 정리정돈의 습관을 길러주기 위해서는 정리정돈을 손쉽게 할 수 있는 여건을 정비해 두어야 한다.

(7) 소음, 채색

소음, 채색은 일부 유아들에게는 부적응행동을 유발할 소지가 크다. 따라서 다음 사항이 충분히 고려되어야 한다.

① 소리 등에 민감한 유아에게는 소음을 줄이기 위한 방안을 강구해야 한다(예 : 카펫 깔기).
② 소음이 발생하게 되면 소음을 피하는 방안을 유아들에게 이해시킨다.
③ 유아교육기관 내에서 접하는 다양한 색깔들이 지나치게 강한 자극을 주지 않도록 한다.

2) 공간구성

공간구성이라 함은 활동실 내 교재 · 교구, 비품이 배치된 공간을 제외한 공간, 주로 벽면과 천장에 이르는 빈 공간을 어떻게 환경구성하느냐에 대한 관심을 말한다.

유치원 교실은 흥미영역을 중심으로 교재 · 교구 그리고 각 흥미영역에 따른 환경구성물이 요소요소에 전시 또는 게첨되어 있다. 따라서 벽면과 천장 공간을 어떻게 구성하느냐에 따라 유아의 학습 효율성과 교실의 아늑하고 부드러운 정서적 분위기가 달라진다.

(1) 교실 공간구성의 원리

① 교실공간의 환경은 하나하나가 유아 학습의 효율성을 제고시키는 데 도움이 되어야 한다.
② 교실공간의 환경은 아늑하고 부드럽고 아름답게 구성되어야 한다.

(2) 교실 공간구성의 실제

교실공간의 기본적인 환경구성물로서 출석카드판, 게시판(알림판), 요일 · 날짜 · 날씨판, 생일판, 역할안내판, 관찰시설물, 유리창 작품, 매달 것, 학급현황, 여러 가지 환경아이디어 등에 걸쳐 설비 및 활용요령에 대하여 기술한다.

① 출석카드판

유아의 출석을 확인하는 방법으로는 다음과 같다.

첫째, 'Morning inspection'으로 등원하는 유아를 맞이하면서 확인하는 방법

둘째, 출석부를 보고 호명하여 확인하는 방법

셋째, 출석카드판을 이용하여 출석상황을 유아 스스로 확인하는 방법 등

출석카드판을 이용하여 출석을 확인하기 위해서는 출석카드판을 제작해서 벽에 걸어 두어야 한다.

ㄱ. 목적

- 유아 자신이 자신의 출석을 확인시켜 줌으로써 자기존재감을 인식시킨다.
- 걸어놓은 출석카드를 확인함으로써 숫자의 개념을 이해하고 적절한 등원시간을

조정할 수 있다.

- 자기 출석카드를 찾으면서 동료 유아의 출석카드를 자연스럽게 보게 되면 동료 유아의 이름 쓰기를 익힐 수 있다.

ㄴ. 제작요령

- 40cm × 60cm의 베니어판에 흰 종이를 붙이고 사진과 이름이 쓰인 주머니를 유아 수만큼 제작한 다음 베니어판에 일정한 규격을 유지하여 부착시킨다.
- 출석카드판은 출입구 안쪽에 고정시킨 후, 그 앞에는 낮은 책상을 놓는다.
- 출석카드를 제작하여 출석카드판 앞 책상 위의 상자에 놓아둔다. 출석카드는 출석카드 주머니에 들어갈 수 있는 크기로 단단한 골판지를 잘라 사진과 이름을 써넣어 코팅 처리한다.

ㄷ. 활용요령

- 등원하면서 자기 출석카드를 찾아 자기 출석주머니에 넣어 둔다.

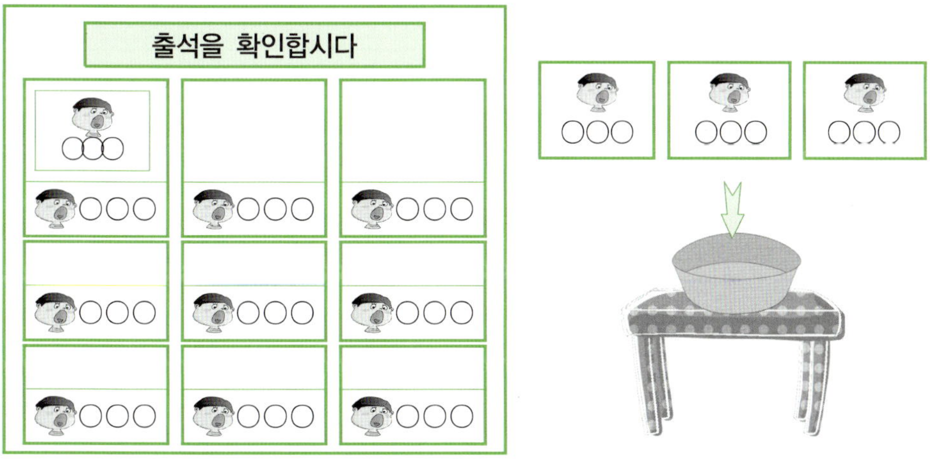

〈그림 III -5〉 출석카드판

② 게시판(알림판)

유아용 게시판(우리들)과 부모용 게시판(알림판)으로 나누어 제작 활용한다.

ㄱ. 목적

- 유아들이 주제에 관련된 내용뿐만 아니라 자유자재로 게시물을 제작 · 게첨하여 학습참여를 유도하고 표현력을 신장시킬 수 있다.
- 부모들에게 유아교육에 대한 각종 정보를 소개함으로써 자녀지도의 효율성을 제고시키고 유치원과의 연대의식을 고취시킬 수 있다.

ㄴ. 제작요령

- 50cm × 80cm 베니어판 위에 왼쪽과 같이 부직포를 붙이거나, 오른쪽과 같이 가는 철사에 집게를 매달아, 다음과 같이 제작하여 출입구 옆 벽이나 복도에 부착시킨다.

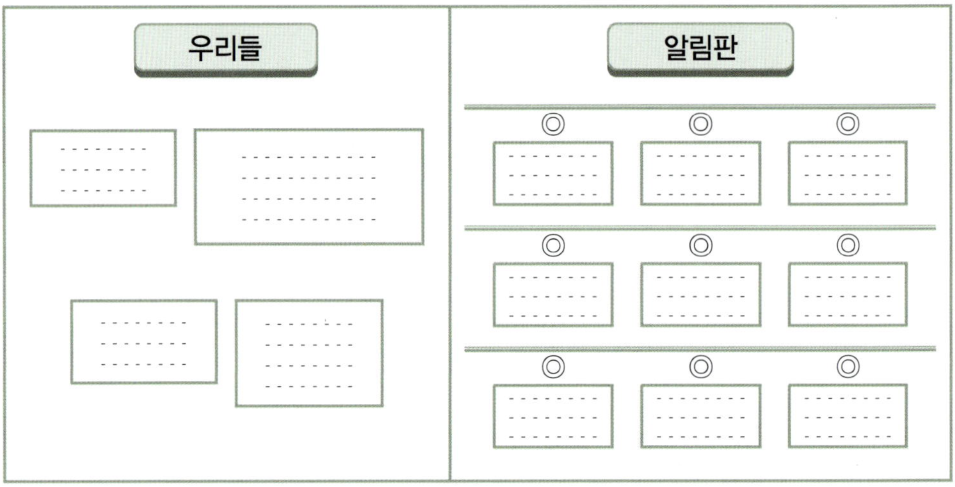

(유아용) (부모용)

〈그림 III-6〉 게시판

ㄷ. 활용요령

- 우리들 : 주제와 관련된 사실이나 그림을 색지로 배지를 붙인 자료, 동화책을 읽고 난 느낌, 친구에게 보내는 편지, 우리 집 이야기, 생일을 맞는 유아 이름 등 다양하게 제작하여 곤충핀으로 꽂아 고정시키거나 집게에 물려둔다.
- 알림판 : 유치원 행사, 견학협조 안내, 유아활동, 부모교육안내, 주간학습안내, 학습활동에 따라 부모가 준비해 주어야 할 일, 도우미 활동 안내 등을 곤충핀으로 꽂아 고정하거나 집게에 물려둔다.

〈그림 III-7〉 유아를 위한 게시판

〈그림 III-8〉 부모를 위한 게시판

③ 요일 · 날짜 · 날씨판

대개 유치원에서는 요일, 날짜와 날씨판을 별도로 설치하여 요일, 날짜를 이해시키고, 날씨에 대한 이해와 관찰 및 기록을 유도한다. 2개의 판을 별도로 각각 설치하면,

많은 벽면 공간을 차지하고 제작하기도 힘들기 때문에 요일 · 날짜 · 날씨판을 병합설치하여 운영한다.

ㄱ. 목적

- 요일, 날짜와 날씨판을 병합함으로써 제작경비가 적게 들고 벽면 공간을 적게 차지한다.
- 한 달간의 요일, 날짜와 날씨를 동시에 기록함으로써 날씨의 변화과정을 함께 이해할 수 있다.
- 요일, 날짜카드를 활용함으로써 수 개념을 이해할 수 있다.

ㄴ. 제작요령

- 날짜, 날씨판을 자석판이나 융판으로 제작하여, 자석으로 된 숫자나 날씨카드를 제작하거나, 부직포 또는 사포지 숫자나 날씨카드를 제작한다.
- 날짜, 날씨판을 벽에 걸어두고 바로 밑 책상에 날짜카드와 날씨카드를 놓아 둔다.

ㄷ. 활용요령

- 날짜와 날씨기록 역할 담당 유아가 아침에 등원하면서, 해당 날짜와 날씨 표시카드를 찾아 해당란에 꽂아놓게 한다.

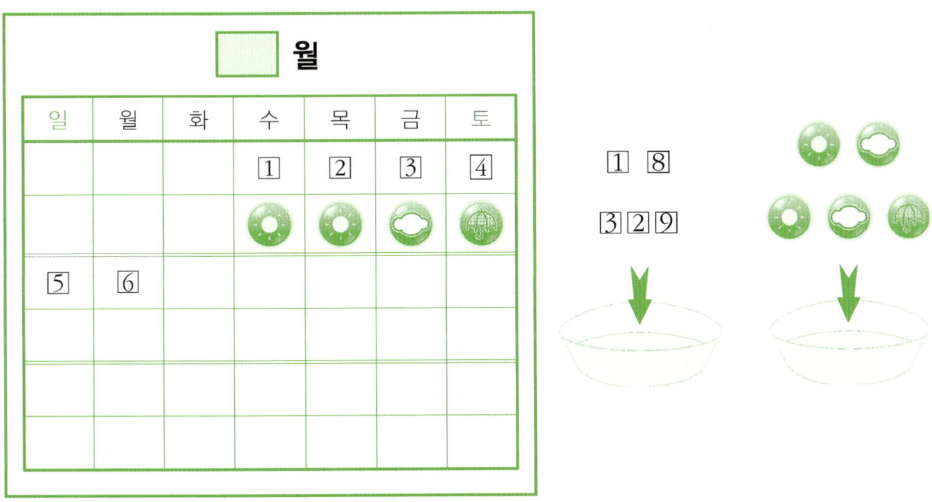

〈그림 III -9〉 요일 · 날짜 · 날씨판

④ 생일판

유아들의 생일을 표시한 생일판을 제작하여 활용한다.

ㄱ. 목적

- 유아 개개인의 생일을 확인하여 자기의 정체성을 확립한다.
- 유아 상호 간에 서로의 생일을 축하함으로써 우의를 돈독히 한다.

ㄴ. 제작요령

- 다음과 같이 베니어판에 생일 달력을 제작하여 걸어둔다.
- 유아의 이름과 사진이 붙은 카드를 생일판 밑에 놓아둔다.

3월

2011년

일	월	화	수	목	금	토
		1	2	3	4	5
6	7	8	9	10	11	12

〈그림 III-10〉 생일판

ㄷ. 활용요령

- 해당 날짜에 생일을 맞은 유아의 사진을 걸어둔다.

⑤ 역할 안내판

유아들에게 역할을 안내하여 자기 역할을 정해진 기간에 착실히 수행하도록 한다.

ㄱ. 목적

- 자기 역할 수행을 통하여 다양한 역할을 체험시키고 유아들로 하여금 자발적이며 주체적인 생활태도를 배양시킨다.
- 집단생활의식과 태도를 배양하여 민주시민의 자질을 배양시켜 준다.

ㄴ. 제작요령

- 글자카드를 넣을 수 있는 봉투카드를 제작하여 다음에 역할명과 역할을 나타내는 그림을 그린다.
- 봉투카드를 제작하여 베니어판에 부착시켜 벽에 걸어둔다.
- 수량은 역할 수대로 한다. 예를 들면, 새 먹이 주는 유아, 달팽이 먹이 주는 유아,

화분 물 주는 유아, 붕어 먹이 주는 유아, 날씨카드 바꾸는 유아 등을 들 수 있다.

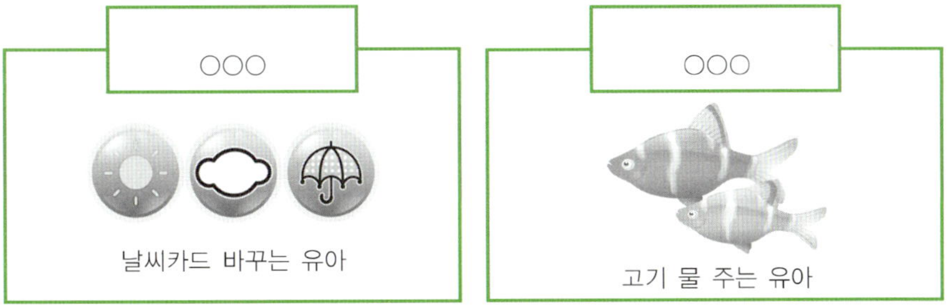

〈그림 III -11〉 역할 안내판

ㄷ. 활용요령

- 역할을 안내받은 유아는 자기 역할을 충실히 수행하도록 한다.
- 각 역할에 대한 수행방법을 사전에 철저하게 주지시킨다.

⑥ 관찰시설물

교실 측면(햇볕이 잘 드는 쪽)에 관찰 시설물을 설비한다.

ㄱ. 목적

- 관찰물을 재배하여 유아들의 계속적인 관찰 및 관찰기록을 통하여 과학적 탐구능력을 기른다.
- 다양한 식물의 재배를 통하여 성장 · 발달 과정을 이해시켜 생동감을 갖게 한다.

ㄴ. 설비 및 활용요령

- 식물재배 : 싹 틔우기와 재배가 용이한 식물을 선정하여 3월 하순경에 씨를 뿌린다. 주로 덩굴을 감고 올라가는 식물이 유아들에게 더욱 효과적이다.
  용기는 흙이 좀 많이 담기는 꽃 박스를 이용한다. 거름흙을 구입하여 일반밭흙을 섞어서 써도 좋다. 그리고 식물 이름과 모양, 씨 뿌린 날짜, 관찰해야 될 내용을 색지를 이용하여 제작한 뒤 코팅하여 꽂는다. 관찰일지는 모양을 그림으로 그리고 간단한 글로 나타낸다.
- 수족관 설치 : 관찰식물 박스를 2~3개 설치한 후 그 옆 빈 자리에 수족관을 설치한다. 수족관은 헌 책상 2개를 붙여놓고 둘레는 비닐을 버티컬처럼 잘라서 겹쳐가며 사방을 둘러 붙인다. 그 위를 시트지로 붙인다. 물을 조금 흘린다 해도 방수가 되니 염려가 없다. 벽돌을 2줄로 쌓고 그 위에 두꺼운 투명비닐을 깔고 또 다시 벽돌 2줄을 쌓는다.
  그러고는 그 주위에 조그만 화분(주로 줄기가 뻗어 나가는 식물)을 놓아두면 자연스러움을 더할 수 있다. 그 속에 다른 수족관이나 어항처럼 산소발생기, 물레방아, 수초, 금붕어, 우렁이, 다슬기, 붕어 등을 넣는다. 그러면 활동실은 한층 더 활기가 넘치고 항상 유아들이 주위를 맴돌 것이다. 관찰일지는 변화된 모양을 그리고 간단한 글로 쓰게 한다.

- 관상용 식물재배화분 : 대부분의 교사는 교실에 관상용 화분만을 진열하려고 한다. 이보다 더 중요한 것은 관상용 식물재배화분이다. 씨앗이 싹트고 자라서 꽃을 피우고 열매를 맺는 '식물의 자람'을 관찰하고자 할 때 학습자료로 활용할 수 있다. 특히 도시 유아들에게 농작물이나 우리나라의 야생초를 심어 가꾸는 것이 더욱 교육적이다.
  무 : 3월에 큰 무를 심어두면 잎이 나고 꽃대가 올라와 4・5월에 무꽃이 핀다.
  할미꽃 : 할미꽃을 재배하면서 유아들에게 할미꽃 전설을 이야기해 준다.
  덩굴식물 : 수세미, 오이, 콩, 나팔꽃 등을 심으면 5~7월에 보리가 핀다.

⑦ 유리창 작품

유리창을 이용하여 작품을 게시한다.

ㄱ. 목적

- 활동실 공간이 협소하므로 유리창을 미적으로 구성하여 아늑한 교실을 꾸민다.

ㄴ. 제작 및 활용요령

- 활동실이 넓은 것 같지만 흥미영역별로 교재 · 교구 및 자료 등을 배치하고 나면 공간이 너무 부족하다. 이럴 땐 유리창도 교실환경 구성 공간으로 활용할 수 있다. 매달 것을 만들어 걸거나 모둠별로 분담해 꾸미기 활동을 할 수 있다.
  특히 유리창은 투명하므로 이것을 이용한 독특한 환경을 구성할 수 있다.
  나팔꽃 : 색종이를 접어서 나팔꽃을 만들고 한지를 말아서 줄기를 만든다.
  가로수 : 색 한지를 찢어 붙인다. 접착은 딱풀로 한다.
  매달아 키우기 : 그늘진 넝쿨을 매달아 키우면서 관찰시킨다.

⑧ 매달 것

유아들이 제작한 작품에는 매달 것이 더러 있다. 그러나 활동실에는 작품을 매달 수 있는 설비가 없다. 따라서 학년 초에 간단히 매달 작품 게시대를 설치해 두면 일 년 동안 편리하게 활용할 수 있다.

ㄱ. 우산살 이용 : 천장에 못을 하나 박아 노끈으로 내렸다 올렸다 할 수 있게 장치한다.

ㄴ. 대들보 이용 : 접착 테이프로 붙인다.

ㄷ. 나뭇가지 이용 : 나뭇가지 끝에 지점토를 붙여두면 그것만으로도 아름답다.

⑨ 학급현황

원아 수, 원의 특색, 원훈, 원아 사진 등을 중심으로 학급 현황을 제작, 액자에 넣어 출입구 위에 걸어두어 처음 학급에 들어오는 사람에게 학급의 현황을 개략적으로 이해할 수 있게 한다.

⑩ 여러 가지 아이디어

ㄱ. 만능 달력 : 코팅을 한 다음 뒤에 매직 테이프를 붙이고 부직포에 배열한다. 사인펜으로 일정을 쓰면 달력이 된다. 또 지우고 다시 써 다음 달 달력을 만든다.

ㄴ. 책으로 엮은 나의 성장기 : 10장 정도의 소책자로 자신의 성장과정을 엮어 친구들에게 보여주고 게시한다.

ㄷ. 손도장 : 일 년 동안 칭찬받는 유아가 될 것을 약속하고 손도장을 찍는다.

ㄹ. 자유통행증 : 목걸이만 걸면 선생님의 허락 없이도 화장실에 다녀올 수 있다.

ㅁ. 명함 : 자기 자신을 소상히 알리는 예쁜 명함을 만들어 게시한다.

⑪ 유치원의 여러 시설 사용법을 알려주는 그림자료들

유아들 중에는 시설물의 올바른 사용법을 모르거나 습관형성이 안된 유아들이 있을 수 있으므로 바른 습관형성을 유도하는 그림 자료를 제시한다(문교부, 1993).

ㄱ. 손씻는 방법

바르게 손씻는 순서를 그린 그림을 코팅을 하거나 비닐을 입혀 세면대 앞면이나 화장실 입구의 문 안쪽에 게시한다.

〈그림 III -12〉 손 씻는 방법

ㄴ. 화장실 문 노크하기

유아들은 가정에서의 습관으로 노크 없이 화장실 문을 여는 경우가 많으므로 그림을 화장실 문에 붙여 주어 노크를 해야 한다는 기억을 환기시키도록 도와준다.

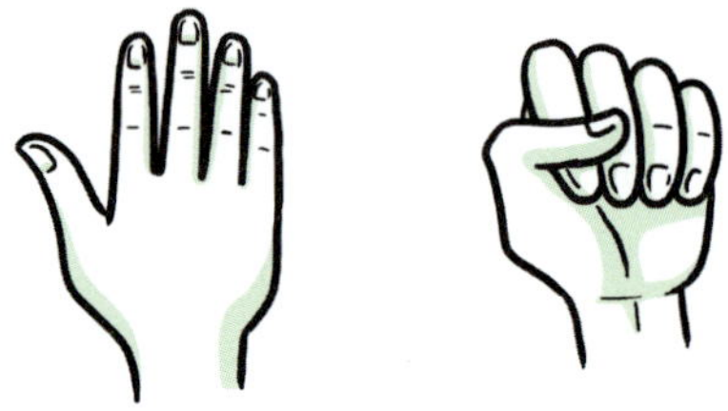

잠깐
아무도 없나요?

노-크
누가 있나요?

〈그림 III-13〉 **화장실 문 노크하기**

ㄷ. 변기 사용법

가정에서는 용변을 본 후 부모나 성인이 대신 처리해 주는 경우가 많다. 입학 초기에 정확한 처리방법을 알려 주고 변기 옆에 사용법을 제시한 그림을 붙여 주어 스스로 처리하도록 한다.

1. 용변을 본다.
2. 용변기의 물을 틀어 씻어 내린다.

〈그림 III-14〉 **변기사용법**

1. 용변을 본다.
2. 휴지걸이에서 휴지를 꺼내어 닦는다.
3. 닦은 휴지를 휴지통에 버린다.
4. 변기의 물을 틀어 씻어버린다.

〈그림 III-15〉 **변기사용법**

ㄹ. 간식 방법을 알려 주는 그림 자료

간식 준비 과정은 여러 가지가 있으므로 각 유아원에서 하는 방법을 간단한 그림으로 제시해 유아들이 참고하게 한다.

예 1 :

1. 손을 씻고 온다.

2. 간식에 필요한 도구를 가지고 책상에 앉는다.

3. 책상에 준비된 간식을 덜어낸다.

4. 준비가 끝나면 감사한 마음으로 먹는다.

〈그림 III -16〉 간식방법

예 2 :〈간식 당번〉

1. 행주로 책상을 닦는다.

2. 필요한 도구를 친구들의 책상에 놓아둔다.

3. 각 친구의 접시에 간식을 나누어 준다.

4. 간식 준비대를 정리하고 자기 자리에 앉는다.

〈그림 III -17〉 간식당번

예 3 :

1. 손을 씻고 온다.

2. 간식이 준비된 책상에 앉는다.

3. 모두 모여 감사한 마음으로 먹는다.

4. 다 먹은 그릇을 간식대에 정리한다.

〈그림 III-18〉 간식방법

3) 심리 · 정서적 환경 조성

유아의 바람직 행동지도를 위한 생활지도 환경으로서는 물리적인 환경구성보다 심리 · 정서적 조성이 더욱 중요하다.

물리적 환경구성이 생활지도를 위한 자극이나 단서를 제공하는 가시적이며 표면적인 환경이라면 심리 · 정서적 환경은 실제적으로 행동을 유도하고 유인하는 등 행동이 직접적으로 작용하는 비가시적이며 내면적인 환경으로 물리적 환경과 더불어 유아행동에 결정적인 영향을 준다.

심리 · 정서적 환경 구성에서는 심리 · 정서적인 활동실 풍토조성과 심리 · 정서적 환경설비로 나누어 생각하기로 한다.

(1) 심리 · 정서적인 활동실 풍토조성

심리 · 정서적인 활동실 풍토조성을 위해서는 다음의 사항이 고려되어야 한다.

① 편안하고 즐거운 교실

유아들의 편안하고 즐거운 교실은 유아가 주체적으로 자기의 의지에 따라 다양한 놀이와 탐색을 할 수 있도록 포근하고 따뜻하며 유아 상호 간에 우호적인 가정과 같은 분위기이어야 한다.

② 비교·경쟁이 없는 교실

유아들의 편안하고 즐거운 교실은 유아가 주체적으로 자기의 의지에 따라 다양한 놀이와 탐색을 할 수 있도록 포근하고 따뜻하며 유아 상호 간에 우호적인 가정과 같은 분위기이어야 한다.

이러한 교실에서는 실수가 허용되고 관대함과 용서가 있다. 뿐만 아니라 자신의 권리가 침해당했을 때 자신의 권리를 보장받기 위해 정당한 이의제기나 항의를 할 수 있다.

인간은 요람에서 무덤에 이르기까지 비교와 경쟁으로 심한 스트레스를 받고 살아간다. 비교와 경쟁의 방법은 어떤면에서 일시적인 성과를 거양할지 모르나 대상자 간에 시기, 질투, 협동의식의 결여, 목표실현에 치중한 나머지 비합리적인 방법의 채택 등 교육적 역기능이 너무도 많다. 따라서 유아활동에서 비교, 경쟁을 통한 지도방법을 지양해야 한다.

③ 상호 존중하는 교실

상호 존중하는 교실은 유아 각자가 스스로 인격을 갖추고 또한 동료 유아의 인격을 존경해 주는 교실이다.

원래 유아교육은 상호작용으로 이루어지는 교육이다. 유아와 교구와의 상호작용, 유아와 교사와의 상호작용, 유아와 유아 간의 상호작용으로 유아와 유아 간의 활발한 상호작용은 유아들 간의 협력적이며 상호 존중하는 교실이다.

상호 존중하는 교실은 비교, 경쟁이 없고 유아 상호 간에 서로 배려하고 양보하고 협동하고 서로 존경하는 마음이 충만한 교실이다.

④ 사랑이 넘치는 교실

유아교육은 사랑을 매개로 하여 이루어지는 교육이다. 또한 연령이 어릴수록 사랑교육이 더욱 요구된다. 교실에서는 유아와 교사, 유아 상호 간에 사랑이 충만하여야 한다. 특히, 교사나 부모는 유아가 사랑의 감정을 느끼도록 다양한 방법으로 사랑을 전달해 주어야 한다.

사랑은 어떤 방법으로든 밖으로 표현되어야 한다. 다시 말하면 사랑은 표현해야 자란다. 교사나 부모가 마음 속으로만 자녀를 사랑하고 그 사랑이 자녀에게 충분히 전달되지 않으면 사랑한다는 일이 허사가 된다. 그러므로 유아생활지도를 위해서는 교사, 유아, 부모들이 서로 사랑하는 방법을 학습해야 한다.

⑤ 원활한 교우관계 조성

내부관계(또래)란 행동의 복합성이 거의 같은 수준에서 상호작용하는 연령이 같거나 비슷한 친구유아로서 또래들 간의 상호작용은 물리적·간헐적 접촉이 아닌 지속적이며 유아 상호 간에 대등한 관계 속에서 공통관심사와 놀이를 중심으로 이루어짐으로써 유아의 성격이나 사회적 행동, 가치관, 태도 등 교육적 성과에 지대한 영향을 미친다. 이는 유아들 상호 간에 심리적으로 강한 유대로 결속이 될 때 그 교육적 성과는 더욱 지대하다. 또래 형성요인 중 비중이 높은 순위를 보면(고정곤, 2002), ① 같은 아파트에 사니까, ② 얼굴이 예쁘니까, ③ 공부를 잘 하니까, ④ 마음이 고우니까, ⑤ 옷을 깨끗이 입으니까, ⑥ 이름이 예쁘니까, ⑦ 약속을 잘 지키니까, ⑧ 부모님끼리 친하니까 순으로 나타나 있다.

따라서 이러한 교우형성요인을 중심으로 유아 상호 간에 원활한 교우관계 형성을 통하여 심리 · 정서적 환경조성에 주력한다.

⑥ 정서적 요구가 수용되는 교실

유아들은 자신의 요구가 수용될 때 좋은 감정을 갖고 바람직한 행동을 함에 반해 자신의 요구가 거부될 때 나쁜 감정을 갖고 바람직하지 못한 행동을 하게 된다. 예를 들면, 유아는 자기가 제작한 작품에 대하여 교사나 동료유아들로부터 인정을 받고 칭찬을 받을 때 다른 유아들과 좋은 기분을 가지고 사교적인 활동을 하지만 반대로 자신의 요구가 교사나 동료유아들로부터 거부될 때 나쁜 감정을 갖고 동료유아들과 다투거나 옆에 놓여 있는 물건을 주워 내동댕이치는 등 바람직하지 못한 행동을 하게 된다. 따라서 유아활동실에서는 유아들의 정서적 요구가 수용될 수 있도록 노력해야 한다.

⑦ 교사와 유아들 간의 레포(Rapport) 형성

레포(Rapport)란 심리적 융화상태, 사람과 사람 사이에 생기는 상호 신뢰관계로서 서로의 마음이 통한다든지 어떤 일이라도 마음을 터놓고 말할 수 있거나 말하는 것이 충분히 감정적으로나 이성적으로 이해하는 상호관계를 말한다.

교사와 유아 간에는 이와 같은 레포가 형성되어야 학습은 물론 유아의 행동을 지도하는 데 효과적이다. 문제행동에 대한 유아의 속마음을 읽어보아야 유아행동지도를 위한 정확한 진단을 할 수 있다. 이를 위해서는

첫째, 자신과 상대를 편안하게 하기, 가벼운 대화 등으로 시작하기

둘째, 상대가 보이는 얼굴표정, 신체반응, 목소리 등 비언어적 행동을 잘 읽고 적절한 반응을 해주기

세째, 상대가 거리를 유지하고 피하면 기다리고 천천히 따라가기

네째, 상대에 대한 무조건적인 긍정적 관심갖기, 상대가 어떤 것이든 느끼는 대로 표현하기

다섯째, 상대를 공감하고 존중하며 일치하는 점 찾기 등을 들 수 있다.

⑧ 충분한 이해와 사랑

교사나 부모는 자녀를 한 인격체로 존중하고 그들의 감정, 사고, 행동 등을 절대 비판하지

않고 그대로 이해하고 수용한다는 것은 유아들의 생각과 감정을 이해한다는 말이다. 교사나 부모가 자녀들의 감정, 사고, 행동에 공감하고 있음을 나타낸다면 자녀들은 자신이 이해받고 존중받고 있다는 느낌을 가짐으로써 자신의 생각이나 의견을 자유롭게 표현하여 자녀와의 대화가 순조롭게 이루어짐으로써 생활지도의 효율성을 높일 수 있을 것이다.

(2) 심리·정서적 환경정비

심리·정서적 환경정비란 전항에서 밝힌 생활지도를 위한 공간구성에서 다룬 내용도 포함되나 그보다 심리·정서감 배양을 목적으로 이루어지는 환경설비가 더욱 중요하다.

① 관상용 동식물 사육 재배

활동실내에 관상용 화분을 배치하거나 햇볕이 드는 창쪽에 수세미, 나팔꽃 등을 재배할 수 있다. 그리고 다람쥐, 새 종류 등 동물을 사육한다.

② 정서적인 게시물

벽면 공간에 감상화를 액자에 넣어 걸어둔다.

③ 스트레스 해소를 위한 기구정비

유아들이 스트레스를 받을 때 이를 해소할 수 있는 출구를 마련해 준다. 예를 들면, 밀가루 점토화, 그림 그리기, 펀치백, 땅파기 등의 놀이활동들은 긴장과 화난 감정을 파괴적이 아닌 방법으로 표출할 수 있는 방법들이다.

제6장

기본생활습관 지도

유아교육기관에서 유아들에게 지도해주어야 할 내용 중 제일 중요한 내용이 기본생활습관 교육이다. 기본생활습관은 한 사회에 전통과 규범으로 내려오는 사회적 규율이나 원리로서 사회의 존립을 위해 필수불가결하다. 특히, 유아기에 한 번 잘못 형성된 기본생활습관은 평생을 통해 바로잡기 어려우므로 유아기에 바르게 내면화시켜야 한다. 다음에서 유아교육기관에서 기본생활습관 교육을 위하여 지도할 내용이 무엇이고, 그리고 지도계획을 어떻게 수립할 것인가? 그리고 기본생활습관을 바르게 정착시키기 위한 유아의 바람직한 행동지도전략에 대하여 기술하기로 한다.

1. 기본생활습관 지도계획

기본생활습관 지도계획에서는 개념, 중요성, 지도내용, 지도계획 수립의 순으로 기술한다.

1) 기본생활습관의 개념

습관이란 '한 가지 일을 되풀이함으로써 어떤 틀에 박힌 행동이 우리 몸에 배게 되는 것'을 말한다. 그러니까 기본생활습관이란 한 개인이 자신의 생활을 영위함에 있어서 기본이 되는 생활을 자신의 몸에 배게 하는 일로서 여러 학자들의 정의를 종합하면 다음과 같다.

〈표 III-12〉 기본생활습관의 개념

학자명	개념
교육부 (1999)	• 개인이 한 인간으로서 삶을 살아가는 데 있어서 부딪힐 수 있는 다양한 환경에 대해 기본적으로 지니고 지켜야 할 행동양식 • 관습과 전통의 형태로 이어져 내려와 사회가 의도적, 무의도적으로 요구하는 사회적 규범과 원리에 따라 행동할 수 있게 하는 것
국립교육 평가원 (1995)	• 아동이 일상생활을 영위해 나가는 데 있어서 요구되는 기본적이고 필수적인 행위
한국유아교육학회 (1997)	• 개인이 생명을 유지하거나 사회에 적응하기 위해서 유아기 때부터 꼭 지켜야 할 생활습관

이상의 정의들이 내포하고 있는 성격을 보면
첫째, 사회가 의도적, 무의도적으로 요구하는 사회적 규범이다.
둘째, 관습과 전통의 형태로 이어져 내려온다.
셋째, 다양한 환경에서 적절히 대처하는 행동양식이다.
넷째, 다양한 행동, 사고방식, 정서 유형으로 나타난다.
다섯째, 다양한 삶의 양식에 따라 적응하고 행동을 돕는 것이다.
여섯째, 가정과 사회가 함께 나누어야 하는 문화가 기본생활 속에 내포되어 있다.
일곱째, 자립능력을 형성시켜 준다.
여덟째, 인격을 관리하는 안목과 능력을 길러준다.

이상에서 밝힌 성격을 종합하면
기본생활습관이란 '관습과 전통의 형태로 내려온 사회적 문화, 규범, 원리로서 다양한 환경과 삶의 양식에서 행동 그리고 다양한 사고방식, 정서유형으로 표현하여 일상생활에 잘 적응하고 대처하는 종합적인 행동양식 또는 자조기술'로 개념화할 수 있다.

2) 기본생활습관의 중요성

인간은 기본생활습관을 자기 몸에 익힘으로써 다양한 환경과 삶의 양식에서 잘 적응하고 대처하여 원활한 일생생활을 영위하고 행복한 삶을 누릴 수 있다. 이와 같이 일상생활을 영위하는 데 필수적으로 필요한 사회적 문화, 규범, 원리인 기본생활습관들을 왜 유아기에 지도해야 하는가에 대하여 생각해 보기로 하자.

(1) 유아기는 기본생활습관 지도의 최적기이다.

대부분의 부모들은 발달시기와 속도, 개인차를 무시하고 많은 것을 강요하며 아직 배울 준비가 되어 있지 않은 유아에게 다양한 행동 등을 가르쳐 이를 습관화시키려 한다. 예를 든다면, 1세 영아에게 무리하게 숟가락을 사용하여 식사를 하도록 지도하는 경우이다. 그러나 생활습관을 아직 배울 준비가 되어있지 않은 유아에게 무리하게 요구하는 것도 좋지 않지만 적절한 지도시기를 놓치는 것도 바람직하지 않다. 일반적으로 유아기는 가소성이 풍부한 시기이므로 좋은 습관을 형성시켜 주는 데 아주 적절한 시기이다. 좋은 습관은 칭찬해주고 나쁜 습관은 고쳐서 좋은 습관으로 교정해 주어야 한다.

(2) 잘못 형성된 생활습관은 교정하기가 어렵다.

만일, 나쁜 습관을 유아기에 교정해 주지 않으면 굳은 나뭇가지를 바르게 펴려고 할 때 부러지듯이 나쁜 기본생활습관이 고착화되면 고치기가 어렵다.

세 살 버릇 여든까지 간다는 말은 유아기의 기본생활습관 형성의 중요성을 강조하는 매우 의미 있는 말로 어렸을 때의 기본생활습관은 한 개인의 인성과 성격을 형성시키는 데 아주 중요한 역할을 한다.

어렸을 때의 좋은 버릇이나 나쁜 버릇은 제2의 천성과 같이 영원히 지속되는 경우가 많기 때문이다. 유아기의 생활습관은 인격 형성과 사회성발달에 중요한 역할을 하기 때문에 유아기에 기본생활습관을 어떻게 길러주느냐에 따라서 장래생활이 행복해질 수도 있고 불행해질 수도 있다.

(3) 유아기에 형성된 기본생활습관은 인격 형성의 기초가 된다.

한번 습관화된 행동은 쉽게 변하지 않으며 무의식적이고 기계적인 행동으로 나타나고 그 생활습관의 틀은 유아의 성장을 주도하는 인격 형성의 바탕이 된다. 즉, 작은 버릇이 쌓여 습관을 만들고 습관은 다시 인간의 인격을 형성함으로써 결국, 유아기는 기본생활습관 지도를 통하여 인격의 기초를 형성하게 되는 결정적 시기이다.

(4) 기본생활습관 지도는 유아기의 주된 교육내용이다.

기본생활습관 지도는 바로 유아의 생활교육이다. 다시 말하면, 기본생활습관은 유아의 일상생활에서 잘 적응하고 대처해 나가는 능력을 기르는 교육이며 또한 기본생활습관은 유아의 일상생활 속에서 지도되어야 한다.

유아의 일상생활 속에서 실천과 행동을 통하지 않고 훈화나 설교 등 강의적 지도로는 습관화되지 않는다. 물론, 유아들에게 원리, 지식 등 인지적 수준도 높여야 되지만 이보다 행동화 시키는 교육이 유아들에게는 주된 지도목표가 되어야 한다.

(5) 유아들의 자립능력을 배양하여 주체적인 일상생활을 도모하기 위함이다.

유아들은 부모를 비롯하여 많은 사람들의 보호 속에서 살아가는 피동적이며 의존적인 존재로 태어나지만 성장하고 기본적인 생활습관을 형성하면서부터 남과 더불어 살아갈 수 있는 자조능력이 배양되어 독립적인 삶을 살게 된다. 기본생활습관이 형성되지 못하면 자조성이 부족하고 의존적이 될 수밖에 없으며 지나친 의존성은 남에게 부담을 주면서 이타적이며 독자적인 삶을 이끌어 갈 수 없다. 유아들의 주체적인 생활태도는 기본생활습관 지도를 통한 자조능력수준에 달려 있다.

3) 기본생활습관 지도내용

기본생활습관 지도내용은 학자에 따라 조금씩 다르다. 이에 대한 학자들의 견해를 종합하면 다음과 같다.

〈표 III -13〉 기본생활습관 지도내용

학자명	기본생활습관 지도내용
윤애희(1992)	예절, 청결, 질서, 절제
이경우(1995)	예절, 절제, 화합, 사회윤리, 책임, 자립심과 자기절제
현해정(1994)	생리적 생활 : 식사, 수면, 배설, 옷 입고 벗기 공동생활 : 예절, 질서, 절제, 청결, 환경보호
전라북도 교육청(2010)	예절, 질서, 청결, 화합, 책임
교과부(2013)	질서, 배려, 협력
교육부(2000)	청결, 질서, 예절, 절제

위와 같이 분류하고 있는데 본 서에서는 이를 근거로 유아교육기관에서 지도되어야 할 기본생활습관 실천덕목을 예절, 질서, 청결, 절제(절약), 화합 등 5대 영역으로 설정하여 기술하기로 한다. 5대 영역별 개념, 주요 실천덕목을 제시하면 다음과 같다.

(1) 예절

예절은 나 아닌 다른 사람과의 관계에서 비롯된 것으로 다른 사람에 대한 이해와 존경심이 바탕이 되어야 한다. 유아들은 자기중심적인 면이 많아 다른 사람의 생각이나 감정을 이해하지 못하는 경우가 많으므로 상호작용을 통해 자기중심성에서 벗어나도록 도와주어야 하며 부모의 적극적인 개입으로 일상생활 속에서 부단히 지도되어야 한다. 예의바른 어린이를 기르기 위한 실천덕목은 일반적으로 다음과 같다.

① 인사 잘하기
② 부모님 잘 섬기기
③ 어른 공경하기
④ 바르고 고운 말 쓰기

(2) 질서

사회는 유아 혼자 사는 것이 아니라 여러 사람과 더불어 살아가는 곳이므로 유아로 하여금 집단생활을 할 때 공공의 규칙이나 질서가 있음을 알리고 이를 지켜야 할 당위성을 이해시킴으로써 민주사회의 가치개념 형성과 민주적인 생활행동이 습관화될 수 있도록 지도해야 한다.

질서의 습관화 지도를 위해서는 내용과 과정이 함께 중요하게 다뤄져야 한다. 질서를 잘 지키는 어린이를 기르기 위한 실천덕목은 다음과 같다.

① 규칙을 잘 지키기
② 교통질서 잘 지키기
③ 공중도덕 잘 지키기

(3) 청결(위생)

청결은 자기 몸에 대한 청결과 주변에 대한 청결, 나아가서 우리 생활에서 발생하는 자연환경의 오염을 방지해야 하는 환경보전 교육으로 직결되며, 인간의 건강 영위와도 관계가 깊다. 청결에 대한 생활습관 형성은 유아의 발달수준에 맞게 단계적이며 지속적인 지도가 필요하다.

청결한 어린이를 기르기 위한 실천덕목은 다음과 같다.

① 단정한 옷차림하기
② 깨끗한 생활하기(손씻기, 양치질, 머리 빗기 등)
③ 소지품을 잘 정돈하기
④ 자연환경 보호하기

(4) 절제(절약)

사람은 동물처럼 자기 욕심대로, 자기가 하고 싶은 대로 행동한다면 어떻게 될 것인가를 생각해 보자. 우리에게 이러한 욕망이나 충동과 같은 본능적인 행동을 적절하게 조절 또는 억제하는 절제력이 있다는 것은 다행한 일이다. 절제의 덕이 우리생활, 특히 경제적 생활면에 반영될 때 이른바 검소의 미덕으로 나타난다. 유아의 절제생활의 습관화 지도는 언제나 인내만을 강요하기보다 적정한 상황에서 상호작용을 통해 자기중심성에서 벗어나 유아 나름대로의 힘을 길러주는 일이 필요하다.

절제하는 어린이를 기르기 위한 실천덕목은 다음과 같다.

① 바른 몸가짐 갖추기

② 부지런하고 검소하게 생활하기

③ 물건을 아껴 쓰기

④ 서둘지 않고 참고 기다리기

⑤ 거짓 없는 생활하기

(5) 화합

화합이란 용서하고 양보할 줄 알며 서로 위하고 사랑하는 마음가짐에서부터 이루어진다. 사람은 자기이익이나 편안함만을 앞세우는 일면도 있지만 친구나 이웃을 생각하고 호의를 베풀며 용서하고 사랑하는 면도 있어 서로 정의적인 결합을 이루게 되고 화합하는 생활을 하게 되며 이는 애향, 애국심으로까지 이어지게 됨을 알게 한다. 또한 친구나 이웃을 사랑하고 고장을 사랑함에 있어서 보다 더 나은 대인관계, 보다 더 살기 좋은 고장을 가꾸려는 노력이 있어야 함도 알게 한다. 화합하는 어린이를 기르기 위한 실천덕목은 다음과 같다.

① 서로 사이좋게 힘을 합하기

② 남을 도와주기

③ 내가 맡은 일 다하기

④ 고장과 나라를 사랑하기 등이다.

(6) 안전

요즈음 안전사고는 우리 주변의 도처에서 빈번하게 발생하여 경제 · 사회적 피해가 막중한 실정이다. 따라서 이에 대하여 각계 계층에서 다양한 안전교육을 강화하고 있으나 그 실효는 아직도 미흡한 실정이다.

안전교육이란 '안전에 대한 바람직한 행동의 변화와 태도 및 능력을 기르는 것을 목표로 하는 교육'(서채문, 1994)으로 정의하고 있으나 유아와 관련하여 안전교육이란 '유아 스스로 위험으로부터 자신을 보호할 수 있도록 안전지식과 태도, 기능을 익히게 하여 건강한 생활을 영위할 수 있도록 도와주는 교육으로서 궁극적으로는 자신에 대한 보호뿐 아니라 타인의 생명을 존중하는 등 인간 개개인의 존엄을 배우는 교육'으로 안전을 잘 지키는 어린이를 기르기 위한 실천덕목은 다음과 같다.

① **안전하게 놀이하기**

ㄱ. 놀이기구나 놀잇감, 도구의 바른 사용법을 알고 안전하게 사용하기

ㄴ. 안전한 장소를 알고 안전하게 놀이하기

ㄷ. TV, 인터넷, 통신기기 등의 위해성을 알고 바르게 사용하기

② **교통안전규칙 지키기**

ㄱ. 교통안전규칙을 알고 지키기

ㄴ. 교통수단을 안전하게 이용하기

③ **비상시 적절히 대처하기**

ㄱ. 학대, 성폭력, 실종, 유괴상황 시 도움을 요청하는 방법을 알고 행동하기

ㄴ. 재난 및 사고 등 비상시 적절하게 대처하는 방법을 알고 행동하기 등이다.

(7) 식생활(영양, 배변)

유아들의 식생활은 적절한 영양을 섭취하여 신체발달은 물론 행동에 영향을 주며 더 나아가서는 건전한 인격을 형성하는 데까지 영향을 미친다. 그리고 이 시기에는 식사습관, 기호음식, 식사예절 등이 형성되는 최적기이므로 올바른 식생활 습관을 형성시켜 주는 일이 중요하다.

식생활이란 '인간생활에서 먹는 것과 관련된 것을 총괄하여 이르는 말'로서 인간의 생활 중에서 생명의 유지 및 생체의 활동에 필요한 영양분을 섭취하기 위해서 여러 가지 음식을 먹는 일로서 넓은 의미에서는 음식물과 이것을 가공하는 조리 및 조리에 필요한 기구와 식기 및 식사예법 그리고 먹는 것과 연관하여 배변습관 등이 포함된다. 바람직한 식생활(영양 배변)을 위한 실천덕목은 다음과 같다.

① **적당량의 음식물 골고루 먹기**

ㄱ. 편식 않고 음식 골고루 먹기

ㄴ. 거부하는 식품은 조리방법에 변화주기

ㄷ. 음식의 양을 스스로 조절하기

ㄹ 점심 급식시간에 유아의 연령, 개인차를 고려한 급식량 배식하기

② **몸에 좋은 음식을 선택하여 먹기**

ㄱ. 몸에 좋은 식품에 관심을 갖고 섭취하기

ㄴ. 음식에 포함된 기본적인 영양분에 관심 갖기
ㄷ. 신체 건강유지를 위해 필요한 음식을 알고 먹기
ㄹ. 몸에 좋은 음식을 선택하고 먹기

③ 음식을 소중히 여기고 식사예절 지키기

ㄱ. 수저 바르게 사용하기
ㄴ. 식사 도중에 돌아다니지 않기
ㄷ. 음식을 꼭꼭 씹고 입에 넣은 상태로 말하지 않기
ㄹ. 입술을 붙이고 소리 나지 않게 씹기
ㅁ. 음식을 남기지 않기

④ 청결습관지도

ㄱ. 급·간식 전후 스스로 손씻기
ㄴ. 용변 후 손씻기
ㄷ. 식사 후 양치질하기
ㄹ. 활동 전·후 손씻기 등이다.

⑤ 배변습관지도

ㄱ. 스스로 화장실에서 배변하기
ㄴ. 바른배변습관 가지기
ㄷ. 규칙적인 배변습관 가지기

4) 기본생활습관 지도내용 선정

기본생활습관 지도계획을 수립하기 위해서는 먼저 각 유아교육기관에서 유아들에게 지도해 주어야 할 기본생활습관 지도내용을 선정해야 한다. 물론 전항에서 밝힌 기본생활습관 내용을 근간으로 하여 각 유아교육기관의 실정을 고려하여 선정해야 한다.

다음은 군산 우리별유치원의 기본생활습관 지도내용을 소개한다.

〈표 III-14〉 기본생활습관 지도내용

덕목	영역	기본생활습관 지도내용
1. 예절	1. 인사예절	1) 때와 장소에 따라 인사말을 바르게 하기 2) 바르게 인사하기
	2. 가정생활예절	1) 어른께 물건을 드릴 때는 두 손으로 공손히 드리기 2) 어른이 말씀하실 때는 조용히 듣기 3) 형제자매 간 서로 사랑하기 4) 식탁에서 어른이 수저를 든 후 식사하기
	3. 사회생활예절	1) 우리를 도와주는 분께 감사하기 2) 내 차례 올 때까지 기다리기 3) 친구들끼리 사이좋게 지내고 양보할 줄 알기 4) 사람이 모인 곳에서 조용히 말하기
	4. 국가에 대한 예절	1) 국기에 대한 경례와 자세를 바르게 하기
2. 질서	1. 자기 물건 정리정돈	1) 가방, 모자 제자리에 정리하기 2) 신발은 신발장에 정리하기 3) 자기가 사용한 물건 및 교구 제자리에 놓기
	2. 내가 할 수 있는 일	1) 바깥놀이 후 놀이기구 정리하기 2) 꽃밭 물주기 및 동물 먹이 주기 3) 내가 사용한 교구 청소하기
	3. 교통질서 지키기	1) 유치원 버스에서 차례로 승·하차하기 2) 하원 시 우측통행하기 3) 건널목에서 열차 차단기 확인하고 건너기
	4. 공공시설물 바르게 사용하기	1) 수돗물 사용 후 수도꼭지 잠그기 2) 화장실 사용 후 뒤처리 잘하기 3) 놀이터에서 차례 지키기
3. 청결	1. 자기 몸 청결생활	1) 식사 전 손씻기 2) 식사 후 이 닦기 3) 자기 몸 깨끗이 씻기
	2. 자기 물건 잘 정리하기	1) 벗은 옷 바르게 두기 2) 사용한 물건 제자리에 두기 3) 자기 소지품 일정한 곳에 두기 4) 신발 정리하기
	3. 공중 청결생활	1) 실내·외 청소하기 2) 휴지 안 버리기 3) 길에 있는 휴지 줍기 4) 휴지통에 휴지 버리기 5) 길가에 침 뱉지 않기 6) 껌 종이에 싸서 버리기 7) 화장실 바르게 사용하기

덕목	영역	기본생활습관 지도내용
4. 절제	1. 물 아껴쓰기	1) 화장실 사용 시 물 아껴쓰기 2) 간식시간 전 손씻을 때 물 아껴쓰기 3) 이 닦을 때 물 아껴쓰기
	2. 전기 아껴쓰기	1) 화장실 출입 시(흐린 날) 전기 사용하기 2) 전기 사용 후 끄기
	3. 스케치북, 색종이 아껴쓰기	1) 한 장 한 장 정성 들여 쓰기 2) 구기거나 찢지 않고 쓰기
	4. 풀 아껴쓰기	1) 만들기 할 때 풀 아껴 사용하기 2) 풀을 주웠을 때의 지도 3) 쓰다 남은 후 꼭 뚜껑을 닫기
	5. 크레용, 색연필 아껴쓰기	1) 그림 그리기 지도 2) 크레용을 주웠을 때의 지도 3) 쓰다 남은 크레용 이용하기
	6. 휴지 아껴쓰기	1) 화장실 사용 시 휴지 사용하기 2) 간식 지도
	7. 치약 아껴쓰기	1) 간식 후 이닦기 시 치약 사용하기 2) 이 닦기법 지도
	8. 비누 아껴쓰기	1) 몸을 씻을 때 비누 아껴쓰기 2) 적당히 사용 후 제자리에 놓기
	9. 신발 아껴신기	1) 신발을 구겨 신지 않기 2) 신장에 바로 넣기
	10. 옷을 아껴 입기	1) 입던 옷을 받아 입기 2) 옷을 깨끗이 하기 3) 옷을 바르게 입기
	11. 장난감 아껴쓰기	1) 장난감을 소중히 다루기 2) 못 쓰는 장난감을 바꾸어서 놀기 3) 장난감을 잘 정돈하기
	12. 가방, 모자 바른 정돈 및 착용하기	1) 가방, 모자 제자리에 정돈하기 2) 모자, 가방 잘 착용하기
	13. 가위 아껴쓰기	1) 가위 쓰는 법 익히기 2) 가위 쓰고 난 뒤 가위꽂이에 정돈하기
	14. 책 아껴쓰기	1) 책을 볼 때 찢지 않고 보기 2) 보고 난 뒤 제자리에 정돈하기

자료 : 군산 우리별유치원

5) 기본생활습관 지도계획 수립

각 유아교육기관에서는 지도해야 할 기본생활습관 지도내용이 선정되면 이를 지도하기 위한 총체적인 기본생활습관 지도계획을 세워 지도하게 된다. 경우에 따라서는 지도해야 할 기본생활습관 지도내용 중에서 몇 개의 특정 내용만을 선정하여 지도계획을 세워 지도할 수도 있다. 이와 같이 지도내용과 지도계획은 동전의 양면과 같이 서로 밀접하게 관계를 맺는다. 따라서 지도내용을 구현하기 위해 어떠한 상황이든 기본생활습관 지도계획을 세워 지도하게 되는데 지도계획은 반드시 지도내용을 근간으로 해야 한다.

군산 바다유치원에서는 특정 활동주제에 지도하려는 기본생활습관 교육내용을 통합시켜 유아들에게 활동주제에 대한 학습활동을 통하여 기본생활습관을 형성시켜 주려는 의도에서 활동주제중심의 기본생활습관 지도계획을 세워 지도한다.

다음은 활동주제중심의 기본생활습관 지도계획을 전항의 지도내용을 중심으로 월별, 주별로 수립하여 지도하는 '예'를 소개한다.

〈표 III-15〉 **기본생활습관 지도계획**

월	주	활동주제	중점지도내용	활동방법	덕목
3	4	바르게 인사해요	• 선생님께 바르게 인사하기 • 친구와 만나고 헤어질 때 인사하기	• 놀이활동 • 노래	예절
	5	차례 지키고 기다리기	• 화장실에서는 줄을 서서 차례를 기다리기 • 놀이할 때도 차례를 기다리기	• 게시물 • 놀이활동	질서
4	1	친구와 사이좋게 지내기	• 친구에게는 나쁜 말이나 욕을 하지 않기 • 친구와 싸우거나 친구의 장난감을 빼앗기 않기	• 그룹토의 • 그림자료(게시)	질서
	2	인사하기	• 인사할 때는 바른 자세로 공손하게 하기	• 노래	예절
	3	동·식물을 사랑해요	• 내 주위에 있는 꽃과 나무를 꺾지 않기 • 개와 고양이 같은 동물을 사랑하기	• 그림자료(게시) • 놀이활동	절제
	4	다른 사람도 생각해요	• 우리를 도와준 분께 감사하기 • 다른 사람에게 도움을 받았을 때는 "감사합니다"라고 말하기	• 이야기 나누기 • 그룹토의 • 동화	예절
	5	단정한 옷차림	• 자기 물건 잘 정리정돈하기 • 혼자서 옷을 바르게 입고 벗기 • 신발을 제자리에 놓기	• 노래	질서
5	1	규칙적인 생활태도(1)	• 아침에 일찍 일어나기 • 내가 사용한 물건은 제자리에 정돈하기 • 밤늦은 시간까지 텔레비전을 보지 않기	• 동화 • 놀이활동	질서

월	주	활동주제	중점지도내용	활동방법	덕목
	2	규칙적인 생활태도(2)	• 손, 발, 얼굴을 깨끗이 닦기 • 어른에게 물건을 드릴 때는 두 손으로 드리고 두 손으로 받기	• 그림자료 • 동화 • 그림자료(게시)	청결 절제
	3	웃어른에 대한 예절	• 어른이 부르시면 "예" 하고 대답하기 • 음식을 먹은 후에는 양치질을 꼭 하기	• 집단활동	예절
	4	음식을 적당하게 먹어요	• 식사 전에는 반드시 손을 깨끗이 씻기	• 그림자료(매일)	청결
	5	음식 먹는 태도	• 음식을 먹을 때는 흘리지 않도록 조심하기 • 어른들이 수저를 든 후 식사하기 • 음식을 골고루 먹기	• 동화 • 그림자료 • 놀이활동	청결
6	1	형제자매와 사이좋게	• 형제들과 싸우지 않고 사이좋게 지내기 • 형과 동생에게는 먼저 양보하고 욕심 부리거나 화내지 않기 • 형제간에 사랑하기	• 놀이활동 • 그림자료 • 그룹토의	예절
	2	주변을 아름답게 깨끗이	• 쓰레기를 함부로 버리지 않기 • 화장실이 아닌 길이나 담벽에 용변을 보지 않기	• 그림자료	질서
	3	교통규칙 알고 지키기	• 교통질서 지키기(버스 승·하차 시, 건널목) • 신호등이 있는 곳에서는 초록불이 켜졌을 때 오른쪽, 왼쪽을 살핀 후 건너기 • 길에서는 장난을 하지 않으며 차가 다니는 도로로는 걸어 다니지 않기	• 놀이활동 (그림자료)	질서
	4	공해 원인 알아보기	• 쓰레기를 버릴 때는 종이와 빈 병, 비닐 등을 구분하여 버리기 • 길을 걷다가 버려진 쓰레기가 있으면 줍기	• 놀이활동 (그림자료) • 동화	청결
	5	건강을 해치는 나쁜 버릇 알고 고치기	• 책이나 텔레비전을 너무 가까이에서 보지 않기 • 길거리에서 군것질을 하거나 불량식품을 사먹지 않기 • 자기 몸 청결히 하기	• 놀이활동 • 그림자료(동화)	절제
7	1	수돗물, 전기를 아껴써요	• 수돗물 사용 후에는 꼭 잠가 물이 흐르지 않도록 하기 • 냉장고 문은 꼭 필요한 때만 열고 오랫동안 열어두지 않기	• 그림자료 • 토의	절제
	2	위험해요	• 바깥놀이 기구 사용 시 유의점 지키기 • 공사장이나 주차장 등에서는 놀이를 하지 않기 • 낯선 사람은 따라가지 않기 • 전기, 소화기 관리하기	• 그림자료 • 그림토의	절제
9	1	난 자랑스러운 한국인	• 한국인으로 태어난 것을 자랑스럽게 생각하기 • 국기에 대한 경례, 자세를 바르게 하기 • 한복을 입고 큰절을 바르게 하기	• 놀이활동 • 신체표현	예절

월	주	활동주제	중점지도내용	활동방법	덕목
	2	함께 모이는 장소에서 지킬 일	• 때와 장소에 알맞은 질서 지키기 • 교실이나 방, 공연장 등 실내에서는 작은 소리로 말하기 • 공공시설물을 바르게 사용하기 • 내 물건이 아닌 것은 함부로 만지지 않기 • 칼, 가위 등을 가지고 장난하지 않기 • 놀이기구 위에서 친구를 밀거나 장난하지 않기	• 놀이활동 • 이야기 나누기	예절 질서
	3	주변 물건 안전하게 다루기	• 내가 가지고 있는 물건을 새로 사달라고 떼쓰지 않기	• 놀이활동 • 이야기 나누기	절제
	4	왜 아껴써야 하나요	• 내가 받은 돈은 아껴서 저금하기	• 놀이활동 • 그림자료(동화)	절제
	5	우리나라 상징 알고 지키기	• 태극기의 모양을 알고 바르게 그리기 • 애국가를 바르게 부르기	• 놀이활동 • 표현	예절
10	1	보행규칙 지키기	• 길을 건널 때는 꼭 횡단보도로 손을 들고 건너기 • 차가 다니는 도로에서는 놀지 않기	• 놀이활동	질서
	2	내 욕심 때문에 다른 사람 피해보면 안돼요	• 내 물건을 친구와 나누어 쓰기 • 화장실에서는 급한 친구에게 양보하기 • 내 차례가 올 때까지 기다리기	• 놀이활동 • 그림자료	절제
	3	올바른 식사방법 익히기	• 숟가락과 젓가락을 바르게 사용하기 • 음식을 입에 넣고 말을 하지 않기	• 표현, 그림자료 (이야기 나누기)	예절
	4	전화예절	• 전화벨이 울리면 "네 ○○○입니다"하고 공손하게 받기 • 전화 장난하지 않기	• 그림자료(표현) • 그림자료(동화)	예절
11	1	즐거운 소리	• 알맞은 목소리로 이야기하기 • 다른 사람이 듣기 싫어하는 소리를 내지 않기	• 놀이활동	청결
	2	친구나 어른을 방문했을 때	• 친구 집에 갈 때는 어른께 말씀드리고 허락을 받고 가기 • 어른이 말씀하실 때 조용히 듣기 • 다른 집에서 가지고 놀던 장난감은 제자리에 정리하고 돌아오기	• 놀이활동 • 그림자료(게시)	예절
	3	집안일에 적극 협조하기	• 어른의 심부름을 잘하기 • 우리 집 신발장 정리는 내가 하기	• 놀이활동 • 그림자료 (이야기)	절제
	4	이와 음식 관계 알기	• 단 것을 많이 먹지 않기 • 이를 치료하기 위해서 치과에 가는 것은 무섭지 않습니다.	• 놀이활동 • 이야기 나누기	청결
12	1	적당한 운동으로 건강할래요	• 가까운 곳은 걸어다니기 • 밖에서 오래 놀지 않기	• 놀이활동 • 이야기 나누기	절제

월	주	활동주제	중점지도내용	활동방법	덕목
	2	약속 지키기	• 잘못을 저질렀을 때는 "죄송합니다, 미안해"라고 말하기 • 선물을 받았을 때는 "고맙습니다, 감사합니다, 고마워"라고 인사하기	• 놀이활동 • 놀이활동(표현)	예절
2	1	친구와 어떻게 지낼까?	• 친구에게 먼저 양보하기 • 친구가 하는 놀이를 방해하지 않기	• 이야기 나누기 (그림자료)	절제

6) 지도계획 수립상 고려할 사항

기본생활습관 지도계획 수립상 고려할 사항은 다음과 같다.

(1) 기본생활습관 지도계획은 당해 유아교육기관의 생활지도 목표, 생활지도 방침, 생활지도 중점 등이 뚜렷하게 설정되고 이를 실현하기 위한 계획이 되어야 한다.

(2) 기본생활습관 지도계획은 전 항에서 기술한 기본생활습관 지도내용 중에서 우선적으로 지도해야 할 지도내용을 선정하여 계획하여야 한다.

(3) 기본생활습관 지도계획을 수립하기 위해서는 유아의 요구, 문제점은 물론, 지역사회의 실태 분석결과, 전년도의 기본생활습관 지도 분석결과, 기본생활습관 지도에 관한 새로운 이론 및 동향 등이 고려되어야 한다.

(4) 기본생활습관 지도계획은 훈화나 설교가 아닌 놀이, 토의, 대담, 실연, 이야기 나누기 등 흥미 위주의 유아 중심 교육활동으로 이루어지며 또한 주제중심 활동으로 통합되어 지도되어야 한다.

(5) 기본생활습관 지도계획은 유아의 전 영역 활동과 통합되어 지도될 수 있도록 계획하여야 한다.

(6) 기본생활습관 지도계획은 연간 · 월간 · 주간 계획 등을 종합적으로 수립하되 실제 지도에서는 일일 지도계획안에 구체적으로 통합하여 지도해야 한다.

2. 바람직한 행동 지도방안

생활지도 방법에는 왕도가 없다. 모든 유아, 모든 행동을 지도할 수 있는 일반적이고 공통적인 생활지도 방법은 없다는 말이다. 동일한 문제, 동일한 행동유형일지라도 유아가 처한 특성이나 상황에 따라 지도방법이 달라져야 한다.

특히, 영유아는 자기의 의견을 조리 있게 발표하지 못하고 자기중심적이며 개인차가 심할 뿐만 아니라 문제 또는 부적응행동의 요인을 찾는 데에도 가정의 협조를 얻음은 물론, 실제 지도현장에서도 가정과의 연계체제를 구축하는 데도 많은 어려움이 뒤따른다. 따라서 다음에서 유아의 바람직한 행동을 지도를 하는 데 있어서 일반적으로 적용할 수 있는 기본적인 지도전략이나 방안에 대하여 개략적으로 기술해 보기로 한다.

1) 애정이 깃든 생활지도

유아를 지도하는 데 있어서는 반드시 사랑과 애정을 매개로 하여 이루어진다. 그 중에서도 나이가 어린 영유아일수록 사랑과 애정이 절실하므로 이를 고려하여 지도하여야 한다. 사랑과 애정이 깃든 지도에서는 다음과 같은 내용이 고려되어야 한다.

(1) 충분한 사랑

자녀들을 바르게 성장시키기 위해서는 유아들 자신이 부모나 교사로부터 진실로 사랑을 받고 있다는 감정을 충분히 느끼도록 다양한 방법으로 사랑을 전달해 주어야 한다. 부모나 교사로부터 사랑을 받지 못하고 성장한 자녀는 성장해서도 다른 사람을 사랑할 줄 모른다. 특히, 부모로부터 사랑을 받고 자란 유아는 당당하고 성취 지향적이며 매사에 적극적이다. 특히, 출생 후 1년 이내에 영아와 어머니 또는 영아를 돌봐주는 사람 간에 맺어지는 애착의 정도가 그 이후 신체발육, 지능발달, 인격발달, 사회성발달, 종교적 성장에 지대한 영향을 미친다. 부모나 교사가 마음으로만 자녀를 사랑하고 그 사랑이 자녀들에게 충분히 전달되지 않으면 사랑한다는 일이 허사가 된다. 그러므로 우리는 가장 효과적으로 사랑을 전달하는 방법을 알고 실천해야 한다(이태영, 1998).

① 피부를 통해서

피부접촉은 유아와 어머니 사이의 유일한 애정통로이다. 어머니의 따뜻하고 부드러운 피부를 통해서 유아는 쾌감과 만족감을 느낄 수 있다.

② 귀를 통해서

상대방의 말을 잘 들어주는 것도 사랑을 표현하는 중요한 방법 중의 하나이다.

③ 입을 통해서

말로서 사랑을 고백하고 칭찬과 감사를 표현하고 이름을 불러준다.

④ 눈을 통해서

사랑하는 인자한 눈은 인간의 마음을 부드럽게 하고 평안하게 해준다.

⑤ 손을 통해서

머리를 쓰다듬어 주고 손을 잡아주는 것은 촉각적인 효과와 함께 사랑을 전달하는 중요한 방법이다.

⑥ 발을 통해서

교사나 부모는 언제나 유아들이 필요로 할 때 즉시 뛰어갈 준비가 되어 있어야 한다.

⑦ 물질을 통해서

물질 자체가 중요한 것이 아니다. 물질 속에 사랑이 깃들어 있어야 상대방의 마음을 즐겁게 한다.

⑧ 시간을 통해서

유아들과 함께 놀아주면 행복감을 느끼고 사랑을 받고 있다고 생각한다.

⑨ 존경하자

인간은 먼저 다른 사람으로부터 존경을 받아야 자신을 존경할 수 있고 또 남을 존경할 수 있다.

(2) 부단한 관심과 민감한 반응

교사나 부모는 유아들에게 부단한 관심을 갖고 유아들의 기본적인 욕구를 즉각적으로 해결해주는 등 민감하고 신속하게 반응을 보여주어야 한다. 유아들의 입장에서는 기본적인 욕구가 충족되어야 보다 바람직하게 성장 · 발달이 가능하고, 기본적인 욕구가 충족되지 못하면 많은 부적응행동을 일으키게 될 수도 있다. 아동발달 이론에서는 아동의 기본적 욕구의 충족이 훈육의 기초가 되며, 모든 유아의 문제를 해결하거나 부적응행동을 지도하는 기초가 되는 것이다. 부모나 교사는 항상 유아들에게 관심을 갖고 그들의 욕구가 무엇인가 또는 그들의 고민이 무엇인가를 파악하고 그들의 욕구와 고민에 대하여 즉각적인 반응을 보여야 한다. 유아들의 관심과 욕구를 파악하는 일은 교사나 부모 한쪽만의 노력으로는 안 된다. 유아들은 부모에게는 말하지 못하고 교사에게만 말하고 싶은 비밀이 있어 이들의 관심과 요구를 파악하는 데는 부모와 교사의 공동노력이 필요하다.

(3) 충분한 이해와 수용

부모나 교사가 유아들을 양육하고 교육함에 있어 가장 먼저 전제되어야 할 내용은 유아들을 바르게 이해하고 수용하는 일이다. 유아들을 한 인격체로서 존중하고 그들의 감정, 사고, 행동 등을 절대로 비판하지 않고(never judegement) 보고 들은 그대로 이해하고 수용하는 일이다. 유아들의 감정, 사고, 행동에 공감하고 있음을 나타낸다면 유아들은 자신들이 이해되고 존중받고 있다는 느낌을 가짐으로써 자신의 생각이나 의견을 자유롭게 표현하여 유아들과 대화가 순조롭게 이루어짐으로써 자녀들의 교육과 양육의 효율성을 제고시킬 수 있다. 자녀들이 현재 어떤 기분이고 어떤 생각을 하고 있는가를 그들이 직접 표현하지 않으면 아무리 면밀한 관찰을 한다고 해도 정확하게 파악한다는 것은 지극히 불가능한 일이다.

2) 유아발달에 대한 확신

교육이란 어떤 의미에서는 원천적으로 유아들이 선천적으로 가지고 태어난 잠재가능성을 계발해 주는 일이다. 그리고 이러한 잠재가능성의 계발은 적절한 교육과 양육을 가한다면 모두가 실현 가능한 일이며 또한 모든 유아에게 공통적인 과업으로 생각하는 등 유아발달에 대한 확신이 전제되어야 한다. 다시 말하면, 모든 유아들은 교사나 부모의 적절한 교육과 양육이 이루어진다면 모든 유아들은 꿈과 희망이 있는 미래 지향적인 존재로 인식하게 된다.

유아발달에 대한 확신을 갖기 위해서는 다음의 내용들이 고려되어야 한다.

(1) 확고한 신뢰와 믿음

유아들은 지금은 불완전하고 미숙하지만 무한한 발달과 성장가능성을 가진 존재이다. 부모나 교사는 항상 자녀들을 잘 양육하고 교육을 시킨다면 반드시 훌륭하게 성장할 수 있는 성향과 가능성이 있는 존재라는 확고한 신뢰와 믿음을 가지고 있어야 한다. 이러한 신뢰와 믿음이 있는 부모나 교사는 유아들을 무시하거나 비난하기보다는 유아들을 늘 격려하고 용기를 주며 긍정적인 태도를 갖게 해주고 유아들이 바람직하지 못한 행동을 했을 때 유아들이 나쁜 것이 아니라 그 행동이 나쁜 것이므로 엄격하게 그 행동을 바로 잡으려고 노력한다. 문제아, 부적응아가 있는 것이 아니라 유아들이 일시적으로 문제성이나 부적응요인을 지니고 있어 문제성이나 부적응행동요인만 제거해주면 모두가 정상유아가 된다는 확신을 가져야 한다.

(2) 긍정적인 자아개념 형성

유아들이 바르게 성장 · 발달하기 위해서는 부모나 교사가 해당 유아에게 적절하고 의도적인 교육과 양육이 이루어져야 하지만 이보다 유아 자신이 성장과 발달가능성이 있는 존재로서 자각하는 일이 더욱 중요하다. 이것이 바로 긍정적인 자아개념이다. 유아가 자신을 다른 사람과 구별짓기 시작하면서 형성되는 인성으로 유아 자신이 스스로를 타인과 비교하며 독특한 개인으로 구별하는 능력인 긍정적 자아개념은 자기정체성, 자아존중감, 자기긍지, 자아동일성 등으로 불리어진다. 인간이 바람직하고 당당하며 미래 지향적이고 꿈과 희망이 있는 사람으로 성장하는 데 꼭 필요한 인성으로 부모나 교사는 유아들에게 이러한 인성을 심어주도록 노력해야 한다. 스스로 자신이 미래에 대한 뚜렷한 꿈과 가능성이 있는 사람이라고 생각하는 가치감과 스스로의 능력에 대한 확신과 믿음, 그리고 행복한 바른 인성을 가지고 사회인으로 성장할 수 있는 이러한 성향을 부모나 교사로부터 배운다.

(3) 유아 개인차 수용하기

개인차란 개인마다 서로 다른 정신적·육체적 능력이나 특징의 차이를 말하는 것으로 교육은 개인차를 고려하여 지도해야 하고 또한 개인차를 고려한 교수·학습지도가 능률적으로 이루어져야 한다. 유아들은 신체, 지능, 창의력, 인지, 정서, 감정, 동기 등에 걸쳐 많은 개인차를 보인다.

부모나 교사가 유아들을 지도함에 있어서 가장 큰 오류를 범하는 것은 유아들의 개인차를 무시하는 점이다. 예를 들면, 대부분의 유아들은 5세가 되면 스스로 자율적으로 배변을 하고 있는데 특정 유아는 5세가 되었는데도 밤에 자면서 옷에 오줌을 누는 야뇨증에 대하여 심히 우려하는 예를 들 수 있다. 이런 경우에는 해당 유아에 대하여 다각적인 요인을 분석해야 하는데 그 중 부모의 유아기 배변실태를 알아보니 아버지가 초등학교에 입학해서야 배변습관이 정상적으로 이루어졌다면 해당 유아에 대해서는 성급하게 서두르지 말고 느긋하게 기다려주는 지도가 필요하다. 유아지도는 항상 집단지도와 개별지도가 역동적으로 이루어져야 한다. 여기에서 개별지도는 유아의 개인차를 고려한 지도를 말하는 것으로 제Ⅳ부에서 이를 구체적으로 다룬다.

3) 자기통제력(self control) 기르기

'자기통제력'이란 '자기의 감정과 행동을 조절하는 능력'을 말한다. 자기통제력이 강한 유아는 정서적으로 안정되어 있고 자기 자신과 주변사람들과 잘 어울리며 또한 계획을 잘 세우고 집중력이 뛰어나다. 또한 자기통제력이 강하면 주어진 과제를 스스로 의미와 동기를 부여하며 자기 자신에 몰두하여 과제를 성공적으로 처리한다. 따라서 유아들에게 다양한 자극과 유혹을 뿌리치고 자기를 통제할 수 있는 능력을 길러 주는 것은 바람직한 행동습득을 위하여 대단히 중요한 일이다.

자기통제력을 부적응행동과 관련지어볼 때 유아들은 도덕적, 윤리적 의식이 있어도 예를 들면, 수도장에서 줄을 서서 차례를 기다려야 하는 공중규칙을 잘 이해하고 있으면서도 공중규칙을 준수하지 않고 순서를 무시하고 자기의 욕구만을 충족시키려는 것은 자기통제력이 부족하기 때문이다.

이와 같이 자기통제력은 유아 자신의 바람직한 행동의 수행을 저지하려는 내적 욕구와 충동을 억누르고 바른 도덕적 가치를 선택하고 이를 행동으로 진행시키려는 강력한 동인으로 부적응행동을 예방할 수 있는 유아의 능력이기도 하다. 영유아들에게 자기통제력 배양방안으로 Gestwicki(1995)의 전략 중 환경, 관심, 강화, 선택의 허용에 국한하여 기술하기로 한다(박정옥 외, 2013).

(1) 환경

환경이란 인간에게 어떤 행동을 유발하게 하며 인간의 여러 가지 특성을 형성하게 하는 힘으로 유아들의 부적응행동을 예방할 수 있는 자기통제력을 길러주는 데 중요한 역할을 한다. 환경에서는 물리적 환경과 심리적 환경으로 구분하여 기술하기로 한다.

① 물리적 환경

유아교육기관에서 유아교육활동에 직접적으로 활용되는 시설이나 기구로서 상황에 따라 유아의 부적응행동을 유발할 가능성이 있는 시설이나 기구로서는 현관, 활동실, 흥미영역, 화장실, 휴식영역, 실외 유원장 그리고 각종 교구와 자료 등을 들 수 있다. 이러한 시설이나 교구·자료들은 설비상황에 따라 부적응행동을 유발할 가능성이 많고 또한 상대적으로 어떻게 설비하고 배치하느냐에 따라 자기통제력을 배양시키는 데 효과적이다.

예를 들면, 활동실 내에 흥미영역의 수를 줄이고 활동공간을 넓혀주면 유아들의 활동이 활발해지며 반대로 흥미영역 수를 늘리면 활동공간이 좁아져 활동 시 유아들의 신체적 접촉이 발생하여 투쟁이나 갈등이 일어날 소지가 있다. 이때 서로 간의 이해와 인내를 통하여 이를 극복하면 자기통제력이 길러진다. 화장실에도 화장실을 사용하는 요령과 방법을 화장실 벽에 그림과 설명으로 된 게시물을 부착하여 지도하면 차례 지키기와 화장실의 청결이 유지되어 바른 습관이 정착되고 또한 자기통제력이 길러진다.

따라서 유아교육기관의 모든 시설과 교구 및 자료에서 부적응행동이 일어나지 않도록 설비 및 배치가 이루어져야 하며 또한 부적응행동을 유발, 유도하는 각종 규칙, 약속 등을 유아들 스스로가 제정하고 실천하도록 하는 등 다양한 방법을 활용하여 자기통제력 배양에 주력한다. 보다 자세한 내용은 제V부 3장을 참고하기 바란다.

② 정신적 환경(심리적 환경)

자기통제력에 영향을 주는 환경에는 전 항에서 밝힌 물리적 환경뿐만 아니라 정신적 환경(심리적 환경)이 있다. 특히, 유아가 함께할 수 있는 유쾌한 시간을 많이 갖는 것, 중요한 활동과 의미 있는 놀이를 공유하는 것, 동등한 동료로서 이야기하고 들어주는 것, 유아의 능력을 인정하고 칭찬하는 것, 웃고, 만지고, 안아주고, 껴안고, 흔들어주는 신체적 접촉 등과 같은 긍정적이고 우호적인 분위기 제공은 자기통제능력 배양에 필수적인 환경이다.

(2) 관심과 강화

'강화'란 조건형성의 학습에서 자극과 반응의 결부를 촉진하는 수단 또는 그 수단으로서 그리고 결과가 촉진되는 작용으로서 만약 강화제가 행동에 따라 주어지면 그 행동은 반복하게 될 가능성이 높아진다. 또한 교사가 유아의 행동에 관심을 가지면 유아의 행동은 더욱 강화되어 그 행동이 반복적으로 이루어져 급기야는 그 행동이 내면화되는 것이다. 예를 들면, 활동실 내에 흩어진 휴지나 쓰레기를 주워 휴지통에 버리는 영희를 보고 '영희가 휴지를 주워 휴지통에 버리니까 활동실이 깨끗해졌구나' 하고 관심을 갖고 강화제로서 칭찬을 해주면 유아는 교사로부터 긍정적 관심과 강화를 받아 자아존중감과 자기통제능력이 배양된다. 또한 어떤 유아는 부적절한 행동을 함으로써 교사의 관심을 유도하기도 하는데, 이때 교사는 위험한 상황이 아니거나 유아가 손상을 입을 상황이 아니라면 무시하거나 관심을 갖지 않음으로써 부정적 행동을 교정할 수도 있다.

(3) 선택의 허용

'선택의 허용'이란 유아들에게 어떤 활동을 유도할 때 활동에의 참여방식을 유아 스스로가 선택하도록 하는 것이다. 종이공작을 한 후 많은 종이조각들이 활동실에 흩어진 장면이 연출되었을 때 종이를 치우도록 유도하는 두 교사의 발문방식을 비교해보자.

A교사

종이가 활동실에 흩어져 있으니 치우도록 해요. ○○○는 소꿉놀이영역 근처, ○○○는 출입구 근처 …의 종이를 줍도록 해요.

B교사

종이가 활동실에 흩어져 있으니 보기가 싫네. 종이를 치우면 깨끗해질텐데. 영희가 줍고 있네. 많이 깨끗해졌네.

위 교사의 발문에서 A교사는 휴지 줍기 기대행동을 요구함으로써 행동의 변화가 일어났으나 유아들의 자아존중감과 자기통제력을 저해하고 있다.

반면 B교사는 선택을 허용함으로써 기대하는 행동이 이루어짐은 물론 유아의 자아존중감과 자기통제력이 신장될 수 있다.

4) 내면화방법을 통한 지도

생활지도나 도덕교육에서 학습된 생활습관이나 도덕적 의식 등이 교사나 부모가 보는 앞에서는 잘 지켜지나 안 보이는 곳 또는 상황에 따라 지켜지지 않는 경우를 종종 본다. 이것은 생활습관이나 도덕적 의식이 몸에 완전히 밴 상태 즉, 내면화되지 못하고 습관화의 상태에 머무르고 있기 때문이다.

(1) 내면화와 내면화학습

'내면'이란 '인간의 정신상태 · 심리상태 · 감정 · 기분 따위의 내적인 면을 그리는 일'(현대국어사전, 1973)을 의미하는 말로 '내면화'란 '인간의 정신상태 · 심리상태 · 감정 · 기분 등의 내면적인 변화를 유도하여 인간의 행동을 이끌어내는 것'이다. '내면화'와 유사 개념으로 '습관화'가 있는데 '습관화'된 행동은 상황에 따라 행동이 달리 나타날 수 있으나 '내면화'된 행동은 어떠한 상황이던 간에 일관되게 똑같은 행동으로 나타난다. 따라서 '내면화학습'이란 '내면화과정을 근간으로 하여 이루어지는 학습방법'이라고 정의할 수 있다.

(2) 내면화학습의 필요성

지금까지 도덕교육이나 사회성 교육에서 내면화과정을 소홀히 하고 바른 덕목의 주입 또는 주지 학습으로 유아들의 모든 행동이 습관화단계에 머무르는 경향이 높다. 이것은 내면화학습을 소홀히 했기 때문이다. 내면화학습의 필요성은 다음과 같다.

① 대부분의 교사들이 도덕성이나 생활지도에서 '…해라', '이렇게 하는 것이 옳다'는 식으로 도덕적 덕목, 바른 행동규범을 왜 그리해야 하는지?에 대하여 심정의 변화를 주지 않고 주입하거나 강요함으로써 유아행동이 습관화 단계에 머무르고 있다.

② 유아들이 바른 행동을 해야 하는 결의나 자각의 과정을 거치지 않고 바른 행동의 규범만을 알려주고 행동 실천만을 강요함으로써 상황에 따라 행동양상이 달라진다.

③ 유아교육기관에서 학습한 바른 행동규범이 가정이나 사회에서 후속적인 강화가 없을 때 바른 행동이 파괴되기 쉽다. 이것은 바른 행동규범이 내면화되지 않았기 때문이다.

④ 교사들이 생활지도나 도덕교육에서 적용해야 할 내면화 지도방법에 대한 이해가 부족

하다.

(3) 내면화방법

'내면화학습'은 '내면화방법을 적용하는 교수 · 학습방법'이다. 따라서 본 절에서는 내면화의 방법으로 체험, 통찰, 감화, 판단의 방법에 대하여 설명하기로 한다.

① 체험

교사들이 매일같이 유아들에게 바른 행동을 지도한다. 옷을 단정히 입어라, 이를 깨끗이 닦아라, 손발을 깨끗이 신어라, 조용히 걸어라 등이다. 여기에서 유아들은 '단정히', '깨끗이', '조용히'라는 용어의 개념은 물론, 어떻게 하는지에 대한 방법을 모른다. 따라서 교사는 유아들과 함께 직접 옷을 바르게 입는 방법을 실연해보고 손발을 깨끗이 씻기 위하여 수도장에 가서 직접 손발을 깨끗이 씻기를 실연해본다. 이러한 활동이 체험이며 실제 체험을 통하여 생활습관을 내면화시킬 수 있다.

② 통찰

교사들이 유아들에게 새로운 지식이나 정보를 이해시킬 때 대부분의 교사들이 이야기 나누기나 발문을 통하여 이해시킨다. 이때에는 통찰의 방법으로 지도해야 한다. 예를 들면, '북한 어린이들은 먹을 것이 없어 굶주린다.'라고 주입하는 것이 아니라 북한의 실상에 대한 그림이나 자료를 제시하고 유아들이 번갈아 보면서(통찰) 유아들로 하여금 북한 어린이들이 굶주리고 있다는 결론을 도출하도록 한다. 통찰이란 관련 자료들을 분석적으로 또는 종합적으로 조사, 탐색, 관찰하는 과정으로 내면화시키는 데 효과적이다.

③ 감동(감명)

유아행동 지도에서 관련 행동에 대한 감명과 감동을 받았을 때 유아들의 행동은 내면화된다. 교사는 흔히 유아들에게 '거짓말을 하지 말아라', '다른 사람을 도와줄 수 있어야 훌륭한 사람이 될 수 있다', '모든 사람에게 친절해야 한다'고 바른 행동덕목만을 주지시킨다. 유아들은 교사의 지도를 받은 후 곧잘 실천에 옮기는데 오래가지 않아 실천을 포기한다. 이때에는 감동과 감명의 방법으로 내면화시키면 바른 행동이 확실히 정착된다. 예를 들면, '거짓말을 하지 말라'고 강요하지 않고 거짓말을 해서 손해를 본 동화를 들려주고 정직한 사람이 다른 사람들로부터 존경을 받고 많은 이득을 본 동화를 들려줌으로써 관련 행동덕목에 대하여 감명과 감동을 주어 내면화시킬 수 있다.

④ 판단

유아들은 일상생활에서 옳고 그름에 대하여 판단해야 할 사건들이 많다. 그런데 이러한 옳고 그름에 대한 판단을 해야 할 사건에 대하여 교사는 일방적으로 옳은 가치를 유아들에게 주입하는 경우가 많다. 이렇게 교사에 의하여 유아들의 판단과정이 없이 일방적으로 주지시킨 행동은 상황에 따라 파괴되기 마련이다. 판단이란 어떤 사건에 대하여 상반적인 의견이 팽배할 때 그 가치를 따져 한 방향으로 정리해 나가는 과정이다. 예를 들면, '대단히 바쁠 때 꼭 교통신호를 지켜야 하느냐?'라는 판단주제를 가지고 유아들 상호 간에 토론시켜 유아 스스로 올바른 가치를 선택하도록 하는 내면화방법으로 지도한다.

5) 의사소통을 통한 지도

의사소통 또는 휴먼 커뮤니케이션(Human communication)은 사람의 의사나 감정의 소통으로 가지고 있는 생각이나 뜻이 서로 통하는 것을 말한다. 즉, 의사소통이란 두 사람 사이에서 의미를 만들어 내는 과정으로 상대방에게 나의 메시지를 전달하는 것이 아니라 상호작용을 통해 상대방과 나의 메시지를 서로 나누는 과정이다. 또한 유아교육현장에서는 모든 교육이나 분쟁, 갈등 등이 의사소통을 통하여 이루어지고 해결된다. 동서고금을 통하여 교육의 효율성을 제고시키기 위해서 수많은 교수 · 학습모형이 우후죽순격으로 개발 · 보급되어 왔지만 각 교수 · 학습모형들이 그들 나름의 독자적인 성격을 가지고 개발되어 있으나 모두 한결같이 합리적인 의사소통의 방법과 기술을 적용하고 있다. 교사가 유아들에게 바른생활 습관을 지도하기 위해서도 의사소통을 통하여 이루어지되 교사가 일방적으로 유아에게 교사의 메시지를 전달하는 것이 아니라 교사와 유아가 상호작용을 통하여 교사의 메시지를 유아와 같이 공유해야 유아의 부적응행동이나 갈등도 해결할 수 있다. 유아와 교사가 메시지를 서로 공유화시키는 의사소통모형은 다양하나 유아교육현장에서 손쉽게 활용할 수 있는 대화, 이야기 나누기, 나-전달법, 적극적 경청, 긍정적 언급의 방법에 대하여 간단히 기술하기로 한다.

(1) 이야기 나누기

이야기 나누기는 하루의 교육활동 중에서 가장 중심이 되는 활동으로 교사와 유아가 함께 모여 앉아 유아들에게 어떤 가치 판단의 기회가 될 만한 상황을 제시하고 그 장면에 대하여 유아와 이야기를 나누는 활동이다.

특히, 유아의 부적응행동 지도에 많이 활용하며 교사가 진심으로 영유아의 의견과 감정을 존중하고 영유아의 부적응행동 수정을 위한 적절한 방법을 모색하는 데 활용한다. 특히, 교사는 영유아가 부적응행동에 대한 반성적 사고를 하도록 이야기 나누기를 이끌어 간다.

(2) 나-전달법

나-전달법은 의사소통 기술의 하나로 부모나 교사가 문제를 지니고 있을 때 바람직한 유아와의 관계개선을 위하여 부모나 교사 자신의 생각과 감정을 효과적으로 전달하는 방법이다. 나-전달법은 자녀의 행동을 보고 부모나 교사가 기분이 나빠 유아의 행동을 수용할 수 없을 때 부모나 교사의 생각이나 느낌을 진실되게 표현하여 유아를 탓하지 않는 부모 또는 교사-유아 간의 의사소통 기술로 부모 또는 교사-유아관계 개선에 대단히 효과적이다.

나-전달법 사용 시 유의할 점은 다음과 같다.

① 부모나 교사의 구체적 감정을 솔직히 표현해야 한다.

② 부정적인 감정만을 중점적으로 전달하지 않도록 한다.

③ 상대를 절대로 평가하지 않는 태도가 필요하다.

④ 화를 내면서 전달하는 나-전달법은 적대감을 나타내는 너-전달법이 된다.

(3) 적극적 경청법(active listening)

'적극적 경청법'이란 유아들의 이야기를 진지한 마음으로 들어주는 것이다. 유아들의 이야기를 부모나 교사가 진지하게 들어주면 유아의 감정이나 생각이 존중받고 부모나 교사가 이해하고 수용한다고 느낀다.

그리고 유아들은 자기 마음속에 쌓여 고민하고 갈등하던 문제를 부모나 교사에게 털어놓음으로써 부모나 교사가 이해하고 수용하고 경우에 따라서는 용서하였다고 생각하면서 마음이 후련함을 느끼고 그간 불안했던 마음의 평정을 찾는다. 이것이 바로 토통요법(catarsis)의 효과이다.

또 다른 예를 들면, 유아들이 자기일기 속에 자신들의 고민이나 갈등 또는 잘못한 점을 기록하여 두면 부모나 교사가 읽어보고 해결해주고 그리고 자기의 잘못을 용서해줬다고 기대한다. 이러한 방법도 적극적 경청법의 한 유형이다.

또한 유아들은 자신의 생각과 감정을 직접 표현하게 되면 비난과 질책을 받을까봐 간접적인 표현을 하면서도 부모나 교사가 그 뜻을 이해해주기를 내심 바라고 있다. 따라서 부모나 교사는 유아의 상징적 또는 간접적인 표현으로부터 그것이 진정으로 무엇을 뜻하는지를 해석해야 하는 해독과정이 요구된다(박정옥 외, 2013).

(4) 확인하기 대화법

확인하기 대화법은 의사소통법의 한 유형으로 유아가 한 말을 바르게 이해하고 있는지의 여부를 확인함으로써 교사나 부모의 입장에서는 유아가 한 메시지를 바르게 이해하고 유아에게는 교사나 부모가 유아의 말을 적극적으로 경청하고 유아의 감정이나 생각이 존중받고 있음을 확인시켜 유아가 말을 많이 하도록 유도하는 방법이다. 확인하기 대화기술에는 반복하기, 바꾸어 말하기, 요약하기가 포함된다(서명원 외, 2014).

① 반복하기

반복하기는 재 진술의 기법으로 유아와의 대화에서 부모나 교사는 유아의 말을 그대로 반복해 줌으로써 유아가 표현한 말을 있는 그대로 듣게 하여 자기가 한 말을 더 깊이 생각하고 느끼도록 하는 효과가 있다. 예를 들면

유아 : "철민이가 장난감을 뺏어 갔어요."
교사 : "철민이가 장난감을 뺏어 갔다는 말이구나."
유아 : "나는 영주가 싫어요."
교사 : "너는 영주를 싫어하는구나."

② 바꾸어 말하기

바꾸어 말하기 기법은 부모나 교사는 유아가 말한 전체적 내용을 확인할 때나 유아로 하여금 자신의 내부세계의 심리적인 특성을 이해하도록 돕기 위해서 활용한다. 따라서 부모나 교사는 유아가 말하고자 하는 요점을 잘 파악하고 부모나 교사의 의견은 첨가하지 말아야 한다. 예를 들면

유아 : "현정이는 나쁜 애예요. 조금 전에 현정이가 나에게 욕을 했어요. 현정이는 욕쟁이에요. 지난번에도 나에게 욕을 했어요."
교사 : "현정이가 너보고 욕을 하니? 현정이가 싫기도 하고 밉겠구나."

③ 요약하기

요약하기는 유아 자신이 한 말의 요지를 유아 자신이 확인하면서 대화의 진행을 원활하게 하도록 하는 방법이다. 예를 들면

교사 : "수민이는 주말에 무엇을 하고 지냈는지 이야기해 보자."
유아 : "저는요, 어제 엄마, 아빠하고 백화점에 갔는데요. 너무 즐거웠어요. 김밥도 먹고 옷도 샀어요. 엄마 친구도 만났어요. 사고 싶은 장난감도 너무 많았어요."
교사 : "수민이는 주말에 부모님과 함께 백화점에 가서 여러 가지를 보았구나."

위와 같이 의사소통이 원활하게 유지되게 하기 위해서는 교사와 부모와 유아 사이에 라포(rapport) 즉, 편안한 믿음의 관계를 형성하여 유아가 교사나 부모에 대한 믿음과 신뢰감을

주어 유아 자신의 이야기를 숨김없이 이야기할 수 있는 분위기를 형성시켜 주어야 한다.

6) 지양해야 되는 교사전략

부적응행동 지도에 대한 모든 교사지도전략이 모든 유아에게 공통적으로 좋은 성과를 가져다주리라는 기대는 말아야 한다. 그것은 일차적으로 교사지도전략의 영향을 받는 대상 유아들이 지니고 있는 다양한 변인들의 영향 때문이다. 심지어 유아교육현장에서 반드시 추방해야 된다고 여겨왔던 나무라고, 혼내고, 고함치는 등 꾸짖는 방법이 어떤 경우에는 효과적일 수도 있다. 그러나 분명한 것은 최소화시켜야 한다는 것이다. 그러한 방법을 상시적으로 사용하는 경우, 얻는 것보다 잃는 것이 더 많기 때문이다.

따라서 우리 유아교육현장에서는 유아교사들이 알면서도 부지부식 간에 활용하는 교사지도전략 가운데 지양해야 할 전략에 대한 이해도 있어야 한다.

(1) 성역할에 대한 편견지양

전통사회를 이끌어 온 가부장제도, 여필종부의 개념들은 남성우위의 사고로 이러한 성역할에 대한 편견 속에서 아직도 교육이 이루어지는 부분이 허다하다.

외향적인 성격으로 활동실 내에서 소란을 피우며 떠들어대는 여아에게는 문제성을 가진 유아로 취급하면서도 그런 남아들에게는 남아니까 괜찮아하고 관대한 평가를 내리기도 한다. 오늘날 사회의 각 분야에서 남성을 지배하는 성공한 여성들의 활동상들이 매스컴을 통하여 곧잘 방영되는데도 부모나 교사는 아직도 성차에 따른 편견을 가지고 유아들의 교수전략을 짜기도 한다.

현대사회의 급변에 따라 남녀의 역할은 서서히 변화하면서 부모들은 과거와는 달리 아들, 딸 차별하지 않고 동등하게 대해야 하는데 동의하고 있다. 현대사회에서는 전통적인 성역할만으로는 현대사회에 적응하기 어렵기 때문에 남녀 유아에게 남성적 특성과 여성적 특성이 융합된 유형 즉, 양성성을 기대한다. 양성성의 특성을 지닌 사람이란 부드러우면서 다른 사람을 보살피고자 하는 욕구가 있고 자신을 희생하여 선을 이루려는 여성스러움과 독립적이고 이성적으로 사고하고 성취를 향한 동기를 가지고 있는 남성스러움을 동시에 가진 사람을 의미하는데 이런 사람을 기르기 위해서는 성역할에 대한 편견이 지양되어야 한다. 또한 성역할 편견에서 오는 부적응행동 그리고 부적응행동 수정전략 수립에 있어 성차에 따른 지도전략 수립은 고려되어야 한다.

(2) 비교 · 경쟁 유발교육의 지양

인간은 요람에서 무덤에 이르기까지 비교와 경쟁을 통한 교육체제 속에서 아동들은 심한 스트레스와 트라우마를 겪고 있다. 가정에서 부모의 자녀교육방법은 비교와 경쟁으로 일관된다. '네 형은 공부를 잘하는데 너는 왜 성적이 떨어지니?' '이번 일제고사에서 10등 안에 들면 휴대폰을 교체해 주겠다.'는 등 비교 · 경쟁을 통한 방법으로 일관되어 있다.

유아교육기관에서는 초등학교와 같이 정해진 기간 동안에 성취해야 되는 기대목표도 없고 꼭 이수해야 하는 교과서도 없고 가정에 성취수준을 통보하기 위한 형식화된 중간, 기말평가도 없다. 다만 유아 개개인의 성장 · 발달상황을 알아보기 위한 포트폴리오와 같은 형성평가나 과정평가 등을 통해 유아 개개인의 개인내차 발견을 위한 평가가 시행될 뿐이다. 그러나 교사들은 평가활동이 아닌 여타의 활동에서 비교와 경쟁을 유도하는 발문이 허다하다.

"○○가 휴지를 활동실에서 주워서 활동실이 아주 깨끗해졌어요. 모두 손뼉을 쳐줘요." 이 방법은 긍정적인 지도방법으로 높이 평가받는 방법이나 이 속에도 유아들에게 비교와 경쟁을 유도하는 심리적 기제가 작용하고 있음을 알고 있어야 한다. 초등학교에 유아교육처럼 열린교육(open education)을 도입하고 통합교과가 출현했으며 이번에는 중간, 기말평가를 없애고 유치원식 포트폴리오 평가를 도입하는 등 많은 변화를 가져오고 있는데 이는 초등교육에서 이루어지고 있는 비교 · 경쟁 위주의 교육의 병폐를 개선하기 위함이다.

(3) 세력행사적인 훈육의 지양

대부분의 부모는 자녀들의 바람직하지 않는 행동을 지도할 때 세력행사적 훈육방법을 사용하는 경우가 많다. 교사 또한 예외가 아니다. 세력행사적 방법이란 활동실 안에서 무소불위의 막강한 권한과 권리를 가지고 있는 교사가 문제요인에 따른 처방책을 강구하여 비지시적인 방법에 의해 지도하는 대신, 나무라고 소리 지르고 꾸짖고 처벌하는 등 무조건 그 행동을 하지 말라고 지도한다. 이때 부모나 교사는 바람직한 행동을 길러주려고 할 때나 원하지 않는 행동을 제거하고자 할 때는 요구하는 바를 엄격히 관철시켜야 하나 귀납적 추리로 행동의 본질적 속성에 초점을 맞추어 왜 착한 행동을 해야 하고 그릇된 행동을 하지 말아야 하는지를 설명해 주어야 한다.

또한 비지시적인 방법으로 다정하고 서로 이해하고 용기를 격려하는 등 애정이 깃든 생활지도를 해야 한다. 그리고 바람직하지 않은 행동을 제거하기보다는 바람직한 행동을 더욱더 강화하여 바람직하지 않은 행동의 발생 예방교육에 주력하는 교육이 이루어져야 한다. 다음은 유아교육현장에서 추방하여야 할 세력행사적인 지도방법들이다(홍용희, 2001).

① 실없이 협박하기

유아들이 유아교육기관에서 학급의 규칙을 어기는 등 반사회적인 행동을 할 때 교사는 이를 교정하기 위한 방법으로 으레 위협을 한다. 그러나 유아들은 이 위협을 믿지 않는다. 왜냐하면 교사는 위협만 할 뿐 실행에 옮기지 않기 때문이다. 이렇게 되면 결국, 교사는 신뢰를 잃는다. 위협은 교사의 권위가 약하다는 신호이다.

② 암암리에 비난하기

교사가 어떤 유아의 행동을 변화시키기 위하여 유아가 잘 알고 있는 다른 유아와 비교하여 칭찬하는 경우이다. 이런 경우에는 오히려 다른 유아의 좋은 점이나 재능을 시기하게 되는 결과를 초래한다.

③ 부적절하게 칭찬하기

칭찬을 지나치게 남발하는 경우, 진실성, 의미, 가치 등을 상실하기 쉽다. 그러나 어떤 유아는 칭찬을 충분히 받지 못하면 기가 꺾기거나 교사의 기대에 부응하기를 포기할 수도 있다. 유아들은 자기존중감이 있고 분명하게 표현하는 성인으로부터 긍정적인 반응을 원한다.

④ 혼란스러운 질문을 던지기

교사가 유아를 심문, 즉 교사가 이미 답을 알고 있는 내용을 질문하는 것이다. 이런 경우, 유아는 교사가 그들이 원하는 답변을 내놓도록 유아에게 압력을 가하면 또 방어적인 태도를 갖게 된다. 유아의 갈등을 해결하기 위하여 가끔 이런 질문을 하는 교사의 태도는 적절하지만 이런 의식적인 실문들은 종종 생색내는, 가짜의 또는 비현실적이기 때문에 유아들은 교사가 자신들을 무시하는 것으로 받아들인다.

⑤ 유아들의 필요를 지나치게 강조하기

교사가 '너는 내가 네 이름을 부를 때까지 기다려야겠어.' '바른 자세로 앉아 있어야 해'라고 말하면 위협적이거나 또는 협박의 말로 들린다. '앉아 있도록 하자', 또는 '나는 네가 앉아 있기를 바란다.'와 같이 말함으로써 자신의 기대를 간접적으로 말하기를 제안한다.

유아들은 조용하고 차분하여 권위를 잃지 않으면서 요구할 때 유아들의 집단생활이 원만하게 이루어질 수 있다.

⑥ 간접적인 불찬성으로 유아에게 동기를 부여하기

예를 들면, 교사는 '나는 이제 어린이집에 다니지 않아'라고 말하면서 유아를 꾸짖는다. 이 방법은 덜 성숙한 유아를 자애롭게 대하지 못하는 태도로서 바람직하지 못하다. 이런 경우 교사는 기대하는 행동에 대해 구체적으로 이야기해 주는 것이 좋다.

⑦ 타임아웃(Time-out)을 부적절하게 사용하기

규칙을 위반한 특히, 공격적인 행동을 한 유아들에게 '생각하는 의자'에 앉아 있게 하거나 타임아웃의 전략을 가끔 쓴다. 이런 방법을 너무 많이 쓰면 유아들의 충동을 조절하는 능력을 발달시키기는커녕 오히려 상대 유아에게 보복하려는 의욕이 더 생긴다. 아울러 타임아웃은 바람직하지 못한 행동을 중단시킬지 모르지만 바람직한 대안행동까지는 가르치지 못한다.

7) 교사의 바람직한 태도

'유아는 교사가 시키는 대로는 하지 않아도 하는 대로는 한다.'라고 말한다. 이 말은 교사의 언행, 일거수일투족은 유아들에게는 유일한 교육적 환경으로서 직접적으로 보고 배운다는 말로서 교사는 항상 바람직한 행동, 언행, 태도를 유지해야 한다.

(1) 훌륭한 역할모델

Baudura(1929)의 사회학습이론에서는 외적강화의 중요성을 인정하되 모델링, 모방, 간접강화 등 주로 관찰에 의한 학습을 더 중요시한다.

즉, 새로운 행동의 학습에는 관찰학습을 통한 모방이나 모델링이 더 중요한 것이다. 특히, Baudura는 모델이 어떤 상황 하에서 어떤 행동을 하고 그 결과 상을 받거나 벌을 받거나 하는 것을 관찰하는 것만으로도 학습이 성립된다고 하였는데, 유아학급에서 유아교사라는 모델이 유아들에게 주는 영향은 아주 지대하기 마련이다. 특히, 영유아들에게 교사는 학급 내에서 세력가로서 가장 막강한 권한과 권리를 소지한 세력적인 권위자로서 교사의 일거수일투족은 유아의 관찰대상이 되어 행동, 태도, 말 등을 배우는 모델이 된다. 그리고 바람직한 모델이 되기 위해서 교사가 지녀야 할 태도로서 신혜원 등(2015)은

첫째, 교사가 영유아에게 긍정적인 표현으로 활동이나 행동을 안내하거나 제시해야 한다.

둘째, 영유아들이 습득해야 되는 사회적 기술을 모델링한다. 따라서 교사는 항상 유아들이 좋은 행동을 보고 학습할 수 있는 동일시(Identification)나 모방(imitation)의 대상이 되어야 한다.

(2) 민주적인 방법

유아교육기관은 하나의 작은 사회로서 민주적인 사고, 민주적인 방법을 학습하는 유아에게는 최초의 교육장소이다. 유아교육기관에서 터득한 민주적인 사고와 민주적인 방법은 민주사회 속에서 살아나갈 기초적인 소양이 된다. 또한 이러한 민주적인 사고, 민주적인 방법은 교사가 유아교육기관에서 유아들을 민주적인 방법으로 지도할 때 자연스럽게 체득된다.

민주적인 방법을 적용하는 교사는 늘 유아들에게 허용적이고 온정적이며 모든 문제를 유아

자신이 자력으로 해결하도록 격려하고 활동실 내에서 야기되는 문제에 대해서도 유아들 자신이 스스로 해결하도록 격려한다. 또한 유아들의 잠재능력을 개발하는 데 노력하고 유아들의 의사를 존중하고 자율권을 인정하면서도 유아들 자신이 설정한 규칙이나 약속을 어겼을 때는 적절한 대가를 치르도록 하며 의사결정에서는 유아들과의 대화를 통해 해결하는 등 민주적인 사고, 민주적인 절차, 민주적인 방법에 따라 유아를 교육한다.

(3) 일관성 있는 지도

일관성이란 '태도나 방법 등이 처음부터 끝까지 한결같은 성질'을 말하는 것으로 유아교육에 있어서는 특히, 유아들의 바른 행동을 지도하기 위해서는 방법이나 절차, 과정이 항상 변하지 않고 동일해야 한다.

유아들을 지도함에 있어서 일반적인 원칙이 없이 부모나 교사의 기분이나 상황에 따라 지도할 때 부모나 교사는 유아들에게 어떠한 행동이 바른 행동인지 알 수 없도록 혼동을 준다. 따라서 부모나 교사는 유아지도에 있어서 원칙을 세워서 상황, 장소, 시간, 기분에 관계없이 항상 일관성 있게 지도해야 한다.

8) 긍정적인 강화

긍정적인 강화는 강화의 원리를 적용하여 유아의 행동을 지도하여 유아의 바람직한 행동을 더욱 조장하고 바람직하지 못한 행동을 자동적으로 소멸시키거나 중지시켜 학급을 명랑하고 즐거운 분위기를 조성해 보자는 것이다. 이렇게 학급에서 유아들의 행동을 지도하다 보면 '…하지 말아라'라는 금지, 억압, 설교하는 말 대신 '…하도록 해라'라는 권장, 강화, 격려, 지원 등 온화하며 따뜻하고 배려적인 지도로서 유아를 존중하고 꾸짖지 않으며 사랑이 깃든 바람직한 생활지도가 이루어질 것이다.

(1) 바람직한 행동 강화

유아들과 좁은 활동실에서 이루어지는 하루의 생활모습을 들여다보면 교사의 유아에 대한 주의가 '…떠들지 말라', '휴지를 주워라', '줄을 반듯이 서서 기다려라' 등 유아들의 바람직하지 못한 행동을 바로잡기 위한 금지, 억압, 설교 등으로 일관된 지시적 방법을 택하고 있다. 다시 말하면, 지금 현재 진행되고 있는 바람직한 행동을 지속적으로 강화시키기 위한 지지나 격려하는 비지시적 행동지도방법은 찾아볼 수 없다.

이는 당장 활동실이 소란하고 정상적인 유아교육활동의 진행이 어려우니까 우선적으로 시급한 바람직하지 못한 행동을 통제하기 위해서이기 때문이다. 이런 소극적이며 지시적인 방법으로만 계속적으로 지도한다면 유아들의 문제성을 일시적으로 해결할 수는 있으나 근본적인 지도방법이 될 수 없다.

오히려 지금까지 바람직한 행동을 해오던 유아들이 교사의 주목과 관심을 받기 위해 바람직한 행동을 중단하고 바람직하지 못한 행동으로 대치할 수도 있다. 따라서 바람직한 행동을 지속적으로 계속 강화하여 바람직하지 못한 행동이 표출되지 않도록 예방적 지도를 해야 한다. 이렇게 하기 위해서는 바람직한 행동을 계속 강화해야 한다. 물론 이때 바람직하지 못한 행동이 표출되더라도 이런 유아에 대해서는 관심을 갖지 말고 무시하는 지도전략을 써야 한다. 이렇게 바람직한 행동을 강화하면 바람직한 행동은 확대되고 바람직하지 못한 행동은 자연히 소멸되는 것이다.

(2) 교사의 긍정적인 영향력에 대한 확신 갖기

유아교사들은 유아교육기관에서 다양한 유아교육활동을 전개한다. 예를 들면, 크게는 대집단활동, 중 · 소집단 활동, 개별활동이 있으며 대집단활동에는 이야기 나누기, 동화 듣기, 노래 부르기, 게임, 휴식과 낮잠시간, 간식과 점심시간, 전이활동, 정리정돈활동, 평가 및 귀가활동이 그 대표적인 활동으로 수많은 이런 활동들은 그들 나름의 특수성이 있고 또한 이들 활동들을 효율적으로 지도하기 위해서는 각 활동들의 특수성에 따른 적절한 교수 · 학습모형이나 지도방법이 있기 마련이다. 그 중 유아들의 바람직한 행동을 습득시키는데 있어서는 교사의 긍정적인 영향력에 대한 확신이 전제되어야 한다.

① 영유아들의 행동에 영향을 주는 요인이 크게는 가정환경적인 요인, 부모의 양육태도, 또래의 영향, 교육기관의 영향, 교사의 영향, 지역사회 및 대중매체의 영향 등 다양한데 그 중 교사의 영향이 제일 크며 또한 교사의 영향 중에는 비지시적이며 긍정적인 지도행태가 유아의 바람직한 행동습득에 가장 효과적이라는 확신을 갖고 지도하는 일이다.

② 유아의 부적응행동은 일시적인 현상으로 유아들이 가지고 있는 문제로 보기보다 유아들이 발전하고 성장하는 과정에서 바람직한 행동을 표출시키기에는 그에 따른 이해와 능력, 기술이 부족하여 나타나는 미성숙의 과정으로 보거나 부적응성을 일시적으로 지니고 있어 교사의 관심과 지도를 통하여 부적응성을 쉽게 제거해줄 수 있다는 교사의 영향에 대한 확신을 갖는 일이다.

③ 유아들의 개별성을 인정하는 일이다.

교사는 학급 내의 전 유아를 대상으로 똑같은 방법으로 지도하여도 잘 수용하여 교사의 지도에 잘 따라주는 유아도 있지만 그렇지 못한 유아가 있기 마련이다. 이때 그 정도가 심하면 교사는 해당 유아에 대하여 부적응아 또는 문제아로 인식하는 등 그릇된 편견을 가지고 지도할 수도 있다. 이때 교사는 유아들의 개별성을 인식하고 그들에 알맞은 적절한 안내와 자극을 준다면 바람직한 행동으로의 변화를 기대할 수 있다는 확신을 가져야 한다. 즉, 유아 개개인에게 알맞은 기대목표의 개별화, 경험제공의 개별화가 이루어져야 한다는 것을 교사가 이해하고 실천해야 된다는 긍정적인 마인드를 갖는 일이다.

9) 학부모상담

유아교육의 효율성을 제고시키기 위한 전략으로 학부모와의 연계 · 협조, 지지는 절대적이다.

유아에 관한 다양한 정보를 입수하고, 유아교육기관의 제반 교육활동에 대한 직 · 간접적인 참여활동 외에도 유아에 관련된 다양한 문제에 대한 이해와 지도전략을 수립하는데 있어 학부모와의 상담은 필수적이다.

학부모상담 방법으로는 집단상담방법과 개별상담방법이 있는데 이에 대하여는 유아집단 생활지도의 실제에서 상세하게 다루었으나 그 중 개별상담방법은 부적응아의 개별지도방법으로 아주 적절하다.

학부모에게 개별상담일과 상담에 필요한 자료를 확보할 수 있는 조사지를 동봉하여 학부모로부터 조사결과를 접수받아 이를 분석하여 교사의 의견을 종합하여 학부모와 같이 유아부적응행동에 대한 지도대책을 강구할 수도 있다. 관련 내용은 제Ⅳ부 제5장을 참고하기 바란다.

제7장

신입원아 적응지도

지금까지 가정에서 부모의 주도하에 이루어지는 소위 무릎학교(Mother's knee school) 체제의 영유아교육에서 형식적인 학교 교육체제인 어린이집에 입원하는 일은 당사자인 영유아들에게는 급격한 변화가 아닐 수 없다. 이러한 급격한 변화속에서 당사자인 영유아들의 어린이집에 대한 원활한 이행을 돕고 잘 적응할 수 있는 방안을 강구한다는 것은 대단히 중요한 일이다. 가정중심의 무릎학교에서 기관중심의 어린이집에로의 원활한 이행과 적절한 적응교육이 이루어지지 않는다면 상당기간 입원 후에도 어린이집 등원을 기피하게 되고 등원한다 할지라도 유아교육활동이 정상적으로 이루어지지 못할 것이다. 따라서 본 장에서는 신입원아의 정상적인 어린이집 적응교육으로 어린이집 입원 전에 이루어져야 할 신입원아 적응대비교육과 입원 후에 이루어져야 할 신입원아 적응교육에 대하여 기술하기로 한다.

1. 신입원아 적응대비교육

신입원아 적응대비교육은 원아가 어린이집 입원 확정 통보를 받고 난 후 해당 어린이집에서 신입원아들에게 어린이집에 입원한 후 잘 적응할 수 있도록 적응대비교육 프로그램을 학부모들에게 부모교육이나 교육통신을 통하여 어린이집 적응대비에 필요한 자료와 정보를 제공하는 일체의 교육이다.

신입원아 적응대비교육이 효과적인 이유는

첫째, 학부모를 통하여 자녀들에게 적응대비교육을 시키는 것이 시간이 별로 소요되지 않는다.

둘째, 학부모는 자녀들의 성격이나 입장을 잘 알고 있으므로 자녀에게 가장 합리적이고 적절한 방법으로 지도할 수 있다.

따라서 각 어린이집에서는 유아의 어린이집 적응교육에 필요한 자료나 정보를 인쇄물화하여 부모교육이나 교육통신을 통하여 부모에게 안내하고 부모들이 자녀에게 각 가정에서 철저히 지도하도록 한다.

다음에서 일선 유아교육기관에서 실천하고 있는 사례들을 소개하기로 한다. 많은 부분이 중복되나 어린이집이나 학부모의 특성을 고려하여 취사선택하여 활용하도록 한다.

1) 어린이집 입원 전 적응교육

① 목적 : 영유아들이 어린이집 입원 전 학부모 교육을 통해 어린이집 입원 후 어린이집에서의 원활한 적응도모

② 시기 : 학기 말 방학 중

③ 대상 : 어린이집 입원대상 학부모

④ 방법 : 부모교육, 인쇄물 배부

⑤ 실천내용

귀여운 자녀들이 우리 어린이집에 입학하게 됨을 축하드립니다
2017년 새해 새봄과 함께 귀여운 자녀들이 우리 어린이집에 입학하게 됨을 진심으로 축하드립니다. 응석받이 어린이들이 어린이집라는 새로운 환경에 대한 호기심과 꿈이 부풀어 있을 줄로 생각됩니다. 자라나는 어린이들은 21세기를 이끌어 나갈 주역들입니다. 그렇기 때문에 우리의 미래가, 희망이 그들에게 있는 것입니다. 이 어린이들을 밝고 건강하게 키우는 일은 우리 모두에게 맡겨진 가장 중요한 과제요, 임무입니다. 귀 자녀들이 즐겁고 안정된 마음으로 명랑한 어린이집 생활이 시작되어 친근한 선생님, 정다운 친구, 재미있는 공부라는 새로운 인식과 생활경험을 가질 수 있도록 학부모 여러분의 적극적인 협조를 부탁드립니다.
2017. 2. 10 ○ ○ 어린이집원장 ○ ○ ○

신입생 입원 준비는 이렇게 합니다.

자녀가 입원하기 전에 준비해야 될 사항을 아는 것이 현명한 학부모가 되는 시작입니다. 아이들이 어린이집생활을 즐겁게 할 수 있도록 입원 준비를 꼼꼼히 점검해 주시기 바랍니다.

1. 분위기 이해를 위해 어린이집에 미리 가보도록 합니다.
   - 교실, 화장실, 어린이집 시설, 횡단보도 건너기 예행 연습
2. 입원 전에 아이방을 차분하게 정리 · 정돈합니다.
   - 책상, 어린이집 준비물, 학용품과 문구류를 넣어 둘 사물함
3. 학습 준비물은 아이와 함께 준비합니다.
   - 어린이집에 대한 기대감과 자기 물건에 대한 애착심 갖기
4. 충치 · 시력 검사도 미리미리 하여 대비합니다.
   - 충치 치료 및 필요한 자녀에게는 안경 맞춰 씌우기
5. 생활계획표를 짜서 규칙적인 생활을 하도록 합니다.
   - 일어나는 시간, 규칙적인 식사, TV 보기, 일기 쓰기(권장사항)
6. 인사하는 습관을 몸에 배이도록 가르칩니다.
   - 존댓말 쓰기, 선생님, 동네 어른, 웃어른, 친구에 대한 인사

어린이집 입원 초기 아동은
이런 특성을 가지고 있습니다.

어린이집 입원유아는 신체적 성장이 왕성하고 자기 주위를 알고자 하며, 자신을 나타내고자 하는 강한 활동 욕구를 가지고 있습니다.

영 역	발달 특성
신체발달	대단히 활동적이고 온몸을 움직입니다. • 대근육과 소근육이 상당히 발달합니다. • 신체가 균형적으로 발달하고 양적 성장은 감소하나 질적 발달이 이루어집니다. • 끊임없이 몸을 움직여 쉽게 피곤해지고, 안전지도가 요망됩니다.
언어발달	언어발달의 결정적 시기입니다. • 자기중심적으로 생각하기 때문에 완벽한 의사소통은 어렵습니다. • 단어의 획득이 급속도로 증가합니다. • 4,5세경에는 부분적으로 글자를 읽고 책을 볼 수 있습니다.
인지발달	독자적 인지세계를 형성해 나갑니다. • 비논리적이고 자기중심적인 사고를 합니다. • 지각, 기억능력이 급속하게 발달합니다. • 물활론적, 실제론적 사고를 합니다.
정서발달	정서상태에 따라 행동에 영향을 많이 받습니다. • 특정한 정서에 지속시간이 짧습니다. • 정서상태가 폭발적이어서 작은 일에도 격렬한 정서를 보입니다. • 정서표현이 잦아 희 · 노 · 애 · 락을 잘 표출합니다.
사회성 발달	경험의 종류가 다양해져 사회성이 발달합니다. • 신체적 자아의식이 생깁니다. • 관심의 대상이 가족에서 또래로 바뀝니다. • 성구별 없이 놀이는 하나 동성끼리 놀기를 원합니다.

기본생활습관 형성은
바른 어린이집 생활의 첩경입니다.

기본생활습관은 밝고 명랑하게 살아가기 위한 바른 행동의 시작입니다. 어렸을 때부터 좋은 습관이 길러지도록 하고 예절과 규범의 실천을 통해 건전한 인성과 민주시민의 자질을 육성시켜 나가야 합니다.

1. 부모님께 높임말을 씁니다.
2. 웃어른께 공손하게 합니다.
3. 교통규칙을 잘 지킵니다.
4. 친구들과 사이좋게 지냅니다.
5. 선생님 말씀에 따라 열심히 공부합니다.
6. 하루 생활계획을 세워 실천하려고 노력합니다.
7. 밖에 나갈 때는 부모님 허락을 받습니다.
8. 어린이집에 갈 준비를 스스로 합니다.
9. 텔레비전은 알맞은 프로그램만 봅니다.
10. 어린이집에서의 생활을 부모님에게 이야기합니다.

교통안전생활은
자녀의 생명을 지키는 길입니다.

어린이집 입원과 함께 유아들이 부모의 보호로부터 벗어나 교통사고 등 여러 가지 위험의 도전을 받게 됩니다.
자녀들이 안전의식을 갖고 자신의 생명을 지킬 수 있도록 지도합니다.

1. 안전한 통학로를 정하여 등·하원하도록 안내합니다.
   - 집에서 어린이집까지의 통학로를 그려가면서 지도해 주세요.
2. 운전자와 눈을 마주치며 길을 건넙니다.
3. 도로 횡단 3원칙을 꼭 지킵니다.
   - 선다, 본다, 건넌다.
4. 서 있는 차의 앞뒤로 길을 건너지 않습니다.
5. 길가나 서 있는 차 뒤에서 놀지 않습니다.
6. 도로에서 놀이를 하지 않습니다.
7. 차는 정해진 곳에서 차례대로 타고 내립니다.
8. 눈·비 오는 날 길을 걸을 때는 특히 조심합니다.
9. 여러 가지 탈것을 바르고 안전하게 이용합니다.
10. 위험한 장난이나 놀이를 하지 않습니다.

자녀의 마음과 영혼을 살찌우는
가정교육이 필요합니다.

교육의 가장 좋은 방법은 모범을 보이는 일입니다.
부모는 자녀의 거울로 부모가 하는 말 한 마디, 표정, 행동 하나하나가 자녀에게 그대로 옮겨집니다.
따라서 건전한 교육관을 갖고 행동으로 가르치는 부모가 되어야 합니다.

1. 올바른 자녀교육의 방법을 찾아 꾸준히 실천합니다.
2. 자녀가 믿고 따를 수 있도록 말과 행동에 모범을 보입니다.
3. 건전한 교육풍토를 만드는 데 적극적으로 참여합니다.
4. 자녀의 장점을 발견하고 믿음으로 격려해 줍니다.
5. 옳고 그름을 분명하게 구분하고 확실하게 가르칩니다.
6. 열 마디 타이름보다 자녀의 한 마디 말에 귀를 기울입니다.
7. 작은 일이라도 미리 계획하고 실천하는 습관을 길러 줍니다.
8. 다양하고 폭넓은 경험을 할 수 있는 기회를 갖게 합니다.
9. 실패나 실수를 성장의 기회로 삼게 합니다.
10. 내 자녀, 남의 자녀를 구별 없이 지도하고 서로 돕습니다.

어린이집 교육과정은 이렇게 짜여 있습니다.

유아의 심신의 건강과 조화로운 발달을 도와 민주시민의 기초를 형성해 가는 것을 목적으로 한다.

영 역	발달 특성
1. 신체운동 · 건강	기본운동능력과 안전한 생활습관을 기른다.
2. 의사소통	일상생활에 필요한 의사소통능력과 바른 언어 사용 습관을 기른다.
3. 사회관계	자신을 존중하고 다른 사람과 더불어 생활하는 능력과 태도를 기른다.
4. 예술경험	아름다움에 관심을 가지고 예술경험을 즐기며, 창의적으로 표현하는 능력을 기른다.
5. 자연탐구	호기심을 가지고 주변세계를 탐구하며, 일생상활에서 수학적 · 과학적으로 생각하는 능력과 태도를 기른다.

2) 어린이집 입원 전 학습준비, 생활습관 지도

- 목적 : 부모는 자녀가 어린이집 입원 전에 자녀에게 어떠한 학습준비를 시켜야 되는지 알게 하여 유아의 어린이집 입원 후 원활한 적응을 도모
- 시기 : 2월 중순경
- 대상 : 학부모
- 방법 : 부모교육, 강의, 유인물
- 실천내용

① 입원 전의 학습준비

ㄱ. 언어생활

- 남의 말에 귀를 기울여서 듣는다.
- “예”, “아니요”라고 똑똑하게 대답할 수 있다.
- 간단한 인사말을 할 수 있다.
- 유아어(엄마, 맘마)를 쓰지 않는다.
- 생각한 것, 경험한 것을 말로 표현할 수 있다.
- 어른에게 간단한 존댓말을 쓸 수 있다.
- 어미를 또렷이 끝까지 말할 수 있다.

ㄴ. 수리생활

- 5까지의 실물이나 구체물을 셀 수 있다.
- 몇째 번, 몇째 줄 개념을 안다.
- 높다, 낮다, 많다, 적다, 크다, 작다 등의 개념을 알고 있다.
- 오늘, 내일, 어제의 개념을 안다.

ㄷ. 학습의 기초 훈련

- 자기 물건과 남의 물건을 구별할 수 있다.
- 자기 이름을 말할 수 있다.
- 어린이집 명칭을 말할 수 있다.
- 집전화번호와 주소를 말할 수 있다.
- 아버지, 어머니의 이름을 말할 수 있다.

② 입학 전의 생활습관 지도

ㄱ. 위생습관

- 아침에 일어나서 스스로 세수를 한다.
- 아침, 저녁으로 양치질을 한다.
- 용변은 아침에 보도록 한다.
- 휴지로 코를 닦을 수 있다.
- 바른 자세로 밥을 흘리지 않고 먹는다.
- 화장실 사용법을 잘 알고 있다.

ㄴ. 일상생활습관

- 옷을 입고 벗을 줄 안다.
- 자기 물건을 간수할 줄 안다.

- 책장을 넘길 줄 안다.
- 바른 자세로 의자에 앉을 수 있다.
- 편식하지 않고 골고루 잘 먹는다.
- 어른에게 바른 인사를 한다.

ㄷ. 안전생활

- 신호등을 지켜 횡단보도 건너기를 할 수 있다.
- 안전한 곳에서 안전하게 놀이한다.
- 위험한 상황에 처했을 때 어른에게 도움을 청할 수 있다.
- 어린이집버스를 타고 내릴 수 있다.
- 낯선 사람을 따라가지 않는다.

3) 어린이집 입원준비 요령

- 목적 : 어린이집 입원 전 부모교육을 통하여 유아들이 어린이집 입원 후 원활한 적응을 도모
- 시기 : 2월 중순경
- 대상 : 학부모
- 방법 : 부모교육
- 실천내용

① 스스로 할 수 있는 일은 스스로 하도록 한다.

옷을 혼자 입고 벗을 수 있도록 하며, 신발도 짝 맞추어 신고 벗을 수 있도록 한다. 겉옷과 내의를 벗을 수 있으며, 식사를 혼자 하고, 장난감이나 물건을 정리정돈 할 수 있도록 한다.

② 학습에 필요한 기초를 습득시킨다.

학습에 필요한 기술이란 남에게 의존하지 않고 유아 스스로 해내는 태도를 포함한다. 크레용을 사용하는 법, 풀칠하기, 음악에 맞추어 움직이기, 노래, 뛰기, 오르기 등의 기술과 자신들의 생각이나 느낌을 표현할 수 있는 태도를 기르기 위해 용기를 북돋워 주고 격려해 주어 이러한 기술을 개발시킨다.

③ 계획을 세우도록 한다.

어린이집에 등원하는 시간과 귀가 시간이 일정하게 정해져 있고 또한 어린이집에서도 정해진 활동시간대로 조직적으로 움직여야 하므로 어린이집에 입원하기 전에 가정에서 하루계획

을 세워 실천해 보도록 한다.

④ 교사에 대해 나쁘게 이야기하지 않는다.

"만약 네가 말을 안 들으면 선생님한테 이를 거야!", "어린이집에서는 선생님께서 너를 때려 줄 거야!" 등으로 선생님을 무섭고 공포스러운 존재로 인식시키기보다는 우리를 도와주고 가르쳐 주는 좋은 분이라는 생각을 갖게 함으로써 어린이집생활을 즐겁게 시작할 수 있도록 해준다.

⑤ 어린이집에서 필요한 용품은 특이하지 않은 것으로 선택한다.

아이가 입원하기 위해 필요한 물품으로 책가방, 공책, 연필, 필통, 지우개, 크레용, 스케치북, 자 같은 문구용품과 아이가 입학식 때 입을 옷 등을 구입한다. 부모들의 욕심으로는 우리 아이가 다른 아이보다 제일 예뻐 보이고 좋은 것을 가지고 있기를 바라지만, 아이들은 다른 어린이와 같은 모양의 신발을 신기를 원하고, 같은 종류의 책가방과 공책을 갖기를 바라므로 특별히 좋은 것보다는 아이들이 좋아하는 것으로 아이와 함께 고르는 것이 좋다.

4) 어린이집 입원준비를 위한 부모교육

- 목 적 : 부모가 자녀를 어린이집에 입원시키기 전에 갖는 불안감을 해소시켜 주고 유아가 어린이집에 가서 잘 적응하도록 함
- 방침 : 부모와 원아가 함께 어린이집을 방문함
- 시기 : 12월, 2월
- 대상 : 학부모
- 실천내용

① 어린이집은 즐겁고 재미있는 곳

예비 신입생에게 어린이집은 호기심 반, 두려움 반의 대상이다. 어린이집에서 만날 즐거운 일들을 미리 들려 준다. 동화듣기, 야외관찰학습, 다양한 놀이 등 다양한 학습을 미리 이야기해 주는 것도 좋은 방법이다. 선생님은 어린이집생활을 도와주는 사람으로, 또래 친구들은 같이 공부하고 놀기도 하는 대상임을 긍정적으로 인식시킨다. 아이가 잘못했을 때 "어린이집에서 이러면 선생님께 혼난다"는 말은 부모의 가장 빈번한 실언 중 하나이다. 입원 전 어린이집 시설을 두루 견학시키는 것도 새 환경에 대한 자신감을 준다.

② 스스로 하기

요즘은 과잉보호로 만 7살에도 혼자 신발을 신고 벗지 못하는 아이도 있다. 숟가락은 사용

해도 젓가락질이 서툴다면 급식을 제대로 먹을 수 없다. 준비물 챙기기도 첫 한 달 정도는 부모가 도와주지만 점차 혼자 하도록 유도하고 자기 물건은 스스로 챙겨 가지고 다니게 한다. 아이들이 가장 취약한 부분이 정리정돈이다. 사물함을 열어 보면 대부분 엉망이라는 것이 교사들의 공통된 지적이다.

③ 어린이집은 규칙이 있는 곳

'어린이집은 시간을 맞춰 가는 곳', '유원장에서는 마음껏 소리칠 수 있지만 교실, 복도에서는 그렇지 않다', '화장실과 수돗가에서는 줄 서는 것', '수업시간에는 앉아 있는 것', '싫어하는 내용도 공부해야 하는 것' 등의 규칙을 미리 깨우쳐 줘야 한다.

④ 바르게 말하기

아이가 의사표현에 자신이 없으면 어린이집생활이 싫어진다. 자기 생각을 자연스럽게 표현하고 자신 있게 말하는 태도가 형성돼야 어린이집생활에 자신감을 갖는다. 유사시를 대비해서라도 적어도 자신의 이름, 반, 주소, 전화번호, 부모의 이름과 근무처는 말할 수 있어야 한다.

⑤ 일찍 자고 일어나기

밤 10시 이전에 자고 아침에 일찍 일어나야 아침식사를 하고 등원할 수 있다. 긴장상태인 첫 한 달이 지나면 상당수 어린이들이 몸살을 앓는 게 예사이므로 건강관리에 유의한다. 3월의 꽃샘추위를 대비해 얇은 옷을 여러 겹 준비하는 것이 바람직하다.

⑥ 이기주의는 버리도록

"친구를 도와줘라", "친구와 나눠라"라고 귀에 못이 박히게 얘기하지만 어려운 일이다. 부모가 모범을 보여야 하는 대목은 반드시 모범을 보인다. 부모조차 자신의 아이가 남보다 앞서야 하고 1등을 해야 한다는 생각을 떨쳐버리는 게 우선이다.

⑦ 안전하게 등하원하기

어린이집에 오가는 통학로를 익혀 주는 것은 물론, 왼쪽으로 걷기, 건널목 건너기 등 안전하게 오가는 방법을 지도해야 한다. 아울러 부모의 허락 없이 아는 사람을 따라가거나, 모르는 사람을 따라가는 일이 없도록 지도가 필요하다. 남의 눈에 띄는 좋은 옷과 신발도 위험하며, 어린이집폭력에 대한 주의환기도 필요하다.

⑧ 건강 지키기

하루 세 번 이 닦기 습관을 기른다. 서울시 어린이집보건원은 "취학 전 시력검사, 구강검사, 예방접종인 DPT와 MMR 4~6세 추가접종 여부 확인이 필요하며 6개월에 한 번은 치과를 방문해야 한다"고 했다.

⑨ **주의가 산만하다면**

집중력이 짧고 끈기가 없으며 부산스러운 아이들이 많아 어린이집 교사들이 고전한다. 이를 위해 수업에 집중할 수 있도록 다채로운 학습법을 동원한다.

문제는 이런 주의산만이 기질적이거나 '장애'의 정도가 심한 경우, 내버려두면 악화되고 학습장애까지 초래하므로 조기치료가 바람직하다.

5) 어린이집 신입생 학기 초 적응교육자료 제작 활용

- 목적 : 부모교육을 통한 학기 초 어린이집 적응교육
- 시기 : 2월 중순
- 대상 : 학부모
- 방법 : 부모교육, 유인물 배부
- 실천내용

① **입원 전에 필요한 지도내용**

예비소집 후 가정에서 입원식까지 어떤 내용을 지도하느냐에 따라 어린이집생활의 적응능력을 향상시킬 수 있다.

ㄱ 입원 전 건강진단

어린이들에게 갑작스러운 어린이집생활은 큰 부담이 된다. 하루에 4~10시간의 어린이집생활이지만 그것이 습관이 되기까지 피로를 느끼는 어린이가 많다. 어린이집에 들어가기 전에 건강진단을 받는 일은 매우 유익하다. 과거에 앓았던 병에 대한 재발 여부와 현재 앓고 있는 병의 경과를 알아보아야 하며, 특히, 폐결핵이나 심장병, 신장병, 치아, 기생충, 시력 등을 미리 살펴보아야 한다.

ㄴ. 어린이집에 대한 좋은 감정 갖기 지도

입원을 앞둔 자녀들에게 간혹 어린이집에 가면 혼이 난다거나 선생님이 무섭다는 이야기를 하는 부모님들이 있다. 이러한 말은 어린이집생활에 전혀 도움이 되지 않는 말들이다. 선생님은 나를 도와주는 분이라는 생각을 갖도록 하는 것과 어린이집은 친구들을 만날 수 있는 즐거운 곳이라는 인식을 심어 주는 것이 좋다. 그리고 어린이집생활에서 생기는 문제에 대해서도 자녀 앞에서는 부정적인 말을 자제하는 것이 바람직하다. 꼭 필요한 경우는 정상적인 경로를 통하여 상담해 주기 부탁한다.

ㄷ. 학습준비 기능 지도

- 자기 이름 써 보기
- 1~5까지 차례대로 세어 보기
- 여러 가지 물건 세는 방법 알아보기(○마리, ○개, ○그루……)
- 색연필을 바로 잡고, 정해진 공간에 색칠하기
- (읽기와 쓰기) 동화책의 그림이나 글자에 흥미를 가지는 정도면 적당하다.
- (수와 셈하기) 수나 셈하기에 대해 미리 학습할 필요는 없으며 생활 속에서 수 개념을 길러 주는 것이 좋다.
- (그리기) 어린이들은 종이를 내놓고 그리기를 좋아한다. 틀에 짜여진 표현법이나 어른들의 시각에서 그리기를 요구하지 말고, 자연스럽게 자기가 그리고 싶은 것을 그리게 하여 그리고 싶은 마음을 길러 주는 것이 효과적이다.

ㄹ. 기본생활습관 지도

- (어린이집생활에의 기대) 어린이집에 갈 아이를 데리고 어린이집을 구경하는 것은 어린이집생활에 대한 기대를 키워 줄 수 있고 어린이집이란 곳에 친근감을 심어 주게 된다. 따라서 시간 나는 대로 어린이집을 사전에 방문하여 '우리 어린이집'란 마음을 갖게 하는 것도 좋다. 그리고 부모님과 유아가 의논하여 통학로를 정해서 항상 같은 길을 이용하도록 하면 좋다.
- (자주적인 생활습관) 모든 일을 자기 스스로 하는 습관 지도는 취학 전의 유아들에게 매우 중요하다. 사소한 것이라도 좋은 버릇이 발견되면 칭찬하여 더욱 권장하는 것이 좋다. 여러 가지 습관을 일시에 바로 잡는 것보다는 하나하나씩 교정하여 길러 주어야 될 것이다.
- (바른 몸가짐) 언제나 단정한 옷차림이 되도록 한다. 특히 자기 몸에 큰 옷, 지나치게 사치스러운 것을 삼가고, 외투(겉옷)는 잠시 벗어놓고 잊어버리는 경우가 자주 있으므로, 잘 챙기도록 한다. 신발끈 묶는 법과 단추나 지퍼를 잠그는 일을 잘 할 수 있도록 한다.
- 이 닦기, 세수하기를 습관화되도록 한다.
- (용변보기 훈련) 화장실 사용법을 익혀서 용변 후 레버를 눌러 변을 씻어 내도록 지도한다. 어린이집에 가기 전에 집에서 대변 미리 보기 등을 훈련시키며, '오줌이 마려우면 참지 말고 선생님에게 이야기할 것'도 일러둔다.
- (정해진 시간에 자고 일어나기) 어린이집생활이 시작되기 전부터 서서히 일찍 일어나는 습관을 길러 주어 규칙적인 생활에 적응할 수 있도록 해야 한다.
- (식사예절) 상이 놓이면 어린이들이 털썩 앉아서 먹는 일이 많다. 그러나 어린이

집생활이 시작되므로 이런 버릇은 바로 고쳐 주어야 한다. 어른이 아직 오지 않은 경우 "어머니, 빨리 오세요", "어머니, 진지 잡수세요"라는 말이 나올 수 있도록 지도하여야 한다. 편식하는 버릇, 그릇 소리를 요란하게 내는 버릇, 반찬 투정하는 버릇 등을 살펴서 하나씩 고쳐 주어야 한다. 우리 조상들이 중요하게 여긴 밥상머리교육은 뒤에서 따로 제시하겠다.

- (자기 물건 스스로 챙기기) 책상이 마련되면 자기 물건을 서랍이나 일정한 곳에 바르게 두고 스스로 챙기는 지도가 이루어져야 한다. 학용품이나 소지품에는 반과 이름을 쓴다.
- (친구들 잘 사귀기) 가정에서 어린이집라는 공동사회로 진출하게 되므로 사회성은 매우 중요하다. 유아들의 사회생활은 여러 사람과의 어울림에서 이루어지므로 말하고 듣는 언어표현력은 사회생활의 기본이 된다. 친구들 간에 문제가 생기면 다른 유아의 탓으로만 돌리지 말고 내 아이에게 문제가 있지 않은가를 먼저 생각해 보는 지혜도 필요하다.
- (교통안전생활) 등·하원 시 안전지도가 가장 중요하다. 가까운 경우 혼자 다닐 수 있도록 입원 전에 횡단보도 건너는 방법을 익히고, 부모님과 함께 여러 차례 반복하여 혼자서도 잘 건널 수 있게 꼭 지도한다.
- (외출 신고 습관) 어린이집생활이 시작되면 집밖으로 나가는 것이 익숙해져 말 없이 잘 돌아다니게 된다. 이것은 유아의 안전사고와 관련하여 고쳐져야 한다. 반드시 어린이집공부를 마치면 집으로 돌아와서 행선지를 밝혀 부모님의 허락을 받고 외출하도록 지도해야 한다.
- (습관의 장·단점) 부모님은 유아의 장점과 단점을 잘 알고 있기도 하지만 자녀에 대한 욕심 때문에 볼 것을 바르게 보지 못하는 경우도 많다. 그리고 가정에서의 행동과 어린이집에서의 행동이 다를 수도 있다. 장점은 더욱 길러 주고, 단점은 선생님과 부모님의 협력하여 교정해 주어야 한다.

ㅁ. 언어생활 지도

- (대답과 소개) 어린이집에 들어가면 이름이 자주 불리게 된다. 그러므로 큰 소리로 바르게 "예" 하고 대답하는 습관이 필요하다. 간단한 자기 집의 이야기를 할 수 있도록 지도하는 것은 여러 사람 앞에서 말을 끝까지, 똑똑하게 하는 기본 훈련이 된다.
- (존댓말 쓰기) 웃어른께 존댓말을 써야 한다. 부모님과 반말로 대화하는 것을 자녀를 사랑하는 방법으로 생각하는 것은 잘못된 것이다. 부모님께도 존댓말을 쓰도록 지도한다.
- (인사하는 예절) 인사예절 지도가 잘되면 어린이집교육이 시작될 때 그대로 예절

지도로 연결된다. 인사예절은 어린이의 '효' 교육과도 통하므로 인사법을 바르게 가르쳐 주어야 한다.

- (그림보고 말하기) 그림을 보고 물음에 대답하거나 자기 생각을 말하는 연습을 하는 것은 언어생활에 큰 도움이 된다.

  ★ 말하기 능력은 아이의 경쟁력을 키우는 데 필수 요소이다.

ㅂ. 나를 알게 하는 지도

- 우리나라 이름 알기 : 대한민국
- 우리 집 주소 알기 : 전북 정읍시 입암면 ○○리 ○○번지
- 우리 조상 알기(할아버지, 할머니, 아버지, 어머니 이름 알기) : 뿌리 알기
- 우리 어린이집 이름 알기 : ○○어린이집

ㅅ. 학습준비물 마련

- 기본적인 학습도구 외 학습준비물의 일부는 어린이집에서도 구입, 배부하고 있다.

6) 어린이집 신입생 가정지도 자료제작 활용

- 목적 : 학부모에 대한 가정지도 자료 배부 활용을 통한 신입생의 학기 초 적응능력 배양
- 시기 : 2월 중순
- 대상 : 학부모
- 방법 : 부모교육, 인쇄물 배부
- 실천내용

신입생 가정지도 자료의 이용 안내

귀 자녀의 본원 입원을 진심으로 환영합니다.
귀여운 자녀가 입원을 앞두고 즐거움과 희망으로 가득차 있으리라 생각됩니다.
한편으로는 환경이 달라지는 어린이집생활에 걱정과 두려움도 조금은 있으리라 믿습니다.
귀 자녀가 하루 빨리 어린이집생활에 적응하고 즐거운 어린이집생활이 되는 데 조금이라도 도움이 되었으면 하는 바라는 마음에서 몇 가지 참고할 사항을 알려 드리오니 가정에서 지도와 보살핌이 있으시길 바랍니다.

기본생활습관

① 등원 지도

- (보행) 집에서 어린이집까지 걸어서 가야 할 길을 자세히 안내해 주어야 한다. 특히 등·하원 시 중간에서 놀지 않고 곧바로 집에 돌아오게 한다든지 낯선 사람이나 불량배의 꾐

에 넘어가지 않도록 조심시키고 대처할 수 있는 요령도 나름대로 알려 주어야 한다.

• (승용차 이용) 차량을 이용할 때에는 원내에 들어오지 말고 정문 앞까지만 이용한다.

② 화장실 사용 지도

• 미리 휴지를 챙겨서 용변을 마치고 혼자 뒤처리하고 손을 씻을 수 있도록 하며, 특히 용변은 가급적 아침식사 전에 보는 습관을 들일 수 있도록 해 주고 화장실의 이용방법도 지도해 주기 바란다.
  - 문 열기 전에 노크하는 법
  - 2명 이상이면 줄 서기
  - 용변의 바른 자세
  - 침을 화장실 바닥에 뱉지 않기
  - 화장실 벽에 낙서 않기
  - 손 씻기 등

③ 인사예절 지도

• 등하원 길에 이웃 어른이나 선생님, 친구를 만나면 공손하고 다정하게 인사하는 요령을 지도해야 한다. "안녕", "안녕하세요?"라는 말과 함께 어른에게는 고개와 허리를 약 15° 정도 굽혀서 인사하고, 하루에 두 번 이상 선생님을 만나면 목례만 하는 것도 예의라고 알려 준다.

• 인사를 할 때 부끄럼을 탄다든지 머뭇거리거나 몸을 뒤틀지 않아야 한다. 또한 어린이집에 가기 전과 어린이집에 다녀와서도 부모님과 가족들에게 꼭 인사하는 요령도 지도해야 한다.

④ 대답하는 요령 지도

• 묻는 말에 고개를 끄덕이거나 흔들며 대답하거나 "응", "아니"라고 예삿말로 대답하는 버릇을 잡아 "예", "아니요" 하는 말로 대답할 수 있도록 지도한다.

⑤ 바른 옷차림 요령 지도

• 자기 옷을 스스로 벗고 입을 수 있고 단추나 지퍼 등도 스스로 끼울 수 있도록 연습시킨다.

⑥ 용의 청결 지도

• 아이 혼자서도 이, 세수, 발을 씻고 머리도 감을 수 있으며 손톱, 발톱도 자주 깎는 버릇을 들이도록 한다.

⑦ **아침식사 지도**

- 아침에는 좀 일찍 일어나서 충분한 시간적 여유를 가지고 식사할 수 있도록 한다. 충분한 아침식사가 건강한 어린이집생활의 지름길이 된다.

⑧ **군것질 예방 지도**

- 군것질을 많이 한 아이들은 침착하지 못하고 주의가 항상 산만한 것을 자주 보게 된다. 군것질을 줄이고 부모님이 마련해 주는 식품을 먹는 습관을 가질 수 있도록 한다. 또한 군것질한 봉지나 종이는 꼭 휴지통에 버리게 하는 습관도 필요하다.

⑨ **아동의 소속에 대한 지도**

- "저는 ○○어린이집에 다니는 ○○○입니다", "저희 선생님은 ○○○선생님이십니다" 등을 지도해 주고 다음의 내용도 같은 요령으로 지도한다.
- 부모님의 성함
- 집 전화번호, 어린이집 전화번호 등

⑩ **교통질서 지도**

- 아무리 강조해도 지나치지 않다. 길을 건너다닐 때에는 꼭 횡단보도를 이용할 수 있도록 하며, 특히 군것질을 하면서 걷거나 버스를 타고 다니는 일도 없어야 한다.

2. 입원 후 적응교육

입원 후에 유아가 어린이집생활에 잘 적응할 수 있도록 하는 적응활동 프로그램을 적용한다.

1) 학기초 어린이집 적응활동학습

어린이집 신입 입원 적응교육은 전항에서 밝힌 바와 같이 신입원아 적응대비교육을 통하여 지도하는 것이 바람직하다. 그러나 입원 후에도 교사의 적응교육이 지속적으로 이루어져야 하는데 다음에서 한 가지 실천 사례를 제시한다.

① 기간 : 3월 4주 동안

② 방법 : 일과 운영활동을 통한 통합지도

③ 어린이집 적응 활동학습내용

학기 초 어린이집 적응활동학습내용은 다음 〈표 III -16〉와 같다.

〈표 III -16〉 어린이집 적응활동학습

주	영 역	목 표	활 동 내 용	활 동 자 료	시간수
1	우리 어린이집 (물리적 환경과 관련된 경험)	새로운 물리적 환경에 익숙해지도록 돕는다.	• 입원식에 참여하기 • 학년반, 우리 선생님 알기 • 자기 자리와 교실의 물건들 알아보기 • 우리 어린이집 가족들 알아보기 • 어린이집 시설과 이용방법 알기 • 어린이집 규칙과 자랑거리 알아보기 • 어린이집 가는 길 익히기 • 교통신호와 교통규칙 익혀 놀이하기	• 이름표 • 교실에 있는 물건 • VCR 자료 • 교기 • 손수건, 동전 • 전화카드 • 교통 표지판 • 모형신호등, 신호기	4
2	내 친구 (인간관계와 관련된 경험)	새로운 인관관계에 따르는 바른 태도를 형성하도록 돕는다.	• 자기 소개하기 (사는 곳, 좋아하는 것, 가족 자랑) • 어른이 되어 하고 싶은 일 알아보기 • 친구와 인사 나누기 • 친구의 얼굴과 이름 익히기 • 짝의 좋은 점 알기 • 서로 돕기와 양보하기 • 약속 지키기	• 삽화 • 예화자료 • 녹음기 • 이름카드 • 가족사진 • 크레파스 • 종합장 • 색연필 • 체육복 • 역할놀이, 소도구	4
3	여럿이 있어요 (생활규범과 관련된 경험)	원만한 단체생활을 위한 기본적인 생활규범을 익혀 습관화 되도록 돕는다.	• 건강한 생활에 필요한 태도 알기 • 스스로 할 수 있는 일 찾아보기 • 단정한 몸차림 하기 • 청소 용구의 이름과 이용법 알기 • 주변 청소하기 • 쓰레기 분리해서 버리기 • 어제, 오늘, 내일 구별하기 • 층계, 복도에서 바르게 걷기 • 바른 인사 방법 익히기 • 태극기, 애국가에 대한 예절 지키기	• 컵, 치약 • 칫솔, 수건 • 마른 걸레 • 비닐봉지 • 집게 • 연필, 크레파스 • 종합장 • 색연필 • 체육복 • 역할놀이, 소도구	4
4	공부하는 ○○ 어린이 (학습과 관련된 경험)	학습에 필요한 기초 기능과 태도를 습득하도록 돕는다.	• 다른 사람의 말을 바르게 듣기 • 자기 생각을 바르게 나타내기 • 학용품의 종류와 사용법 익히기 • 같은 점, 다른 점 찾아보기 • 여러 가지 동 · 식물 살펴보기 • 기본 도형의 모양 구별하기 • 여러 가지 탈것의 특징 살펴보기 • 빠진 것 그려 넣기 • 글자 · 숫자 익히기	• 색연필, 주사위 • 종합장 • 색종이 • 동물의 탈 • 크레파스 • 낱말그림카드 • 공, 장난감	4

제 Ⅳ 부

아동 부적응행동 지도

유아교육활동이 집단지도와 개별지도가 순환적이며 역동적으로 이루어져야 학습의 효율성을 제고시킬 수 있듯이 생활지도 또한 집단지도와 개별지도가 역동적으로 이루어져 집단지도를 통하여 지도를 해도 바르게 성장하지 못하는 유아들에 대해서는 해당 행동에 대한 부진요인을 찾아 개별지도를 해주어야 한다. 이와 같이 개별지도를 받아야 하는 유아들을 일반적으로는 부적응아라고 말한다. 흔히 유아교육현장에서는 집단지도를 통하여 완전한 학습이 이루어지지 않은 일부 부적응아에 대하여 지도하지 않고 귀찮은 문제아로 판단하고 지도를 포기하는 경우가 더러 있다. 이러한 처사는 당해 유아에게는 평생 치유할 수 없는 치명적인 상처로 남을 수도 있다. 유아기에 적절한 지도를 해주었다면 해결될 수 있는 간단한 부적응행동을 지도의 적기를 놓침으로써 부적응행동이 문제성으로 고착될 수 있기 때문이다. 따라서 제Ⅳ부 아동 부적응행동 지도의 제1장 부적응행동의 이해에서는 부적응행동에 관련된 이론과 지도계획을 탐색해 보고, 제2장 부적응행동의 주요기법에서는 행동수정기법, 대화기법, 상담기법에 대해 알아보고, 제3장 부적응행동 지도의 실제에서는 유아생활지도 7개 영역에 걸쳐 부적응행동 유형별로 지도사례와 방법에 대하여 기술한다.

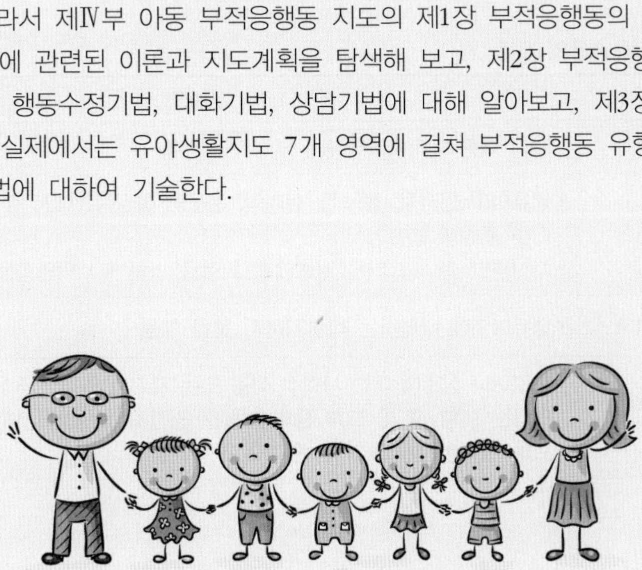

제1장

아동 부적응행동의 이해 및 지도계획

부적응행동 지도가 효율적으로 이루어지기 위해서는 우선적으로 부적응행동에 대한 이해가 선행되어야 한다. 따라서 부적응행동의 이해에서는 부적응행동의 개념, 부적응행동에 대한 그릇된 오류, 부적응행동 지도계획에 대하여 알아보기로 한다.

1. 부적응행동의 개념

흔히 부적응아를 문제를 가진 유아로서 교사나 부모를 괴롭히거나 골치 아픈 유아, 유아교육기관에서 공부를 못하면서 동료들을 괴롭히는 유아가 갖고 있는 특성 행동으로 바람직하지 못하며 사회적으로 지탄을 받는 유아 등 모두가 부정적인 선입견으로 보는 경우가 많다. 유아교육학자와 관련기관 단체에서 보는 부적응행동의 개념을 총괄해 보면 다음과 같다.

〈표 IV-1〉 부적응행동의 개념

학자명	개념
박정옥(2013)	• 자기 나름의 적응과정에서 부정적인 행동
송나라(2012)	• 영유아의 인지적, 정서적, 심리적, 운동적 발달측면에서 정상적인 아동의 범주와 다른 특성의 행동양식 • 자신뿐만 아니라 다른 사람에게 위험을 가하거나 악영향을 주는 행동
신혜원(2015)	• 영유아기에 나타나는 바람직하지 못한 행동
간호학대사전(1996)	• 환경이나 상황에 대한 사회적 적응 또는 자기의 인격적 적응에 실패했을 때에 나타나는 퇴행, 공격, 도피 등의 행동을 경감시키는 방어기제의 표현인 경우도 있으며 이상한 방법에 의한 일종의 적응과정

학자명	개념
두산백과(2008)	• 개인이 사회생활을 하고 인간관계를 맺는 데 있어서 그 사회의 질서규범에 적응하지 못하여 사회에 대하여 문제가 될 뿐 아니라 자신의 발전에도 바람직하지 못한 상태
사회복지학사전(2009)	• 목적행동이 저지되거나 적응행동이 좌절되거나 해서 사회적 규범을 무시하고 욕구충족을 위해 일반적인 기준(정상)에서 일탈하는 행동
Kaiser & Rasmiaky(2003)	• 사회적 규범에 벗어난 행동이나 사회적인 문제 또는 학교에서 실패를 경험하게 할 수 있는 행동

개체가 환경 또는 상황에 따라 거기에 알맞은 행동을 학습하고 자기에게 적합하도록 환경에 적응하거나 또는 환경에 적합한 상황을 만들어 내는 행동을 적응이라고 한다면 부적응이란 이에 반대되는 개념으로 이상에서 밝힌 여러 학자들의 견해 속에 함축되어 있는 특성은 다음과 같다.

첫째, 유아행동의 전 영역에 걸쳐 이루어진다.

둘째, 학교에서 실패를 경험하거나 목적행동이 저지되거나 행동의 적응이 저지되었을 때 일어난다.

셋째, 행동에 관한 적응과정이 일반적인 기준에서 일탈하여 비정상적인 방법으로 적응시키고 있다.

넷째, 사회적인 발전을 저해하고 자신의 발전에도 바람직하지 않다.

다섯째, 본인과 다른 사람에게 위험을 가하거나 악영향을 준다.

여섯째, 개인의 사회생활과 인간관계를 맺는 데 나쁜 영향을 준다.

일곱째, 퇴행, 공격, 도피 등 방어기제를 사용하여 적응하는 등 다양한 성격을 지니고 있다.

이상의 성격을 종합하면 부적응행동이란 유아들이 '실패의 경험, 목적이나 행동적응이 저지되었을 때 이에 방어기제나 비정상적인 방법으로 적응하려는 행동으로 다른 사람이나 본인에게 위험이나 악영향을 줌은 물론, 개인이나 사회생활을 저해하며 유아생활의 전 영역에서 표출되는 일탈된 바람직하지 못한 행동으로 대개의 경우, 정상적인 유아의 범주와 다른 특성의 행동양식'을 말한다.

2. 부적응행동에 대한 그릇된 오류

현장 교사들은 유아 부적응행동에 대하여 많은 오류를 가지고 있다.

1) 부적응행동을 비적응행동으로 오인한다.

비적응행동이란 '어떤 상황에 적응하지 못하는 경향'으로 부적응행동과는 다르다. 비적응행동은 '교사가 다양한 방법으로 지도해도 교정되지 않고 오랫동안 남아있는 행동'을 말한다. 한편 부적응행동은 적응하지 못하는 것이 아니라 정상적이고 합리적인 방법으로 적응하는 것이 아니고 비정상적이고 비합리적인 방법으로 적응하는 행동을 말한다. 예를 들면, 상냥하고 고운 말로 과자를 사달라고 하면 사주지 않은 것이라 생각하고 울고 떼쓰면서 과자를 사달라고 하여 목표를 달성하는 등 비정상적이고 바람직하지 않은 행동으로 적응하는 경우이다.

2) 부적응아를 문제아로 생각하는 경향이 있다.

문제아동(problem child)과 문제를 가진 아동(child with problem)은 다르다. 문제아동(problem child)은 고질적인 문제를 지니고 있어 수정하거나 교정하기가 지극히 어려운 아동을 칭함에 반해, 문제를 가진 아동(problem with child)은 잠정적 또는 일시적으로 문제를 가지고 있는 아동으로 문제만 떼어내면 정상아동으로 바로 전환할 수 있는 아동을 말한다. 부적응아는 문제아가 아니라 문제를 가진 아동으로 문제만 떼어내면 쉽게 정상아가 되는 것처럼 문제가 있어 잠시 바람직한 적응을 못할 뿐이다.

3) 부적응행동을 교사의 기준으로 판단하려 든다.

현장 유아교사들은 유아의 행동을 교사의 기준으로만 판단하려는 경향이 있다. 우리 주변에서는 교사의 그릇된 판단과 편견이 당해 영유아발달에 엄청난 모순과 치명적인 상처를 가져오는 경우가 허다하다. 예를 들면, 아침에 유치원에 오면 무기력하고 힘이 없으며 친구들과 어울리지 못하는 유아를 보고 교사가 친구들과 어울리지 못하는 소극적인 성향의 유아라고 판단하였으나 사실은, 유아는 요즘 양부모가 이혼문제로 서로 다투면서 가정이 파탄지경에 이르면서 부모들이 유아의 생활에 전혀 관심을 가지지 않은 상황에서 극도의 불안을 느낀 유아의 심정을 고려하지 않고 교사가 잘못 판단한 경우이다.

4) 교사나 학부모는 현재 진행 중인 유아의 부적응행동을 발달상의 과정으로 보지 않고 현재의 부적응행동으로 속단한다.

교육은 미숙한 상태에서 성숙한 상태로 발전시키는 과정이다. 한 유아의 지금의 성숙한 발달상황은 과거 얼마 전 미숙의 과정을 밟아 지금의 성숙으로 형성된 것이지 교사나 학부모의 교육적 개입이 없이 바로 성숙으로 이어지는 경우는 거의 없다. 예를 들면, 걸음마기 영아가 자신의 욕구가 해결되지 않을 때마다 징징거림이나 짜증을 내는 행동을 보고 이것을 부적응 행동으로 보기보다 발달과정상 겪는 행동 즉, 지극히 정상적으로 진행하는 행동으로 보아야 한다. 이러한 부적응행동은 걸음마기가 지나면서 자연적으로 치유되는 것이다. 이것은 교사가 유아발달에 대한 이해가 부족하기 때문에 오해해서 비롯된 문제이다.

5) 교사나 부모는 유아발달의 개인차를 무시하고 보편성을 지나치게 강조하는 경향이 있다.

유아의 발달과 성숙은 연령에 따라 보편적인 성행이 있음은 재론의 여지가 없다. 그러나 영유아의 발달이나 성숙이 일반 영유아에 비하여 떨어지면 무조건 부적응행동으로 속단해서는 안 된다. 교사나 부모는 어떤 경우, 영유아의 발달과정에는 개인차가 있음을 인정하고 현재 부적응행동으로 보이는 행동이 지극히 자연적인 발달과정임을 인정해야 할 때가 많다.

6) 교사나 부모는 유아의 부적응행동을 당해 유아의 미래 성공가능성에까지 연결시켜 속단하는 경우도 있다.

'잘될 나무는 떡잎부터 알아본다'라는 말이 있다. 이러한 생각을 적용하여 유아들이 현재 지니고 있는 부적응행동이 곧잘 수정되지 않고 교사나 학부모 또는 동료교사들에게 위협적이고 골치 아픈 상황으로 치닫으면서 초등학교에 가서 학업 성취에도 저해로우며 또한 훗날 미래에 성공가능성이 희박하다고 속단하는 오류를 갖는 경우도 있다.

7) 교사는 활동실의 안정적인 분위기 조성을 위해서 부적응행동만 지도하면 된다고 오판한다.

교사는 활동실 내에서 부적응행동만을 지도하는 데 급급하고 적응행동에는 관심이 없다. 부적응행동에만 관심을 가지고 있는 동안 적응행동을 강화해주지 않는다면 적응행동을 해오던 유아들이 교사의 관심을 끌기 위해 적응행동을 무시하고 부적응행동을 보임으로써 활동실이 더욱 소란해질 수도 있다. 이런 경우, 교사는 '영수야, 너는 왜 요즘 선생님 말을 안 듣니?' 하는 말을 자주하게 된다.

3. 부적응행동 지도계획

부적응행동 지도를 위해서는 먼저 부적응행동 지도계획을 수립하여야 한다. 부적응행동 지도계획 수립을 위해서는 다음과 같은 과정을 밟는다.

1. 원아행동전수관찰조사
⇓
2. 원아행동전수 관찰조사 결과 분석
⇓
3. 원아 부적응행동 유형별 유아 파악
⇓
4. 원아 부적응행동 유형별 요인분석 결과 종합
⇓
5. 원아 부적응행동 유형별 지도계획 수립

〈그림 IV-1〉 **부적응행동 지도계획 수립과정**

위 그림에서 보는 바와 같이 부적응행동 지도계획을 수립하기 위해서는 5개의 과정을 밟는데 다음에서 과정별 추진방법에 대하여 간략하게 설명하기로 한다.

1) 원아행동전수관찰

유아교사가 학기 초에 유아학급을 담당하면 전 유아를 대상으로 3~4주 동안에 걸쳐 유아행동을 관찰하여 유아 개인별 행동특성과 부적응행동 유형별 유아수를 파악해야 한다. 이것을 원아행동전수관찰조사라고 한다.

원아행동전수관찰의 개요는 다음과 같다.

① 목적 : 유아 개인별 행동특성 파악
② 대상 : 학급 내 전 유아
③ 내용 : 유아의 개인별 행동특성, 부적응행동 유형 파악
④ 조사방법 : 관찰
⑤ 조사기간 : 학기 초 3~4주간

위와 같은 요령으로 학급 내 전 유아를 대상으로 실태조사를 실시하는데, 실태조사는 다음

의 요령으로 3~4주 동안 전 유아들의 행동발달 상황을 관찰 기록한다.

〈표 IV-2〉 유아행동관찰기록부

월 일	대상유아	행동관찰내용	특기사항
3/8(화) 10 : 00~ 10 : 05	이수영	화장실을 다녀오도록 지시한 후 화장실 앞에 가서 관찰해보니 수영이가 오더니 대열 중간 형욱이 앞에 끼어 선다. 형욱이 안 된다고 하면서 수영이 앞으로 다시 가서 서니까 이번에는 형욱이를 발로 차고 다시 수영이 앞에 선다. 수영이는 결국 자기순서를 양보한다.	공격성 행동 1회 발견
10 : 10~ 10 : 12	이수영	화장실을 다녀온 뒤 활동실 안으로 뛰어온다. 뛰어오면서 소꿉놀이 영역에서 영아 인형 한 개를 집더니 한번 들여다보고는 소꿉놀이 영역 중간부분에 던져버린다.	공격성 행동 2회 발견
10 : 13~ 10 : 18	강민구	명수가 화장실에서 나와 보켓트에 손을 넣었다 빼는 순간 종이가 활동실에 떨어지는 것을 보고 민구가 재빨리 주워서 휴지통에 버리고 양손바닥을 서로 비빈다.	봉사

행동관찰 기록 시 고려할 사항은 다음과 같다.

① 부적응행동을 하는 유아뿐만 아니라 전 유아를 대상으로 관찰하여 전 유아들의 행동특성을 알아보기 위해 전 유아 전수관찰조사를 실시한다.

② 관찰기록을 하기 전에 가정조사서, 학부모 면담결과, 전 담임의 의견 등을 청취하는 등 각 유아에 대한 사전 정보를 입수한 후 관찰결과를 기록하면 더욱 효과적이다.

③ 학기 초 3~4주 동안 한 유아도 빠짐없이 관찰하여 기록한다.

④ 부적응행동뿐만 아니라 바람직한 행동도 기록한다.

⑤ 관찰사항은 유아들이 알지 못하도록 하고 관찰 즉후에 바로 기록하도록 한다.

2) 원아행동전수관찰조사 결과 분석

전항 원아행동전수관찰조사를 통하여 교사가 3~4주 동안 누가적으로 작성한 유아행동관찰기록부를 분석하여 다음과 같은 요령으로 정리한다.

① 유아행동관찰기록부의 관찰내용을 다음 표와 같이 분석한다.

〈표 IV-3〉 유아행동관찰내용 분석표

월일	대상유아	행동관찰 분류
3.8	이수영	폭력적, 공격적 행동(발로 차기)
	이수영	폭력적, 공격적 행동(던지기)
	강민구	봉사
	은재돈	협동
	이연구	친사회적 행동
	문일수	고집을 부리는 행동
	이문영	친사회적 행동(휴지 줍기)
3.9	김일기	봉사
	문일수	장난감을 빼앗는 행동
	이문영	친사회적 행동
	이수영	소리 지르기

교사가 3~4주 동안 유아행동관찰기록부에 관찰하여 기재한 내용을 행동 유형별로 분석한다.

② 전항의 분석내용을 가지고 유아행동 관찰내용 분석결과를 아래 표와 같이 종합한다.

〈표 IV-4〉 유아행동 관찰내용 분석결과 종합

행동유형 / 유아별	부정적인 행동													긍정적인 행동	
	공격적 행동			반항행동				정서적 행동						바람직한 행동	계
	장난감을 빼앗는 행동	친구를 때리고 밀고 꼬집는 행동	놀잇감을 던지는 행동	소리지르기	자기마음대로 안되면 떼쓰기	장소이동시 가지 않으려는 행동	놀잇감 나누기를 거부하기	칭얼대는 행동	어머니와 해어질때 우는 행동	손가락을 빠는 행동	낯선사람을 두려워 하는 행동	평상시 애착물을 가지고 다니는 행동	계		
이수영		3	1										4		
김일기														2	2
은재돈															
이연구														1	1
이문양															

앞의 표에서 보면 이수영 유아는 공격적 행동이 4회 관찰되었으나 나머지 유아는 바람직한 행동이 나타나고 있어 해당 바람직한 행동을 강화해 주어야 할 상황이다.

3) 부적응행동 유형별 유아수 파악

부적응행동 유형별로 유아수를 파악하여 유아 개인별 지도계획 수립 자료로 활용한다.

〈표 IV-5〉 유아 부적응행동 유형별 유아수 파악 (2016.3.3~2016.3.31)

유아 명	부정적 행동	행동유형	횟수	계	비고
이수영	친구를 때리고 밀고 하는 행동	공격적 행동	3	5	
	놀잇감을 던지는 행동	공격적 행동	1		
	소리 지르기	반항행동	1		
원명렬	자기 마음대로 안되면 떼쓰기	반항행동	2	3	
	소리 지르기	반항행동	1		

4) 부적응아별 부적응행동 요인분석

부적응아에 대한 부적응행동 요인을 전담임, 학부모, 교사의 입장에서 알아보고 이를 종합하여 부적응행동 요인을 정리하여야 한다.

부적응아별 부적응행동 요인분석의 '예'를 들면 다음과 같다.

〈표 IV-6〉 **부적응아별 부적응행동 요인분석자료**

<table>
<tr><th colspan="5">유아현황</th><th>가족현황</th><th colspan="2">가정의 특수성</th></tr>
<tr><td colspan="2">연령</td><td>5</td><td>성별</td><td>남</td><td rowspan="5">할머니 : 가사 조력
아버지 : 회사원
어머니 : 회사원
※어머니는 늦은 시간까지 근무</td><td colspan="2" rowspan="5">• 할머니로부터 총애를 받음
• 유치원 등 · 하원 : 할머니
• 양부모는 직장 출근 관계로 유아의 교육은 전적으로 할머니의 책임 하에 이루어짐</td></tr>
<tr><td colspan="2">유치원경험</td><td colspan="3">3년</td></tr>
<tr><td colspan="2">지능</td><td colspan="3">정상</td></tr>
<tr><td colspan="2">친구</td><td colspan="3">없음</td></tr>
<tr><td colspan="2">즐기는 활동</td><td colspan="3">실외놀이</td></tr>
<tr><td colspan="2">행동특성</td><td colspan="4">• 친구들을 때리거나 밀치는 행동
• 물건을 집었다가 던지는 행동
• 가끔 큰 소리를 지르며 뛰어다니는 행동</td><td>행동유형</td><td>공격적, 반항적 행동</td></tr>
<tr><td rowspan="3">부적응요인</td><td>전담임의 의견</td><td colspan="6">• 공격적, 반항적 행동이 다소 있어 수시로 지도를 받은바 있으나 그 정도는 심하지 않음
• 친하게 노는 친구가 1명 있었는데 다른 지역으로 이사를 갔음
• 친구들과 잘 어울리는 편이 아님
• 할머니가 등 · 하원 시키며 총애를 받고 있음</td></tr>
<tr><td>학부모의 의견</td><td colspan="6">• 유치원에서 공격적인 행동으로 다른 동료유아들을 괴롭히는 사실을 모르고 있음
• 유아의 인지능력이 뛰어나다고 생각함
• 유치원에서 꾸중을 듣고 와도 꾸중받았다고 말하지 않음
• 유아의 요구는 전부 수용해 주는 편임
• 유치원에서 하원하면 대부분 시간을 집에서 보냄</td></tr>
<tr><td>교사의 의견</td><td colspan="6">• 친하게 노는 친구가 없으나 놀이하는 친구들 속에서 잘 노는 편임
• 그림책을 보거나 게임을 할 때 오래 집중하지 못함
• 친구들과의 놀이에서 거부당하면 소리를 지르면서 공격적인 행동을 함
• 다른 친구들로부터 공격당하거나 요구가 좌절되면 울고 소리 지르면서 교사에게 곧잘 호소함</td></tr>
<tr><td colspan="2">종합의견</td><td colspan="6">• 가정에서 외동으로서 유아의 요구를 모두 수용해 줌으로써 자기중심적으로 성장하고 있으며 부모들은 유치원에서의 생활모습에 대하여 잘 이해하지 못하고 있음
• 성격이 급하고 즉흥적이며 자기조절력이 부족한 편임
• 마음이 통하고 이해해 줄 친구가 없고 친구들 또한 공격적인 성향이 있어 친구들이 잘 수용해주지 않고 있음. 가정에서도 친한 친구가 없음</td></tr>
</table>

부적응아행동 요인분석 시 고려할 사항은 다음과 같다.

첫째, 위 표에서 보는 바와 같이 전담임, 학부모, 교사 의견만을 근거로 하여 종합의견을 진술하고 있으나 동료친구들의 의견, 본인의 의견, 그리고 각종 전문화된 표준화검사결과 등을 활용하면 더욱 신뢰로운 부적응행동 유발요인을 발견할 수 있다.

둘째, 전담임, 학부모의 의견 중에는 많은 편견이 있을 수 있음도 감안해야 한다.

셋째, 지금까지 유아기관에 보관된 해당 유아에 대한 각종 지도자료, 성장과정에 관련된 자료들을 분석하여 참고할 수도 있다.

5) 부적응아별 지도계획 수립

이상에서 밝혀진 부적응아별 부적응행동 요인을 근거로 하여 부적응아 지도계획을 부적응아별로 수립한다. 그 예를 들면, 다음과 같다.

〈표 IV-7〉 부적응아 지도계획

부적응행동	대책	지도계획
공격적·반항적 행동 1. 친구들을 때리거나 밀침 2. 아무이유 없이 물건을 집어서 놓을 때 던짐 3. 크게 소리지르며 뛰어다님	1) 가정과 연계 교육	① 유치원에서 일어난 일을 학부모에게 수시로 전화연락 특히 공격적·반항적 행동은 반드시 구체적으로 통보함 ② 유아가 무엇을 해달라고 요구 시 일정한 약속을 하고 약속 이행 시 요구를 들어주도록 함 ③ 할머니가 가끔 활동실에서 유아의 활동모습을 관찰하도록 함
	2) 친구들과의 친교관계형성	① 친하고 싶은 동료유아 확인 : 상담 ② 친하고 싶은 동료 유아와 친교 맺기 지도 ㄱ. 공동작업 시키기 ㄴ. 야외관찰 학습 시 손잡고 가기 ㄷ. 옆에 앉히기 ㄹ. 같이 친하게 지내도록 격려하기
	3) 자기조절력, 자기통제력 배양	① 작업제시 후 끝까지 완성한 경우에는 반드시 칭찬하기

부적응아 지도계획 수립 시에는 다음과 같은 사항을 고려한다.

① 대책이나 지도계획 수립 시에 동료교사의 조언을 구한다.

② 지도계획을 수립할 때 관련 연구 보고서, 관련문헌, 관련 실천 자료를 수집하여 다양한 정보를 입수하여 활용한다.

③ 모든 계획은 정상적인 유아교육활동과정에서 투입할 수 있는 지도계획으로 정상적인 유아교육활동 진행에 지장을 주지 않는 계획이어야 한다. 특히, 동료 유아의 행동을 제약하거나 나쁜 영향을 주어서는 안 된다.

6) 부적응아 지도

부적응아 지도계획이 수립되면 부적응아 지도에 들어간다.

(1) 부적응아 지도 시 고려할 점

① 해당 부적응 유아의 부적응행동 교정으로 다른 동료 유아들의 교육 활동지도에 지장을

주어서는 안 된다.

② 지도계획은 일시에 투입하는 것이 아니라 일정한 간격을 두고 투입하며 성과가 나타나면 다른 지도내용의 투입은 중단한다.

③ 가정과의 연계지도를 위한 다양한 방법을 연구 적용한다.

④ 부적응아에 대한 그릇된 편견을 지양하고 여타 동료 유아들과 동일하게 대한다.

(2) 부적응아 지도 누가 기록부 활용

아래와 같이 부적응아 지도 누가 기록부를 작성 활용한다.

〈표 IV-8〉 **부적응아 지도 누가 기록부**

월일	지도내용	행동관찰결과	특기사항

부적응아 지도계획에 의거 계획된 지도내용의 투입상황에 따라 해당 유아의 행동이 어떻게 변화하는지 자세히 관찰하여 그 결과를 기록하고 변화과정에 따른 지도계획을 수정·보완할 수 있다.

부적응아 지도계획은 주별, 일별로 계획을 구체화하여 시행하면 더욱 효과적이다.

제2장

아동 부적응행동 지도의 주요기법

제Ⅱ부 제1장에서는 유아들의 문제 또는 부적응행동에 영향을 주는 요인이 무엇인가를 밝히고, 제2장에서는 유아들의 바람직한 행동지도를 위한 일반적인 생활지도의 방안에 대하여 알아보았다. 따라서 본 장에서는 제Ⅱ부 제1, 2장에서 밝힌 문제 혹은 부적응행동의 영향요인과 지도방안을 근간으로 하여 부적응행동 지도를 위한 보다 더 구체적인 지도방법에 대하여 알아보기로 한다. 유아의 부적응행동은 유아의 가정적인 요인, 유아 기질적 요인, 유아교육기관 내의 제 영향요인 등에 의해 형성되는데 같은 유형의 행동이라 할지라도 유아 개개인의 영향요인이 다르기 때문에 모든 유아에게 적용될 수 있는 공통적인 지도방법을 구인하기란 지극히 어려운 문제이다. 그러나 유아교사가 유아학급에서 일반적으로 부적응행동 지도를 위하여 쉽게 적용할 수 있는 방법으로 행동수정기법, 대화기법에 한해 간략하게 기술하기로 한다.

1. 행동수정기법

1) 정의

행동수정기법이란 '유아교육기관에서 잘못 형성된 행동을 수정하는 데 초점을 두는 것으로 행동치료사, 혹은 유아교사가 증상을 감소시키고 파브로브의 조작적 조건화, 혐오치료, 상호억제와 같은 기본적인 학습기법을 적용하여 쓸모없거나 부정적인 행동패턴을 수정하는 방법'이다.

2) 특성

행동수정기법은 다음과 같은 특성이 있다.

① 바람직한 행동이건, 바람직하지 못한 행동이건 모든 행동은 환경과의 상호작용을 통하여 학습된 것으로 본다. 따라서 학습이론에 따라 교사는 바람직한 행동은 더욱 강화하도록 촉진하고 바람직하지 못한 행동은 적절한 학습지도를 통하여 제거할 수 있다고 본다.

② 행동수정이론은 순전히 학습이론으로 파브로브(Pavlov)의 고전적 조건화설, 스키너(Skinner)의 작동적 조건화설의 이론을 기초로 형성된 학습이론에 근거한다.

③ 행동수정기법이란 인간 자체를 수정하는 것이라기보다 인간의 행동에 초점을 맞추는 것으로 행동은 학습되는 것이며 또한 학습은 경험을 통하여 영속적인 변화를 초래하는 과정이다(정성화 외, 2015).

④ 행동수정기법은 유아의 부적응행동을 수정할 뿐만 아니라 좋은 습관을 형성시키기 위하여 또는 교사와 유아들의 상호작용을 원활하게 하기 위하여 다양하게 활용할 수 있는 방법이다.

⑤ 행동수정기법이 고유한 인격을 지닌 존엄한 유아를 대상으로 한다는 점에서 사소한 행동을 수정하기 위해 쓴 방법이 다른 영역의 발달에 손상을 끼치는 등 유아 윤리면에서 모순을 낳을 수도 있음을 경계해야 한다.

3) 행동수정기법

행동수정기법을 바람직한 행동증가를 위한 기법과 바람직하지 못한 행동의 감소기법으로 구분하여 기술하기로 한다.

(1) 바람직한 행동의 증가 기법

바람직한 행동을 증가시키기 위한 기법으로는 정적강화, 차별강화와 행동형성, 간헐강화, 조건화된 강화와 토컨강화 등이 있다. 다음에서 이에 대하여 기술하기로 한다.

① 정적강화

ㄱ. 개념

교사들이 일반적으로 사용할 수 있는 행동수정기법은 유아가 어떤 바람직한 행동을 할 때 보상하는 것이다. 이러한 보상을 정적강화자극이라고 한다. 말하자면, 어떤 행동에 뒤따라 일어난 자극이 그 행동이 미래에 일어날 확률과 강도를 증가시킬 때 그 자극을 정적강화자극이라고 하며, 이러한 후속 자극으로 행동 강도를 증가시키는 과정을 정적강화라고 한다.

ㄴ. 지도사례

영수가 휴지를 휴지통에 버린다는 것이 잘못 던져서 휴지통 옆에 떨어뜨렸다. 영수는 모르고 그냥 지나갔는데 뒤따라가던 철이가 떨어진 휴지를 주워서 휴지통에 버리는 모습을 보고 교사가 '철이가 휴지를 주워서 휴지통에 버리니 깨끗해졌네.' 하고 머리를 쓰다듬어 주면서 칭찬해 주었다. 다음에도 철이는 휴지를 주워 쓰레기통에 버리곤 하였다. 이 경우 휴지를 줍는 행동은 교사의 칭찬으로 정적강화를 받은 것이다.

ㄷ. 정적강화 시 유의점

가. 목표행동을 구체적이며 명시적이고 행동적으로 진술해야 한다.

예 : 친구와 손잡기

나. 적절한 강화자극의 선정

유아행동에 따라 거기에 적절한 강화자극을 주어야 한다.

예 : 강화자극의 종류

다. 강화제공의 즉각성

최대의 효과를 얻으려면 강화는 바람직한 행동이 일어난 즉후에 준다.

라. 강화제공의 일관성

유아가 나타내는 행동에 대하여 어떤 때는 칭찬하고 어떤 때는 벌을 주면 유아는 혼란과 불안을 경험하게 된다.

마. 강화에 대한 설명

강화를 줄 경우, 왜 칭찬을 받는지 유아에게 이야기해 준다.

예 : 너는 오늘 휴지를 주워 휴지통에 버려서 휴지통 주위가 깨끗해졌다.

바. 자연강화물로의 대치

예 : 말이 늦은 영호에게 처음에는 적절한 단어를 사용할 때 초콜릿을 주었으나 점차 초콜릿 대신 사회적 강화, 예를 들면 칭찬의 방법을 사용한다.

② 차별강화

ㄱ. 개념

행동수정기법으로 행동 유형 중 어느 하나만을 골라 선택적으로 강화시키는 방법이다. 교실에서 떠들거나 조용히 하는 경우, 조용히 하는 경우에만 강화한다.

ㄴ. 지도사례

영수는 자유선택놀이시간에 흥미영역에서 이탈하여 활동실과 화장실에서 뛰어다닌다. 그런데 오늘은 자유선택놀이시간에 도서영역에서 조용히 책을 읽고 있다. 이때 교사는 영수에게 다가가 '재미있었니? 읽은 책 내용을 선생님에게 말해줄 수 있겠니?' 하고 영수의 이야기를 들으면서 머리를 쓰다듬어 준다.

차별강화의 다양한 기법을 소개한다.

가. 발생률이 높은 행동에 대한 차별강화

정해 놓은 시간 내에 적용행동이 명시된 반응빈도 이상으로 나타났을 때 강화를 준다.

나. 발생률이 낮은 행동에 대한 차별강화

소거될 부적응행동이 교사가 정해놓은 시간 내에 반응빈도보다 낮은 반응을 보일 때 강화를 준다.

다. 표적행동의 대안적 행동들에 대한 차별강화

미리 표적행동에 대한 대안적 행동이 명시되고 명시된 대안적 행동을 했을 때에 강화를 준다.

예 : 명시되지 않은 행동은 적응행동이라도 무시한다.

라. 정해진 표적행동에 대응한 신체적 혹은 기능적으로 상반되는 행동만을 선정하여 강화한다.

예 : 손을 흔드는 행동을 한다면 손으로 만들기를 하게 한다.

③ 행동형성

ㄱ. 개념

행동형성은 새로운 행동을 처음으로 유아에게 형성시켜 주기 위한 행동수정기법이다. 점진적 접근법과 같은 방법으로 최종목표에 도달하기 위해서 여러 개의 과정(단계)별 목표를 설정하고 하위단계 목표를 성취한 다음에 다음단계의 목표달성을 거쳐 결국 전 단계(과정)를 모두 거쳐 최종의 목표에 도달하게 된다.

행동형성기법은 점진적 접근법(sapping), 단계적 지도(step by step)의 원리에 기초를 두고 여러 개의 하위단계를 거쳐 최종목표에 도달시키는 행동수정기법이다.

ㄴ. 지도방법

행동형성은 어떤 최종 목표행동을 정해 놓고 현재 유아가 그 목표행동에 얼마나 유사한 행동을 할 수 있느냐 하는 것을 파악하는 데서부터 시작한다. 이와 같이 출발점 행동의 수준이 확정되면 교사는 여기서부터 출발하여 최종목표에 점차적으로 도달할 수 있는 단계들을 나누어 유아에게 쉬운 것부터 하나씩 하나씩 요구한다. 그리고 교사나 부모가 요구하는 어떤 단계의 행동을 할 때마다 그 행동을 강화하고 최종

목표행동을 달성할 수 있도록 한 단계씩 높여가며 꾸준히 지도한다. 예를 들면, 영희는 만2세의 여아이다. 그런데 수저로 밥을 전혀 먹으려 하지 않고 어머니가 먹여주기를 원한다. 어머니는 영희가 스스로 수저를 이용하여 밥을 먹을 수 있도록 다음과 같이 과제를 단계화하였다.

가. 수저를 가지고 놀기

나. 수저를 가지고 음식물이나 물건을 푸기. 입에 넣지는 못한다.

다. 수저로 음식물을 푸기. 입에 넣지는 못한다.

라. 수저로 음식을 퍼 입에 넣기. 그러나 거의 흘린다.

마. 수저로 음식을 퍼 입에 넣기. ⅓ 정도는 흘린다.

바. 수저로 음식을 퍼 입에 넣기. 거의 성공한다 등과 같이 수저로 밥 먹기 과제를 단계하고 각 단계를 이행할 때마다 강화한다.

ㄷ. 지도상의 유의점

가. 어려운 과제를 한 번에 제시하지 말고 아주 작은 단계로 나누어 조금씩 부과해야 한다. 이 기초적인 원리를 무시하면 실패하기 쉽다.

나. 이 방법은 보상수준을 미리 정하지 말고 수행수준에 따라 보상수준을 정하는데 그 기준은 과업의 수행수준에 따른다.

다. 최종목표에 도달하기 위해 설정한 하위목표는 교사나 부모의 생각이므로 단계별로 설정된 과제를 유아에게 강요해서는 안 된다. 유아가 자연스럽게 하위단계를 하나씩 하나씩 밟아 최종목표에 도달할 수 있도록 격려해야 한다.

④ 간헐강화

ㄱ. 개념

간헐강화란 계속성이 없이 부분적으로 가끔씩 강화하는 방법을 말한다. 어떤 행동을 효과적으로 지도하려면 그 행동을 할 때마다 빠뜨리지 않고 강화해 주는 것이 좋다. 그러나 한 번도 빠뜨리지 않고 강화하는 것이 어려운 일일 뿐만 아니라 또 그렇게 할 필요도 없다. 어떤 행동이 발생할 때마다 강화하지 않고 부분적으로 강화하는 방법 즉, 간헐강화가 더 효과적 일 때가 있다.

ㄴ. 지도방법

때로는 계속적으로 주어지는 강화보다는 간헐적으로 주어지는 강화가 더욱 효과적이다. 예를 들면, 영수는 숙제를 꼭 해오는 착한 유아이다. 그러므로 날마다 선생님으로부터 칭찬을 받는데 어떤 때는 칭찬이 그리 반갑지 않을 때가 있다. 이때 선생님이 일주일간 내내 숙제를 잘해왔는데 칭찬을 안 해주시다가 1주일 후에 숙제를 해온

것을 보고 칭찬을 해주셨다. 영수는 오랜만에 받은 칭찬에 더 즐거움을 느꼈다. 그래서 영수는 일주일 후에 또 선생님으로부터 칭찬을 받아야겠다는 기대감으로 매일 숙제를 잘해온다.

ㄷ. 간헐강화 시 유의점

간헐강화 시에는 어떤 규칙에 따라 강화시킬 것인가 하는 강화계획을 세워야 하는데 강화계획을 세우기가 그리 쉽지 않다. 따라서 처음에 행동을 형성, 수정시킬 때는 계속적으로 강화하는 것이 빠른 시일 내로 그 행동을 습득하게 할 수 있으며 일단 어느 정도 행동이 습득이 되면 점차로 그 강화횟수를 줄여나가서 나중에는 자연상황 속에서 강화물로 대처하여 그 행동을 유지시키는 것이 좋다.

⑤ 토컨시스템

ㄱ. 개념

유아교육기관에서 보편적으로 적용하는 행동수정기법으로 바람직한 행동이 나타났을 때 토컨 또는 증표를 부여하여 목표행동의 빈도를 계속 증가시키는 행동수정기법이다. 토컨이나 증표는 돈처럼 교환가치가 부여된다.

ㄴ. 지도방법

토컨시스템은 조건강화자극을 통해 행동을 수정하자는 것이다. 강화자극에는 1차적 강화자극(무조건 강화자극)과 조건강화자극의 2종류가 있다. 배고픈 사람에게 음식을 주거나, 목마른 사람에게 물을 주는 것은 그 자체로 생리적 만족과 쾌감을 주어 행동을 강화할 수 있다. 그러나 조건강화자극은 그 자체로 강화능력을 가진 것은 아니지만 다른 강화자극과 연합되어 행동을 강화하는 힘을 갖게 된다. 그래서 조건강화자극은 제2차적 강화자극 또는 학습된 강화자극이라고 불리기도 한다. 그런데 제1차적 강화자극보다 조건화된 강화자극이 더 효과적인 경우가 많다. 그러므로 교사는 유아들의 행동에 강력한 동기를 유발할 수 있는 조건강화자극을 많이 확보해 두는 것이 좋다. 유아교육기관에서 사용할 수 있는 조건강화자극으로 쉽게 활용할 수 있는 방법이 토컨 강화자극의 방법이 있다. 토컨 강화자극으로는 별표, 딱지 등과 같은 물건이 사용되며 때로는 점수와 같은 상징적인 것도 토컨으로 사용될 수 있다. 토컨은 돈처럼 교환가치가 부여될 때 강화자극으로서 가치를 갖는다.

ㄷ. 장점

토컨시스템은 다음과 같은 장점이 있다.

가. 토컨을 사용하면 교환할 수 있는 강화자극의 종류가 다양하여 유아의 요구대로 교환할 수 있으므로 유아의 다양한 요구를 충족시켜 준다. 보통, 한 가지 강화

물을 사용하는 경우, 유아들이 실증을 느낀다.

나. 유아가 장기간 토컨을 저축하여 좀 더 값진 물건이나 또 다른 특혜와 교환할 수 있다.

다. 유아의 행동을 강화할 때 간편하게 처리할 수 있다. 만일 사탕을 강화물로 사용한다면 과자가게에 가서 과자를 사와야 하는 번거로움이 있다.

라. 강화의 지연을 예방해준다.
토컨은 유아가 바람직한 행동을 할 때마다 즉시 주어져서 시간적 지연을 메울 수 있다.

(2) 바람직하지 못한 행동의 감소

바람직하지 못한 행동을 감소시키는 방법은 일반적 혐오자극에 의한 행동수정방법이다. 이 방법은 유아들의 행동수정에 효과적이나 유아들에게 혐오스러운 다양한 경험을 함으로써 이에 따른 부작용이 차단될 수 있도록 노력해야 한다. 바람직하지 못한 행동의 감소방법에는 상반행동의 강화, 소멸, 벌, 타임아웃 등이 있다.

① 상반행동의 강화

ㄱ. 개념
문제행동과 반대되는 바람직한 행동 즉, 상반행동을 강화시켜 부적응행동을 감소시키는 방법으로 차등강화 또는 변동강화라고도 한다.

ㄴ. 시도방법
유아교육기관에서 상반행동을 강화함으로써 상대적으로 부적응행동을 감소시켜 보자는 것이다. 예를 들면, 유아교육기관에서 친구를 괴롭히는 유아가 있어 문제를 느낀다면 친구를 괴롭히는 행동 그 자체를 감소시키려는 계획보다는 그 유아가 친구와 사이좋게 놀고 있거나, 친구를 도와주는 행동이 출현되었을 때 강화해 주는 것이다.

ㄷ. 지도상의 유의점

가. 상반행동의 강화는 전항에서 밝힌 바람직한 행동의 강화와 같은 요령으로 지도한다.

나. 유아들이 바람직하지 못한 행동을 제거시키려고 할 때 벌이나 소멸, 타임아웃(time-out) 등의 방법을 사용하는데 이러한 방법들은 유아나 교사 모두가 힘이 든다. 그러나 상반행동의 강화법은 유아나 교사 모두 즐거운 느낌을 갖으면서 행동수정에는 더욱 효과적이다.

② 소멸

ㄱ. 개념

사람의 행동이 주위로부터 관심을 끌지 못하면 자연히 소멸된다는 강화의 원리를 역이용한 방법으로 부적절한 행동을 무시하여 그 행동을 감소시키는 방법으로 '소거'라고도 한다.

ㄴ. 지도방법

우리의 일상 상황에서 서로 상반되는 행동 중 A행동이 강화를 받는다면 B행동은 강화를 받지 못하여 소멸되는 반면 강화를 받는 A행동은 행동의 출현 빈도가 증가할 것이다. 유아가 부적절한 행동을 할 때 교사가 신경을 쓰고 야단을 치면 그런 행동이 심해질 수 있다. 말하자면 교사가 신경을 써준다는 것은 그만큼 유아에게는 유쾌한 일이기 때문이다. 즉, 야단맞는 일이라도 교사에게 무시되는 것보다는 낫기 때문이다.

소멸의 기법은 바람직하지 못한 행동을 수정하는 데 큰 성과를 얻고 있다. 그러나 때로는 교사 혼자서 그런 행동을 소멸하려고 애를 써 봐도 별 효과를 거두지 못할 수도 있다. 예를 들면, 유아가 뛰면서 이상한 괴음을 내는 행동을 교사가 소멸하려고 노력하는데 다른 동료 유아들이 해당 유아가 내는 괴음을 듣고 웃는다면 해당 유아는 괴음을 내는 행동이 강화되어 빈도가 늘어난다.

ㄷ. 지도상의 유의점

가. 소멸과정의 초기에는 유아의 바람직하지 못한 행동의 빈도가 늘어난다. 그래도 교사는 낙담하지 말고 지도한다.

나. 행동이 소멸된 뒤에는 대신 다른 어떠한 행동이 학습될지 예언하기가 어려우므로 대상 유아를 부단히 관찰해야 한다,

다. 소멸행동이 감소됨에 따라 상대적으로 바람직한 행동이 나타나면 그 행동에 대하여 즉시, 강화해주어야 한다.

라. 소멸법을 사용하는 장소나 상황에 늘 유의한다.

③ 벌

ㄱ. 개념

벌이라고 하면 흔히 회초리나 꾸짖는 것 등 불쾌한 자극을 연상한다. 그러나 행동수정에서 말하는 벌의 의미는 좀 특수하다. 즉, 어떤 행동에 후속되어 그 행동이 재발될 확률을 감소시킬 수 있는 자극을 말한다. 일반적으로 불쾌한 자극이 주로 벌로 사용되지만 불쾌하다는 것만으로 벌이 되는 것은 아니고, 행동의 발생률이 감소되어

야 한다.

ㄴ. 벌에 대한 교육적 순기능과 역기능

벌을 행동수정기법으로 활용하기 이전에 벌에 대한 교육적 순기능과 역기능을 이해하고 활용해야 한다.

가. 체벌의 교육적 순기능

교육현장에서 교육목적 달성을 위하여 사용되는 체벌은 일반적으로 비효과적인 동기유발방법으로 인식되고 있지만 '사랑의 매'란 말을 자주 들어오듯이 체벌이 교육적인 방법으로 잘 활용되기만 하면 효과적인 동기유발방법이 될 수 있다. 학교집단도 하나의 공동체이므로 그 목표와 이상을 효율적으로 실현하기 위한 적극적인 제재로서의 체벌이 사용되며 그렇게 함으로써 유아들의 건전한 생활태도가 유지될 수 있다.

나. 체벌의 교육적 역기능

㉠ 교육이념의 측면에서 유능한 민주시민의 자질을 길러주기 위해서는 자율성과 자주성, 그리고 인권존중의 사상이 강조되어야 하는데 체벌로 인한 타율에 의해서 피동적으로 행동하고 지시나 명령에 따라 혹은 강압이나 폭력에 의해 인간이 짓밟힌다면 유능한 민주시민의 자질을 형성할 수 없다. 그러므로 어려서부터 유능한 민주시민의 자질을 배양하기 위해서는 폭력화된 체벌은 지양되어야 한다.

㉡ 인간발달의 측면에서 교육을 받은 유아들이 육체적, 심리적으로 박해와 억압을 당하여 정신적으로 위축되는 것은 바람직하지 못하다.

㉢ 교육방법적 측면에서 체벌과 질책보다는 상과 칭찬이 훨씬 효과적이라는 사실을 알고 있으면서도 체벌을 가한다는 것은 잘못된 처사이다.

㉣ 인간관계의 측면에서 교육현장에서 교사가 체벌을 가함으로써 교사와 유아 간의 인간관계가 악화되어 증오심을 유발할 우려가 있다.

따라서 체벌의 장점을 강화하고 단점을 보완시키는 입장에서 체벌 시에는 다음 사항을 늘 고려하여야 한다.

가. 벌을 사용할 때는 가장 효과적인 벌을 가장 부드러운 형태로 주어야 한다.

나. 벌의 기준은 명백해야 한다.

어떤 행동을 하면 어떤 벌을 준다고 이해시켜 주어야 한다.

다. 교사는 그릇된 행동을 벌하는 동안에도 유아들의 바람직한 상반행동을 찾아 반드시 강화해 주어야 한다. 예를 들면, 교사의 허락 없이 교실을 돌아다니어 벌을 준다면 반대로 조용히 앉아 있는 경우, 칭찬해 주어야 한다.

라. 교사는 벌이 어느 정도 효과를 나타내면 점차 벌 대신에 다른 정적강화의 방안으로 대치할 계획을 세워야 한다.

④ **타임아웃**(TIME-OUT)

ㄱ. 개념

부적절한 행동을 감소시키기 위해 고안된 방법으로 벌의 일종이며 그릇된 행동을 한 다음에 받게 되는 정적강화의 기회를 차단함으로써 그 행동이 강화되지 않도록 하는 방법이다. 실제로 타임아웃은 그릇된 행동을 하는 유아를 일시적으로 다른 장소에 잠시 격리시켜 두는 방법으로 이루어진다.

ㄴ. 지도방법

예를 들면, 이야기 나누기 시간에 동료 유아를 건드리고 발로 차서 이야기 나누기의 흐름을 의도적으로 방해하거나 동료 유아들이 각기 자유선택활동영역에서 활동을 하는데 한 유아가 활동실 안에서 소리를 지르면서 뛰어다니는 유아에 대하여 TO를 실시할 수 있다. 해당 유아에 대하여 활동실 뒤에 서 있게 하거나 다른 방의 의자에 앉혀 유아가 스스로 자기가 한 행동이 무엇이며 이 행동이 다른 유아에게 어떤 영향을 주었는가를 생각해 보도록 한다. 이때 격리된 시간 동안에는 다른 행동을 하지 못하도록 엄격히 통제되어야 한다. 이렇게 하는 동안 유아는 스스로의 행동을 반성하고 교사는 다른 방법을 강구할 수도 있고 과대한 벌을 가하지 않아서 좋으며 또한 유아는 자연스럽게 진정될 수도 있다.

ㄷ. TO를 실시할 때의 조건

TO를 실시할 때는 다음의 두 가지 조건이 필수적이다.

가. 문제행동이 발생하는 장소(예 : 교실)에는 그 문제를 강화하고 있는 요소가 있다는 확증이 있어야 한다. 다시 말하면, 유아가 그 장소를 떠나기 싫어할 만큼 그곳이 유아에게 재미있는 곳일 때에만 TO는 효과를 거둘 수 있다.

나. 유아가 일시 격리되어 있을 장소(예 : 복도, 빈방)에는 강화자극들이 없어야 한다. 다시 말하면, 쫓겨난 유아를 재미있게 해줄 것이 없는 곳이어야 한다. 만일, TO장소에서 장난감을 가지고 놀 수 있다든지 그림책을 볼 수 있다면 오히려 그릇된 행동을 더욱 강화하는 결과가 된다.

2. 대화(상담)기법

부적응행동 지도는 교사와 유아, 교사와 학부모 간의 의사소통을 통하여 이루어지고 또한 의사소통은 대화를 통하여 이루어진다. 그리고 대화는 언어, 동작, 표정 등 여러 가지가 있겠지만 그 중 언어를 통한 의사소통이 가장 중요한 주류를 이룬다. 그러나 유아들은 언어에 의한 표현이나 이해능력이 성인에 비해 많이 뒤떨어지므로 부적응행동 지도에서 놀이, 그림, 행동 등의 방법을 많이 활용한다. 또한 대화는 유아의 성격, 태도 형성에 많은 영향을 줄 뿐만 아니라 특히, 교사의 대화형식은 유아에게 미치는 영향이 크다. 즉, 교사의 민주적이며 가식이 없는 대화는 유아들의 자아개념, 인격형성 등에 긍정적인 영향을 준다. 상담 관련이론은 제Ⅳ부 5장을 참고하기 바란다. 다음에서 교사가 교육활동 특히, 효율적인 부적응행동 지도를 위한 대화(상담)기법에 대하여 차례로 설명하기로 한다.

1) 대화(상담)의 개념

대화란 사전적 의미로는 '마주 대하여 이야기를 주고받음', '둘 이상 실체 사이의 상호적인 의사소통'으로 정의하고 있다. 따라서 대화는 서로 말을 주고받는 상호 지향적인 이야기로서 쌍방향적인 커뮤니케이션의 형식을 밟는다. 교수 · 학습이나 생활지도에서의 대화는 교사에 의하여 일정한 목표를 지향하며 끊임없이 이끌어지고 구성되는 과정으로서의 대화가 되어야 한다. 또한 교수 · 학습지도나 생활지도에서의 대화는 발문과 응답을 통한 '공동의 작업과정'이며 '공동의 활동과정'(박병학, 1986)이다. 이상의 내용을 종합하면 영유아 지도에서의 대화란 '유아교육 활동실에서 교수 · 학습이나 생활지도 목표를 달성하기 위하여 교사와 영유아 사이에 발문과 응답으로 이루어진 상호적이고 쌍방향적인 의사소통'이라고 정의할 수 있다.

2) 대화(상담)기법의 개념 및 대화(상담)기법

대화기법이란 '상호적이고 쌍방향적인 의사소통이 원활히 이루어지도록 유도하는 기법'을 말한다. 다음에서 대화기법에 대하여 기술하기로 한다.

① 적극적 경청

대화(상담)에서 상담자는 내담자의 말을 적극적으로 경청해야 한다.

적극적인 경청이란 '피드백(feed back)', '반영', '반사'라는 용어와 같은 개념으로 상담자가 내담자의 말을 되받아줌으로써 내담자로 하여금 자기가 이해받고 있다는 인식을 주게 되는 경우를 말한다. 적극적 경청의 몇 가지 방법에 대하여 자세히 설명하기로 한다.

ㄱ. 적극적 경청에서는 내담자가 말한 표면적인 내용보다 그 내용의 저류에 깔린 중요한 감정이나 느낌, 태도 등을 되받아주는 것이다.

- 내담자 : '여섯 살인데도 아직 몇 마디 말 밖에 못하니… 혹시, 뇌에 이상이 있는 건 아닐까요?'
- 상담자 : '석준이의 언어지체가 뇌의 이상 때문이 아닐까 걱정되신다는 말이군요.', 위 '예'에서 내담자가 '걱정된다'라는 말은 하지 않았지만 내담자의 심정까지 헤아려 되받아주고 있다.

ㄴ. 내담자가 표현된 감정보다 너무 깊이 되받아주는 것은 안 된다.

- 내담자 : '이 아이의 형이 유치원에 다닐 때는 선생님을 자주 찾아뵈었는데 지금은 별로 그렇게 되지 않네요.'
- 상담자 : '장호에 대해서는 열등감을 느끼시는 군요'

위 '예'에서 부모가 열등감을 느낀다는 심적 표현이 없었는데 교사가 지나치게 과장하여 표현함으로써 부모의 자존심을 건드릴 우려가 있다.

ㄷ. 적극적 경청을 하는데 있어서 때때로 상담자는 내담자가 말로써 표현하는 것일뿐 아니라 자세, 몸짓, 목소리의 어조, 눈빛, 표정 등 비언어적으로 표현되고 있는 것도 반영해 주는 것이 좋다.

예 : '어머니는 지금 시어머니가 고마운 분이라고 말했는데 그분에 대해 말할 때마다 주먹을 꽉 쥐는군요' 하고 신체적 표현을 반영해 준다.

ㄹ. 비언어적 표현에 대한 반영은 상담 초기에는 사용하지 않는 것이 좋다. 아직 레포가 형성되지 않아 오해를 받을 수도 있다.

② 침묵

대화 도중 상담자나 내담자 사이에 말을 하지 않는 침묵이 이루어질 때가 있다.

Flanders의 언어 상호작용 분석에서는 침묵을 비지시적 형태로 좋은 교수 · 학습활동 유형으로 분류하고 있다. 이것은 유아의 교수 · 학습활동에서 첫째, 유아들이 작업을 열심히 진행하거나 둘째, 깊은 사고활동이 이루어지는 시간이기 때문이다. 그러나 성인들의 대화과정에서의 침묵은 위의 두 번째 이유에 의하여 이루어지는 경우가 더러 있으나 또 다른 이유가 있어서 침묵이 진행된다. 따라서 침묵의 이유나 의미가 무엇인지 잘 파악하여 지도해야 한다.

ㄱ. 상담에 대한 불안이나 저항감이 있는 경우에 침묵이 나타날 수 있다.

상담이 상담자에 의해 이루어지는 경우이다. 이런 경우, 부모가 불안하고 기분이 나빠서 말을 하지 않는다. 따라서 상담자는 불안감을 먼저 제거해 주도록 노력한다.

ㄴ. 내담자가 자기의 생각과 감정을 정리하는 등 다른 방향으로 사고활동이 진행되는 경우로서 이 경우는 상담을 진행시키는 데 더욱 유익하다. 이런 경우에는 상담자는 끝까지 기다려 주어야 한다.

ㄷ. 내담자의 이야기가 막혀서 침묵으로 이어지는 경우가 있다. 이런 경우에는 내담자가 여러 가지 이야기를 하다가 지금까지 한 이야기를 잠시 잊은 경우이다. 이때 상담자는 지금까지 내담자가 한 이야기를 요약하여 이야기해 준다. 그러면 내담자가 또 다른 이야기를 꺼내어 상담자는 더 많은 정보를 얻을 수 있다.

ㄹ. 침묵시간을 메우기 위해 상담자가 다른 질문을 할 수도 있다. 이때 질문은 방금까지 내담자가 한 이야기 중에서 이루어짐으로써 내담자로 하여금 계속 할 이야기가 생각나도록 한다.

ㅁ. 침묵을 두려워하지 말아야 한다.
침묵은 내담자로 하여금 생각이나 감정을 정리하고 활발한 사고활동의 기회를 제공하고 상담자나 내담자의 짧은 휴식시간으로도 활용할 수 있다.

③ 질문

흔히 상담을 '질문을 통한 탐색'이라고도 한다. 이 말은 상담은 대부분 대화를 통하여 이루어지고 또한 대화는 상담자와 내담자 간의 질문과 답으로 이루어진다. 그런데 여기서 중요한 것은 상담자가 내담자에게 질문을 많이 해서 유아에 대한 정보와 자료를 많이 확보하는 것이 중요한 것이 아니라 지금 유아의 문제를 해결하는 데 직결되는 정보와 자료를 확보하는 일이 중요하다. 따라서 상남자는 내담자에게 무슨 복적으로, 무엇을, 언제, 어떻게 질문하느냐에 초점을 맞추고 질문을 해야 한다. 다음에서 효율적인 상담을 지원하는 질문의 유형, 질문의 방법, 질문의 시기에 대하여 알아보기로 한다.

ㄱ. 질문의 유형

가. 개방적 질문, 폐쇄적 질문

개방적 질문이 폐쇄적 질문에 비하여 유아에 대한 폭넓은 정보를 얻을 수 있다.

예 : '영수는 어린이집에서 집에 돌아가면 바로 학원에 가나요?'(폐쇄적 질문)
'영수는 어린이집에서 집에 돌아가면 무슨 일을 하나요?'(개방식 질문)

위 '예'에서 보는 바와 같이 개방식 질문은 내담자가 다양한 대답을 할 수 있도록 열려져 있어 유아에 대하여 많은 정보를 얻을 수 있다.

나. 직접적 질문, 간접적 질문

직접적 질문은 직설적으로 물어보는 것임에 반하여 간접적 질문은 그 끝에 '물음표'가 없는 게 보통인데 사실은 질문이면서도 상대방에게는 질문처럼 느껴지지 않는 특징이 있다.

예 : '영수가 수돌이에게 욕을 하고 때린 행동에 대하여 어떻게 생각하나요?'(직접적 질문)

'영수가 수돌이에게 욕을 하고 때린 행동에 대하여 어떻게 생각하는지 궁금하네요.'(간접적 질문)

위 '예'에서 보는 바와 같이 두 가지 유형의 질문은 흔히 쓰이는 질문형식이다. 직접적 질문은 지금 당장 답이 필요한 경우의 질문형식이고, 간접적 질문은 오늘 답을 듣지 않아도 다음에 부모님이 대답을 줄 수도 있고 교사가 재차 직접 질문으로 대답을 얻을 수도 있다.

다. 이중질문

이중질문이란 내담자에게 양자 택일의 대답을 요구하는 질문, 그리고 두 가지의 질문을 동시에 하는 것이다. 이러한 질문은 가급적 피하는 것이 좋다.

예 : '어느 쪽이 더 중요하다고 생각합니까? 학습문제입니까? 행동문제입니까?'(양자택일을 요구하는 질문)

'저와의 상담이 도움이 된다고 생각하나요? 그리고 남편께서도 협조적으로 변하였나요?'(두 가지 의문의 질문)

위 '예'의 질문은 부모상담에서 바람직하지 못하다. 그리고 두 가지 의문의 질문은 따로따로 떼어서 물어보는 것이 좋다.

라. '왜'라는 질문

'왜'라는 말은 원래는 원인이나 이유를 알아보기 위하여 사용하는 말이다. 그러나 원래의 의미와는 달리 내담자를 비난, 힐책, 불쾌감, 불찬성 등의 뜻으로 전달되는 경우가 있으니 상담 초기에는 사용하지 않는 것이 좋다.

'왜 아이를 때렸나요?'

'왜 대답을 못하시나요?'

이러한 '왜'를 사용한 질문은 이유나 원인을 묻는 것으로 들릴 수도 있고 자기에 대한 비난, 추궁, 불찬성으로 들릴 수도 있다. 위 질문에서 그 이유나 원인을 알아보기 위해서는 '왜 아이를 때렸나요?' 대신에 '아이가 어떤 행동을 할 때 때리나요?'로 질문하면 내담자에게 비난이나 추궁의 느낌이 들지 않고 때린 이유를 표현하게 된다.

ㄴ. 질문의 시기

상담자가 내담자에게 질문은 언제 하느냐에 대해 생각해 보기로 한다.

가. 내담자가 한 말을 정확히 이해하지 못한 경우에 질문한다.

내담자를 통해 수집한 유아에 대한 정보나 자료는 정확해야 한다. 수집된 정보나 자료를 활용하여 제반 지도계획을 수립하기 때문이다. 따라서 상담자는 내담자에게 질문을 해야 하고 이때 상담자의 실수로 내담자의 이야기를 놓친 경우로서 정중하게 요구해야 한다.

예 : '자녀가 하원한 후 집에 가서 제일 먼저 하는 일에 대하여 잘못 들었는데 다시 말씀해 주실 수 있어요?'

또한 내담자가 이야기는 했으나 확실하게 이야기가 안 된 부분에 대해서도 상담자로서는 그 내용을 확실하게 알아야 하므로 질문할 수도 있다.

예 : '영수가 하원 후 집에 가서 하는 일이 학원에 가는 일이라고 하셨는데 그 외에는 어떤 일을 하나요?'라고 질문할 수 있다.

나. 내담자가 상담자의 이야기를 바르게 이해했는가 확인하기 위해 질문을 한다. 상담자는 내담자에게 상담의 전 과정에서 내담자에게 이해하기 쉽게 대화를 이끌어 가지만 상황에 따라서 또는 이야기 내용 자체가 복잡해서 상담자의 말이 내담자에게 잘 전달되었는가 궁금할 때가 있다. 이런 경우에 질문을 한다.

예 : '이 부분은 상황이 좀 복잡해서 명확하게 말씀드리지 못한 것 같은데 제가 한 말을 어떤 의미로 들으셨나요?' 등으로 질문을 할 수 있다.

다. 내담자가 지금까지 표현한 생각이나 감정을 좀 더 이야기하도록 격려할 때도 질문을 할 수 있다.

예 : "집에서 자녀들을 지도할 때 개방적인 분위기 조성에 힘쓴다고 말씀하셨는데 개방적인 분위기에 대하여 구체적으로 말씀해 주실 수 있을까요?"

라. 상담자가 유아에 관한 정보를 내담자를 통해 더 알고 싶은 내용이 있을 때 질문을 한다.

예 : '영수가 아버지를 무서워한다고 하셨는데 몇 살 때부터 그랬나요?'와 같은 형식으로 질문을 할 수 있다.

마. 질문은 반드시 상담에서 꼭 필요한 경우에만 하도록 한다. 그리고 내담자의 답변을 신중하게 경청하는 자세로 임해야 한다.

ㄷ. 내담자의 질문

상담자가 내담자에게 질문을 하거나 내담자가 상담자에게 질문을 하고 대답을 함으로써 대화가 이루어지고 대화를 통하여 또한 상담이 이루어진다. 내담자가 상담자에 대한 질문내용은 자기 자신에 관한 내용, 자녀에 관한 내용, 상담자에 관한 내용, 알고 싶은 정보에 관한 내용, 교사와 부모가 같이 알고 있는 다른 부모의 상담에 관한 내용이 주요 내용이 될 것이다. 내담자의 질문에 대한 상담자가 고려해야 할 사항은 다음과 같다.

가. 상담자는 내담자에게, 내담자는 상담자에게, 질문한 내용에 대하여 반드시 답변할 필요가 없다. 답변을 하지 않아도 되는 이유는 때로는 윤리적인 책임 때문에 답변을 못할 수도 있고 때로는 솔직한 답변이 오히려 내담자나 가족에게 해를 줄 수도 있기 때문이다.

나. 질문의 표면적 내용 외에 내담자의 심중에 숨겨진 감정이나 생각에 대해서 생각해 본다.

예를 들면, '저처럼 부모상담을 받는 부모들이 더러 있는지요?'라고 질문한다. 이런 경우에는 자기처럼 자녀들 때문에 고민하는 학부모가 많이 있었으면 하는 기대를 갖는다. 또한 그들도 자녀문제 때문에 자신처럼 늘 불안하게 살아갈 것이라고 생각한다. 당연히 상담자는 해당 부모를 위로할 수 있도록 대답을 해준다. 구체적으로 학부모를 지명하거나 상담내용에 대해서는 일체 말을 하지 않는다. 다른 부모의 상담 내용을 상세하게 설명하면 내담자에게 당장의 궁금증을 해소하는 데 도움이 되겠지만 상담자가 훗날 다른 내담자에게 자기 상담내용을 이야기할지도 모른다는 불안감을 갖게 된다.

다. 내담자가 다른 부모들의 상담에 관한 내용에 대하여 구체적으로 질문을 하면 직설적으로 말할 수 없음을 밝힌다. 답변을 못하는 것은 현재 내담자의 상담내용 또한 누구에게나 비밀을 유지한다는 의미로 받아들임으로써 내담자가 불쾌하게 생각하지 않는다.

④ 조언

부모상담에서 최종적으로 이루어지는 활동이 조언이다. 조언에는 충고, 지도방안, 해결방안, 설득 등 여러 가지 방법으로 이루어진다. 내담자 또한 자녀의 문제해결에 필요한 조언을 받기 위해서 상담에 임하는 것이다. 조언 시 상담자가 고려할 사항은 다음과 같다.

ㄱ. 조언은 상담의 마지막 과정에서 주어져야 한다.

조언은 내담자 자녀의 문제행동이나 고민거리에 대하여 충분한 정보와 자료를 수집하여 이것이 확실한 지도방안이라고 확신이 설 때 지도·조언한다.

ㄴ. 조언은 상담자가 많은 방안을 강구하고 제시하여 내담자가 자기의 상황에 맞는 방안

을 선택하도록 하는 전략이 최상의 조언 형식이다.

ㄷ. 조언은 한꺼번에 많은 방안을 제시하지 말고 하나씩 적용해 가면서 나타나는 성과를 관찰한 후 또 다른 방안을 제시하도록 한다. 따라서 상담은 주기적으로 갖는 것이 좋다.

ㄹ. 조언은 구체적으로 제시해 주어야 한다.
예를 들면, '취침 시 자립심을 키워 주세요'보다 '아침에 일어나면 자기 이부자리를 자신이 정리하도록 해주세요'와 같이 제시한다.

⑤ 부모의 특성에 따른 상담전략

상담을 성공적으로 진행시키기 위해서는

첫째, 부모가 상담에 적극적으로 참여하려는 의지가 있어야 하고

둘째, 부모는 자녀가 지니고 있는 문제점이나 고민거리에 대하여 부끄러워하거나 수치심을 갖지 않고 허심탄회하게 이야기를 해주어야 하며

셋째, 가정, 부모, 유아의 특성에 알맞은 지도계획을 세우는 데 있어 부모의 적극적인 의견의 개진이 필요하고

넷째, 수립된 각종 지도방안을 유아지도에 적극적으로 반영하면서 유아의 변화과정을 관찰하여 그 결과에 따른 지도계획을 상담자와 같이 재수립하고 지도방안을 재투입하는 등 인내심을 가지고 상담을 진행시켜야 한다. 그리고 이 외에도 부모의 특성에 따른 상담방법을 고려해야 하는데 부모의 특성에 따른 상담방법을 기술하면 다음과 같다(조운주 외, 2015).

ㄱ. 불친절하고 적내적인 부모
  가. 부모-교사 상담 및 모임에 참여하도록 격려한다.
  나. 교사가 확신을 가지고 견해를 말한다.
  다. 자녀의 발전에 대한 구체적인 증거를 보인다.
  라. 부모의 긍정적인 행동을 칭찬한다.
  마. 부모가 화를 내면 가라앉힐 시간을 제공한다.
  바. 부모를 공격하지 않고 친절함을 유지한다.
  사. 부모가 적대적이면 상담의 목적을 상기시킨다.
  아. 상담이 어려우면 원장이나 다른 교사의 도움을 받는다.

ㄴ. 모든 것을 아는 것처럼 행동하는 부모
  가. 교사는 부모에게 유용한 정보제공자라는 것을 인식시킨다.
  나. 부모와의 모임을 철저하게 준비한다.
  다. 부모가 말하는 것을 경청하고 부모가 말하는 어떤 것도 방해하지 않는다.

라. 방어적으로 대처하지 말고 융통성을 가지면서 가능한 한 부모의 아이디어를 수용한다.

마. 부모가 참여하고 도울 수 있는 기회를 제공한다.

바. 관련된 정보를 공유한다.

ㄷ. 자주 불평하는 부모

가. 교사는 때때로 실제적인 문제를 지적할 수 있으므로 귀를 기울이는 것이 필요하다.

나. 방어적으로 반응하지 말고 부모의 불평을 주의 깊게 들어준다.

다. 불평을 들어주되, 불평에 동의하거나 사과하지 않는다.

라. 사실만을 설명하고 인식시킨다.

마. 실행이 가능한 것이면 제안을 수용한다.

바. 문제를 해결하도록 세부적인 질문을 한다. 질문의 한 예로 '어머님, 그러면 어떻게 하고 싶으세요?'를 들 수 있다.

ㄹ. 반응이 없고 부끄러워 하는 부모

가. 부모-교사 모임에 적극적으로 참여하도록 격려한다.

나. 상담의 목적을 진술한다.

다. 개방적인 질문을 통해 부모의 생각을 끌어낸다.

라. 교사가 대화를 독점하지 않는다.

마. 부모를 격려한다.

바. 반응할 시간을 준다.

사. 부모의 장점에 대해 이야기하고 긍정적인 피드백을 제공한다.

아. 점차 부모의 참여를 증가시킨다.

ㅁ. 확신이 부족한 부모

가. 자녀의 교육에 부모를 참여시킬 수 있는 방법을 생각해야 한다.

나. 부모-교사 모임에 참여하도록 격려한다.

다. 부모의 장점에 확신을 준다.

라. 자녀와 활동할 수 있는 방법 및 자료를 알려준다.

마. 부모가 이해할 수 있는 언어를 사용한다.

바. 세부적인 행동에 대해서 이야기를 한다.

제3장

아동 부적응행동 지도의 실제

제3장에서는 제1장과 제2장에서 밝힌 부적응행동 지도계획과 지도방안을 기초로 하여 부적응행동 지도의 실제를 다룬다. 부적응행동 지도는 같은 유형의 부적응행동이라 할지라도 유아개개인이 처한 가정상황, 유아의 발달상황 등 각기 다른 영향요인에 의해 형성된 것으로 지도전략이나 처방이 각기 다를 수밖에 없다. 따라서 본 장에서는 부적응행동 유형에 따른 일반적인 지도방안에 대하여 기술하기로 한다. 또한 부적응행동 유형 즉, 기본생활습관 부적응행동, 사회적 부적응행동, 도덕적 부적응행동, 정서적 부적응행동, 신체적 부적응행동, 언어 · 인지적 부적응행동, 특별한 요구를 지닌 부적응행동 지도방안을 중심으로 기술하기로 한다.

1. 기본생활습관 부적응행동 지도

기본생활습관이란 '관습과 전통의 형태로 내려온 사회적 문화, 규범의 원리로써 다양한 환경과 삶의 양식에서 행동 그리고 사고방식, 정서유형으로 표현하며 일상생활에 잘 적응하고 대처하는 종합적인 행동양식 또는 자조기술'을 의미하는 것으로 정의하였다. 세 살 버릇 여든까지 간다는 말은 유아기의 기본생활습관 형성의 중요성을 강조하는 매우 의미 있는 말로 어렸을 때의 습관은 한 개인의 일생을 좌우한다. 기본생활습관 영역에서는 예절습관, 수면습관, 배변습관, 안전생활습관 등 4개 영역에 걸쳐 그 중 잘 이행되지 않는 부적응행동 2개씩 제시하고 이에 따른 지도방안을 제시한다.

1) 예절습관

예절은 나 아닌 다른 사람과의 관계에서 비롯된 것으로 다른 사람에 대한 이해와 존경심이 바탕이 되어야 한다. 유아들은 자기중심적인 면이 많아서 다른 사람의 생각이나 입장, 또는 감정을 고려하지 않고 행동함으로써 예절습관을 무시하기도 한다. 특히, 바른 예절교육은 원만한 인간관계를 유지하기 위해 필요하다. 그리고 유아기에 바른 예절습관을 배우고 실천하는 것은 이후 일생의 생활태도를 결정짓는 기초가 되기 때문에 더욱 중요하다. 예절습관 지도를 통해 유아들이 상대를 분별하여 알맞은 언어행동을 취하고 예절에 맞는 행동이 몸에 내면화되도록 지도해야 한다. 예절습관에서는 '형제간 경쟁이 심한 유아'와 '일반예절을 지키지 않는 유아'의 지도방안에 국한하여 기술하기로 한다.

(1) 형제간 서로 싸우고 경쟁이 심한 유아

① 행동특성

형제하면 으레 사랑과 우애를 떠올린다. 그러나 형제간에도 경쟁과 질시의 감정이 있어 형제 사이에 서로 불복하고 투쟁하는 경우가 많다. 특히, 동생이 태어났을 때 부모의 사랑을 빼앗길까 염려하여 부모가 없을 때 동생을 때리거나 괴롭히는 행동을 종종 볼 수 있다. 그뿐만 아니라 부모가 자녀들의 지도과정에서 '너는 어찌 네 동생만도 못하느냐?', '네 동생은 이번에 어린이집에서 상을 받아왔는데 너는 형으로서 부끄럽지도 않느냐?' 하는 등 부지불식 간에 자녀들을 비교 평가하여 지도함으로써 형제간의 관계를 나쁘게 만드는 일이 많다. 후자의 경우는 부모가 조심하여 사려 깊게 지도하면 되나 전자의 문제는 특별한 지도가 요구된다.

② 원인 및 지도방법

ㄱ. 원인

형제간의 서로 싸우고 때리고 미워하고 경쟁관계가 되는 이유는

가. 동생에게 부모의 사랑을 빼앗겨서 나타날 수가 있다. 형제간의 갈등은 큰 아이의 입장에서 보면 예상치 못한 동생의 출생으로 인해 자기에 대한 부모나 주변 사람들의 모든 관심과 사랑은 동생이 독점하고 있다.

나. 동생이 태어남으로써 부모나 주변사람으로부터 형으로서의 나이에 맞지 않는 어른스러운 행동을 강요받게 됨으로써 형은 욕구좌절과 심한 불안에 휩싸이게 되고 이로 인한 스트레스를 동생에게 푼다.

다. 형을 이기지 못해 나타날 수도 있다. 형제간 갈등을 동생의 입장에서 보면, 형이 자기보다 모든 면에서 우월하기 때문에 이로 인한 갈등이 있을 수 있다. 동생은 형과의 경쟁에서 이기지 못한 불안과 스트레스를 받게 되고 이런 것들로 인해 형제간의 갈등이 더 깊어지는 경우가 있다.

라. 형제에 대한 부모의 차별적인 태도로 나타난다.

부모의 형제간 비교는 형제간의 경쟁이나 다툼의 원인이 될 수 있다. 즉, 형제간의 비교는 유아가 자신을 열등한 사람으로 단정 짓게 할 수도 있으며, 이러한 열등감은 형제간의 갈등을 조장하게 될 수도 있다.

마. 기타 장난감이 하나밖에 없다거나 나눌 수 없게 될 경우, 이런 유아들은 동생에게 양보하거나 나눌 수 없다. 그래서 그런 경우 형제간에 갈등을 발생할 수 있다.

ㄴ. 지도방법

가. 자녀에게 부모로부터 사랑을 받고 있다는 확신을 갖게 하는 일이다. '특별시간'을 가져 하루에 20~30분 정도 유아와 같이 놀이를 하거나, 책을 읽거나 대화하기 등을 자녀와 상의해서 자녀와 같이 활동함으로써 부모로부터 사랑을 받고 있다는 확신을 갖게 함은 물론, 출생한 동생이 적이 아니라는 것을 몸소 이해하도록 한다.

나. 부모는 형제들을 서로 비교하거나 차별적인 태도를 취하지 말아야 한다. 차별적인 태도를 취하면 형제관계 속에서 어떤 자녀는 우월감을 그리고 어떤 자녀는 열등감을 가짐으로써 형제간에 갈등을 조장시킬 우려가 있다. 자녀들 간에 경쟁을 시키기보다 가사 일을 맡겨서 서로 협력할 수 있는 기회를 제공하고 형제들 서로가 서로에게 필요한 존재임을 깨닫게 한다.

다. 형제간 분쟁이나 갈등이 일어났을 때 부모는 누구의 편도 들지 말고 중재적 역할을 한다. 대부분의 가정에서 부모는 형제간의 다툼에 대하여 심판관이 되어 일방적으로 누가 옳고 그름을 평가해 주는 역할을 하게 되면 오히려 형제간의 갈등이 더 심화될 수 있다. 그러므로 부모들은 미리 형제간에 다툼을 예방할 수 있도록 자녀들과 함께 기본적인 규칙을 정하고 또한 다툼이 일어날 경우에는 자녀들의 입장과 생각을 경청한 후에 문제는 형제들끼리 대화를 통해 해결하도록 중재해 준다.

라. 형을 형으로 대접한다.

부모는 형제간을 공평하게 대해 주어야 한다. 그러나 형은 형으로 대접을 받아야 동생에 대한 적대감이 줄어든다. 이렇게 함으로써 형은 동생에 대한 보살핌과 배려의 마음이 생긴다.

마. 장난감과 같은 놀잇감을 충분히 제공해 준다.

예를 들면, 형제끼리 놀다가 하나밖에 없는 장난감을 서로 가지고 놀기 위해 갈등이 생겼을 때 부모는 어떤 자녀에게 양보하기를 권한다. 이때 자녀 중 누구에게 일방적으로 양보하라고 하는 것은 알맞지 않다. 유아들은 자신이 소유의 경험을 해보아야 자신이 소유한 모든 것을 다른 사람과 나누기를 할 수 있다. 따라서 장난감을 한 개 더 준비해주는 것이 좋고, 준비가 어렵다면 자녀들 상호 간에 장난감을 공평하게 나누어 쓰는 방법에 대해 대화해 보도록 한다.

바. 동생의 탄생 준비와 양육활동에 큰 자녀를 포함시킨다.

예를 들면, 부모는 동생의 탄생을 준비하는 과정(엄마 뱃속에 있는 동생사진을 보여주며 이야기 나누기, 동생이 사용할 아기용품 구입할 때 데리고 가기, 동생 방 함께 꾸미기 등)이나 동생이 태어나 양육하는 과정(동생 젖병 찾아 주기, 동생 기저귀 개는 것 도와주기 등)에 큰 자녀를 동참시킨다. 이런 경험을 통해 큰 자녀는 동생이 태어나더라도 가족의 한 구성원으로서의 자신의 존재와 역할을 예측하게 한다(서명원 외, 2016).

(2) 일반 예절을 잘 지키지 않는 유아

예절은 일반적으로 일상생활에서의 모든 예의와 절차를 의미하는 것으로 일반적으로 언어나 몸가짐, 행동의 총체, 그리고 도리에 맞는 모든 질서와 절차로서 예절의 일반적인 덕목으로서는 인사하기, 부모님 잘 섬기기, 어른 공경하기, 바르고 고운 말 쓰기가 그 대표적인 행동특성이다. 유아의 경우, 위에 열거한 여러 가지 실천덕목들은 서로 관련성이 있어 하나의 실천덕목을 잘 지키는 유아는 그 외의 모든 실천덕목을 잘 지키는 것이 일반적이다.

① 행동특성

어떤 유아는 예절이 바르다, 어떤 유아는 예절이 바르지 못하다고 말하는 경우가 많은데 예절이 바른 유아의 일반적인 행동특성으로는

첫째, 부모님이나 웃어른에게 상황에 맞게 적절한 인사말과 자세를 갖추어 인사를 잘한다.

둘째, 부모님이나 다른 어른들의 말을 고분고분하게 듣고 순종하며 말대꾸를 하거나 반항하지 않는다.

셋째, 부모님이나 다른 어른들의 의견을 존중하고 유아들을 잘 보살펴 줌에 대하여 고맙게 생각하고 보답하려고 노력한다.

넷째, 부모님이나 다른 어른들과 대화할 때 상대의 말을 끝까지 경청하고 자기의 의견을 조용하게 논리적으로 이야기할 줄 알며 상대의 질문에 대하여 정중하게 대답할 줄 알고 항상 표준말을 사용하고 큰소리를 내지 않는다.

② 원인 및 지도방법

ㄱ. 원인

가. 대부분의 가정에서는 모든 교육 특히, 예절교육은 유아교육기관에서 지도하는

것으로 생각한다. 그 이유는 부모 자신이 예절교육의 중요성에 대하여 잘 이해하고 있으나 가정에서 자녀들이 부모님들의 이야기를 잘 듣지 않으나 유아교육기관에서 교사의 이야기는 잘 듣기 때문에 잘 지도할 수 있다고 생각한다.

나. 부모들은 자신의 성장과정이나 가족들의 성장과정을 지켜보면서 주지주의 교육의 중요성에 대하여 너무나 잘 알고 있다. 성격은 어떻든 간에 '서울대학만 합격해라' 하면서 그릇된 예절을 바로 잡기보다 학습태도를 바로 잡는 데 심혈을 기울인다.

다. 사회생활 속에서 예절생활의 태도나 습관화에 대한 강화가 후속적으로 이루어지지 않는다. 일반적으로 예절교육은 유아교육기관에서 이루어지는데 이것은 가정이나 사회생활 속에서 생활화되기를 기대한다. 또한 유아교육기관에서 학습된 예절교육이 가정이나 사회생활 속에서 부모나 사회인들에 의해 강화되어야 하나 부모나 사회인들은 이에 대한 관심이 없다. 웃어른에게 인사를 잘하는 유아를 보고 사회인들은 '너 참 인사를 잘 하는구나' 하고 칭찬하는 경우는 있으나 인사를 하지 않는 유아에 대한 지도가 전혀 이루어지지도 않고 관심조차 없다.

라. 바른 예절에 대한 역할모델이 없다.
부모나 성인들은 유아의 예절습관을 정착시키는 데 아주 중요한 역할모델을 한다. 다시 말하면, 부모나 사회인들은 유아의 바른 예절교육을 위한 산 환경이다. 유아들은 교사, 부모, 사회인들이 시키는 대로는 하지 않아도 하는 대로는 한다. 그러나 부모나 성인들은 바른 예절의 역할모델이 되지 못하고 있다.

마. 예절교육의 순환적 지도를 통한 반복교육을 소홀히 한다.
예절교육이 효율적으로 이루어지기 위해서는 유아교육기관에서는 유아들의 예절상황을 관찰 분석하고 분석된 결과를 중심으로 유아들이 잘 지키지 않는 예절내용과 그에 대한 대책을 강구하여 지도한 후, 사회, 가정, 유아교육기관에서 어떻게 적용되는지를 관찰·분석하여 잘 지켜지지 않는다면 그 원인과 이유를 찾아 다시 유아교육기관에서 또 다시 지도하는 등 예절교육의 순환적 반복 지도에 주력해야 하나 대개의 경우, 유아교육기관의 지도로서 끝내는 등 예절교육의 순환적 반복 지도에 소홀하고 있다. 예절교육은 유아들에게 내면화될 때까지 반복적이며 지속적인 지도가 이루어져야 한다.

ㄴ. 지도방법

가. 예절교육의 행동적 목표를 설정해서 지도해야 한다.
전 항에서 밝힌 바와 같이 예절교육의 내용은 아주 광범위하다. 내용이 광범위하면 지도의 초점을 상실하기 쉽다. 따라서 예절교육의 행동적 목표를 설정하고 유아들이 실천해야 되는 핵심적이며 명시적인 행동목표가 제시되어야 한다. 예를 들면, 인사 잘하기, 친구들과 사이좋게 지내기, 대상과 상황에 맞게 바르게 말하기, 고운말 쓰기, 존경어(높임말) 쓰기, 형제간에 우애있게 지내기, 부모님 도와드리기 등과 같이 유아들에게 지도해야 할 행동목표를 핵심적이고 명시적으로 초점화시켜야 한다.

나. 내면화방법으로 지도한다.

유아교육기관이나 가정에서 예절교육을 실시하는 데도 잘 지켜지지 않는 이유는 기본행동 덕목이 내면화되지 않았기 때문이다. 예절행동이 내면화되지 못하면 교사나 웃어른들이 보는 앞에서는 잘 지키나 교사나 웃어른들이 없는 곳에서는 잘 이행하지 않는다. 그러나 예절행동이 내면화되면 교사나 웃어른들이 있던 없던 간에 예절행동을 늘 바르게 실천하게 된다. 따라서 훈련이나 반복도 중요하지만 예절행동을 유아들의 심중에 내면화시키기 위한 다양한 방안을 연구 적용해야 한다.

다. 지속적인 지도가 이루어져야 한다.

예절은 한두 번의 지도로는 습관화시킬 수 없다. 지속적으로 그리고 일관성 있게 예절습관이 유아들의 생활 속에 습관화될 때까지 지속적으로 지도되어야 한다.

라. 성인들이 행동모델이 되어야 한다.

가정에서는 부모가 유아교육기관에서는 교사가 예절행동에 대하여 행동모델이 되어야 한다. 특히, 가정에서 유아들의 예절생활이 내면화되지 못하는 이유는 부모들이 예절생활의 절실성에 대한 이해 부족은 물론, 부모들이 솔선수범하여 예절생활을 이행하지 않는 데에도 그 영향이 크다.

마. 자발적인 실천를 유도하여야 한다.

모든 교육이 그러하듯이 유아들의 예절 지도에서는 강요나 지시보다는 유아 스스로 실천할 수 있는 분위기를 조성하여 주고 잘 이행할 때는 적절한 칭찬과 격려를 해주어야 예절습관이 바르게 정착될 수 있다.

바. 가정교사의 연계교육을 실시한다.

예절을 잘 지키지 못하는 유아에 대해서는 부모상담을 통하여 유아교육기관과 가정과의 일관성 있는 지도를 위하여 연계교육을 실시하여야 한다.

2) 수면습관

수면은 낮에 많은 활동을 통해 사용했던 뇌에 있는 신경세포들을 다시 정리하게 하여 다음에 다시 활용할 수 있는 기반을 마련해 주며 또한 육체적, 정신적 피로를 회복하고 건강한 생활을 유지하기 위해 꼭 필요하다. 특히, 수면은 가정에서 주로 이루어지고 있지만 요즘에는 어린이집이나 유치원 등에서도 종일제를 운영하므로 장시간 유아를 교육하고 보육하는 기관에서는 유아들의 건강관리를 위하여 낮잠시간을 갖고 또한 효율적인 낮잠지도를 위하여 수면지도가 이루어져야 한다. 다음에서 악몽과 야경증 그리고 휴식과 낮잠지도 방안에 대하여 기술하기로 한다.

(1) 악몽과 야경증

① 행동특성

악몽은 주로 불안해서 무의식 반응으로 일으키는 착시현상이다. 또한 악몽은 강하고도 부정적인 반응을 일으킬 수 있는 기분 나쁜 꿈을 가리키며 공포뿐만 아니라 슬픔, 분노를 동반하기도 한다. 또한 야경증은 수면 중에 갑작스러운 공포감과 불안감을 느끼면서 깨는 경우로서 이때에는 겁에 질려 비명을 지르거나 우는 경우도 있다. 악몽은 꿈의 내용의 일부를 기억하나 야경증은 아침에 일어나서 그 내용을 기억하지 못하는 경우가 많다.

② 원인 및 치료

악몽은 유아가 상상력이 풍부하고 환경에 민감하여 일상생활에서 일어나는 현상들이 불안을 자아내며 불안이 심할 때 또는 마음이 극도로 어떤 일에 쏠려 있거나 아니면 불안 감정이 계속될 때, 또는 양기가 부족하여 두려움이 생기는 경우, 극도로 불안해서 그리고 두뇌에 문제가 생겨 과잉 반응을 일으키는 경우에 불안한 꿈을 꾸는 것이다. 불안이 심하면 놀라 깨거나 흥분하며 두려워하는데 주로 새벽에 깨어난다. 다시 잠들고 아침에 일어나 이러한 꿈을 기억하는 수가 많다. 이런 일이 자주 일어나면 평소에 유아가 상당히 불안이 심함을 의미하므로 전문가에게 진단을 받아야 한다. 또한 야경증은 열, 수면 부족, 감정적인 긴장이나 스트레스가 주원인이 된다. 그리고 대개의 경우, 뇌의 발달이 약간 미숙한 유아에게서 일어난다. 야경증은 잠들고 난 뒤 30분 내지 3시간 정도 이내에 나타난다. 갑자기 소리를 지르며 일어나 심한 불안 속에 어쩔 줄 모르며 무엇을 집으려는 행동이나 특정한 행동을 되풀이 하면서 얼굴은 무서움과 공포 속에 떨고 눈은 동공이 커져있고 식은땀을 흘리면서 숨을 몰아쉰다. 부모가 달래도 소용이 없이 약 10분 동안 계속되다가 자연히 잠들게 되는데 아침에 일어나서 전혀 기억할 수 없는 것이 특징이다. 밤에 일어나는 간질발작이 이 야경증과 비슷하게 일어나는 수가 있으므로 감별하여 지도해야 한다. 이때에는 역시 전문가에게 의뢰하여 뇌파검사를 받아보아야 한다. 또 우리나라의 경우, 악몽과 야경증이 외국에 비해 일반적으로 많은 경향인데 이것은 우리나라 유아들이 나이가 들어서도 부모와 같이 자는 것과 관련이 있는 듯하다. 즉,

4~5세가 지나서 나이가 들어서도 부모와 같이 동침하는 유아들이 많은데 역시, 부모와 같이 잠으로써 좀 더 많은 자극을 받아 악몽이나 야경증이 심한 듯하다. 따라서 이런 유아들은 서서히 부모로부터 독립하여 다른 방에서 자도록 지도하는 것이 중요하다.

(2) 휴식과 낮잠지도

① 상황

일과활동 중 유아들은 활동량이 많아 피곤해지기 쉽다. 특히, 종일제 프로그램을 운영하는 경우나 놀이를 한 후 여름 날씨가 더울 때는 휴식이나 낮잠시간을 가짐으로써 유아들이 피로와 긴장을 풀고 다음에 이어지는 활동에 새로운 힘과 여유를 가지도록 하고 있다. 게다가 유아들은 스스로 쉬는 것을 알지 못하거나 잊어버리므로 항상, 유아의 상태를 관찰하여 활동이 비능률적이거나 휴식이 필요하다고 판단되면 긴장을 이완시키고 쉴 수 있도록 지도한다.

② 가치

휴식과 낮잠의 가치는 다음과 같다.

ㄱ. 유아활동으로 인한 피로나 긴장감을 풀어 심리적 안정감을 얻는다.
ㄴ. 에너지를 소생시키거나 축적해주어 다음의 활동을 효율적으로 할 수 있게 해준다.
ㄷ. 조용히 생각할 수 있게 하는 시간을 주어 다음 활동의 계획을 세울 수 있도록 한다.
ㄹ. 휴식의 효과를 알게 하여 일상생활주기를 효율적으로 살아갈 수 있도록 해주기에 적절한 휴식방법을 알게 한다.

③ 지도내용

유아들에게 길러주어야 할 수면습관은 일정한 시간에 수면을 하고, 잠투정을 하지 않고, 충분한 시간 동안 숙면하는 것 등이다. 유아교육기관에서 생활하는 유아들은 건강한 생활리듬을 위하여 가정과 연계된 수면습관 지도가 중요하다. 유아들에게 필요한 기본적인 수면습관의 지도내용은 다음과 같다(조운주 외, 2014).

ㄱ. 규칙적인 수면 리듬을 갖고 일정한 시간에 자고, 일어나기
ㄴ. 잠투정을 하지 않기
ㄷ. 자기 전에 음식물을 먹지 않기
ㄹ. 자기 전에 대 · 소변을 보고, 양치질 및 세수하기
ㅁ. 자신의 옷과 침구를 스스로 정리하기

④ 수면습관의 지도방법

ㄱ. 낮잠시간의 길이는 3세 유아의 경우, 점심시간 후 1~2시간, 4~5세 유아는 30분~1

시간 정도가 적당하다.

ㄴ. 더운 여름철이나 과격한 운동 뒤에는 15~20분 정도의 휴식시간을 갖는 것이 좋다.

ㄷ. 가정에서의 유아의 수면습관, 수면시간, 수면리듬 등을 파악하여 유아교육기관에서 수면지도에 고려한다.

ㄹ. 동적활동과 정적활동을 적절히 안배하고 일과를 균형 있게 제공하여 규칙적인 수면시간과 휴식시간을 제공한다.

ㅁ. 낮잠실을 마련하여 빛과 소음을 차단하고 18~23°c의 적절한 온도를 유지하고 조명을 너무 밝지 않게 한다.

ㅂ. 유아 개개인의 다른 생리적 욕구를 인정한다. 너무 길거나 활동적인 시간은 활동이 끝나기 전이라도 휴식을 취할 수 있도록 교사는 예민하게 관찰한다. 휴식이나 낮잠을 원하지 않는 유아는 좋아하는 활동을 조용히 하도록 해준다(예 : 동화읽기, 만들기, 그리기, 음악듣기 등).

ㅅ. 낮잠실은 적절한 장소를 선정하고 또한 준비물을 마련한다. 조용하고 아늑한 곳에 쿠션, 깔개를 준비해 두어 유아가 원하는 자세로 쉬도록 한다.

ㅇ. 동시나 조용한 음악을 감상하거나 조용히 동화를 들려주면서 피로감을 풀고 심미감을 맛볼 수 있도록 한다.

ㅈ. 너무 피곤하거나 흥분되는 경우, 잠을 잘 수 없으므로 자기 전에 유아의 마음을 가라앉히고 수면을 도울 수 있는 조용한 음악이나 이야기를 들려준다.

3) 배변습관

배변은 '장운동'이라고 한다. 배변이란 소화의 마지막 과정으로 소화계통으로부터 항문에 이르기까지의 고체, 반고체, 액체 형태의 찌꺼기(대변)를 밖으로 내보내는 일이다. 유아가 건강하려면 잘 먹고 잘 자고 잘 배설해야 한다. 이 3가지 중 한 가지만이라도 결핍되면 누구든지 건강할 수 없다. 배변습관에서는 '자기 집이 아니면 용변을 못 보는 유아', '대 · 소변을 실수하는 유아'에 대한 지도방안에 대하여 기술하고 한다.

(1) 자기 집이 아니면 용변을 못 보는 유아

① 행동사례

수영이는 친구 집에 가서 놀다가 용변을 보고 싶으면 친구 집 화장실을 이용해 용변을 보지 않고 곧잘 집으로 돌아와 자기 집 화장실을 이용한다. 한번은 동네에서 놀다가 가까운 친구 집이나 놀이터 화장실을 이용하여 용변을 보지 못하고 집 화장실을 이용하려고 오다가 자기 옷에 방뇨한 일도 있다.

② 행동특성

유아들 중에 용변을 보고 싶으면 교사의 도움을 거부하며 엄마를 찾거나 집에 가겠다고 한다. 경우에 따라서는 고집을 부리다가 아주 급해서 옷에 방뇨하는 일도 있다.

③ 원인 및 지도방법

사람은 누구나 낯선 환경에 대하여 약간의 경계심을 갖기 마련이다. 그래서 긴장이 되고 따라서 집을 떠나 여행을 하면 변의 현상을 경험하게 되는 것은 누구에게나 있는 일이다. 마찬가지로 유아도 낯익은 가정을 떠나서 딴 곳에 가면 약간의 긴장을 느끼게 된다. 만일, 자기 집 화장실과 외부의 화장실이 생김새가 많이 다르면 더욱 그런 현상이 오기 쉽다. 예를 들어, 한쪽은 재래식이고 한쪽은 쭈구리고 앉는 식이고, 다른 한쪽은 수세식이라든지 혹은 다 수세식이라도 한쪽은 쭈그리고 앉는 식이고, 다른 한쪽은 의자식이라면 이러한 차이에 대한 거부감 때문에 밖에 나가서 용변을 보지 못하는 수가 있다. 다행히 집이 가까운 유아는 쉬는 시간에 집에 갔다 오기도 하나 집이 먼 유아는 무조건 참다가 방광염이나 신장염에 걸리는 경우도 있다. 용변을 보러 집에 가도록 허용하면 또 다른 사고로 이어질 수도 있다. 또한 오늘날은 유아교육기관의 화장실이 모두 가정과 같이 수세식이어서 조금만 지도하면 된다. 그러나 사람이 일생을 살면서 갖가지 환경의 변화를 겪어야 한다. 때로는 산속에서 텐트생활을 해야 하고 때로는 시골집에서 가서 민박도 하게 되고 남자들은 유사시에 군대에 복무할 수도 있다. 따라서 어떠한 경우에 처하더라도 거기에 대처해서 수용해 나갈 수 있도록 지도해야 한다. 그러려면 부모가 의도적으로 너무 호강스러운 한정된 분위기 속에서 살게 하지만 말고 여러 가지 경험을 해볼 기회를 갖도록 한다. 어릴 때일수록 가소성이 커서 환경의 변화에 잘 적응하는 법이니 가급적 부모와 함께 여러 가지 장면을 경험하게 하고 부모가 시범을 보이도록 한다. 남의 집이나 유치원 화장실을 이용하지 않으려 하면 다른 유아들의 화장실 사용모습을 관찰시킨 후 교사와 부모가 옆에 서서 안도감을 갖게 여러 번 지도하면 쉽게 교정될 것이다.

(2) 대 · 소변을 실수하는 유아

① 행동사례

5세인 민우는 친구들과 놀다가 옷에다 오줌을 싸가지고 돌아오는 일이 많다. 어떤 날에는 4번까지 실수하고 피곤하게 놀던 날 밤에도 옷에 오줌을 싸는 일도 있다. 그러나 낮에 집에 있으면 대 · 소변을 잘 가린다.

② 행동특성

유아교육기관에서는 가끔 대 · 소변을 실수하는 유아가 더러 있다. 유아의 연령이 낮을수록 심하고 대 · 소변이 아주 급한 상황에 화장실을 찾거나 줄을 서 있는 동안에 대 · 소변을 실수하기도 한다.

③ 원인 및 지도방법

어린 유아들이기 때문에 이러한 실수는 당연한 일이다. 이에 대비하여 원내에서는 부모들로 하여금 여벌의 팬츠와 바지를 가져오게 하여 보관해도 좋고 아니면 원의 비용으로 서너 벌 준비해 두었다가 실수한 유아에게 입혀 보내고 학부모로 하여금 세탁하여 돌려보내게 한다. 그보다 중요한 일은 실수한 유아를 대하는 일이다. 가급적 나무라거나 무안을 주지 말고 좋은 낯으로 뒤처리를 해주어야 한다. 아무리 어려도 실수를 하면 미안하고 무안한 일인데 게다가 꾸중까지 들으면 더욱 난처해질 수도 있다. 만일 날마다 실수하여 곤란한 유아가 있다면 좀 더 큰 다음에 보내라고 부모와 타협하도록 한다. 성인이나 유아가 신경을 과하게 쓸 일이 있을 때에는 소변이 자주 마렵고 실수하는 수가 있다. 그러므로 실수를 자주 하는 유아가 있다면 가정환경에 무슨 변화가 있었는지 알아볼 필요가 있다. 동생을 보았거나 부모 중 한 사람이 여행을 떠났거나 부모 싸움이 잦거나 할 때도 일어날 수 있는 현상이기 때문이다. 이런 때는 그 사실을 화제에 올려서 유아와 대화하되 어디까지나 유아의 입장을 이해하고 공감하는 자세를 취해야 상황이 호전될 수 있다. 유아를 미워하거나 벌을 주면 오히려 상황이 나빠진다. 무의식중에나마 교사의 주의를 자기편으로 끌어서 관심을 돌려보려는 동기가 숨어 있을 수도 있다. 그릴 때라면 실수한 행동 자체를 가볍게 넘기고 평상시의 활동 중 살한 일을 찾아서 칭찬하고 고무시켜 줌으로써 마음에 만족을 느끼게 하면 자연히 마음이 안정되어 고쳐질 수도 있다. 한편, 쉬는 시간마다 교사가 유아의 손을 이끌고 화장실에 가는 친절함을 보인다.

4) 안전생활습관

현대의학의 발달과 생활수준의 향상으로 질병으로 사망하는 사람 수는 현저하게 줄어들고 있다. 그러나 문명의 발달로 인해 각종 이기가 생활의 편의를 제공해 주는 반면에 우리 생활 주변에는 보다 많은 위험물들이 산재해 있으며 사고나 안전관리의 부족으로 인한 사망자의 수는 오히려 증가하고 있다. 이에 따라 모든 위험이나 사고로부터 유아들을 보호하는 일이 부모와 교사의 중요한 책임이 되었으며 그러기 위해서는 사후 대책이나 처리보다 오히려, 사고의 미연방지 즉, 안전관리에 관한 교육이 더 필요하다고 본다. 여기에서는 '응급사고처치'와

'차멀미하는 유아'의 지도방법에 대하여 기술하기로 한다.

(1) 응급사고처치방법

① 행동사례

영희는 차분하고 조용한 성격으로 친구들과 잘 어울려 놀고 특히, 소꿉놀이를 즐기는 편이다. 오늘도 소꿉놀이를 하는 도중에 현수가 교실에 들어온 벌을 보고 앞만 보고 뛰어가다가 영희가 넘어지면서 현수의 무릎에 영희의 코가 닿은 충격으로 피가 나기 시작했다. 이때 선생님은 화장실에 간 사이여서 동료 유아들이 영희 부모님에게 이 사실을 연락하여 교사가 곤욕을 당하였다. 물론 영희는 선생님이 응급처치를 하여 아무런 문제가 없었다.

② 행동특성

유아교육기관에서 빈번하게 일어나는 행동특성은 다음과 같다.

ㄱ. 활동실 내의 물건에 부딪혀 팔 다리나 손에서 가벼운 피가 흐를 때
ㄴ. 유아들끼리 부딪치거나 넘어져 코피가 날 때
ㄷ. 뜨거운 물이나 실험을 하다가 피부가 붉어지거나 부어오를 때
ㄹ. 뼈의 어떤 부분이 부러지거나 관절이 어긋났을 때
ㅁ. 넘어지거나 좀 높은 곳에서 떨어져 머리를 다치는 경우
ㅂ. 이물질이 입에 들어가 호흡이 곤란할 때
ㅅ. 모기, 개미, 벌, 이, 벼룩, 빈대 등 벌레나 곤충에 물렸을 때
ㅇ. 개에 물렸을 때
ㅈ. 귀에 이물질이 들어갔을 때

③ 지도방법

ㄱ. 응급처치의 일반적인 원칙

응급처치 시에는 다음과 같은 사항을 고려한다.

가. 상처가 확인될 때까지 필요 없는 이동을 하지 말고, 환자를 반듯하게 뉘어 편안하게 해준다.
나. 상처의 범위와 정도를 알기 위해 그 부위를 충분히 노출시켜 겨울철에는 동상을 입지 않도록 주의한다.
다. 상처를 보고 놀라거나 흥분해서는 안 된다.
라. 상처가 불결해지지 않도록 한다.
마. 중환자에게 본인의 상처를 보이지 않는다.

바. 의식불명의 환자에게는 입을 통해 음료수를 먹여서는 안 된다. 의식이 있더라도 복부에 심한 상처를 입은 환자나 심한 출혈을 한 환자에게도 음료수를 주어서는 안 된다.

사. 여러 환자가 있을 때, 심한 호흡 중지나 중독 증상이 있는 환자부터 긴급히 처리해야 한다. 그리고 한 사고로 여러 유아가 손상이 입었을 때는 생명을 구할 수 있는 환자부터 처리해야 한다.

ㄴ. 사고 종류별 응급처치방법

사고 종류별 응급처치방법은 다음과 같다.

가. 외상

- 피부에 생긴 가벼운 상처는 소독된 탈지면으로 소독약을 바르고 상처가 심하면 의사의 치료를 받도록 한다.
- 불결한 곳에서 외상을 입으면 파상풍에 걸릴 우려가 있으므로 이에 대한 대책을 강구한다.
- 출혈이 심하면 지혈시켜야 한다.

나. 출혈

- 상처에 2~3분간 출혈이 있는 경우는 무방하나 출혈이 심하면 특별한 조치를 취한다.
- 소독된 거즈로 상처를 누르고 몸의 다른 부위보다 상처 부위를 높여 둔다.
- 지혈이 안 되면 상처를 누르고 붕대로 감아둔다.
- 출혈이 심하거나 상처가 깊을 때는 의사의 치료를 받는다.

다. 화상

- 1° 화상에는 피부 윤활재인 바셀린이나 붕산 연고를 엷게 발라준다.
- 화상을 입은 부분이 크면 2%의 탄산수소나트륨에 적신 깨끗한 거즈나 수건으로 싸서 마르지 않도록 적셔주며 의사의 치료를 받는다.
- 물집을 터뜨리면 안 된다.
- 옷을 강제로 벗기지 말고 가위로 잘라서 화상을 입은 피부에 자극과 손상을 주지 않도록 해야 한다.

라. 골절과 탈구

- 유아를 움직이지 않게 하고 곧 병원에 가서 정형외과적 치료를 받는다.
- 만약, 이동시켜야 할 경우에는 반드시 부목으로 골절된 부분을 고정시켜 뼈가 움직이지 않도록 한다.

마. 머리의 타박상

- 타박상의 경우, 15분 이내에 울음을 그치고 토하지 않거나 안색이 창백하지 않으면 안심해도 된다.
- 몹시 아파하고 안색이 창백하고, 토하고 식욕이 부진하며 조는 경우, 뇌손상이나 뇌출혈을 의심하고 반드시 의사의 치료를 받는다.

바. 질식

- 기관 이물질로 인한 질식의 경우에는 곧, 가까운 병원에 가도록 한다.
- 일산화탄소 중독에 의한 질식의 경우에는 곧, 신선한 공기를 마시게 하여 의식을 회복하도록 자극하며 심하면 병원으로 옮긴다.

사. 독충에 물렸을 때

- 벌레나 곤충에 물렸을 때는 암모니아수나 2%의 탄산수소나트륨 용액을 바른다.
- 물린 자리가 부어오르면 항히스타민 피부용 연고나 올리브유 등을 바른다.

아. 개에 물렸을 때

- 상처 부분을 깨끗한 물이나 과산화수소로 닦아내고 주변의 피를 짜내도록 한다.
- 만약 광견병에 걸릴 우려가 있을 때는 즉시, 예방주사를 맞아야 한다. 개를 10일간 묶어두고 관찰해서 개에게 이상이 없으면 예방 주사를 맞지 않아도 된다.

자. 귀에 이물질이 들어갔을 때

- 미지근한 물을 귓구멍으로 넣어 세척해 낸다.
- 귀에 곤충이 들어갔을 때에는 전지로 귀를 비추어 나오게 하거나 물을 조금 떨어뜨려 곤충을 죽인 다음 귀를 씻어 낸다.
- 핀이나 철사 등으로 귀에 들어간 물건을 꺼내려 들면 안 된다.

(2) 차멀미하는 유아

① 행동사례

미연이집에서는 휴가철에는 미연이 차멀미 때문에 여행지를 결정하는 데 여간 힘들지 않다. 미연이는 아예 승용차를 타려 하지 않는다. 작년에도 미연이 때문에 기차를 타고 기차역에서 10분 거리에 있는 호수로 택시를 이용해서 여행을 다녀왔는데 그때도 얼굴이 백지장처럼 하얗고 숨이 가쁘고 해서 아주 힘든 여행을 하였다. 그 이후로는 승용차를 이용한 가족여행은 아예 엄두도 내지 못하고 있으나 이것을 어떻게 고쳐줄까 고민 중이다.

② 행동특징

차를 타기 전부터 불안해한다. 차를 타면 말을 하지 않고 움직이려 하지 않는다. 얼굴빛이 하얗게 되며 어지럽다는 표현을 하며 손을 자주 배나 입으로 가져가 대고 있다. 심하면 식은 땀을 흘리며 토하려고 한다.

③ 원인 및 지도방법

자동차의 심한 움직임으로 인해 유아의 몸에 자극이 가해지게 되는데 이때 머리를 움직이거나 몸이 동요되어 일어나는 동요병이 차멀미이다. 식사 또는 간식 후 30분 내지 1시간 정도 조용한 활동을 할 수 있는 시간을 가진 후 어린이집에 오는 버스를 타거나 견학하는 장소에 가기 위해 버스를 타도록 계획 시 시간배당에 유념한다. 견학 또는 소풍장소 선택 시에는 가능한 한 차로 30분 이상 걸리는 장거리는 피하도록 하고 버스 승차 시 차멀미를 하는 유아는 앞좌석의 창문 옆에 앉도록 좌석 배정을 하여 신선한 공기를 마실 수 있도록 배려한다. 차멀미 하는지의 여부는 입원 초의 개인조사서에 부모가 체크하도록 한다. 버스 운행 시에는 가능한 뒷좌석에 앉은 유아에게 진동이 없도록 속도를 줄이고 잘 포장된 길을 택하여 운행하며 급정거를 피하도록 해야 한다. 차멀미가 아주 심한 유아는 미리 의사의 처방을 받도록 부모와 협의하여 지도한다. 매일 유아교육기관에 버스를 타고 오는 유아들 중 차멀미를 약간 하는 유아는 바깥 공기가 잘 통하는 조용한 놀이영역에서 앉아서 활동하는 기회를 갖게 한다.

2. 사회적 부적응행동 지도

인간사회는 자신은 물론 타인의 복리를 증진하고 보호하기 위한 관습 위에 세워져 있다. 따라서 우리 인간 모두는 이러한 복리 증진과 보호를 위해 올바른 제도나 관습이 세워지도록 노력해야 한다. 그 중 하나가 사회생활 속에서 긍정적인 대인관계를 유지할 수 있는 건설적이고 바람직한 사회적 행동이다. 사회적 행동에는 나눠주기, 돕기, 위로하기, 협력하기, 격려하기 등의 친사회적 행동과 반사회적 행동 즉, 사회적 부적응행동이 있다. 사회적 부적응행동이란 반사회적 행동으로 동료 유아들의 권리를 침해하는 등 사회적 규범과 규칙을 어기는 행동을 말한다. 사회적 부적응행동에서는 '지나친 공격행동', '친구가 없는 유아'에 대하여 기술하기로 한다.

1) 지나친 공격행동

(1) 유아사례

명성이는 우리 어린이집에 다른 유아들보다 1달 정도 늦게 입원했다. 왜냐하면 어린이집이 없는 지역에서 살다가 어린이집이 있는 이곳으로 이사 와서 입원했기 때문이다. 처음에 와서 10여 일간은 약간 긴장하고 불안해했는데 10여일 후부터 행동이 돌변하여 하루에 3~4회 정도 동료 유아들을 때리는 것이다. 자세히 관찰해 보니 때리기, 꼬집기, 팔 비틀기, 발로 차기 등 다양하였다. 그 이유는 대개 동료 유아와 신체적 접촉이 있을 때, 놀잇감을 먼저 가지려고 했을 때, 다른 유아가 자기를 비난했을 때 등이며 결국 교사가 명성이에게 주의를 주었는데 그때마다 소리 지르며 다른 방으로 가 버린다.

(2) 행동특성

공격성을 표현하는 방식에는 언어적 공격, 행동적 공격, 물건 파괴 등이다.

첫째, 언어에 의한 공격으로는 '욕', '비난', '언쟁' 등이며 단순히 타인을 놀리거나 괴롭히기 위해서 그와 같은 언어적 공격을 한다.

둘째, 행동에 의한 공격은 때리기, 할퀴기, 물건 던지기, 물어 뜯기, 발로 차기, 돌멩이나 물건 던지기, 꼬집기 등이다. 이런 행동들은 보통 분노나 욕구좌절에 대한 반응으로 나오지만 때로는 갑자기(별 이유가 없이) 나타나기도 한다.

셋째, 사물에 대해 욕구를 표현하는 것으로 예를 들면, 인형을 때리거나, 머리카락을 잡아 뜯기, 잘 쌓아놓은 블록 넘어뜨리기 혹은 유리창 깨기 등이다. 그러나 실제로는 하나의 행동으로만 나타날 때도 있으나 대개의 경우, 2~3가지 유형의 행동을 동시에 표현한다.

(3) 원인

① 공격적 행동을 일으키는 감정

유아가 어떤 공격적 행동을 보일 때는 그들은 대개의 경우, 정서적으로 흥분되어 있다. 분노를 느꼈거나 욕구가 좌절되었거나 또는 누군가에 대해 질투나 적개심을 느꼈을 때 공격적 행동을 나타내는 경우가 많다. 공격적 행동은 때때로 자기의 욕구를 만족시키기 위한 수단으로 나타나기도 한다. 예컨대, 어떤 놀잇감을 차지하기 위해서 혹은 그네를 먼저 타기 위해서 동료 유아를 때리거나 밀치는 것 등이다. 때로는 자기가 힘이 더 세다는 우월감을 맛보기 위해서 공격적 행동을 하기도 한다.

② 학습된 공격적 행동

공격적 행동이 지속되고 반복해서 발생하는 것은 그것이 어떤 식으로든 '강화'를 받기 때문이다. 다른 유아를 때리거나 밀침으로써 놀잇감을 차지할 수 있었다면 그는 그 다음에도 같은 방식으로 놀잇감을 뺏으려 할 것이다. 그리고 공격적 행동으로서 분노나 좌절감을 감소시킬 수 있었다면 그는 앞으로도 그런 유형의 행동을 나타낼 가능성이 크다. 이와 같이, 공격적 행동은 그 결과에 의해서 강화를 받는다.

③ 모방, 관찰학습

다른 사람이 공격적 행동을 한 후에 어떤 보상을 받게 되는 장면을 목격하면 그러한 행동을 학습할 수 있다. 이것을 '관찰학습'이라고 부른다. 예컨대, 어떤 유아가 다른 애들을 위협해서 그네를 먼저 타게 되는 것을 관찰한 후 자기도 그렇게 해 보는 것이다. 공격적 행동에 의한 처벌을 받거나 혹은 그런 장면을 목격하는 것이 유아의 공격성을 유발시키기도 한다. 유아가 마치 교사나 부모가 자신을 벌주듯이, 자기 동생을 벌주는 모습을 종종 볼 수 있는데 이것이 바로 그런 경우이다. 유아의 공격적 행동에 대해서 부모가 공격적 행동으로써 벌을 가한다면(예 : 화를 내면서 때림) 이는 유아의 공격성을 감소시킨다기보다는 더욱 증가시킬 가능성이 높다.

④ 공격적 행동 중 대표적인 물건을 잘 던지기, 다른 친구를 깨물기, 친구들을 잘 때리는 원인은 다음과 같다(서명원 외, 2014).

ㄱ. 물건을 잘 던지는 유아

가. 물건을 잘 던지기는 분노를 표현하는 방법일 수도 있고 감정을 언어적으로 표현하는 능력이 없기 때문이다.

ㄴ. 다른 친구를 깨무는 유아

가. 좌절을 표현하는 방법으로 그리고 주변의 관심을 끌기 위해서이며 한참 이가 날 때 잇몸이 근질거리고 아파서 무엇이든 물고 싶어 할 때가 있다.

ㄷ. 다른 친구를 잘 때리는 유아

가. 부모가 너무 엄하여 문제가 생기면 자녀를 체벌하는 경우, 또한 교사나 성인으로부터 관심을 끌기 위해서 그리고 폭력적인 매체에 영향을 받은 경우이다.

(4) 공격적 행동 지도방법

공격성은 분노나 욕구좌절, 행동의 결과에 의한 학습, 모방, 관찰 등에 의해 생기게 된다. 따라서 유아의 공격성에 대한 지도를 할 때에는 그것이 주로 어떤 요인에 기인하는가를 먼저 파악해 볼 필요가 있다. 원인에 따라 지도방법을 달리해야 한다.

① 분노나 좌절을 일으키는 자극을 제거한다. 즉, 공격적 행동의 선행조건을 미리 없애는 것이다. 예컨대, 놀잇감을 빼앗김으로써 싸움이 일어났다면 그 놀잇감을 몇 개 더 준비해 놓음으로써 싸움을 미리 예방할 수 있다.

② 공격적 행동의 결과가 보상을 받지 않도록 통제한다. 지금까지 그 행동을 강화해 주었던 조건을 제거한다는 것이다. 예를 들면, 한 유아가 동료 유아를 괴롭히는 행동이 교사의 '주의 주기'와 '관심 보이기'에 의해 강화를 받아왔다면 그 유아의 그러한 행동에 대해 교사가 '무관심'함으로써 지금까지의 강화를 제거할 수 있다.

③ 타임아웃(Time out : TO)을 적용할 수 있다.
이것은 행동수정기법의 하나인데, 감소 혹은 소멸시키려는 행동을 할 때마다 일정한 시간 동안 지정된 장소에 머무르도록 조치하는 것이다.

④ 유아가 개인적으로 놀이를 할 수 있도록 마련해 줄 수 있다.
수업시간 전 또는 수업종료 후에 30분~1시간 정도씩 개인적인 놀이시간을 제공하는 것이다. 이때는 가능한 한 허용적이고 자유로운 분위기를 조성함으로써 유아가 자신의 욕구나 감정을 마음껏 표현할 수 있도록 격려한다. 이러한 놀이를 통해서 유아는 불만, 적개심 등 나쁜 감정을 발산해 낼 수 있으며, 교사는 관찰을 통해서 그 유아에 관해 좀 더 이해할 수 있는 효과도 있다.

⑤ 적응행동의 모범을 보여줌으로써 지도할 수 있다. 유아의 행동을 지도함에 있어서 부적응행동을 감소시키는 동시에 새로운 적응행동의 학습을 도와주는 일이 매우 중요하다. 공격적으로 행동하지 않으면서 자기의 욕구를 만족시킬 수 있는 방법을 학습하도록 하는 것이다. 모범의 역할을 교사 자신이 할 수도 있고 다른 유아의 협조를 얻어서 할 수도 있다.

⑥ 물건을 던지는 아이, 친구들을 깨무는 아이, 찬구들을 때리는 행위에 대해서는 다음과 같이 지도한다(서명원 외, 2014).

ㄱ. 물건을 던지는 유아

가. 아이가 물건을 던지기 전에 개입한다. 유아의 키에 맞춰 앉은 다음 물건을 던지려는 유아의 팔을 움직이지 못하도록 윗부분을 부드럽지만 힘 있고 엄격하게 잡아야 한다.

나. 유아의 감정을 언어로 표현하는 방법을 알려준다. 우선, 유아들이 행복할 때, 슬플 때, 화날 때, 짜증날 때, 외로울 때 등과 같은 다양한 감정을 유발하는 상황에는 어떤 것들이 있는지 이야기 나누고 그런 후에 이런 감정들을 경험할 때 어떻게 표현하는지 알려준다. 예를 들어 '슬플 땐 운다', '기쁠 때 노래를 부른다'

등으로 표현해 보게 한다.

다. 분노와 좌절에 대처할 수 있는 방안을 가르쳐 준다.

허용되는 범위 내에서 분노나 좌절에 대한 공격성을 표출시킬 수 있는 기술을 습득시킨다. 예를 들면, 화가 나서 물건을 던졌을 때 동료 유아에게 어떤 결과를 가져왔는지 생각해 보도록 하고 다른 방법으로 화를 푸는 방법을 연구해 보도록 한다.

ㄴ. 다른 친구들을 깨무는 유아

가. 유아들에게 그들의 연령에 알맞은 다양한 놀이기구를 손쉽게 활용할 수 있도록 배치한다. 유아들이 유쾌하게 놀이를 할 때 공격적 행동이 감소된다.

나. 깨무는 행동을 무시한다.

깨무는 행동을 한 유아에게 소리를 지르면서 야단치고 훈계하면 해당 유아는 더욱 관심을 받게 되어 깨무는 행동을 더욱 강화하게 한다.

다. 깨무는 행동 대신에 다른 행동을 제안해 준다.

깨무는 유아를 항상 주의를 기울여 관찰하고 혹시 도발적으로 무슨 상황이 돌발하면 유아를 재빨리 다른 장소나 영역으로 이동시켜 깨무는 행동 대신 다른 활동으로 대치시킨다.

라. 사회적 행동을 강화해주고 적절한 의사소통기술을 알려준다.

깨무는 행동은 허용될 수 없는 행동임을 알아야 하며 친구와 잘 지낼 수 있는 긍정적인 상호작용과 의사소통기술을 가르쳐 준다. 이를 위해 유아가 적절한 사회적 행동을 할 때마다 그 행동에 대해 칭찬해 준다.

ㄷ. 친구들을 잘 때리는 유아

가. 유아가 때리기 전에 개입한다.

가까이 있다가 동료 유아를 때리는 상황이 발생할 것 같으면 때리기 전에 미리 개입하여 때리지 못하게 한다. 동료 친구를 때려서 놀잇감을 빼앗게 되면 자기가 의도한 대로 장난감을 갖게 되어 성취감을 느끼게 된다.

나. 부모가 본을 보여준다.

부모는 원하는 일이 이루어지지 않거나 유아가 말을 안 듣는다고 해도 때리거나 힘을 사용하지 말고 유아 앞에서 침착하게 자제력을 키우는 모범을 보여준다.

다. 동료 친구들과 어울려 놀 때 칭찬해 준다.

유아가 동료 유아들이나 동네 유아들과 잘 어울려 노는 바람직한 행동을 할 때 즉시, 칭찬해 준다.

라. 때리는 즉시, 타임아웃을 적용한다.

유아가 누군가를 때리면 맞은 동료 유아의 상황을 괜찮은지 확인하고 때린 유아를 타임아웃 장소로 이동시켜 부드럽지만 단호한 목소리로 '네가 친구를 때리도록 그대로 둘 수 없다' 하고 단호하게 말한다.

마. 유아를 폭력적인 매체에 노출되는 시간을 줄여주고 조정해 주어야 한다. 유아는 폭력적인 매체에 노출될수록 폭력적인 행동을 많이 하게 된다.

2) 친구가 없는 유아

(1) 유아사례

3~4세가 되면 대부분의 유아들은 접촉하는 동료 유아가 많아진다. 그런데 4.5세인 영순이는 대부분 혼자서 논다. 다른 유아들이 가서 이야기를 해도 묻는 말에만 대답을 할 뿐 같이 어울려 놀지 않는다. 그렇다고 동료 유아들이 노는 집단에 끼어들려고 하지도 않는다. 그러나 친구들이 노는 모습을 보고 웃는 등 많은 관심을 보인다.

(2) 행동특성

친구와 어울리지 못하는 유아 즉, 친구가 없는 유아 특성은 유아들이 노는 주변을 배회하거나 노는 과정에서도 유아 자신은 함께 놀고자 하나 배척을 당하는 유아, 혹은 '선생님, 나는 끼워주지 않아요.'라는 말을 종종 하는 유아 등 다양하다.

(3) 원인

친구가 없는 경우는 친구와 어울리지 못하는 경우인데 여기에는 두 가지 유형이 있다. 한 유형은 친구를 사귀고 싶지만 못 사귀는 경우이고, 한 유형은 친구를 전혀 사귀고 싶어 하지 않는 유형이다.

① 친구를 사귀고 싶어도 못 사귀는 유아

이런 유아는 낯선 사람 특히, 낯선 또래들을 두려워하는 듯하다. 이렇게 되는 원인으로는 첫째, 사회적 공포증, 다시 말해서 대인 공포증을 들 수 있다. 또 하나는 낯선 사람 특히, 또래와의 관계를 형성하는 경험이 부족했기 때문이다. 그런데 '대인 공포증'인 경우는 매우 드문 일이고 대부분의 경우는 경험 부족 즉, 사회적 행동을 학습하지 못했기 때문이다.

② 친구를 사귀고 싶어 하지도 않은 유아

앞에서 설명한 유형의 유아는 친구를 사귀고 싶고 또 또래집단에 끼고 싶어 하는 마음이 있는데 반해서 두 번째 유형의 유아는 친구가 없다는데 대해서 별로 서운해 하지도 않으며 오히려 혼자 있는 것을 즐기는 것 같은 인상을 준다. 이런 유아의 특성으로는 누군가 자기를 흉보거나 비판하는 데에 대해서 매우 민감하며 화를 많이 낸다. 그래서 혹시 또래집단에 끼었다가도 집단에 적응하지 못하고 탈락당하거나 비난의 대상이 되기 쉽다. 그래서 혼자서 멍하니 앉아 있거나 백일몽에 빠져 있기도 하며 그런 공상을 대단한 비밀처럼 혼자만 갖고 있으려는 경향을 보인다.

③ 일반적인 원인은

첫째, 보통 유아보다 욕을 잘하거나 밉상스러운 행동으로 친구를 괴롭힌다.

둘째, 보통 유아보다 고자질을 잘 하며 친구를 혼내게 했기 때문이다.

셋째, 지능이나 연령의 차이로 함께 노는 놀이의 정도가 너무 어려워 분담 역할이 안 되거나 혹은 너무 단조로워 불평함으로써 소외당하는 경우가 많다.

(4) 지도방법

이러한 유아를 지도하기 위해서는 우선 가장 본질적인 원인을 관찰을 통하거나 동료 유아들의 반응을 통해 파악해야 한다.

첫째, 친구를 사귀고 싶어도 못 사귀는 유아의 지도방법은

① 발달측면에서 함께 노는 능력이 부족하다면 '혼자놀기' 단계에 더 머물도록 그냥 둔다. 친구들이 노는 주변에서 구경하는 것도 놀이 발달단계에서 중요하므로 강요하지 말고 '참, 재미있니?', '함께 구경하자' 등의 표현으로 놀이장면을 열심히 보도록 한다. 즉, 어떻게 남과 함께 노는 것인지를 보고 배움으로써 자연히 다음 단계의 발전을 가져오게 되는 것이다.

② 함께 노는 장면에서 동료가 어떤 행동을 할 때 속상했는지 서로 이야기 나누기를 한다. 이런 시간을 통해 대부분의 친구들이 욕을 하거나 방해할 때 속상하다고 지적하는 것을 듣게 함으로써 용납되게 하는 행동을 배우게 되는 것이다.

③ 친구관계에서 속상했던 경험과 좋았던 경험을 그림이나 말로 표현해보고 이것을 친구들과 나누는 행동을 해보게 한다.

④ 교사가 놀이장면을 관찰하여 소외당하는 장면을 발견할 때 적절한 조언이나 도움을 주어 소외당하는 유아존재를 재인식할 수 있도록 상황을 바꾸어 줄 수 있다. 예를 들면, 집짓기 영역에서 동료 유아들이 지어놓은 다리가 기울었을 때 유아로 하여금 바로 세우게 하고 이를 동료 유아들에게 알려 유아의 존재를 재인식하게 한다. 그러나 한 번의

경험으로 즉각적인 효과를 거두기는 어려우므로 여러 번 실시해야 한다.

둘째, 친구를 사귀고 싶어 하지도 않는 유아의 지도방법은

① 꾸준히 그리고 적극적으로 유아에게 접근하고 과제 수행을 격려하고 친절하게 대해 주어야 한다.

이런 유아는 교사나 동료 유아들이 친밀한 관계를 가져 보려고 접근해도 이를 무시하는 경향이 있다. 그런 무성의한 반응 때문에 교사와 동료 유아들은 그 유아에 대하여 관계를 단절하고 별로 좋지 않은 인상을 갖는다. 그러면 유아는 점점 고독한 사람이 되고 성격도 나빠질 수 있다. 이런 유아를 지도함에 있어서는 장기적인 안목을 가질 필요가 있다. 꾸준히 장기적인 안목을 가지고 적극적으로 유아에게 접근하고 과제수행을 격려하고 친절하게 대해 주어야 한다.

② 부모상담은 필수적이고 중요하다.

유아에 대한 가정에서 과거 양육과정을 파악하여 만약 그동안 부모에게서 충분하고 따뜻한 양육을 받지 못하고 거부적인 대우를 받았다면 늦게라도 어머니로부터 사랑과 무조건적인 돌봄을 베풀어 주도록 조언하는 것도 도움이 된다.

그러나 친구를 안 사귀려는 유아라 하더라도 누구나 유아 친구가 자기 부모에게서 따뜻한 양육을 못 받은 것은 아니므로 그런 선입견을 갖고 대해서는 안 된다.

3. 도덕적 부적응행동 지도

한 사회가 존속하는 데에는 한 사회의 존속에 필요한, 풍속, 관습, 도덕적 행동을 잘 준수하여야 한다. 그런데 여기에서 다루려는 도덕적 부적응행동은 기본생활 외 5개 영역의 부적응행동보다 사회의 존립에 심대한 영향을 줌은 물론, 다른 사람의 권리와 인권을 침해하는 등 반사회적 행동으로 도덕적 부적응행동은 사회적 규탄의 대상이 된다. 거짓말을 하고 훔치고, 속이고, 모략하고 폭행을 하는 등 도덕적 부적응행동을 유아기부터 형성되지 않도록 철저히 지도해야 한다. '바늘 도둑이 소도둑 된다.'라는 말이 있듯이 유아가 무엇을 알아서 그러겠느냐? 나중에 성장하면 괜찮을 거야 하고 조금만 방심하면 사회적 패륜아로 성장할 가능성이 있으므로 유아기부터 도덕적 부적응행동 지도에 주력해야 한다. 여기에서는 '훔치는 행동'과 '거짓말'에 대한 지도방안에 한정하여 기술하기로 한다.

1) 훔치는 행동

(1) 유아사례

요사이 며칠 동안에 원아들의 색연필이 계속 없어졌다. 유치원에 모든 것이 준비되어 있기 때문에 색연필을 가지고 올 필요가 없으나 외제 예쁜 색연필을 자랑 삼아 가지고 다니는 유아가 몇 명 있는데 그것이 하나씩 없어지는 것이다. 그런데 희영이 어머니는 희영이가 빨간색연필을 여러 개 가지고 있는 것을 발견하고 희영이에게 물으니 길에서 주었다고 해서 계속 꾸짖고 물으니까 유치원에서 친구의 색연필을 가져왔다고 실토하였다.

(2) 행동특성

유아들이 다른 사람의 소유물을 주인의 허락 없이 물건을 갖는다든지 사용하는 것은 크게 두 가지로 생각할 수 있다. 첫째 유형은 훔치는 것이 실험적이고 탐색적인 특징을 지닌 경우이고, 둘째 유형은 훔치는 행동이 습관적이고 충동적인 특징을 지닌 경우이다. 유아가 성장과정에서 내 것과 남의 것을 구별할 수 없는 나이에 남의 것을 가져가는 경우에는 도벽이나 절도로 생각할 수 없다. 그리고 4, 5세가 되면 내 것과 네 것을 구별할 수 있어도 때때로 상상의 세계와 현실의 세계를 혼동하여 상상과 욕망을 함께 어울려서 자신이 갖고 싶은 것이나 먹고 싶은 것이 있으면 남의 것이라도 주인 모르게 훔쳐 먹는 경우가 있다.

(3) 원인

① 유아에게 필요한 만큼의 용돈을 주지 않거나 다른 유아들이 갖고 있는 것을 사주지 않아서 훔치게 되는 경우가 있다. 유아가 가지고 싶은데 이것을 정당한 수단으로 얻을 수 없을 때 그 유아는 훔치게 되기 쉽다.

② 다른 유아가 훔치는 것을 보고 모방해서 훔치는 경우를 생각할 수 있다. 사람이 어떤 행동을 학습하는 데에서는 다른 사람의 행동을 관찰하는 것만으로 충분히 학습할 수가 있다. 또 다른 유아가 훔치는 것을 보거나 또는 텔레비전 같은데에서 훔치는 장면을 본 뒤에 이를 모방하는 경우가 있다. 특히, 유아들이 집단을 이루고 있어 훔치는 행동을 할 경우에 유아는 훔치는 행동으로부터 쾌감과 심리적 희열을 맛보는 수가 있다.

③ 애정과 충분한 인정을 받지 못한 유아는 충동적으로 훔치게 될 가능성이 높다. 습관적인 도벽이 있는 유아는 대개 부모로부터 충분한 애정을 받지 못하고 자라났음을 발견할 수 있다. 애정과 이해의 결핍으로 인해서 생기는 도벽은 유아 자신도 나쁘다는 것을 알고 있을 뿐만 아니라 훔쳐서는 안 되겠다고 생각하면서도 억제할 수 없는 어떤 충동 때문에 훔치게 되는 일이 그 특징으로 볼 수 있다.

④ 자신의 것과 남의 것을 구별 못하는 경우로 죄의식을 느끼지 못하며 이는 정서적 발달이 늦은 유아에게 나타난다.

⑤ 남의 물건일 줄 알면서도 3~4세 유아의 경우, 도벽이라는 의식이 없이 갖고 싶은 물건을 숨겨서 가져오기도 한다.

⑥ 대등한 관계에서 놀지 않는 경우, 자기보다 강하거나 연상의 유아에게 같이 놀기 위해 물품을 가져다주는 일도 있다.

⑦ 정서적으로 불안정한 유아는 불만족스러운 기분을 만족시키기 위해 물건을 가져오는 경우가 있다.

(4) 지도방법

① 훔치는 버릇이 도덕적 관념이나 가치관의 확립이 안 되었기 때문인 경우는 극히 드물다. 훔치는 버릇이 있는 유아를 지도하기 위해서 먼저 생각해야 할 점은 유아가 필요로 하는 만큼의 용돈을 주거나 물건을 사서 주어야 한다. 유아에게 용돈을 줄 때 매일 주는 방법도 있고 일주일치씩 주는 방법도 있다. 어른에게 용돈이 필요한 것과 마찬가지로 유아들도 용돈이 필요하다는 점을 부모는 이해해야 한다.

② 유아가 물건을 훔쳤을 때 훔치는 행동이 얼마나 나쁜 것인가를 잘 이해시켜야 한다. 용서하고 관대하게 대하되 단호하고 확고부동한 태도로 훔치는 행동이 초래할 수 있는 결과에 대해서 설득력 있게 설명하는 것이 좋다. 훔친 유아를 발견하였을 때 지나치게 꾸짖거나 벌을 주는 것은 유아의 마음에 너무나 큰 상처를 주기 때문에 삼가야 한다. 유아가 마음에 상처를 입게 되면 훔치는 것보다 더 끔찍하게 나쁜 결과를 가져올 수도 있다. 용서하고 관용하는 태도는 특히, 훔치는 유아지도에게 필요하다.

③ 유아를 사랑하고 공감적으로 이해하는 교사가 되어야 한다.
유아가 건전한 성장을 하는 데 있어서 사랑과 이해만큼 큰 역할을 하는 것도 드물다. 유아를 사랑하는 마음뿐만 아니라 유아가 스스로 결단하고 행동할 수 있는 용기를 심어주고 잘못이나 실수를 범했을 경우에는 실수와 과오를 통해서 새로운 것을 배울 수 있는 신뢰와 관용을 베풀어야 한다.

④ 어린이집에서 유아가 물건을 가져온 경우에는 이 사실을 어린이집에 전화연락을 하고 유아를 통해 즉시 반환하며 부모와 유아가 함께 사과하는 모습을 보여준다.

⑤ 유아의 도벽이 발견되면 유아의 행동을 꾸짖기 전에 부모와 연계지도방안을 강구한다.

⑥ 유아의 도벽을 너무나 심각한 상황으로 받아들여 예를 들면, 이 아이가 도둑이 되지 않을까? 하고 유아에게 감금, 체벌, 꾸중, 친구와 놀지 않기 등 과격한 조치는 절대 금물이다.

2) 거짓말

(1) 유아사례

교사가 어제 휴일에 어떻게 즐겁게 보냈는가? 하고 이야기 나누기를 하는 중에 영희로부터 엉뚱한 이야기를 듣는다. '어제 아버지, 어머니, 언니와 같이 김밥을 싸가지고 벤츠차를 타고 공원에 가서 밥을 먹고 회전그네를 타고 재미있게 놀다 왔어요.'라고 말한다. 거짓말이다. 영희 아버지는 택시기사로서 벤츠차를 탈 여유가 없고 또한 일요일에도 영업용 택시를 운전해야 할 상황이다. 영희의 이야기는 거짓말이기라기보다 마음속에서 기대하면서 '꾸며대는 이야기'들이다.

(2) 행동특성

거짓말의 행동특성으로는 다음 4가지가 있다.

① 사실을 단순히 부정하는 것이다.
예를 들면, 접시를 깨뜨려 놓고도 자기가 깬 것이 아니라고 우긴다. 또는 숙제를 안 하고도 했다고 하는 것으로 가장 단순한 것이다.

② 사실 이상으로 과장하는 것이다.
유아들 간에 서로 자기 아버지를 자랑하면서 아버지의 지위를 높여서 말하거나(예를 들면, 과장을 사장으로), 사실은 형이 한 명뿐인데 셋이 있다는 식으로 과장하는 것이 바로 그러한 거짓말이다.

③ 날조이다. 즉, 있지도 않은 일을 완전히 꾸며 내는 일이다. '늑대와 소년'이라는 유명한 이야기가 이런 유형에 속한다. 즉, 나타나지도 않은 일은 나타났다고 거짓말을 하여 다른 사람들을 놀라게 하는 경우이다.

④ 모함이다. 어떤 사고나 잘못이 생겼을 때 그것을 다른 사람이 그랬다고(관계없는 사람인데도) 덮어씌우거나 그것을 고발하는 것이다. 예를 들면, 우유병이 깨졌는데 그것이 어떻게 깨졌는지도 모르면서 평소에 자기가 싫어하는 어떤 사람이 깨었다고 거짓말 하는 경우이다.

(3) 원인

거짓말을 하는 원인은 대체적으로 4가지 유형이다.

① 방어를 위해서 거짓말을 한다.

이것은 자기방어일수도 있고 남을 방어해주기 위한 것일 수도 있는데, 여하튼 어떤 벌이나 질책을 모면하기 위해서 거짓말을 하게 된다. 예를 들면, 장난하다가 비싼 화병을 깨뜨렸는데 아무도 본 사람이 없다. 이런 경우, 이 화병이 선생님이 아끼는 화병이라서 알게 되면 큰 벌을 받을까 봐 거짓말을 한다. 이것은 자기방어이다. 또한 남을 방어해주기 위해서 거짓말을 한다. 예를 들면, 형의 잘못을 동생이 부정해 줌으로써 즉, 허위증언을 함으로써 형이 처벌받는 것을 도와준다. 이런 식의 거짓말은 때때로 '내가 너를 도와줄 테니 후에 나를 도와 달라'는 식의 공동전선의 형태를 띠기도 한다.

② 남의 거짓말을 모방하는 것이다. 부모, 교사, 형제, 친구 등이 거짓말을 하는 것을 보고서 배우는 것이다. 이러한 모방이 가장 쉽게 일어나는 경우는 크게 두 가지 경우이다. 하나는 유아가 동일시하는 인물 즉, 부모, 교사, 형(누나, 언니, 오빠)이 거짓말을 하는 것을 목격했을 때이고, 다른 하나는 누군가가 거짓말을 한 다음에 어떤 보상이나 이득(예 : 처벌을 모면함)을 얻은 것을 보게 되었을 때이다.

③ 주목을 끌기 위해서 혹은 선망의 대상이 되고 싶어서 거짓말을 한다. 유아들 간에도 새로운 일이나 모험적인 경험에 대하여 이야기를 잘하는 사람에게 인기가 집중될 때가 있다. 그래서, 그런 경험이 없는 유아는 이런 것을 무척 부러워한다. 그래서, 거짓말을 지어내거나 사실보다 과장해서 이야기를 하게 된다. 예를 들면, 가보지도 않은 곳의 이야기, 당하지도 않은 도둑이야기를 하며 어떤 유아는 이런 거짓이야기로써 원하던 관심과 선망을 얻게 되고 그것이 습관화되어 문제가 되는 수도 있다.

④ 다른 사람에게 피해를 주거나 골탕을 먹이기 위하여 거짓말을 하기도 한다. 이것은 앞에서 말한 '모함'의 형태로 나타나는데 자기가 직접 행동함으로써 공격하는 대신에 거짓말로 상대방에게 피해를 주는 방법이다.

(4) 지도방법

거짓말을 지도하기 위해서는 다음 사항을 고려하여야 한다.

① 선의의 거짓말은 인정해야 한다.

악질적인 거짓말도 있지만 선의의 거짓말이 있음을 이해시켜 어쩔 수 없이 거짓말을 할 수 있음을 이해시킨다. 즉, 거짓말은 때로는 필요하다는 것과 부모와 교사도 때때로 거짓말을 할 수 있다는 사실을 인정해야 한다. 이러한 사실을 인정하지 않는다면 인정하지 않는 자체가 '거짓말'이 된다.

② 유아의 '거짓말'은 모두가 '거짓말'이 아님도 인정해야 한다. 예를 들면, 유아가 막대기를 가리켜 뱀이라고 하는 등 사실을 왜곡하여 말하는 것은 거짓말이라고 하기보다는 가상적인 놀이에 불과하다. 이런 경우, 오히려 왜곡된 가정을 함께 믿어줌으로써 상상력을 키워줄 수 있다. 이런 경우, 남에게 피해를 주지 않았고 아직 습관화되지 않았기 때문에 수정의 대상이 되지 않는다.

③ 잘못을 부인하는 등의 거짓말은 벌이나 잔소리로부터 회피하려는 방어수단인데, 이런 경우에는 오히려 벌과 잔소리를 감소시킴으로써 유아의 정직성을 키울 수 있다. 또한 진정한 의미의 용서를 베풀어 굳이 거짓말로써 자기를 방어할 필요가 없음을 깨닫게 할 수도 있다. 또한 '사실대로 말하면 용서해주겠다'는 식으로 자백을 받아도 유아의 정직성을 기를 수 없다.

④ 관심이나 주목을 끌기 위한 거짓말은 '날조'나 '과장'의 형태로 나타는데, 이런 유아에게는 다른 방향으로 관심을 보여주거나 혹은 그가 자랑스럽게 말할 수 있는 경험들을 표현할 수 있도록 배려해 준다. 이런 경우, 특히 부모의 협조가 필요하다.

⑤ 다른 사람을 모함해서 피해를 입히는 식의 거짓말을 상습적으로 하는 유아의 경우, 전문가의 도움을 받는 것이 중요하다.

3) 집단활동에 참여하지 않는 유아

(1) 행동사례

만 5세인 은희는 유치원에서 하는 율동, 게임 등 집단활동 때마다 참여하지 않고 옆에 조용히 앉아서 구경만 한다. 교사가 "해보지 않겠니?", "○○했음 좋겠어." 하고 권유를 해보기도 하나 은희는 고개를 내저으며 앉아서 구경만 한다. 또한 병석이는 은희보다 더 심하다. 병석이는 집단활동이 있을 때마다 "에이, 재미없어." "시시해요." 하면서 놀잇감을 가지고 혼자 놀곤 한다. 어떤 경우에는 친구에게 가서 "○○야, 하지말자", "○○야, 이리 좀 나와." 등으로 친구들을 집단생활에서 불러내기도 한다.

(2) 행동특성

행동특성은 다음과 같다.

① 집단활동에 참여하지 않고 다른 놀잇감을 가지고 혼자서 노는 경우

② 집단활동에 참여하지 않고 옆에 앉아서 구경만 즐기는 경우

③ 자신이 참여하지 않을 뿐 아니라 활동에 참여하고 있는 친구들을 유혹하여 활동을 방해하는 경우
④ 자신은 활동에 참여하면서 다른 친구들이 잘못하거나 주의를 기울이지 않을 때 그 친구를 교사에게 일일이 지적하는 경우
⑤ 활동이 제시되는 경우에 선뜻 참여하지 않고 꼭 교사의 여러 번 제시가 있어야만 활동에 참여하는 경우
⑥ 교사가 제시하는 집단활동에는 참여하지 않고 그것과 같은 활동을 옆에서 혼자서 해본다거나, 그 집단활동이 끝나고 난 다음에 뒤늦게 자기가 해보겠다고 하는 경우 등이다.

(3) 원인

전항에 제시한 여러 가지 행동특성의 원인으로는 각 유아의 성별, 연령, 발달수준 등 개인차에 따라서, 혹은 가정적 배경, 교사의 활동 제시방법 등 여러 가지 원인이 있겠으나 자주 나타나는 원인은 다음과 같다.

① 건강하고 정상적인 유아는 모든 일에 흥미를 갖기 마련이지만 간혹 어떤 유아는 모든 일에 흥미를 느끼지 못하여 지나치게 지시되는 활동에 참여하지 않는다.
② 기가 약하거나 부끄럼이 많으며 감정이 상처받기 쉬운 유아의 경우에도 거의 참여를 하지 않으려 한다.
③ 신체적으로 결함이 있거나 몸이 허약한 유아에 있어서도 집단활동에 불참한다.
④ 지적 능력이 지나치게 낮다거나 제시된 활동에 대해서 자신의 능력이 미치지 못하여 불참하거나 반대로 지적능력이 높아서 제시된 활동에 흥미를 갖지 못해 불참한다.
⑤ 자신은 그 활동을 할 능력과 흥미를 가지고 있지만 교사나 주위 동료들의 관심을 받기 위하여 불참한다.
⑥ 옆의 친구가 참여하지 않았을 때 그 친구와의 동료의식 때문에 같이 빠지기도 한다.
⑦ 집단활동의 기회를 많이 갖지 못하여 집단활동에서 자신이 지켜야 할 규율을 모르거나 혹은 자신이 집단 내에서 어떤 활동을 해야 할지 몰라서 교사가 제시되는 집단활동에 참여하지 못한다.
⑧ 집중력이 부족한 유아의 경우에도 어떤 활동을 제시해도 잠깐 관심을 보였다가 그 활동을 제대로 해보지도 않고 곧 빠져나온다.

(4) 지도방법

교사는 이런 유아들을 지도하기 위해서는 해당 유아의 가정적 배경, 발달수준 및 개인차 등 여러 가지를 충분히 고려하여야 하며, 각 원인에 따라서 적절한 지도방법이 구안되어야 한다.

① 교사는 모든 일에 흥미를 잘 보이지 않는 유아에게 단지 집단활동에 대한 흥미만을 갖게 하기보다는 유아가 모든 일상생활중의 제반활동에 흥미를 가져 적극성을 띠는 태도를 갖도록 지도해야 한다.

② 몹시 수줍음을 타서 집단활동에 거의 참여하지 않으려는 유아에게는 유아의 능력에 적절한 활동을 제시하고 해당 유아가 참여하여 성취하였을 때마다 칭찬하여 성취감을 갖게 한다.

③ 신체적 결함이 있거나 몸이 허약하여 집단활동에 불참하는 유아의 경우에는 우선 그 신체적 결함이 무엇인가를 유아의 부모와 충분한 대화를 가져 교사가 정확하게 알고 지도해야 한다.

④ 교사는 해당 유아의 능력이 미칠 수 있는 활동을 유아에게 제시하여 참여할 수 있도록 유도해야 한다. 특히 신체적 결함이 있는 유아를 대할 때 교사가 잊지 말아야 할 것은 유아에게 신체적인 어떤 특별한 능력을 인정해 주는 것 대신에 그 유아를 또 다른 능력을 항상 인정해 주며 격려해 주어야 한다.

⑤ 유아의 개인차를 고려한 지도이어야 한다. 같은 연령의 유아라 할지라도 유아의 발달정도에 따라 사회성, 지적 · 신체적 발달수준이 다르다. 집단활동을 제시할 때도 항상 유아의 개인차를 염두에 두고 같은 활동이라 할지라도 기대수준을 달리해야 한다.

⑥ 또래집단 또는 친구끼리 모방하는 경우가 있다. 이렇게 모방하는 경우, 그렇게 심각하게 받아들이지 말고 발달과정의 일부이므로 그냥 놔두거나 교사가 적절히 지도하여 되지 않으면 자신이 스스로 참여할 때까지 기다린다.

⑦ 위와 같이 원인에 따른 지도방법이 있겠으나 교사가 특히 염두에 두어야 할 점은 첫째, 교사는 각 유아의 발달수준, 연령, 성별, 성격 및 가정환경을 충분히 파악하고 각 유아의 부모와 충분한 대화를 가져 해당 부모와 협력하여 지도해야 하고

둘째, 교사는 유아들의 연령, 발달수준, 흥미에 적절한 교육활동을 계획하여 제시하며 제시방법에 있어서도 유아들의 흥미를 불러일으킬 수 있도록 노력하는 자세를 가져야 한다.

4. 정서적 부적응행동 지도

정서란 '인간이 내면으로 느끼는 어떤 것으로 특정한 동기유발적 특성이 있어서 인간의 지각, 사고, 행동을 유발, 조절, 안내하는 역할'을 말한다(정미라 외, 1998). 특히 영유아기는 정

서 발달이 서서히 진행되며 대부분의 정서표현은 3세 이내에 출현하고 발달된다고 말한다. 영아기의 정서적 표현으로는 기쁨, 분노, 공포, 불안 그리고 유아기의 정서표현으로는 기쁨, 분노, 공포, 질투, 애정, 호기심 등을 들 수 있다. 이러한 정서 발달에 영향을 주는 요인은 생리학적 요인, 기질적 요인, 인지적 요인, 성(SEX요인), 가정적 요인, 문화적 요인 등 다양한데 이들 요인에 의해 정서적 부적응행동이 많이 출현된다. 정서적 부적응행동에서는 '격리 또는 낯선 사람에게 불안을 느끼는 유아', '지나치게 의존적인 유아', '지나친 반항 및 불복종', '컴퓨터 게임 중독' 등에 걸쳐 지도방법에 대하여 기술하기로 한다.

1) 격리 또는 낯선 사람에게 불안을 느끼는 유아

(1) 행동특성

2세경의 영유아들이 어머니와 같이 있다가도 어머니가 용무가 있어 일어나는 순간, 안떨어지려고 울어버린다. 또한 나이가 3~5세경의 유아들 중 많은 유아들이 유아교육기관의 현관에서 선생님에게 유아를 인계하려고 할 때 유아교육기관 안내를 맡았던 조부모나 부모와 격리불안을 느끼기 때문이다.

또한 많은 유아들이 부모와 같이 있는데도 낯선 사람을 보면 무서움을 느껴 부모 뒤에 숨거나 부모에게 매달리는 상황이 연출된다. 이러한 상황은 낯가림으로 심한 경우에는 울기도 한다.

(2) 원인 및 지도방법

① 증상 및 원인

영아기의 영아들이 자주 표출하는 주요 정서에는 기쁨, 분노, 공포, 불안 등 4종류가 대표적인 정서이다. 그 중 영아기에 경험하는 불안감으로는 낯가림(Stranger anxiety)과 격리불안(Seperation anxiety)이다. 낯가림은 생후 12개월 때까지 영아들은 낯선 사람을 보면 울거나 자신을 붙잡아주고 있는 사람에게 매달리거나 머리를 숨긴다. 일반적으로 낯가림은 생후 6~8개월에 나타나기 시작하여 12개월경에 절정에 도달하다가 그 이후에는 점차 사라진다. 낯가림의 증상은 낯선 사람을 쳐다보다가 얼굴표정이 굳어지고 결국에는 울어버린다.

또한 생후 8~9개월이 된 영아는 어머니와 함께 있다가도 어머니가 자리를 일어나면 격리불안을 느껴 큰 소리로 우는데 이러한 반응은 격리불안이다. 일반적으로 영아기의 격리불안은 생후 12개월경에 최고조에 달하며 2세 말경에는 거의 사라지는 경향을 보인다. 그러나 이러한 격리불안이 완전히 해소되는 것은 아니다. 3~5세 유아가 유아교육기관에 입원하여 어머니의 손을 잡고 유아교육기관의 현관에서 유아를 선생님께 인계하려는 순간, 어머니를 안떨어지려고 어머니에게 매달리거나 울어버린다. 이러한 현상도 격리불안의 일종이다.

격리불안을 느끼는 유아의 유형은 두 가지이다.

첫째, 어떤 유아가 낯선 경험을 하고나서 격리불안을 증폭시키는 경우이다. 예를 들면, 어떤 유아가 낯선 사람을 보고 두려운 상황을 경험한 후로는 자기와 같이 친밀하고 친숙관계를 유지해왔던 어머니나 주 양육자에게 더욱 떨어지지 않으려는 격리불안을 더욱 가중시키는 경우이다.

둘째, 유아기에 낯선 경험을 무난히 극복한 유아는 많은 성인들과 폭넓게 접촉하면서 성인들에게 호기심을 보이며 친구가 되려고 시도하는 등 격리나 낯선 사람에 대한 두려운 양상이 없다. 이런 경우의 유아를 보고 낯을 가리지 않는다고 말한다.

② 지도방안

격리불안과 낯가림을 최소화시키는 방법은 안정감을 갖도록 하고 많은 성인들과 상호작용의 기회를 확대하여 불안감을 해소하는 일이다. 김혜원 등(2014)은 불안감 해소방안으로

- 영아와 즐겁게 지낸다.
- 영아는 스스로 감정을 조절할 수 없다. 따라서 영아가 운다고 해서 야단치는 것은 적절하지 않다.
- 긍정적으로 반응한다. 영아들은 믿을 수 있고 일관성 있고, 상냥한 성인에게 더 많이 신뢰감을 갖는다.
- 영아를 보고 있다가 교사쪽으로 고개를 돌리면 반갑다는 표시를 하고 영아가 힘들게 느끼기 시작할 때 도움을 제공한다.
- 영아가 하고 있는 일이 재미없게 보이더라도 관심을 보인다.
- 놀이를 방해하거나 강요하지 않는다.
- 영아가 말하려고 하는 것을 말로 설명해준다. 예를 들어 '너 지금 나한테 ~ 해달라고 말하고 있지?' 이것은 성인이 영아를 이해하는 데 도움을 주고, 영아가 자기감정을 바로 이해하도록 도움을 준다.

2) 지나치게 의존적인 유아

(1) 유아사례

혁은 4.6개월의 남아로 3명의 누나들, 아래로 5년 후에 태어난 아들로서 집에서는 한 번도 자기의 요구가 거절되어 본적이 없다. 아직까지 어머니가 밥을 먹여준다. 유치원에서 혁이는

무엇이든지 직접 자기가 해보려고 하지도 않고 교사에게 도움을 요청한다. 작업구역에서 유아들이 그림을 그리는데 혁이는 선생님에게 그려달라고 한다. 교사는 "네가 그릴 수 있는데까지 그려봐 나머지는 선생님이 그려줄게" 해도 "난, 못 그려" 하면서 큰소리로 운다. 동료유아가 자기 장난감을 빼앗아 가면 그 친구에게는 아무 소리도 못하고 울면서 교사에게 또 도움을 요청한다.

(2) 행동특성

앞의 예와 같이 의존, 소극적인 유아의 일반적 특성은 자기행동에 자신을 갖지 못하기 때문에 자기능력을 충분히 발휘하지 못하여 남의 선두에 서서 주도권을 가지고 일을 처리하지 못한다. 또한 용기가 없으므로 새로운 것에 호기심을 갖지 못하여 모든 일에 있어 스스로의 흥미를 나타내지 못한다. 그러므로 어른에 의존하며 지배를 받거나 누군가 명령하고 지도하고 도와주어야 움직이며 자기가 해야 할 일에 대하여 책임감도 갖지 못한 것처럼 보인다. 사람들 앞에서 말을 잘 못하고 발표하기를 싫어하며 친구들과의 놀이를 싫어하고 같이 어울리지 못하는 경우가 많다. 타인을 두려워하며 친한 어른과 떨어져 놀지 못한다. 언어적 특징은 울음이나 침묵, 그 다음은 '해줘요', '난 못해요', '난 몰라요' 등이다.

(3) 원인

이런 유형의 소극적인 유아는 특히 가정에서의 양육태도, 인격적인 모델, 가정 분위기 등에서 문제행동이 생길 수 있고 그 다음 유아가 처음 갖는 어린이집에서의 생활에서 그 원인을 찾을 수 있다.

① 부모의 엄격하고 지배적인 그릇된 양육태도에서 찾을 수 있다. 가정에서 부모의 양육태도로서 엄격하고 지배적인 가정에서 많은 꾸지람을 듣고 자란 유아는 의존적이며 소극적이 될 수 있다. 부모의 기대가 크므로 유아에게 그 기대를 이루게 하려고 지배적이 되고 무엇이나 유아가 생각해서 자주적으로 스스로 할 수 있을 때까지 여유를 주지 않고 시행착오를 없앤다는 이유로 부모가 명령하고 부모가 모든 일을 결정해준다. 그러므로 유아는 매나 야단이 무서워서, 혹은 부모의 기대를 이루어 주지 못해서, 부모의 사랑을 잃을까 두려워, 부모에게 순종적이고 복종적이다. 그러므로 자주적인 사고의 습관이 형성되지 못하고 자주적인 활동을 수행할 기회를 갖지 못한다.

② 과잉보호로 대하는 그릇된 부모의 양육태도에 원인이 있다.

부모가 유아의 행동에 대하여 항상 염려와 불안을 나타내는 과잉보호태도는 유아들을 의존적이며 소극적인 성격을 형성하게 한다.

부모는 유아가 다칠까, 나쁜 놀이를 할까, 너무 더럽혀질까, 나쁜 친구를 사귈까, 잃어

버릴까 등의 걱정 때문에 유아를 집안에 가두어 키우거나 유아에게 누구와 무엇을 하고 어디서 노는가를 일일이 물어보고 지시하거나 하면 유아는 친구들을 사귀는 방법과 노는 방법을 스스로 터득하지 못한다.

③ 유아의 요구를 무조건 들어주는 부모의 그릇된 양육태도에 원인이 있다. 유아의 요구를 무조건 들어주면 유아 스스로 독립적 행동이나 적극적인 행동을 하지 못하고 모든 발달에 지체현상이 일어나 퇴행행동을 나타낼 수도 있어, 부모가 유아의 행동을 무조건 거부하는 행동도 바람직하지 않다. 부모의 거부로 열등감을 갖게 되어 의존적이며 소극적이 될 수 있고, 일관성이 없는 부모의 양육태도는 유아가 어떤 일을 해 놓았을 때 어떤 말을 들을지 불안하게 함으로써 좋지 않은 양육태도이다.

④ 유아가 그의 부모를 동일시하는 데서 의존적인 유아가 될 수 있다. 예를 들면, '똑바로 걸어야지 옆 걸음을 하면 안 된다.'라고 어미 게가 아기 게를 타일렀지만 '내 걸음은 엄마 걸음을 보고 걷는 것인데요.' 하고 말한다. 유아는 어른의 거울인 것이다. 부모의 성격이 소극적이고 의존적이면 유아의 성격도 그렇게 될 가능성이 높다.

⑤ 부모가 자녀를 어떻게 인식하느냐에 달려 있다.
유아 스스로가 자기를 자각하는 것은 자아개념이라고 하는데, 이 자아개념은 자기가 스스로를 인식하는 내용으로서 자기에게 비쳐진 자기라고 볼 수 있다. 그런데 이런 자아개념은 주위의 사람 특히, 부모와 같은 중요인물이 자기를 보는 것을 기초로 해서 생기게 된다. 그러므로 부모가 유아를 의존적, 소극적이라고 단정짓듯이 유아를 과소평가하면 유아의 자아개념에 영향을 주어 유아가 의존적 · 소극적이 될 수도 있다.

(4) 지도방법

소극적이고 의존적인 유아에 대한 원인을 찾아 그에 적절한 지도방법을 강구하는 것이 가장 중요한 일이다. 그러나 가정에서 일어나는 문제들은 교사의 손에 미치지 않는다. 그러므로 부모교육이나 부모면담을 통하여 교육함은 물론 교사와 부모와의 긴밀한 연계를 통하여 부모의 생각과 태도를 수정해 주는 일이 필요하다.

① 유아를 기다리며 조급하게 수정하려 들지 않는다. 많은 기간의 관찰을 통하여 정확하게 판단하여 유아를 지도해 주어야 한다. 기다린다는 것은 어렵지만 유아를 교육하는 데는 관찰하며 서두르지 않고 기다린다는 것이 매우 중요하다고 생각하고 교사는 인내력이 있어야 한다.

② 충분한 사랑을 주어야 한다.
교사가 자신을 사랑하고 있다는 것을 유아 스스로가 이해할 수 있도록 신체적 표현과 언어적 표현을 하여야 한다. 그렇게 하여 유아가 교사를 신뢰하게 될 때 모든 문제행동

이 해결될 수 있다. 유아교육기관에 등원하면 각 유아의 손이나 어깨를 만지거나 쓰다듬으며 '안녕, 혜순아! 오늘은 예쁜 핀을 꽂았구나!' 등의 대화를 한다. 그것이 반복되는 가운데 유아는 선생님이 나를 알아주시는구나 하고 인정받는다는 느낌을 갖게 된다. 또는 다른 유아가 없는 곳에서 꼭 안아주면서 '너 무엇을 생각하고 있니? 선생님에게 이야기해 줄 수 있니?'라는 단둘의 비밀대화도 할 수 있다. 처음에는 의존성이 나타나다 점차적으로 이것이 줄어들고 자발성이 강하게 나타나는 것이다.

③ 가능한 한 일관성 있게 유아를 대해야 한다.

뚜렷한 행동수정의 목표를 가지고 일관성 있는 태도를 취해야 한다. 앞의 '예'에서처럼 혁이가 그림을 그려달라고 하는 경우, 선생님, 학부모, 집안 식구들 모두 일관되게 그림을 그려주지 말아야 한다. 혁이가 할 수 있는 데까지는 스스로 수행하게 하고 그 이후에 도와주도록 해야 한다.

④ 유아 스스로 생각하고 결정하게 하여 행동하는 자립적인 해결 태도를 중요시해야 한다.

예를 들면, 통제를 해야 할 경우 '이것을 하지 마라', '그러면 안 된다'고 금지하기보다는 가볍고 조용하게 '네가 그 일을 한다면 어떻게 될까 생각해 보겠니? 나는 영애를 좋아한다. 그런 행동만 하지 않으면 많은 친구들로부터 칭찬을 받을 거야'와 같이 유아의 입장에 서서 유아의 말을 침착하게 들어주며 대화를 통해 문제를 해결해야 한다. 어른의 표준이나 척도로 유아의 행동을 평가하는 일은 삼가해야 한다.

⑤ 다른 친구들과 놀 수 있도록 배려한다.

유아들은 동료 친구들과 같이 놀기도 하고 식사도 같이 하는 동안에 많이 친해질 것이다. 둘이 친해진 다음에는 다른 집단에 끼어들어 놀게 한다. 이러한 과정에서 친구들과 놀 때는 자신의 의사를 적극적으로 표현해야 하며 동료 친구들도 유아행동의욕을 자극해 준다.

⑥ 일을 분담시킨다.

언제까지나 어린 유아 취급만 하지 말고 자기가 할 수 있는 일은 자기가 스스로 수행하도록 책임을 준다. 교사의 업무를 조력하는 일은 아주 좋은 일이다. 가정의 다른 식구나 교사의 업무를 조금씩 도와줌으로써 자기 자신의 개별적 욕구를 조금씩 억제해 나가면서 참고 견디도록 한다.

⑦ 유아교육기관의 규칙을 잘 지키게 한다.

규칙은 소극적이며 의존적인 유아에게는 큰 도움이 된다. 자기가 가지고 놀던 장난감을 다른 친구에게 빼앗겼을 때 어린이집의 규칙을 잘 알고 있었다면 자기의 권리를 주장할 수 있었을 것이다. 이런 과정을 되풀이 하면서 규칙에 익숙해지고 자기의 장난감을 빼앗겼을 때 자신이 스스로 이야기를 할 수 있게 되면서 독립심이 점차적으로 배양될 것이다.

⑧ 자기 자신을 긍정적으로 볼 수 있게 도와준다.

유아가 자기 자신을 긍정적으로 볼 수 있게 하기 위해서는 교사나 부모가 유아를 인정해 주고 좋은 점을 적극적으로 키워주는 것이 중요하다. 다시 말해서 유아가 열등감을 느끼지 않도록 도와줘야 한다. 또한 유아 각자의 개성을 스스로 인식하게 하여 누구나 잘 하는 것도 있고 못하는 것도 있다는 것을 알려줘야 한다.

⑨ 칭찬을 해서 자신감을 길러주는 일이다.

부모나 교사, 친구들도 유아의 능력을 인정하게 하여 칭찬해 주는 기회를 자주 제공하도록 한다. 칭찬을 받으면 누구나 다 기뻐하고 자신감을 갖게 된다. 그렇게 하여 생긴 자신감은 모든 행동에 대한 자신감과 적극성을 갖게 해준다.

3) 지나친 반항 또는 불복종

(1) 행동사례

철수는 한 마디로 '다루기 힘든 아이'이다. 아마도 교사가 철수에게 어떤 지시를 할 때 고분고분하게 그대로 따른 적이 거의 없었던 것 같다. 철수에 대한 교사들의 의견은 모두 달랐다. 철수의 어머니한테 이야기를 들으니 역시 마찬가지이다. 밥을 먹으라고 해도, 아침에 세수하라고 해도, 물건을 가져오라고 해도, 일단은 '싫어'라고 대답이 먼저 나온다고 한다.

(2) 행동특성

지나친 반항과 불복종의 유아는 교사의 지시나 안내를 무시하고 또래들과도 분쟁과 갈등이 많고 분쟁이나 갈등을 해결하는 과정에서도 자기 주관적이다. 또한 교사나 부모의 지시에 순종하지 않아서 반복적으로 지시하면 큰 소리를 지르고 짜증을 내거나 물건을 집어 던지는 등 분노행동을 자주 한다.

(3) 원인

반항이나 불복종의 원인은 부모의 그릇된 양육태도 때문이다.

① 지나친 규제

이것은 완벽주의적인 사고방식에서 나오는데, 유아가 부모의 기준이나 요구로부터 조금만 어긋나도 규제를 가하거나 벌을 주는 것이다. 이러한 부모는 자녀 양육에서 즐거움을 느끼지 못하는데, 그 이유는 자기가 요구하는 기준이 너무 엄격하여 유아가 이를 지키기에는 거의 불가능하기 때문이다. 부모는 유아의 행동이 자기의 기준에 도달하도록 만들기 위해 위협, 협박, 벌, 등의 방법을 사용하는데 결국, 유아는 무조건적인 복종이 아니면 반항자가 되어야 하는 양자택일의 입장을 취하게 된다.

② 지나친 허용

지나친 허용과 자유방임은 유아가 순응과 복종의 필요성을 배울 수 있는 기회를 박탈한다. 때때로 그릇된 부모교육을 받아서 자유방임이 자녀교육의 원리라고 믿고 자녀에게 '안 돼'라는 금지나 규제를 절대로 하지 않는 부모가 있다. 그러나 이러한 태도는 자녀의 성장에 별 도움이 되지 않는다. 비록 집안에서는 자기의 모든 요구가 그대로 반영될 수 있어도, 유아 놀이터나 유치원에서는 그럴 수가 없기 때문이다. 집단활동, 사회생활을 순조롭게 하기 위해서는 욕구만족을 연기할 줄도 알아야 하며 주어지는 규칙이나 규제에도 복종할 줄 알아야 한다. 가정에서 지나치게 허용적으로 자란 유아는 유아교육기관에서 교사의 지시에 따르지 않고 멋대로 행동하기 쉬우며, 남들의 규제에 대해 강한 반응을 나타내기도 한다.

③ 비일관성

유아의 행동에 대하여 규제하거나 허용하는 것에 어떤 일관성이 없이 지도하면 유아는 혼돈스럽다. 즉, 부모가 무엇을 원하고, 무엇을 금지하는지 알 수가 없는 것이다. 집안에서 쾅쾅거리며 뛰어다니는 것이 어제는 허용되고 오늘은 금지되는데 유아가 그러한 차이의 이유를 이해하지 못한다면 부모에 대해 실망, 좌절, 분노 등을 느낄 것이다. 이렇게 되면 부모에 대한 나쁜 감정 때문에 순응보다는 불복종 행동을 하게 되기도 한다.

④ 반항으로 문제를 해결한 경험

유아 자신이 각 상황에서 자신의 입장을 밝히고 호소해도 이것이 수용되지 않을 때 반항행동을 보인다. 또한 유아 자신이 강하게 반항하면 자신이 원하는 대로 문제를 해결한 것이 학습되어 자기가 원하는 것을 얻기 위해 반항행동을 하기도 한다.

⑤ 타인 공감 및 긍정적 상호작용방법의 부족

동료 유아의 입장이나 관점을 이해하지 못하기 때문에 자기주장이 강하고 유아들 상호 간에 긍정적인 상호작용의 방법을 모르기 때문에 유아 특유의 일방적이고 지시적인 상호작용으로 동료 유아들과 친밀한 관계를 형성하지 못하여 이것이 분노와 반항행동으로 표출된다.

⑥ 부모 간의 상반된 행동

부모 간의 상반된 행동으로 유아들이 반항하는 경우가 많다. 예를 들면, 아버지는 용돈을 많이 주는데 어머니는 용돈을 주지 않고 오히려 아버지에게 용돈을 주지 말라고 한다. 그러면 아버지에게는 순종하고 어머니에게는 반항적인 행동을 한다.

⑦ 심한 스트레스

유아가 이혼과 이사, 갑작스런 환경의 변화, 간절한 요구에 대한 좌절 등 여러 상황에 따라 심한 스트레스를 받으면 부정적인 감정을 해소하기 위해 짜증이나 반항행동을 할 수밖에 없다.

(4) 지도방법

앞에서 유아의 반항이나 불복종 원인을 부모의 양육방식이나 태도에 기인되는 부분이 많다는 사실을 이해하였다. 이것은 바로 부모교육이나 부모상담이 필요하다는 것을 시사해준다. 따라서 교사는 부모상담에 앞서 다음과 같은 점들을 미리 생각해 보아야 할 것이다.

① 반항이나 불복종은 반드시 '나쁜 행동'은 아니다. 때로는 그것이 필요한 행동이다. 부모가 유아의 반항 때문에 고생하는 것은 부모의 요구가 지나치거나 잘못 되었기 때문일 수도 있다.

② 반항과 불복종이 만성화되는 것은 가정의 분위기가 '독재적'이거나 부모의 요구가 비합리적이기 때문이다. 진정한 민주적 사회에서는 급진적인 행동이 필요 없는 것이다.

③ 벌이나 위협으로는 반항이나 불복종을 고칠 수 없다. 반항행동은 없앨 수 있더라도 반항심은 더욱 증가한다.

④ 무조건적 반항 대신에 새로운 적응적 행동을 학습하도록 도와주어야 한다.

⑤ 부모상담을 할 때에는 가능한 한 구체적으로 이야기할 수 있도록 이끌어야 한다.

특히, 교사가 유아 지도 시 고려할 점은 다음과 같다.

① 일상생활에서 순종적일 때 격려하고 칭찬한다.
일상생활에서 교사가 다음 활동을 소개하기 전에 교사의 지시를 추측하여 실행하거나 지시에 순종하는 경우, 해당 유아를 격려하고 칭찬한다. 또한 해당 유아의 작은 변화라도 늘 기록해 가면서 유아 지도 자료로 활용한다.

② 유아 지도 시 유아 자신이 자신의 입장을 충분히 표현할 수 있는 기회를 주고 교사는 진심으로 유아를 이해하려고 노력해야 한다.

③ 유아 내면의 스트레스와 불안 등을 표출할 수 있도록 중재활동을 실시한다.

④ 유아교육기관에 근무하는 다양한 직원들과의 상호작용의 기회를 제공하여 유아에게 관심을 갖고 반갑게 맞아주며 유아가 인정받고자 하는 욕구를 만족시키고 심리적으로 안정되게 한다.

⑤ 테이블 인형이나 그림자료를 이용, 다양한 상황에 대한 이야기 꾸미기 활동을 통해 각

상황에 따라 다른 삶의 입장과 관점을 이해시켜 서로가 공감하도록 한다.

4) 컴퓨터(게임) 중독

(1) 현황

대중매체는 컴퓨터, 라디오, 텔레비전, 비디오, 잡지, 동화책, 만화책 등을 비롯한 기타 전달수단을 포함하는 것으로 송신자와 수신자 사이의 비인격적인 전달관계이다(구환현 외, 2002). 정보사회가 도래하면서 컴퓨터는 우리 인간생활에서 중요한 수단으로 자리가 잡혀가고 있다. 그러나 이와는 반대로 어떤 가정에서는 컴퓨터를 유아들에게 전혀 접근하지 못하게 장치한다. 유아들이 게임을 못하도록 하는 것이다.

많은 유아들은 토요일, 일요일은 물론 매일 밤늦게까지 게임을 즐기는 실정으로 학부모들의 게임중독에 관한 고민은 아주 깊다.

요즈음 사회성 발달에 관련하여 유아교육기관에서의 컴퓨터 교육에 대한 시비가 늘 엇갈려 온 와중에도 현재 대부분 유아교육기관의 활동실에 컴퓨터 영역을 설비하는 등 컴퓨터교육이 체계적으로 이루어지고 있는 바 이에 의한 교육적 역기능을 최소화시키는 데 노력해야 할 것이다.

(2) 컴퓨터 교육의 영향

① 긍정적 영향

유아 컴퓨터교육이 사회성 발달에 부정적 영향을 준다는 연구에 반박하는 연구들이 많다. 유아 컴퓨터교육이 유아사회성 발달에 긍정적 영향을 준다는 여러 학자들의 견해를 정리하면 다음과 같다(전예화 외, 2003).

첫째, 컴퓨터 활용 시에 유아는 일반적 활동을 하는 것보다는 고립되지 않으며 오히려 협동적으로 활동에 참여한다(Silvern & Mccray, 1986).

둘째, 컴퓨터가 유아들의 사회적 상호작용을 고양시킨다(Borgh & Dickson, 1986; Lipinski, Nida, Shade, & Wafson, 1986; Swigger & 1984; Davidson, 1989).

셋째, 유아교육기관에서의 컴퓨터활동은 또래와의 상호작용, 유치원에서의 안정감, 성취동기, 호기심 등의 사회·정서적 발달에 효과가 있다(정현제, 2000).

넷째, 컴퓨터 영역의 사회적인 상호작용의 질은 블록, 소꿉놀이, 미술, 조작 영역과 같고, 컴퓨터 영역에서 나머지 네 영역처럼 부정적인 상호작용보다 긍정적인 상호작용이 더욱 많이 발생하고 또한 컴퓨터 영역에서 타 유아의 활동을 관심있게 보는 행동이 많이 나타났으며,

남 · 여 유아의 참여 비율이 비슷하다(이성희, 1991).

다섯째, 컴퓨터 영역에서 단독활동보다 또래활동에 보다 더 긍정적인 영향을 준다(신승덕, 1996).

이상 여러 학자들의 견해를 종합하면 컴퓨터 영역은 타 영역에 비해 상호작용과 또래활동이 활발하게 이루어지며, 컴퓨터 활용 시에도 협동과 사회적 상호작용이 활발히 이루어져 유아의 사회화에 긍정적이다.

또한, 현장 유치원 교사들의 컴퓨터교육 현장에서 관찰한 결과를 정리해보면 다음과 같다.

첫째, 컴퓨터가 고가의 기구임을 알고 파손되지 않도록 서로 주의를 촉구하면서 활용하는 등 절약태도가 형성된다.

둘째, 컴퓨터를 활용한 후에는 다음 유아가 활용할 수 있도록 안내하는 등 규칙과 규율을 철저하게 이행하고 있다.

셋째, 컴퓨터를 활용하고 있는 유아 주변에 모여 컴퓨터 활용상황을 관찰하면서 지도해주고 서로 이야기하면서 컴퓨터 주변의 유아들 간에 사회적 상호작용이 활발히 이루어진다.

넷째, 현장교사들은 유아가 컴퓨터를 사용함에 따라 또래와의 사회적 상호작용이 억제된다는 여러 학자들의 연구결과에 반박하는데, 그 이유로 지금과 같이 유아활동실에 컴퓨터가 2~3대 정도로 비치된 경우에는 대부분 유아들의 최대 관심사인 컴퓨터 주위에 유아들이 모임으로써 유아들 간에 활발한 사회적 상호작용이 이루어진다. 또한 유아들 간에 E-mail을 주고받음으로써 평상시에는 가슴에 묻어놓고 할 수 없었던 말을 주고받아 심리적 · 내적 상호작용이 활발하게 이루어져 보다 친사회적 행동이 증가한다.

② 컴퓨터교육의 부정적 영향

유아 컴퓨터교육을 비난하는 입장에서는 사회성 발달에 부정적 영향을 준다는 것으로 여러 학자들의 견해를 정리하면 다음과 같다(전예화 외, 2003).

첫째, 컴퓨터가 사회적 기술을 발달시키는 결정적 시기에 있는 유아들을 고립시킨다(Kaden, 1990).

둘째, 유아들이 컴퓨터를 사용함에 따라 또래와의 사회적 상호작용을 억제한다(Silvern & Mocray, 1986).

셋째, 유아가 다른 유아와 상호작용을 하기보다 기계와 더 상호작용한다(Holler & Martin, 1982).

넷째, 컴퓨터활동이 협동보다는 경쟁심을 더 유발시킨다(Bowman & Roiler, 1983).

다섯째, 인지발달, 언어습득, 사회성 발달, 놀이행동, 창조성을 위축시킨다(Simon, 1985).

여섯째, 유아의 컴퓨터 선호도는 사회성 발달에 별 영향을 미치지 않으며 컴퓨터에 대한 선호도가 높을수록 유아의 정서는 감소한다(이춘경, 1999).

이상 여러 학자들의 견해를 종합하면 유아가 컴퓨터를 사용함에 따라 또래와의 사회적 상호작용이 억제되어 사회적 기술이 발달되지 못한다는 점을 지적하고 있다.

③ 지도방법

전 단락에서 컴퓨터교육에 대한 긍정적 영향과 부정적 영향에 대하여 밝혔으나 부정적 영향은 긍정적 영향에 비하면 지극히 미미하다. 그러나 컴퓨터교육의 부정적 영향을 최소화시키는 방안이 부단히 강구되어야 한다. 한임순(1999)은 사회성 발달을 위한 컴퓨터교육에서의 교사의 역할에 대하여 다음과 같이 제시하고 있다.

첫째, 컴퓨터 활동에서의 가장 큰 문제점은 또래와의 상호작용이 단절되어 사회성 발달을 저해한다는 점이다. 따라서 컴퓨터를 배치할 때 교사는 2~3대의 컴퓨터를 준비하고, 컴퓨터 활동을 하고 있는 유아끼리 서로 화면을 볼 수 있게 하여 유아 간에 상호작용이 활발하게 이루어지도록 컴퓨터를 설치한다. 한 대의 컴퓨터가 있는 곳에 의자를 두 개 이상 준비하여 같은 화면을 보고 있는 유아끼리 서로 의견이나 생각을 주고받을 수 있도록 한다. 또한 유아가 시선만 옮기면 다른 영역을 볼 수 있도록 컴퓨터 영역이 다른 영역과 단절되지 않아야 한다.

둘째, 키보드, 마우스, 조이스틱, 모니터, 프린터 등 컴퓨터 각 부분의 명칭을 알려주고 그림이나 사진과 함께 이름이 있는 표시를 컴퓨터 영역에 붙여 놓는다.

셋째, 기계는 일정한 순서에 따라 사용하지 않으면 고장이 날 염려가 있으므로 기본적인 사용법을 알기 쉽게 순서대로 번호를 붙여 주어 번호 순서대로 조작해야 함을 알려준다. 그러나 화면에 나타난 각각의 표시가 어떤 일을 하게 하는 것인지는 유아가 스스로 탐색하여 발견할 수 있도록 유도한다.

넷째, 유아들과 컴퓨터를 사용할 때 지켜야 할 규칙을 의논하여 결정한다. 예를 들면 한 사람이 10분씩 한다. 할 수 있는 친구는 할 수 없는 친구에게 말로 도와준다. 다음 차례 친구에게 친절하게 이야기해 준다. 구경하는 친구는 만지지 않고 보기만 한다 등을 결정하여 시행한다.

다섯째, 유아의 흥미를 만족시키면서 교육과정의 주제와 통합될 수 있는 양질의 소프트웨어를 선택하여 교사가 충분히 탐색한 후 유아들에게 제공한다.

여섯째, 유아들이 소프트웨어를 이용하여 활동하면 내용을 프린트하여 다른 활동과의 확장 활동이 일어날 수 있도록 시도한다.

5) 텔레비전 중독

오늘날 인간을 TV인간이라고 한다. 텔레비전의 영향이 대단히 크기 때문이다. 텔레비전은 우리 인간의 생활패턴과 의식구조를 바꾸어놓을 정도로 우리 인간에게는 가장 많은 영향을 주는 사회적 환경이다. 텔레비전은 하루 아침에 거지를 백만장자로 만들고, 인기절정의 탤런트와 정치인을 한순간에 몰락시키기도 한다. 이것은 유아들에게도 예외는 아니다.

① 현황

텔레비전은 유아들에게 가장 인기있는 전달매체로 유아의 마음을 사로잡는 물건이다. 어린 영아도 텔레비전에 나오는 광고에 집중하고 광고 노래에 맞추어 몸을 흔들고 흥얼거린다. 내용을 이해할 줄 아는 유아들은 자신이 선택한 프로그램을 시청하기 위해 놀이나 식사를 중단하는 사례를 주변에서 볼 수 있다. 텔레비전 시청 상황을 보면(전예화 외, 2003), 다음과 같다.

첫째, 시청시간은 일주일에 9~28시간까지 다양하다(Anderson, Lorch, Field, Nathan, & Collins, 1986; Nielsenco, 1988).

둘째, 시청연령은 두 돌 반부터 시청하기 시작하여 10~12세에 절정에 올라갔다가 청소년기에 감소한다(Anderson et al, 1986).

셋째, 생활계층별로 보면 하류층의 유아들이 중류층, 상류층보다 시청기간이 길다(Greeuberg, 1986).

넷째, 우리나라 유아 시청시간은 평일에 3~4시간, 휴일에 5~6시간 정도이다(곽진희, 1991).

다섯째, 취학전 유아는 하루평균 3시간 정도 시청히고 즐겨보는 프로그램은 만화(59.6%), 유아대상 종합프로그램(31.4%) 순이다(안정숙, 1990).

여섯째, 유아용 프로그램이 유아의 인지수준을 벗어나는 것이 많아 이야기의 주제를 잘 이해하지 못하고 주요 사건을 사소한 사건으로 생각하는 오류를 범하는 일이 있다(Collins, 1983; 이영자 외, 2001).

일곱째, 5세까지는 수동적인 입장으로 텔레비전 프로그램을 시청하나 6~7세경부터는 능동적으로 시청한다(이래경, 2001).

② 텔레비전의 영향

ㄱ. 텔레비전 시청의 긍정적 영향

텔레비전 시청이 주는 일반적인 교육적 기능을 기술하면 다음과 같다(고정곤, 1999).

첫째, 문화가치의 교육적 기능이 있다.

둘째, 사회의 변동을 가속화시킨다.

셋째, 오락적 기능이 있다.

넷째, 수용자의 심미수준을 높여 준다.
다섯째, 정서적 풍부한 감성을 가질 수 있다.
여섯째, 가족 간의 대화를 확대시킬 수 있다는 점이다.

또한 성영혜(1994)는 무엇보다 텔레비전은 지금 당장 유아 주의에 있는 현실세계에서 벗어나 미술, 음악, 연극, 과학 등의 세계를 유아들에게 소개함으로써 교육의 내용을 폭넓게 이해시킬 수 있고, 새로운 지식을 전달할 수 있으며 다른 가능성의 세계를 보여준다. 텔레비전을 통한 대리경험은 유아들로 하여금 수많은 역할학습을 하게도 한다. 좋은 텔레비전 교육프로그램이 가난을 극복시켜 줄 수는 없으나 혜택받지 못한 유아들에게 좋은 교육적 자극을 제공하여 동기화시켜 주고 공부를 하도록 해 준다(성영혜, 1994).

또한 폭력프로그램 시청이 공격적 행동을 증가시킨다는 부정적 영향 못지않게 긍정적 영향도 있다. 예를 들면 폭력을 휘두르다 보면 으레 범인은 경찰에 체포되어 감옥살이를 하는 것으로 프로그램이 종료되는바 이것을 본 유아들은 공격적인 행동을 자제하기 마련이다. 실제로 미국에서 텔레비전 프로그램(Rogers 씨의 이웃들, 캡던 캥거루 등) 중에는 유아의 친사회적 행동을 증진시켰다는 연구보고가 있다. 예를 들어, Stein과 Friderich(1975)는 'Roger 씨의 이웃들'이라는 프로그램을 비교적 단기간 본 유아들도 그들의 협동, 타인의 감정의 이해, 나누어 갖기 등의 행동이 증가한 반면 공격성은 감소하였다고 보고되었다. 다른 연구들에서도 자아통제, 과제 지향성, 규칙의 수용 및 상징적 놀이가 증가하였다고 보고하고 있다(이영자 외, 2001).

ㄴ. 텔레비전 시청의 부정적 영향

텔레비전이 유아에게 미치는 영향 중 가장 논란이 되고 있는 것은 폭력물을 시청함으로써 갖게 되는 유아의 공격성 증가이다. 비교적 안전한 환경 속에 살고 있는 유아라 할지라도 매우 많은 양의 폭력에 노출되어 있다. 폭력에 관한 경험은 결코 우리 도시에서만 노출되어 있는 것이 아니다. 도시근교, 시골 등 전 지역을 통해 어린 유아들은 가정폭력과 비가정폭력의 희생자로서, 가정과 지역사회, 매체폭력의 목격자로서 종종 높은 수준의 폭력을 경험하여 공격적 행동이 증가한다는 것이다(Slaby, Roedell, Arezzo, & Hendrix, 1995).

이에 관한 2편의 연구문을 소개한다(전예화 외, 2003).

가. Bandura, Ross & Ross의 연구

Bandura, Ross와 Ross는 유치원 유아들을 대상으로 성인이 오뚝이 인형을 욻

기면서 인형과 권투하는 장면을 녹화한 필름을 실험집단에 보여주고, 통제집단에는 인형을 조심스럽게 옮기는 장면을 녹화한 필름을 보여준 뒤 오뚝이 인형이 있는 방에 유아들을 들어가게 하였다. 그 결과 실험집단의 유아들은 필름에서의 성인처럼 오뚝이 인형을 발로 차거나 권투를 하였으나 통제집단의 유아들은 인형을 조심스럽게 다루었다(이영자 외, 2001).

나. 안정숙의 연구(1999)

안정숙은 텔레비전 시청시간이 긴 유아일수록 안정성, 사려성, 사회성이 낮고 충동성이 높게 나타났으며, 만화를 좋아하고 교육적이고 극적인 프로그램은 인기가 적다고 하였다.

이상 두 편의 연구에서 보는 바와 같이 공격적 모델을 접하는 것이 공격적 행동을 증가시키는 것으로 나타났다.

③ 텔레비전의 시청 지도

위에서 살펴본 바와 같이 텔레비전이 유아의 사회화에 미치는 긍정적 영향과 부정적 영향에 대하여 고찰하였다. 텔레비전의 부정적 영향이 아무리 크더라도 긍정적 영향과 비교할 수 없다. 따라서 사회적 환경인 텔레비전 시청의 효율성을 높이기 위해서 부모의 역할을 생각해 보기로 한다(고정곤, 1999).

첫째, 텔레비전을 유아들에게 맡기지 말고 부모가 프로그램을 선정해주고 함께 시청하면서 설명해 주고 사후 행동변화를 관찰하면서 관심을 보이려는 노력을 기울여야 한다.

둘째, 텔레비전 내용에 대한 유아의 의문점, 느낀 점을 들어주고 친절하게 대안을 제시해 주어 공포감이나 두려움을 품지 않도록 한다. 텔레비전 시청으로 인한 심리적 부담감을 즉시 해소시켜 주지 않고 그대로 누적되면 유아의 성격이 비뚤어지기 쉽다.

셋째, 가능한 한 현실경험의 확대를 위해 각별히 주의를 기울인다.

넷째, 이웃의 부모나 교사 등과 더불어 텔레비전 시청에 대한 의견을 서로 나누어 시청에 대한 적절한 방안을 모색한다.

다섯째, 독서와 텔레비전 시청시간의 균형을 유지하도록 한다.

여섯째, 교육성을 띤 프로그램을 다양하게 보도록 선택해 준다.

일곱째, 유아와 함께 시청한 프로그램에 대하여 대화한다.

여덟째, 텔레비전을 시청하기 전에 명확한 제한을 한다. 가능하면 좋아하는 프로그램을 시청하기 전에 시간제한을 하고 시청시간에는 적극적으로 시청할 수 있도록 격려한다.

아홉째, 가능하면 유아와 같이 시청한다.

또한 텔레비전 설치장소에 대한 고려도 있어야 한다.

첫째, 화면에 직사광선이 쪼이지 않는 곳에 TV수상기를 설치하고 이것이 어려울 때 커튼을 쳐 직사광선을 차단한다.

둘째, 전 유아가 잘 볼 수 있도록 영상과 음향을 조절한다.

셋째, 수상기의 높이 = 유아의 눈높이 + 영상의 크기(그 이상은 안됨)

넷째, 자석배치 간격 - 90cm

다섯째, 수상기를 중심으로 좌우시청 각도는 30°~45° 이내

여섯째, 눈과 수상기의 높이 30° 정도

일곱째, 텔레비전으로부터의 거리 7 Feet(1.5m)

여덟째, 수상기 가운데로부터 양끝의 좌석이 90°를 넘지 않게

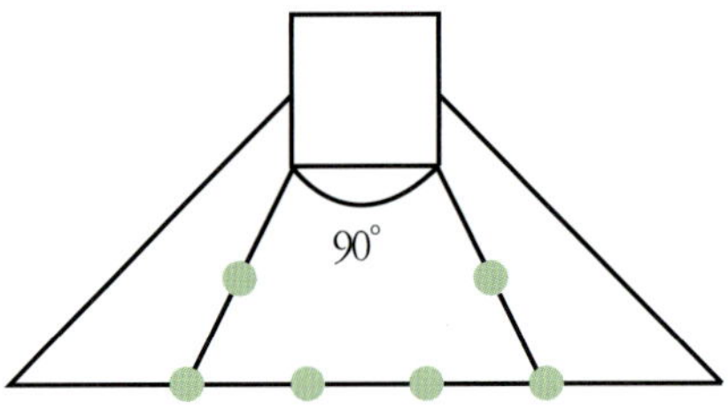

아홉째, 1시간을 본다면 여러 번 나누어서 본다.

열째, 식사시간, 밤늦은 시간에는 안 보기 - 잠자는 시간에 악몽으로 나타날 수 있다.

열한째, 바른 자세로 본다 - 부모가 수범을 보여야 한다.

열둘째, 적절한 조명 - 필기할 수 있을 정도로 밝아야 한다.

5. 신체적 부적응행동 지도

유아가 자신의 신체를 건강하게 관리하는 것은 유아의 모든 발달의 기초가 되기 때문이다. 신체가 건강해야 인지·언어는 물론, 정서, 사회성 등이 원활하게 발달할 수 있다.

신체적 발달은 균형잡힌 체격뿐만 아니라 기본운동능력과 기초체력을 기르고 건강한 신체와 정보를 기르는데 목적을 두어야 한다. 특히, 신체적으로 건강한 유아는 자신에 대한 긍정적인 인식을 갖게 되어 대인관계에서도 자신감을 갖게 된다.

따라서 신체 부적응행동 지도에서는 식사습관, 청결생활문제, 성적 행동문제 등에 걸쳐 기

술하기로 한다.

1) 식사습관

유아식생활이란 인간생활에서 먹는 것과 관련된 것을 총괄하여 이르는 말이다. 유아들의 식생활은 적절한 영양을 섭취하여 신체발달은 물론 행동에 영향을 주며 더 나아가서는 건전한 인격을 형성하는 데 도움을 준다. 특히, 유아기에는 식사습관, 기호음식, 식사예절 등이 형성되는 시기이므로 관심 있게 지도해야 한다. 식사습관에서는 '편식이나 식사투정을 하는 유아', '식사 도중에 산만한 유아'에 대한 지도방법에 대하여 기술해 보기로 한다.

(1) 편식이나 식사 투정을 하는 유아

① 행동사례

유아들에게 편식하는 사례는 비일비재하여 멸치를 못 먹는 유아, 콩을 못 먹는 유아, 우유를 못 마시는 유아 등 우리 주변에서 흔히 보는 일이다. 그런데 본인의 친구 자녀들의 경우를 소개한다. 3남매(50대 내외)를 두었는데 현재 3남매가 모두 생선은 끓인 것 외에는 전혀 못 먹는다. 친구 내외는 부부교사였는데 어린 자녀들을 양육하는 어린 시절에 직장 업무와 출퇴근 관계로 바빠서 생선을 요리해서 먹인 적이 없다. 주로 손쉬운 인스턴트식품에 의존하여 음식을 만들어 먹였다.

② 행동특성

유아교육기관에서 제공하는 중식이나 간식에서 일부 음식만 골라 먹고 일부 음식에는 전혀 손도 대지 않고 안 먹겠다고 한다.

③ 원인

유아는 어른을 모방하는 동안에 배우는 일이 많다. 식사습관도 예외는 아니어서 어른을 닮는 수가 많다. 어른이 밥상에 앉아서 반찬 투정을 하거나 안 먹는 음식이 있으면 유아도 그 본을 받아서 비슷한 행동을 하기 마련이다.

④ 지도방법

ㄱ. 어른이 편식을 하지 않는다.

만일 어른이 먹성이 좋아서 아무 음식이나 맛있게 먹으면 유아들은 그 본을 따서 무엇이나 잘 먹는다.

ㄴ. 돌전에 이유식의 종류를 다양하게 만들어서 다양한 음식의 맛을 골고루 맛보게 한

유아는 결코 편식을 하지 않는다. 어려서 몇 가지 한정된 음식만을 먹이다가 4~5세가 된 뒤에 편식한다고 나무라서는 안 된다.

ㄷ. 동료 유아가 맛있게 먹는 모습을 관찰시킨다.

편식하는 유아에게 동료 유아들이 맛있게 먹는 모습을 보여주고 그 영향을 받아 개선시키는 방법이다.

ㄹ. 유머감각을 살려서 지도한다.

만일, 당근을 안 먹는 유아가 있다면 교사가 '나는 토끼다. 그래서 당근을 잘 먹는다. 봐라 냠냠' 하면서 두 손을 머리 옆에 대고 토끼시늉을 하면서 당근을 맛있게 먹으면 유아들도 재미있어서 '나도 토끼야' 하며 따라할 것이고 그러다 보면 당근을 안 먹던 유아도 먹게 될 것이다. 감각을 살려서 약간 놀이 기분을 가미해 가면서 유도하면 유아들은 쉽게 지도할 수 있다.

ㅁ. 좋아하는 인물과 관련지어 지도한다.

유아가 좋아하는 인물을 지적하여 지도하는 방법이다. 예를 들면, '뽀빠이 아저씨는 시금치를 좋아한대. 멸치도 좋아한대' 하며 '그래서 이가 튼튼하대. 치과에 안 가서 좋겠지' 하고 유도한다. 치과이야기 나온 김에 '식사 후엔 꼭 이를 닦아야지. 그래야 충치가 안 생겨서 더욱 좋겠지' 하며 차례로 세면실로 유도한다.

ㅂ. 식사 전후에 손씻는 습관, 식탁에서 일어날 때, 자기가 먹던 그릇은 싱크대까지 갖다놓는 습관도 아울러 지도한다.

(2) 식사 중에 산만한 유아

① 행동특성

이런 유형의 유아들은 식사 중에 산만하며 음식물을 흘리면서 먹거나 노는 일에 정신이 팔려 식사를 중단하는 일이 잦고 자신이 식사하는 일에 흥미를 갖기 시작한 후에는 음식물이나 식기를 장난감으로 갖고 놀고, 식사 이외의 것에 정신이 팔려 식사를 소홀히 하는 경향이 나타나기도 한다.

② 원인 및 지도방법

ㄱ. 원인

가. 교육기관에 입원하는 연령의 유아들에게는 식사가 그리 흥미로운 행위가 아니며 오히려 귀찮은 일로 생각할 수도 있다.

나. 요즘 유아들은 공복감을 심하게 느끼지 않으며 새로운 음식에 손을 대려 하지 않는다. 즉, 만복상태에 식사에 대한 관심을 갖기가 어렵다.

다. 식사기술이 미흡하거나(3세경), 식사에 집중하지 않기 때문에(4세경) 그리고 식사를 느리게 하는 경향이 있고(5세경), 식사를 귀찮게 생각해서(6세경) 식사에 집중하지 않는다.

라. 가정에서의 식사 결함 특히, 놀면서 식사하는 상태를 극히 일상적인 것이라고 생각하는 부모태도가 문제이다.

ㄴ. 지도방법

가. 놀면서 먹는 유아

- 시간이 흐르면 자연히 고쳐지는 일이므로 신경질적으로 급히 고치려 들지 않는다.
- 주의를 많이 주어서 유아를 위축시켜서는 안 된다.
- 놀면서 먹는다 해도 그 상태나 원인에는 다소의 차이가 있을 수 있으므로 그에 따라 다르게 대처한다.

나. 식사에 집중하지 못하는 유아

- 옆에서 본인만 들리는 소리로 '식사 끝내고 그것을 해요'라고 말한다.
- 직접적인 질책은 오히려 유아의 식욕을 잃게 할 우려가 있으니 유의한다.
- 식욕이 없어 노는 경우에는 옆에서 교사가 같이 식사를 해준다.
- 식사 중에 부모는 자기의 기분대로 자꾸 반복해서 주의를 주지 않는다.
- 유아는 야단을 맞아도 놀면서 식사하는 것에 더 재미를 느낄 수도 있다는 것을 부모는 이해하고 있어야 한다.
- 식탁의 즐거움을 연출해서 유아가 즐겁게 식사하도록 궁리하는 것도 좋은 방법이다(서명원 외, 2014).

③ 식사습관 지도내용

유아들에게는 식사습관을 지도해 주어야 하는데 유아들에게 필요한 기본적인 식사습관 지도내용은 다음과 같다.

ㄱ. 음식물을 골고루 먹기

ㄴ. 음식물을 남기지 않고 먹기

ㄷ. 몸에 좋은 음식과 나쁜 음식을 알기

ㄹ. 음식을 천천히 꼭꼭 씹어서 먹기

ㅁ. 음식을 먹기 전에 손씻고, 먹은 후에는 이 닦기

ㅂ. 바른 자세로 음식 먹기

ㅅ. 음식을 자리에 앉아서 먹기

ㅇ. 음식을 먹기 전에 감사하는 마음을 표현하기

ㅈ. 음식을 기쁘고 즐거운 마음으로 먹기

ㅊ. 다른 사람이 식사를 마칠 때까지 기다리기

ㅋ. 음식을 먹은 후에 자기 자리 및 그릇은 스스로 정리하기(조운주 외, 2014)

2) 청결습관

어릴 때부터 청결습관을 잘 길러주면 자립적이고 독립적인 생활태도를 갖게 되며 건강한 유아로 성장하게 된다. 자기 주변의 사물을 깨끗하고 질서 있게 정리정돈 하는 것은 유아나 성인에게 모두 중요하다. 성인이 되어서도 자기가 입은 옷을 아무데나 벗어놓고 이부자리도 개지 않은 채 몸만 빠져 나오는 사람, 평생 자기의 방이나 책상정리 한 번 안하는 사람은 대부분 어릴 때부터 이러한 자기 주변을 정리하는 습관을 훈련받지 못했기 때문이다. 다음에서 '손발을 씻지 않는 유아', '정돈을 잘하지 않는 유아'에 대한 지도방안에 대하여 기술하기로 한다.

(1) 손발을 잘 씻지 않는 유아

① 행동특성

비가 오고 갠 어느 날 오후, 개미가 줄지어 기어가는 모습을 보고 어디에서 나와서 어디로 들어가는지 호기심이 생겨 아침에 갈아입힌 옷으로 기어다니는 유아, 흙장난, 모래놀이를 하면서 옷을 더럽히는 유아, 밥을 먹으면서 음식물을 흘리는 유아 등 유아들의 옷을 더럽히고 위생상 문제가 생겨 혐오감을 주는 등 많은 문제를 일으킨다. 지저분한 유아의 유형도 가지가지이다. 자신이 더럽다는 것을 모르는 유아, 더럽다는 것을 알면서도 청결하지 않는 유아 등 다양하다.

② 원인 및 지도방법

ㄱ. 원인

가. 유아들은 청결에 대한 특별한 욕구가 없고 깨끗하다고 해서 기분 좋다는 지각 또한 없다.

나. 청결은 식사, 수면, 배설 등과 같은 생리적 훈련처럼 유아들에게 습관 형성을 위한 방법이 어렵다.

다. 청결에 대한 주의나 격려를 받을 때 청결에 대한 기준이 모호하다(서명원 외, 2015).

ㄴ. 지도방법

가. '아이 더러워, 또 더럽혔구나' 등의 부정적 표현을 하지 않는다.

나. 내면화의 방법 중 활동체험방법을 적용하여 옷을 몸에 맞게 다시 입어보고 수돗

가에 가서 얼굴을 직접 깨끗이 씻고 또한 손발을 직접 씻어 보면서 실제 체험의 기회를 제공하여 청결한 태도를 내면화시킨다.

다. 옷을 단정히 입거나 청결상태를 잘 유지한 유아들의 모습을 보고 모방 실천할 수 있도록 격려한다.

라. 손발 씻기, 옷 입기 등 상황에 따라 깨끗이 하는 순서와 방법에 대하여 교사가 직접 시범을 보여 이해시키고 직접 실천하도록 한다.

마. 청결한 상황과 불결한 상황에 대하여 그 느낌을 말하도록 하여 주위가 청결하면 마음이 유쾌하고 놀이를 해도 즐겁다는 생각을 갖게 하여 청결한 상황을 늘 유지하도록 한다.

바. 청결을 유지할 수 있는 시설, 기구(예 : 세면대, 거울, 비누, 치약, 칫솔) 등을 유아들이 손쉽게 이용할 수 있도록 유아 눈높이의 선반에 정비해 둔다.

사. 유아들의 청결한 모습을 보면 강화해주고 바람직하지 않은 모습을 볼 때는 계속적으로 주의를 촉구한다. 반드시 유아가 민망해 하거나 수치심을 느끼지 않도록 지도한다.

아. 각종 청결지원시설이나 기구에 대하여 사용법을 해당 시설이나 기구 옆에 게시해 둔다(예 : 거울 - 머리를 곱게 빗어요).

③ 청결습관 지도내용

유아들의 청결습관을 지도하기 위해서는 청결을 유지해야 하는 이유와 방법, 필요한 도구의 사용방법에 대해서 교육해야 한다. 구체적인 청결습관 지도내용은 다음과 같다.

ㄱ. 청결을 위한 도구와 물건을 적절히 사용하기

ㄴ. 음식 먹은 후에는 이 닦기

ㄷ. 매일 아침 저녁으로 세수하고 목욕 자주하기

ㄹ. 식사 전후, 대·소변 후, 바깥놀이 후에는 손씻기

ㅁ. 휴지는 쓰레기통에 버리기

ㅂ. 자기 물건이나 사용한 물건 정리하기

ㅅ. 유아교육기관의 시설을 깨끗이 사용하기

ㅇ. 공공시설물 깨끗이 사용하기

(2) 정돈을 잘하지 않는 유아

① 행동특성

유아들은 놀잇감을 가지고 놀다가도 실증이 나면 놀이기구를 놀던 장소에 그냥 놓고 옷을

벗으면 옷을 아무데나 던져버리는가 하면 등원한 후 신발을 신발장에 아무렇게 넣기도 하고 삐게지게 놓기도 한다. 사물함에 자기 물건을 넣을 때도 아무렇게나 넣는 등 정리정돈을 해야 하는 많은 생활개소에 무질서하게 늘어놓음으로써 미관상은 물론, 다시 활용하려는 동료 유아에게 많은 불편을 준다.

② 원인 및 지도방법

ㄱ. 원인

가. 부모가 과잉보호하여 자녀들이 해야 할 일을 부모가 대신 정리정돈해 줌으로써 그것이 습관화되었다.

나. 장난감을 정리정돈 할 수 있는 수납장이 없거나 수납장이 있어도 유아들이 수납하기에 적절하게 설치되어 있지 않기 때문이다.

다. 정리정돈에 관해 유아들의 형태가 다양하다. 정리정돈에 신경을 쓰지 않는 유아, 정리정돈 해야 한다는 것을 알면서도 이행하지 않은 유아, 정리정돈은 유아 자신이 하는 것이 아니라 누군가가 해주는 것이라고 생각하는 유아, 교사나 부모 앞에서는 정리정돈 하는 척하다가 떠나면 손을 놓는 유아 등 정리정돈을 하지 않는 유아의 유형이 다양하다. 이 말은 지도방안도 다양하다는 의미이다.

ㄴ. 지도방법

가. 유아들이 할 수 있는 일은 유아들 스스로가 반드시 하도록 지도한다.

나. 정리정돈 할 내용이 많으면 유아수준에서 처리할 수 있는 내용만 처리하도록 한다. 그리고 잘 이행했을 때는 칭찬해 준다.

다. 수납장을 유아들의 눈높이에 맞게 설비하여 유아들이 손쉽게 활용할 수 있도록 설비한다.

라. 정리정돈시간에 노래에 맞추어 정리정돈을 잘 하는 유아의 이름을 부르면서 칭찬해 준다.

마. 정리정돈에 참여하지 않는 유아에게는 왜 안 치우냐고 나무라기보다 '민지는 무엇을 치우고 싶니?'라는 말을 건네면서 정리정돈 하는 행동을 자유롭게 이끌어 준다.

바. 정리를 하지 않고 돌아다니거나 계속 노는 유아의 경우 '선생님한테 블록 좀 집어줄래?', '민지는 어떤 것을 정리해 볼래?'라고 이야기해 줌으로써 자신이 활동하고 싶은 것을 정리해 보도록 한다.

사. 정리할 시간이 많이 걸리는 경우에는 정리정돈하기 5분 전 쯤에 '이제 곧 정리할 시간이다'라고 미리 이야기해 준다.

아. 정리정돈을 습관화시키기 위해서는 일관성 있게 인내심을 가지고 지도해야 한다 (서명원 외, 2014).

3) 성적 문제

유아기부터 성적 부적응에 관한 문제를 생각하는 것에 대하여 대부분의 사람들은 이해하지 못한다. 그러나 유아들의 성역할 개념은 만1세부터 시작하여 만3~4세경에는 급속도로 발달하여 만5~6세 때에는 성인과 유사한 정도의 지식을 습득한다(우민정, 2011). 또한 오늘날 우리 가정을 비롯한 사회의 도처에서 성에 관한 개념과 호기심을 자극하는 다양한 대중매체의 범람 속에서 유아들은 성행동에 몰입하는 사례가 허다하다. 유아들이 자기 성기를 만지고 성에 관련된 말이나 욕설을 하는 등 성에 대한 개념과 성적 호기심이 발달하고 있다. 따라서 유아기부터 자신과 이성의 역할을 이해하고 양성 간의 조화와 상호관계, 성도덕 등을 유아수준에 맞게 자연스럽게 배우게 하는 것이 중요하다. '성적 호기심이 많은 유아', '자위행위를 하는 유아'에 대한 지도방법에 대하여 기술하기로 한다.

(1) 성적 호기심이 많은 유아

① 유아사례

대부분의 가정에서 부모들은 유아들이 성에 관한 많은 궁금증과 호기심을 가지고 부모들에게 묻는 말 중에 '아기는 어떻게 생기나요?', '아기는 어디서 자라요?', '아기는 어떻게 나와요?' 등 성에 관한 많은 질문을 받고 있다.

② 행동특성

교사의 스타킹 신은 다리를 어루만지기를 좋아하고 때때로 교사의 치마를 들추거나 여자 유아의 치마를 들추어 본다.

③ 원인

ㄱ. 호기심을 충족시키기 위해서이다.
ㄴ. 다른 친구들이 하는 것을 보고 배웠기 때문이다.
ㄷ. 성적 자극이 많은 대중매체나 가정환경에서 자랐기 때문이다.
ㄹ. 방임된 유아들이 동료 유아의 관심을 끌기 위함이다.
ㅁ. 죄의식이 없이 단순한 놀이로 생각하는 경우도 있다.

④ 지도방법

이런 행동을 보이는 유아들에게 어른들이 지나치게 반응을 하면 오히려 다른 유아들의 호기심을 유발시키는 결과가 된다.

따라서 다음과 같은 방법으로 천천히 지도하여야 한다.

ㄱ. 교사는 느낀 대로 솔직하게 표현하는 것도 좋다. '아이, 깜짝 놀랐네' 하며 손을 뿌리치고 치맛자락을 내려도 좋고, 정색을 하고 '그렇게 하면 선생님은 싫단 말이야' 하고 약간 화를 내어야 한다. 그리고 무안해 하는 유아를 데리고 개별적으로 대화를 나눈다. 왜 그랬는지, 무엇이 알고 싶은지를 알아서 필요한 설명을 해줄 수도 있다. 그리고 다시는 치마를 들추지 말라고 당부한다.

ㄴ. 병원놀이를 통하여 의사와 간호원의 역할을 맡은 유아가 환자 유아의 팬츠를 내리고 주사를 놓아주는 시늉도 한다. 이를 통하여 자기도 같은 모양의 성기가 있음을 이해시킨다.

ㄷ. 유아의 흥미나 관심을 다른 방면으로 돌린다.

ㄹ. 유아가 좋아하는 활동을 제공하고 유아의 이야기를 잘 들어 준다.

ㅁ. 죄의식이 없이 단순한 놀이로 여긴 유아에게는 천천히 지도해야 한다.

(2) 자위행위를 하는 유아

① 유아사례

명수는 명랑하고 친구들과 잘 어울리면서 얼핏 보기엔 별 문제가 없는 유아이다. 양부모는 모두 직장에 나가 비교적 유복한 생활을 하며 살아오고 있는데 어머니의 걱정이 하나 생겼다. 4·9세인 명수는 가끔 손 주머니에 손을 넣어 성기를 만지는 것이다. 처음에는 발견하지 못했는데 어느 날은 팬티를 내려놓고 책상에 앉아 자기 성기를 만지는 것이다. 그 후 유심히 관찰해보니 손 주머니에도 손을 넣어 성기를 만진다는 것을 확인하였다.

② 행동특성

자기 바지 속에 손을 넣어서 자기 성기를 주무르는 경우, 방바닥이나 의자에 앉아 팬티를 내려놓고 자기 성기를 만지작거리는 경우, 이불이나 베개 등을 양다리 사이에 끼우고 성기를 압박하는 경우, 어머니가 목욕을 시켜줄 때 손으로 자신의 성기를 꼭 잡는 경우 등 그 특성이 다양하나 모두 자신의 손과의 접촉으로 만족을 느끼고 있다.

③ 원인

자위행위를 하는 원인은 다양한데 일반적으로 다음과 같다.

ㄱ. 각종 선전 광고물이나 성행위 모습을 보고 유아들이 성적 자극을 받고 있다.
ㄴ. 가정에서 노출된 가족들 간 특히, 부모의 사랑하는 모습을 보고 성적 자극을 느낄 수도 있다.
ㄷ. 우연히 자기의 성기를 만지다가 어떤 쾌감을 느껴서이다.
ㄹ. 다른 유아들이 하는 자위행위를 보고 학습되었다.
ㅁ. 계단난간이나 미끄럼을 타거나 자전거를 타면서 성기가 자극되어 쾌감을 느껴서이다.
ㅂ. 영아기에 부모가 너무 많이 씻어주어 성장하면서 쾌감을 느껴서이다.
ㅅ. 꼭 끼는 바지를 입어서 성기에 압박을 받아 이 압박을 풀려고 성기를 만지는 과정에서 쾌감을 느껴서이다.

④ 지도방법

지도방법으로는 부모교육, 유아성교육, 자위행위 지도로 구분하여 기술하기로 한다.

ㄱ. 부모교육

교사는 유아부모에 대하여 다음과 같은 관점에서 부모교육을 실시한다.

가. 자위행위에 대한 그릇된 지식을 수정해준다.
나. 자위행위가 손가락 빠는 행동만큼 흔하다.
다. 자위행위가 여자 유이보다 남자 유아에게 일반적인데, 만약 탐닉하는 경우에는 여자 유아가 더 자주한다.
라. 자녀의 자위행위에 대한 지나친 관심과 감독은 오히려 그 행위를 증가시킬 수 있다.
마. 자위행위를 발견했을 때 놀람, 당황, 걱정 등을 지나치게 나타내지 않는다(부모의 이러한 반응은 유아에게 필요 이상의 죄의식을 갖는다).
바. 자위행위를 금지시키기 위해서 그것을 자주 하면 머리가 나빠진다는 등의 위협적인 말을 하면 성에 대한 공포감을 갖게 된다.
사. 자녀가 자위행위를 너무 자주하면 다른 활동에 흥미를 가질 수 있도록 도와준다.

ㄴ. 교사지도

가. 지나친 놀람, 당황, 공포감을 주는 위협적인 말 등을 삼가해야 한다.
만약 '노출증'과 함께 자위행위를 하여 다른 유아들의 놀림대상이 되는 경우에는 '행동제약'이나 '자기통제' 등의 기법을 활용하여 그러한 행동을 감소시킬 수 있도록 도와준다.
나. 유아의 관심을 다른 곳으로 유도해야 한다.
해당 유아가 혼자 있지 않도록 다른 활동을 제공하거나 친구들과 어울려 놀도록 유도한다.

다. 성기의 중요성을 인식시켜 어려서 잘못 다루어 큰 손상을 줄 수 있다는 점을 인식시킨다.

라. 유아부모와의 상담기회를 확대한다.
가정에서의 유아의 성행동에 대한 정보를 수집하고 대책을 강구하여 가정과 유아교육기관에서 일관성 있게 지도한다.

마. 체계적인 성교육을 실시한다.
㉠ 신체구조
㉡ 임신과 출산과정
㉢ 남자와 여자와의 신체의 특징
㉣ 자기 신체의 소중함
㉤ 위험한 상황에서 몸을 보호하는 방법 등을 들 수 있다.

6. 언어 · 인지적 부적응행동 지도

언어는 일상생활에서 대단히 중요한 요소이다. 특히, '말'은 개인의 욕구, 감정, 생각, 의도 등을 전달하고 전달받을 수 있는 아주 편리한 도구이기 때문이다. 말을 할 줄 모르면 자기의 욕구나 생각을 표현할 수 있는 방법이 제한된다. 따라서 말 대신에 제스처, 행동, 울음 등으로 자신을 표현할 수밖에 없다. 다음에서 언어적 부적응아 가운데 '말이 늦은 유아', '말을 하지 않는 유아(선택적 함구증)', '말을 더듬는 유아', '집중력 부족', '교실에서 산만하고 고함을 지르는 유아'에 대한 지도방법에 대하여 기술하기로 한다.

1) 말이 늦은 유아

(1) 유아사례

병주는 만 5세의 남자어린이로 그가 할 수 있는 말은 '엄마'(실제로는 '음마'라고 들림), '아냐', '물'(마시는 것 일체를 가르킴) 등이다. 병주의 부친은 대학을 졸업한 후 개인 사업을 하며 어머니 역시 결혼 직후부터 남편의 사업을 도왔다. 따라서 병주는 할머니에 의해서 돌보아졌고 할머니가 외출하는 사이에는 가정부에 의해 돌보아졌다. 할머니는 손자를 지극히 사랑했고 손자의 요구는 거의 들어주고 아주 말이 적은 편이었다.

(2) 행동특징

유아가 말하는 용어가 몇 개뿐이고 그 용어 자체도 발음이 정확하지 못하여 늘 가까이서 생활하는 부모밖에 알아듣지 못한다. 말하는 용어 자체도 생활에 직결되는 내용으로 제한된다. 그러나 다른 사람의 말은 하는 말에 비해 많으며 알아듣는 경우가 많다. 예를 들면, '냉장고에서 콜라를 꺼내올래' 하면 곧잘 꺼내 온다. 어린이집에서 교사의 지시에 따라 율동, 놀이 등을 곧잘 따라한다.

(3) 원인

① 타인의 말을 알아듣지 못하여 스스로 말을 잘하지 못한다. 이러한 유아 중에는 '청각장애아'가 많다. 그러나 대부분의 경우, 청각에는 이상이 없음에도 불구하고 타인의 말을 알아듣지 못하는 유아가 있다. 예컨대, 전화벨소리가 울렸을 때 즉시, 전화로 달려가서 전화받는 행동을 모방하는 것을 볼 수 있다. 이러한 유아는 정밀한 의학적, 음성학적 검사에 의해 그 원인을 찾아낼 수 있다.

② 타인의 말은 잘 이해하지만 스스로는 말을 잘 하지 못한다.

ㄱ. 타인의 지시, 요구, 금지 등을 잘 이해하며 그것에 따라 행동은 하지만 언어표현능력이 부족하다. 예를 들면, '냉장고에 가서 콜라를 가지고 오너라.' 하면 곧잘 이행한다.

ㄴ. 어떤 유아는 어휘 자체를 잘 학습하지 못한다. 성인이 시범을 보여 그 어휘를 이해하고 있다가도 얼마 가지 않아 잊어버린다.

ㄷ. 어떤 유아는 많은 단어를 말할 수 있으나 그것을 문장 형태로 연결하지 못한다. "사과 줘", "아빠, 가!" 등 2단어밖에 연결시키지 못한다.

ㄹ. 어떤 유아는 발음이 부정확하다.

'사과'를 '타과'로, '귤'을 '듈'로, '잉어'를 '이어'로 발음한다.

③ 정신지체아 혹은 자폐증 유아도 언어 발달이 늦다.

자폐증 유아는 타인과 접촉을 거의 하지 않으려는 경향이 있다. 누가 부르거나 접촉하려 해도 반응을 보이지 않으며, 따라서 사회적 행동이 제대로 발달되지 못한다. 일반적으로 언어표현 발달이 지체되는 경우에는 여러 가지 원인이 있다고 알려져 있는데, 신경학적인 이상, 언어환경의 결핍, 과잉보호, 정서 불안정 등이다.

(4) 지도방법

언어 장애아 또는 말이 늦은 유아가 식별되는 것은 대개 4세 전후이다. 정도가 심한 유아를 제외하고는 그 이전에 언어발달의 지체가 크게 눈에 띄지 않기 때문이다. 특히, 아이를 처음 길러 보는 부모로서는 비교해 볼 대상이 없기 때문에 자기 자녀의 지체 정도를 확실히 알기 어렵다. 언어발달이 늦는다는 것을 인식했어도 어떤 부모들은 '때가 되면 나아지겠지' 하고 막연한 기대를 한다.

① 부모상담

유아교육기관은 유아들의 발달상황을 상호 비교해 볼 수 있는 좋은 장소이다. 자녀를 처음 길러보는 부모에게는 특히, 그렇다. 이런 점에서 교사는 부모들에게 도움을 줄 수 있을 것이다. 자기 자녀의 언어지체를 인식하지 못하거나 혹은 그런 사실을 부인하는 부모에게는 친절한 상담과 설명이 필요하다. 이때 주의할 점은 교육과 치료를 통하여 상당한 정도로 회복될 수 있다는 확신을 심어주어야 한다.

② 교사지도

교사의 지도로 많은 효과를 거양할 수 있다는 확신을 가지고 끈기 있게 지도한다.

ㄱ. 유아의 표현이 미숙하더라도 이를 지나치게 즉시, 교정하려 들지 말아야 한다. 지나치고 성급한 교정은 유아의 표현 동기를 감소시킬 우려가 있다.

ㄴ. 교사는 기술적인 언어시범자이어야 한다. 유아의 표현이 잘못되었을 때 혹은 표현하고자 하는 것을 표현하지 못해 애쓰고 있을 때 교사는 적절히 시범을 보여줘야 한다. 정상적으로 언어가 발달된 유아들은 어떤 의도적인 언어교육보다도 자연적인 상황 속에서 끊임없이 언어적 상호작용에 의해 학습된 것이다. 언어지체아에게도 이러한 언어발달과정을 적용해 주어야 한다.

2) 말을 하지 않는 유아(선택적 함구증)

(1) 유아사례

금주는 만 4·8세의 여아 어린이인데 어린이집에 오면 말을 잘하지 않는다. 그러나 남의 이야기는 정확하게 알아듣는 것 같다. 교사가 금주에게 예를 들면, '여기에 있는 휴지를 주워 쓰레기통에 버려줄래?' 하면 '예' 하고 주어 버려준다. 또한 말이 없으니까 '오늘 어디가 아프니?' 하고 물으면 '아니오'라고 분명히 말을 한다. 청력에도 지장이 없다.

(2) 행동특성

말을 할 줄 알면서도 어린이집이나 여러 사람 앞에서 말하는 것을 기피한다. 말을 전혀 하지 않는 유아도 있고 말을 하기 힘들어 하고 될 수 있는 대로 말을 피하려고 하는 유아도 있다. 말을 전혀 하지 않는 유아는 침묵을 지키려는 유아로서 좀처럼 입을 열려고 하지 않으나 어린이집을 벗어나면 친구들과 곧잘 이야기를 잘하기도 한다.

(3) 원인

말을 하지 않는 원인으로서는

첫째, 말하는 것에 대하여 공포심을 갖기 때문이다. 말하는 것에 공포심을 갖는 유아는 자신이 말하는 것에 대하여 자신감을 갖지 못한 유아가 많다. 예를 들면, 발음이 좀 이상하다든가, 혹은 언어장애가 있어서 말하기가 다른 유아에 비하여 떨어지는 것을 자신이 느끼고 또 주위에서 그렇게 지적을 함으로써 말하는 것에 대한 공포심을 느끼는 경우이다. 이런 유아 중에 상당수는 약간의 지능이 떨어진다거나 발음이나 언어장애가 있는 경우가 많다.

둘째, 선택적 함구증을 지닌 유아이다.

집에서나 혹은 아는 사람 앞에서는 말을 잘 하는데 어린이집에 오거나 많은 사람들 앞에서는 전혀 말을 안 하는 유아가 있는데 이러한 유아는 선택적 함구증을 앓는 유아이다. 선택적 함구증은 대개, 매우 불안하고 자신이 없으며 특히, 어머니에게 매우 의존적이며 공생적인 관계를 맺고 사는 유아의 경우가 많다. 이런 유아는 어머니를 떠나서, 혹은 집을 떠나서, 잘 아는 사람이 없으면 혹은 새로운 환경에 처할 때는 전혀 말하기를 거부한다.

셋째, 어린이집에 처음 와서 친구들과의 대화중에 겪은 나쁜 경험에 대한 잔존의식이 있기 때문이다. 유아교육기관에 처음에 와서 부푼 기대와 신비감을 가지고 등원하자마자 말을 하던 중에 친구로부터 무안을 당하여 상처를 받고 수치심을 느낀 경우, 일시적으로 말을 하지 않을 수도 있다.

넷째, 실어증과 유사한 경우이다.

갑자기 유아가 한쪽 부모를 잃었다든지, 부모가 이혼했다든지 등 충격으로 말을 하지 않고 친구들과도 놀지 않으려는 경우이다.

(4) 지도방법

① 우선적으로 언어나 발음, 지능발달에 이상이 없는가를 확인하고 이에 따른 지도대책을 강구해야 한다. 만일의 경우, 발음상, 언어상 장애가 있을 경우, 적절한 조치를 해주어야 하고, 말을 못하더라도 옆에서 웃는다거나 놀림을 받는 것을 최소한으로 줄여주며, 발음이 이상해도 좋으니 얼마든지 이야기를 할 수 있도록 하고 그리고 말을 하기만 하면 칭찬이나 기타 긍정적 강화를 해주어야 한다.

② 선택적 함구증의 경우에는 부모상담이 꼭 필요하며 부모상담을 통하여 자녀와의 관계에서 너무 의존적이거나 공생적으로 가까운 관계로부터 좀 더 독립적이고 스스로 생활

을 해 나갈 수 있는 유아로 성장시켜 준다.

③ 말을 안 한다고 해서 그것으로 인하여 이차적 이득 즉, 남이 얘기를 대신 해주거나 대신 자신의 일을 처리해 주거나 또는 말을 안함으로써 더 많은 관심을 받는 것을 최대한으로 줄여줘야 한다.

④ 유아가 가장 좋아하고 편안함을 느낄 수 있는 놀이나 상황을 제공하여 놀이에 집중할 수 있도록 하고 유아가 놀이나 상황에 집중하여 긴장감이 풀리면 친한 동료 유아와 같이 놀이를 하도록 하여 점차적으로 동료 유아들과 의사소통이 이루어지도록 한다.

⑤ 동료 유아들과 상호작용하는 데 필요한 기술을 습득시켜 주는 일이다. 이를 통하여 실패의 경험보다는 성공의 경험을 많이 갖도록 하여 긍정적 자아개념을 형성시켜 주는 일이 중요하다. 이러한 유아일수록 수치심을 많이 느끼고 작은 상처에도 쉽게 좌절하게 된다.

3) 말을 더듬는 유아

(1) 행동특성

말더듬이란 어떤 자음이나 모음, 음절, 또는 단어를 여러 번 반복하여 말하거나 혹은 말의 흐름이 자연스럽지 않고 자주 끊기거나 주저하는 등의 현상을 지칭하는 용어이다. 대부분의 말더듬이는 말을 시작할 때 첫음절이나 첫단어를 여러 번 반복한다. 예를 들어, 말을 더듬지 않던 아이가 '그래서, 그래서, 그래서 …'를 자꾸 되풀이 하거나, '어…', '음…'와 같이 같은 소리나 말을 길게 끌거나 말을 반복해서 꺼내기도 한다. 그리고 어떤 유아는 특정한 발음이나 단어만을 더듬기도 한다. 이런 경우는 말을 하는 도중에 더듬게 되는데 이들 중 어떤 유아는 자기가 더듬는 발음이나 단어를 말하려 하지 않는다.

말을 더듬는 사람 중에는 대단히 빠르게 말하는 사람이 있는가 하면, 반대로 아주 느리게 말하는 사람도 있다. 그러나 말을 더듬는 사람도 책을 읽을 때, 노래할 때, 혼자말 할 때(독백) 또는 동물이나 인형을 상대로 말할 때는 별로 더듬지 않는다.

(2) 원인

① 신경학적, 기질적, 구조적인 요인이 말더듬의 원인이 될 수 있다.
과거에는 말더듬의 원인이 주로 신경학적 또는 발성 구조상의 문제 때문이라는 생각이 지배적이었다. 그러나 많은 연구에서 그러한 요인 때문이라는 사실은 부정되고 있다. 즉, 말더듬이가 있는 가족에서의 발병률이 높고 여자보다 남자가 약 4배 가량 높으며

그들 중에는 동작의 협응이 잘 안되는 유아가 많다.

② 무의식적 갈등이 말더듬의 원인이 된다.

이것은 마음속 깊은 곳의 무의식적 갈등이 말더듬의 원인이 될 수 있다. 즉, 억압되어온 욕구, 해결되지 않은 갈등 등이 밖으로 표출된 일종의 신경증(노이로제)으로 보는 것이다.

③ 학습에 의해 말더듬이 이루어진다.

2세 내지 4세 때 정상적으로 겪게 되는 말의 비유창성이나 부모의 반복 교정훈련 등이 그 이후에도 계속 강화를 받아서 말을 더듬게 되는 것이다. 예컨대, 말을 유창하게 못하거나 음절을 끊어서 말하는 것이 부모의 관심을 끌게 되고 그 관심이 강화의 역할을 하여 말더듬으로 발전될 수 있다.

④ 언어도중, 좌절이 반복되어 말더듬이 된다.

유아가 어떤 말을 할 때 타인의 간섭에 의해 표현을 할 수 없으면 그는 유창하게 말하는 것을 배울 수 없게 된다. 이런 과정이 반복되어 말더듬이 된다.

⑤ 근육의 떨림이 말더듬이 된다.

유아가 말이 막힌다고 생각할 때 이따금 입과 턱근처의 근육이 조금씩 떨리거나 진동하는 모습이 눈에 띌 수 있다. 그 근육의 떨리는 정도는 대수롭지 않을 수도 있고 심할 수도 있다. 이 같이 근육이 떨리게 되면 소리를 내뱉지 못하고 입을 한 자세로 고정하고 있어야 하므로 말을 쉽게 계속해 나가지 못하는 원인이다(세명원 외, 2014).

(3) 지도방법

① 부모교육이 이루어져야 한다.

말을 더듬는 유아에게는 부모상담을 통하여 다음과 같은 내용의 조언을 한다.

첫째, 유아의 말더듬에 대해 지나친 관심을 보이지 말고 그것의 교정을 강요하지 않는다(예 : '더듬지마', '똑바로 말해', '더듬지 말고 천천히 말해' 등).

둘째, 가능한 한 유아가 긴장감이나 스트레스를 적게 느낄 수 있도록 부모의 태도와 행동을 변화시키도록 권고한다.

셋째, 아주 심하게 더듬는 경우에는 일단 언어치료전문가 혹은 심리학자의 진단과 치료를 받도록 권고한다.

② 말을 더듬는 유아에게 자꾸 말을 시키는 것은 도움이 안 된다.

말을 더듬는 유아는 말을 잘하려 하지 않는 경우가 있다. 이는 말을 하면 다시 더듬게 될 것을 두려워 하기 때문이다. 이럴 때 유아에게 자꾸 말을 시키면 불안만 가중된다. 유아들이 자연스럽게 말을 할 때 즉각적인 관심을 갖고 칭찬해준다. 또는 유아의 표현이 끝난 다음 말을 다시 한 번 반복해 줌으로써 자기의 말이 교사에게 수용되고 있다는 느낌을 갖게 한다.

③ 말더듬을 치료보다 말더듬이 지속되지 않도록 도와준다.

유아기에는 말을 더듬는 유아가 꽤 많다. 그러나 자연스럽게 치유되는 비율이 높다. 따라서 말을 더듬는 유아를 치료하고자 노력하는 것보다 말더듬이 지속되지 않도록 지도한다.

④ 언어를 통한 상호작용의 기회를 확대한다.

유아들이 말을 하면 유아의 말을 듣고 난 후 성인이 움직이고, 감정을 표시해주고, 표정을 달리하고, 요구를 들어주는 등 다양한 반응을 해주면 유아는 말의 위력을 느끼고 성인과 언어를 통한 상호작용이 활발해진다. 이와 같은 활발한 언어적 상호작용은 말더듬을 교정해주고 또한 예방을 할 수 있다.

4) 집중력 부족

(1) 유아사례

일반적으로는 유아들의 집중력 시간은 만2세는 5분, 만3~4세는 10~15분, 만5~6세는 15~20분 정도가 가능하다. 그런데 남철이는 4 · 5세인데도 집중력 시간이 4분이 채 안 된다. 수업 중에도 4분만 경과하면 일어나서 돌아다니거나 교실 바닥에 아예 누워버린다. 다시 주의를 환기시켜 활동에 참여시키지만 마찬가지로 4분 정도 버티다가는 '재미없어' 하고 일어나 나간다. 이와 같이 활동은 다른 유아들의 활동을 방해한다.

(2) 행동특성

이들의 증상은 주의력 및 집중력 부족, 충동성, 과잉운동 등으로 크게 나뉘어 볼 수 있다. 어떤 유아는 이 세 유형의 증상을 모두 나타내며 또 어떤 유아는 일부 증상만을 나타낸다.

① 주의력 및 집중력 부족

주의 집중시간이 짧고 집중력이 부족한 것은 다음과 같은 행동으로 나타난다.

ㄱ. 어떤 과제나 활동을 오랫동안 지속하지 못하고 끝을 내지 못한다. 예를 들면, 블록 쌓기나 조립하기 등을 시작했다가 중간에 포기하고 곧 다른 활동을 시작한다.

ㄴ. 교사, 부모, 또래가 자기에게 어떤 말을 하는데도 마치 듣지 않는 것처럼 보인다.

ㄷ. 주위의 사소한 자극에 의해서 쉽게 주의가 분산된다.

ㄹ. 특히, 글씨쓰기, 셈하기, 조립하기 등 주의 지속을 요하는 과제를 학습하는 데에 어려움을 겪는다.

② 충동성

이들의 행동은 매우 충동적이며 감정의 변화도 심해서 그것을 예측하기 어려울 때도 자주 있다.

ㄱ. 언제나 생각보다 행동이 먼저인 것처럼 보인다. 어떤 과제를 시키기가 무섭게 시작하지만 지시사항을 제대로 해내는 경우가 드물다.

ㄴ. 한 활동에서 다른 활동으로 갑작스럽게 전환한다. 교사의 지시를 따르다가도 갑자기 다른 유아를 건드리는 등 전혀 연관성이 없는 행동을 한다.

ㄷ. 옆에 앉은 유아를 건드리고, 때리는 등 방해되는 행동을 자주 한다.

ㄹ. 잠자는 동안에도 충분히 이완되지 못하거나 심하게 움직인다.

ㅁ. 이것저것 만지며 부산스럽다.

(3) 원인

집중력 부족은 유전적 요인, 환경적 요인으로 구분하여 생각할 수 있다.

① 환경적 요인

ㄱ. 부모의 높은 기대수준으로 부모가 유아에게 너무나 많은 활동을 동시에 요구함으로써 유아가 감당하지 못하는 경우이다. 예를 들면, 과제를 많이 제시하거나 여러 개의 학원을 보내는 경우이다.

ㄴ. 부모의 그릇된 양육태도가 문제가 될 수 있다. 부모가 자녀에게 너무나 엄격하고 지배적이며 유아의 요구나 기대를 무시하고 일방적으로 지시할 때 자녀는 산만하고 침착하지 못하다.

ㄷ. 부모의 급한 성격이 문제가 될 수도 있다. 부모가 유아에게 과제를 제시하고 유아의 작업 진행상황을 고려하지 않고 성과를 급하게 기대할 때 유아가 초조하고 산만하고 안정감을 잃는다.

② 유전적 요인

ㄱ. 가족구성원 중 ADHD가 있는 경우, 유아 개인의 출생 시 타고난 기질적 요인, 대뇌피질부분의 기능 결함 등 유전적 요인이 있다.

ㄴ. 출생 시 뇌의 손상, 임신 중 니코틴, 알코올 등과 같은 유해물질에 노출된 경우를 들 수 있다.

(4) 지도방법

집중력 부족은 유아에게는 비교적 흔하게 나타나는 문제이다. 그리고 유아마다 문제의 심각성 정도나 문제의 유형이 다양하기 때문에 교사의 역할도 다양하다.

① 전문가의 의뢰

집중력 부족, 충동성, 과잉운동의 문제를 정확히 진단하기 위해서는 행동관찰, 심리검사 외에 여러 가지의 의학적 검사가 필요하다. 그리고 치료방법에는 약물치료, 행동수정, 심리치료, 부모상담, 언어교육을 비롯한 여러 가지 교육프로그램 등이 있다. 따라서 신경과 및 소아정신과의 전문의, 행동수정 전문가, 언어치료 및 특수교육 전문가 그리고 카운슬러 등에게 의뢰해야 한다.

② 부모상담

교사는 부모와의 상담을 통하여 특히 다음과 같은 점을 강조한다.

ㄱ. 부모에게 희망을 잃지 않고 인내심을 가지도록 격려해 주어야 한다. 집중력 부족 때문에 학습이 지연된 유아부모는 실망과 좌절에 싸여 있다. 자녀의 문제를 인식해 감에 따라 부모들은 임신 중 또는 출생 초기의 사소한 일까지 생각해 내어 문제의 원인으로 간주하려 한다. 이러한 생각은 부모에게 죄책감을 주며 또한 이러한 생각은 자녀의 양육과 교육에 전혀 도움을 주지 못한다.

ㄴ. 자녀에게 무엇을 가르칠 때 절대로 욕심을 부리지 않게 한다. 집중력이 부족한 유아는 학습력이 떨어진다. 학습력이 떨어진다는 것을 부모는 언어, 개념, 수, 글씨 등에서 바로 알 수 있는데 부모들은 급한 나머지 그것들을 자녀들에게 가르치려고 온갖 노력을 다한다. 그래서 대부분의 경우, 기대한 효과를 거두지 못하고 실망과 좌절을 겪게 되는데, 이것은 오히려 가르치는 것을 시도하지 않았던 것보다 더 못한 결과를 가져오는 수가 있다. 즉, 부모의 좌절과 죄책감 외에도 유아 자신이 무엇을 학습해야 된다는 데 대한 혐오감을 갖게 되기 때문이다.

③ 교사지도

교사는 다음과 같은 방법으로 지도할 수 있다.

ㄱ. 행동수정방법을 적용해 본다.

행동수정에 관한 2~3가지 방법을 적용한다. 예를 들면, 돌아다니는 행동은 무시하고(소멸), 자리에 앉는 행동은 과자로 강화해주고, 남을 때리는 행동에는 '타임아웃'을 적용하는 등 여러 가지 방법을 활용한다. 교사 혼자서 수행하기 어려우면 부모 중에서 자원하는 분의 도움을 얻을 수도 있다. 그러나 사전에 충분한 교육이 이루어져야 한다.

ㄴ. 원래 산만한데다가 새롭거나 많은 자극을 받으면 더욱 산만해지므로 주위 환경에서

오는 자극을 적당히 줄여준다. 예를 들면, 손님이 집에 오거나 소풍, 견학을 갈 때 이런 유아는 더욱 산만해지고 과잉운동이 심해져 주위 사람들의 정신을 혼란시키므로 미리 유아를 보호, 조절해준다. 예를 들면, 견학 갈 때 선생님이 유아의 손을 잡고 다니며 사물을 개별적으로 설명해준다.

ㄷ. 또래와 한번 싸움이 시작되면 말릴 수 없을 정도로 격해지므로 시작되기 전에 떼어놓는다든가 하여 싸움이 시작되지 않게 한다.

ㄹ. 특히, 말과 미세운동의 발달이 늦으므로 유아의 능력에 맞게 기대하고 지도한다.

ㅁ. 산만하고 충동, 공격적이므로 옳고 그른 것, 해야 되는 것과 안해야 되는 것 등 행동의 범주를 일관성 있게 이해시키고 지도한다.

ㅂ. 어려서부터 야단맞고 구박꾸러기가 되기 쉬우므로 커가면서 어른에 대해 부정적이고, 반항적이며, 자신감이 없고 깊은 내면은 항상 우울하다. 따라서 유아에 대해 참아주고 인정해주고 잘하는 행동은 칭찬해주고 함으로써 이차적인 정서장애, 행동장애를 미연에 방지할 수 있다.

ㅅ. 과잉행동이 보인다고 해서 모두 주의력 결핍장애가 아니라 유아가 불안할 때도 과잉행동을 보일 수 있다. 또한 과잉행동이 나타나지 않으면서 주의력 결핍이 있는 유아도 있으니 이런 유형의 유아를 찾아내는 데 관심을 갖는다.

ㅇ. 활동적인 흥미영역과 조용한 흥미영역을 분리구성하고 개방적 공간을 줄여 활동실 안에서 뛰지 못하도록 한다.

ㅈ. 유아가 좋아하는 놀이와 활동을 제공하여 집중시간을 증가시킨다.

ㅊ. 다른 동료 유아들에게 해당 유아에 대한 성격을 이해시켜 대처하도록 한다.

5) 교실에서 산만하고 고함을 지르는 유아

(1) 행동특성

고함이란 크게 부르짖거나 외치는 소리이다. 가끔씩 우울하고 외로울 때 한번쯤 고함을 치거나 야외관찰학습을 나가서 넓은 대지나 높은 산을 향하여 고함을 쳐보는 활동은 유아교육기관에서는 흔히 있는 일로서 의도적인 고함지르기는 정신건강과 유아 발성지도에 효과적이다. 따라서 흔히 야외에서 교사는 의도적인 고함지르기를 지도하고 있다. 그런데 5.2세인 영수의 경우는 상황이 다르다. 영수는 오늘도 자유선택놀이 시간에 과학놀이 영역에서 자석놀이를 하는가 싶더니 그만 중단하고 도서영역에 가서 동화책을 집어들어 몇 페이지를 넘기더니 그냥 책 위에 아무렇게나 던져 버리고는 활동실 여기저기를 돌아다니기 시작한다. 자유선택놀이 시간이 종료된 후는 화장실에 뛰어가면서 크게 고함을 지른다. 고함을 지를 때는 으레 한 곳에 서 있기보다는 뛰어다니면서 고함을 지른다.

교사가 만류해보지만 언제 고함을 지를지 예측하기가 어려워 더욱 지도하기가 어렵다.

(2) 원인 및 지도방법

① 원인

고함을 지르는 원인은 가정에서 찾을 수 있다.

ㄱ. 부모들이 쌍방간에 의견이 충돌되거나 다툴 때 서로 큰 소리를 지르면서 싸우는 모습을 보고 부지불식간에 배울 수도 있다.

ㄴ. 가정에서 유아가 잘못을 했을 때 부모로부터 고함을 지르면서 훈육을 받은 경험이 있을 수도 있다.

ㄷ.부모의 사랑을 충분히 받지 못하거나 동생들에게 사랑을 빼앗긴 경험 등 가정에서의 자기 불만 때문인 경우도 있다.

또한 유아교육기관에서의 원인으로는

ㄱ. 큰 소리를 지름으로써 동료친구들로 하여금 자기 존재를 인정받기 위함이다.

ㄴ. 큰 소리를 지를 때 동료유아들이 웃거나 또는 자기가 두려워 멀리 피함으로써 큰소리에 대한 보상을 받기 때문이다.

ㄷ. 교사가 유아들을 꾸짖을 때 큰 소리를 치는 것을 보고 배울 수도 있다.

ㄹ. 유아교육활동이나 기능들이 타 유아에 비하여 뒤떨어지는 열등감으로 동료유아들을 제압하는 방법으로 큰 소리 내기를 택하는 경우도 있다.

② 지도방법

ㄱ. 유아가 큰 소리를 지를 때 유아들이 웃거나 또는 두려워하면서 큰 소리를 지르는 유아를 피하는 등 일체의 반응을 보이지 않는다.

ㄴ. 유아가 지르는 큰소리를 의식하지 말고 유아들이 하던 교육활동을 계획대로 진행시킨다. 큰 소리 때문에 학습활동을 중단하면 유아는 교사나 동료유아들의 관심을 받는다는 우월감으로 큰 소리 지르는 행동에 대하여 보상을 받을 수도 있다.

ㄷ. 학습활동이 종료된 후 조용히 타이른다.

ㄹ. 교사는 유아들이 잘못을 했거나 시끄러워도 절대로 큰 소리로 지도하거나 나무라지 않는다.

ㅁ. 학급활동에 적극적으로 참여를 유도하고 좋은 성과나 좋은 행동이 발견되면 칭찬하

고 격려한다.

ㅂ. 큰 소리를 내어서는 교사나 동료 유아들로부터 결코 칭찬이나 인정을 받을 수 없음을 이해시킨다.

ㅅ. 유아가 놀이나 학습활동을 통하여 자신의 스트레스를 극복하는 방안을 제시해준다.

ㅇ. 부모와 상담을 통하여 가정에서 어떠한 경우에도 큰 소리를 내지 않도록 하는 등 연계교육을 실천한다.

7. 특별한 요구를 가진 부적응행동 지도

유아가 정상적인 성인으로 성장 · 발달하여 행복한 삶을 유지하기 위해서는 정상적인 사회생활에 필요한 각 영역의 균형적인 발달이 필요하다. 이를 위하여 유아교육에서부터 신체운동 · 건강 등 영역 5개 영역의 균형적인 발달을 도모하는 데 주력하고 있다. 그러나 정상적인 발달속도와 비교하여 유의미하게 느린 발달의 양상을 보여 장애가 의심되는 상태, 또는 발달의 속도가 상대적으로 느리기 때문에 발생한 다양한 장애의 유형을 발달지체라고(조은주 외, 2014)하는데 이 발달지체가 유아의 원활한 사회생활을 저해한다.

또한 유아의 건전한 성장 · 발달의 기초가 되는 환경은 가정이다. 그러나 급격한 산업구조의 발달과 사회변화는 다양한 형태의 가정을 출현시키고 일부 가정형태는 유아의 성장 · 발달에 부정적 영향을 줌으로써 사회적 위기에 봉착시키고 있다. 따라서 특별한 부적응행동에서 발달지체로서 시각발달지체아, 청각발달지체아, 위기가정문제로서는 학대, 이혼가족, 다문화가족의 문제점과 이에 대한 지도방법을 다룬다.

1) 시각발달지체아

(1) 발견

시각발달지체아란 시각적 손상이 심하여 시력교정을 해도 유아의 교육적 수행에 불리한 영향을 주는 상태를 말하며, 교육적으로는 특수교육 방법이나 자료가 필요한 유아를 말한다. 안경이나 시력교정을 하여 정상수준의 시력을 갖는 유아는 여기에서 제외된다. 시각발달지체유아는 다시 시력의 제한 때문에 점자를 읽기의 매체로 사용해야 하는 유아를 맹아동이라 하고 그 밖의 유아를 약시아동이라고 한다. 일반 교사들이 시각곤란을 겪고 있는 유아들이 나타내는 증상을 파악하는 방법은 다음과 같다. 다음에 제시한 관찰 가능한 표시와 행동적 지표들로 시각발달지체아를 발견해 낼 수 있다.

〈표 IV-9〉 시각발달지체아 관찰 표시 및 행동지표

관찰 가능한 표시	행동적 지표
1. 붉은 눈까풀 2. 속눈썹에 따라 눈까풀의 균형 3. 눈 다래끼가 잦고 눈까풀이 부어오름 4. 눈물이 고여 있거나 눈물이 자주남 5. 붉거나 눈물이 남 6. 사팔이나 눈이 바로 앞에 있는 것처럼 보이지 않음 7. 눈동자가 고르지 않음 8. 지나치게 움직이는 눈 9. 내려앉은 눈까풀	1. 눈을 지나치게 비빈다. 2. 눈을 감거나 가린다. 머리를 옆으로 기울이거나 앞으로 내민다. 3. 빛에 민감하다. 4. 읽기가 어렵고 눈을 가까이 대고 하는 일이 곤란하다. 5. 읽거나 근접하여 눈을 사용할 때 깜박이고 찡그리며 얼굴을 찌푸리고 실눈을 뜬다. 6. 너무 가까이 대고 읽거나 너무 멀리 놓고 읽거나 너무 자주 읽는 거리를 멀리 했다 가까이 했다 하며 변화시킨다. 7. 가까이 눈을 대고 일을 한 후에 안통이 생긴다거나 두통, 어지러움, 구토증을 호소한다. 8. 멀리 있는 물체는 보기가 어렵다. 9. 문자나 음절, 단어를 도치시키는 경향이 있다. 10. 비슷한 모양의 단어를 혼동한다. 11. 책을 읽다가 읽고 있던 곳을 잊어버린다. 12. 쓰기에 적절한 간격을 띄지 못하며 줄을 맞추어 쓰지 못하고 줄에서 벗어난다.

(2) 지도방법

이상과 같이 시각적으로 곤란을 겪고 있는 유아를 발견하면 전문의의 판정을 받아 대치해야 되는데 그 정도가 심하지 않을 경우, 일반학급에 수용하여 통합교육을 실시한다.

시각발달장애유아 지도 시 고려할 점은

① 시각발달장애유아도 자기 물건을 챙기도록 하며, 이는 독립심을 길러주기 위한 교사 노력의 일부가 되어야 한다.

② 정상유아가 안내자로서 활동할 수 있도록 해야 하는데 이 경우, 의타심이 생기지 않는 범위 내에서 허용해야 한다.

③ 시각발달지체아도 정상아와 같이 대우해야 하며 이러한 기대수준은 계속 유지되어야 한다.

④ 시각발달지체유아와 정상 유아와의 상호작용을 격려한다.

⑤ 시각발달지체아에게는 가능한 한 다양한 활동에 참여하게 하며 여의치 않을 경우, 다른 선택 가능한 활동을 제공해 주어야 한다.

⑥ 시각발달지체아도 일반 유아와 같이 특별과업(예 : 꽃에 물주기)을 하도록 격려한다.

⑦ 번들번들 빛이 나는(반사되는) 시각자료는 될 수 있는 한 피한다.

⑧ 시각발달지체아에게 독립심을 길러주고 유치원 밖에서도 효율적으로 활동할 수 있도록 지도해 준다.

2) 청각발달지체아

(1) 발견

청각발달지체아란 청력의 손상이 너무 심하기 때문에 보청기를 사용하여도 청력을 통하여 언어적 정보를 처리하는 데 장애가 되는 것을 의미하며, 교육활동에 불리한 영향을 미친다. 청각발달지체란 ① 청각장애와 관련된 문제와 ② 청각손실과 관련된 의학적 문제로써 듣는 데 지장을 가진 유아이다. 실제로 귀가 아프다거나 축농증 그리고 그와 관련된 질병으로 유치원을 자주 빠지는 유아는 상세히 살펴볼 필요가 있다. 그런 질병은 어떤 경우에는 일시적 혹은 영구적 청각손실의 근원이 된다. 또한 알레르기를 가진 유아도 청각손실의 잠재자이다. 대개, 계절과 관련된 알레르기는 매년마다 두통을 심하게 앓아 며칠간 또는 몇 주간 청각의 예민성을 감소시키는 경우가 많다.

(2) 증상

청각발달지체아는 다음과 같은 증상을 보인다.

① 유아가 소리에 반응하지 않는 것처럼 보인다.
② 유아가 움직임이나 다른 시각적인 단서에 지나치게 민감하다.
③ 유아가 계속해서 감기나 코감기의 증세를 보이고 두통이 잦거나 입으로 숨을 쉰다.
④ 유아가 최근에 홍역이나 종두, 뇌막염, 혹은 심한 두뇌 상해를 입었다.
⑤ 이해했다는 것을 보여주기 위해서는 수많은 반복이 필요하다.
⑥ 유아가 지나치게 활동적이거나 뛰어다니고 물건을 만져 본다.
⑦ 보이지 않을 때 이름을 불러도 대답을 하지 않는다.
⑧ 유아가 반응하려면 많은 활동과 시각적 단서가 필요하다.
⑨ 유아가 말을 하지 않거나 말하려고 해보지도 않는다.
⑩ 불분명한 회화를 사용한다.
⑪ 유아의 목소리에 운율적 요소가 결여되어 있다.
⑫ 자기 자신의 목소리를 조절하지 못하여 너무 작게(부드럽게) 말한다.

(3) 지도방법

이상에서 청각발달지체아 증상이 드러나면 이비인후과나 청각센터에 의뢰하여 청력손상도를 파악하여야 한다. 일단 파악되었을 경우, 그 손실 정도가 심하지 않으면 일반 유치원 학급에서 교육할 수 있다. 유치원에 심한 발달지체아가 배치될 가능성은 적으나 난청유아가 있을 가능성이 많다. 이런 경우, 교사는 다음과 같은 방법을 사용하여 지도해야 한다.

① 유아가 전적으로 의지하고 있는 시각과 청각적 단서를 충분히 이용하도록 허락하기 위하여 좌석은 앞에 정해주어야 하며 더 나아가 한쪽 옆으로 위치하여 교사와 동료 유아들 양편을 다 볼 수 있게 한다.

② 시각과 청각적 방해물은 최소화해야 한다. 비록, 작은 요소들이라도 방지해야 하며 교사가 말할 때는 더욱더 그렇게 해야 한다. 환경적 소음이 보청기를 사용하는 유아에게 커다란 문제가 된다는 사실을 명심하여 잊지 않도록 해야 한다. 왜냐하면 소음까지도 보청기는 증폭시켜 주기 때문이다.

③ 유아가 독화(讀話)할 수 있는 기회를 알맞게 하기 위하여 교사는 유아와 교사 사이를 18cm 정도의 거리를 유지하도록 노력한다. 너무 가까우면 상황적 단서를 관찰할 수 없어 나쁘다.

④ 독화는 교사가 자연스럽게 말할 때 촉진된다. 사람들은 너무 입을 과장하게 움직여 발음하는 경향이 있다. 그러나 청각장애 유아는 자연스럽게 말을 형성시키는 입술을 읽도록 훈련되어 있어서 정상패턴에서 벗어난 것은 혼란만을 초래하기 때문이다.

⑤ 교사는 말할 때 제자리에서 서 있어야 한다. 왜냐하면 지나친 움직임은 독화를 방해하기 때문이다.

⑥ 교사가 등을 돌려 융판에 자료를 붙이면서 말하지 않도록 해야 한다.

⑦ 새로운 어휘는 말과 기록으로 동시에 안내되어야 한다.

⑧ 교사는 유아가 잘 알아듣지 못하는 경우, 다시 묻도록 격려해야 한다.

⑨ 교수 · 학습활동에서 가능한 한 시각적 기자제를 사용하여야 한다.

3) 아동학대가족

아동학대에 대한 관심이 지금처럼 높아진 경우가 없다. 학대의 심각성과 문제의 파장에 대한 사회적 관심이 모아졌기 때문이다. 아동학대는 가정에서 친부모로부터 이루어지는 학대를 비롯하여 유아교육기관에서 교사에 의한 학대 등 사회의 도처에 다양한 형태로 이루어지고 있다. 현대사회에서는 아동을 학대하는 것으로 생각되는 양육실태가 과거에는 부모의 권리나 적절한 훈육행동으로 간주되어 경우에 따라서는 정상적으로 행해지기도 했다. 우리나라 전통사회의 무릎학교는 자녀들에게 적절한 체벌과 꾸중, 질책을 통한 자녀교육이 정당화되었던 것이 오늘날에는 아동학대로 인식되어 사회적 문제로 대두되고 있다.

① 유형 및 행동특성

ㄱ. 유형

아동학대의 유형을 신체적 학대, 정서적 학대, 언어적 학대, 성학대, 방임 등 5가지 유형으로 분류할 수 있다.

가. 신체적 학대 : 구타, 폭력, 감금 등 아동의 신체에 직접적으로 해를 입히는 행위

나. 정서적 학대 : 아동에 대한 애정과 관심을 주지 않는 행위, 아동을 다른 아동과 부정적으로 비교하는 행위, 아동이 보는 앞에서 부부간의 싸움을 하는 행위

다. 언어적 학대 : 아동에게 욕을 하거나 심하게 고함을 지르는 행위, 아동의 단점을 계속 놀리는 행위

라. 성학대 : 근친상간, 강간, 아동의 생식기를 가지고 놀리는 행위, 다른 성적 행위

마. 방임 : 아동의 의식주 등 기본적인 욕구를 충족시키지 못하는 행위, 적절한 수면과 안전 감독 등의 불이행으로 인한 의료적 치료행위를 방치하는 행위

ㄴ. 행동특성

가. 불평이 많고 수동적이며 항상 뒤에 숨어 있기를 좋아하고 어른 특히 부모를 피하며, 극단적으로 순종적이다.

나. 극단적으로 공격적이거나 남을 화나게 하는 행동을 잘하고 안절부절못하며 주의를 끄는 행동들을 많이 한다.

다. 학대하는 부모들 자신이 자기들의 욕구를 충족시키지 못하기 때문에 아이들로 하여금 자기들의 욕구를 충족시키도록 만든다.

라. 대소변 가리기, 운동능력, 사회성, 언어 등에 발달지체가 온다(이연섭 외, 1988).

② 학대원인

ㄱ. 가족요인

가. 아동의 성장 · 발달에 관한 기본 지식이 없다.

나. 가정에 어떤 위기가 연쇄적으로 일어난다.

다. 경제적인 측면이 학대를 유발한다.

라. 부모는 아동들을 공격적이며 과잉활동적인 아동으로 평가하고 대처한다.

마. 다른 가족이나 이웃으로부터 지원을 받지 못하고 가정이 고립되어 있다.

ㄴ. 지역 · 사회적 요인

가. 입주자가 없는 주택, 생계가 어려운 여성 가장의 가정 등 빈곤과 실업이 영향을 준다.

나. 높은 성인과 유아 비율, 적은 노인 수, 낮은 성인 남자 비율, 잦은 이동, 폭력, 마약, 소년 범죄, 10대 출산이 학대 요인과 관련이 있다.

ㄷ. 사회지원 요인

부모의 그릇된 양육, 보육, 교육관과 정서적 불안 등이다.

ㄹ. 문화요인

아동학대, 체벌 등이 문화권마다 이를 이해하고 대처하는 방법에 차이가 있다(Hammer & Tumer, 2002).

③ 지도방안

ㄱ. 예방의 중요성

가. 아동학대는 아동을 죽일 수 있다.

나. 학대받은 아동은 자신을 무가치하게 느낄 수 있다.

다. 학대행동은 다음 세대로 전수된다.

라. 아동학대의 예방이 치료보다 효과적이다.

마. 아동학대의 예방은 우리 사회의 다른 문제들을 감소시킬 수 있다.

ㄴ. 아동학대 신고의 의무화

아동과 함께 생활하는 교사, 의료진, 상담 관련 기관 종사자, 경찰 등은 아동학대 사례를 반드시 신고해야 할 의무를 가진다. 그러나 아동들은 자신의 학대 사실을 직접 말하지 않기 때문에 학대를 암시하는 행동 · 신체 징후를 알아야 한다.

이에 관련된 자세한 내용은 〈표 IV-10〉과 같다.

〈표 IV-10〉 아동학대의 징후(학대 신호)

구분/징후	신체적 징후	행동적 징후
정서적 학대와 방치	• 같은 연령에 비해 키와 몸무게가 상당히 작고 발달이 지연됨. • 계절에 어울리지 않는 옷 • 위생 불결, 기생충, 체취, 흉터 • 감독 소홀로 인한 방치 • 안정적이고 위생적인 은신처가 없음. • 의 · 치과적 방치	• 구걸이나 훔치기 • 계속해서 피로해 보임. • 출석률 저조 • 무덤덤하고 무표정함. • 아무도 자신을 돌보지 않는다고 말함. • 갑자기 극단적인 행동으로 치달음.

구분/징후	신체적 징후	행동적 징후
신체적 학대	• 좌상, 찰과상, 화상 같은 잦은 상해 • 더운데도 긴소매 옷을 입음. • 상처가 없는데도 아프다고 함. • 부상으로 인해 정교한 운동기술을 따라 할 수 없음. • 걷고 앉기 곤란해짐.	• 출석률 저조 • 체육 수업 중 옷 갈아입기를 거부함. • 집에 가지 않으려고 학교에 남을 핑계를 댐. • 부모의 거친 대우에 대해 자주 불평하고 어른을 무서워함.
성적 학대	• 침대가 젖어있거나 더럽혀짐. • 내의에 피나 얼룩 자국 • 성기나 항문 주변에 피나 고름이 나옴. • 앉기나 걷기 힘들어함.	• 극도의 공포, 매달림 • 유별나고 불순한 성행동이나 성 지식 • 저조한 출석률 • 집에 가지 않으려고 학교에 남을 핑계를 댐.

아동학대 상황을 발견하거나 피해아동을 알고 있으면 누구나 1391(아동학대신고전화)로 신고해야 한다.

ㄷ. 아동학대 예방

가. 부모

- 학대 또는 폭력의 충동을 느끼는 경우 마음을 가라앉힌다.
- 자녀에 대한 지나친 기대보다는 기대수준을 현실에 맞추도록 노력한다.

나. 아동

- 크게 울거나 싫다고 소리를 지르는 등 학대 거부 의사를 확실하게 밝히도록 한다.
- 학대현장에서 피한다.

다. 성학대 예방

- 수영복을 입으면 가려지는 부분은 다른 사람에게 함부로 만지게 하거나 보여주지 말라고 알려 준다.
- "싫어요!"라고 말한다 → 피한다 → "다른 어른에게 이야기한다."를 가르친다.
- 자기주장 훈련을 시킨다.

④ 총체적 전략

아동학대는 부모의 교육수준, 소득수준, 연령, 종교에 관계없이 발생되고 있어 우리가 알고 있는 것보다 훨씬 심각하다. 따라서 아동학대를 조기에 발견하여 개입·예방하는 일이 중요하다.

ㄱ. 다양한 가족 관련 프로그램 : 부부간의 관계가 긍정적이고, 자녀와의 관계가 긍정적일수록 아동학대 발생률이 낮게 나타난다. 부부 싸움이나 가정폭력이 일어나는 가

정에서 또 다른 아동학대가 발생할 가능성이 높다는 것이다. 따라서 아동학대의 문제는 가족관계를 개선할 수 있는 다양한 형태의 가족 프로그램이 개발 · 보급되어야 한다.

ㄴ. 알코올중독 부모를 위한 지원 프로그램과 정책 개발 : 음주문제를 가진 부모에 대한 경제적 · 치료적 서비스 프로그램이 많이 개발 · 보급되어 부모가 부모역할을 적절하게 할 수 있도록 지원해 주어야 한다.

ㄷ. 아동학대의 신고절차 및 구체적인 내용에 대한 교육 : 교사들은 아동학대에 대해 높은 인식수준을 나타내고 있다. 이러한 인식수준이 행동으로 이어지도록 하기 위해서는 아동학대 신고에 대한 구체적인 절차, 내용, 신고 후의 효과에 대하여 이해시켜야 한다.

ㄹ. 초등학교와의 연계 : 교사에 의해 발견된 아동학대가 20%, 정서적으로 문제가 있는 아동 발견이 50% 이상으로 나타났다. 그러나 교사들이 이러한 아동을 발견했을 때 대체로 부모와 상담하거나 아무런 조치도 취하지 않는 등 소극적인 대처가 이루어지고 있어 예방활동을 통해 아동보호체계를 구축하는 노력들이 필요하다.

ㅁ. 긍정적인 자아개념 형성 : 방과 후 상담 프로그램, 학업지원 프로그램, 다양한 집단활동 프로그램을 적용하여 학대아동의 긍정적인 자아개념 형성에 노력해야 한다.

ㅂ. 아동학대에 대한 인식 제고 : 학교에서 신체적 체벌, 가정에서 훈육수단으로서의 폭력 등 이와 관련된 기록영화를 통해 학대받는 아동들의 실상을 시청함으로써 사회적 인식에 변화를 주어야 한다.

4) 이혼가족

부부간 합의나 재판을 통해 이혼하는 부부는 시대적 상황에 따라 달라진다. 특히 경제적 불황기에 이혼율이 증가하는 것으로 나타났다. 대부분의 이혼 부부는 그들이 느끼고 있는 갈등상황을 해결하기 위한 수단으로 이혼을 선택한다. 그러나 결혼 당사자들은 이혼으로 또 다른 많은 문제를 안게 되며, 이들의 자녀들에 대한 심리적 · 정신적 · 양육적 문제를 겪게 된다.

① 행동특성

5 · 3세 된 수연이는 아버지는 대기업 중견사원으로 어머니는 중소기업에 근무하면서 경제적으로 어려움이 없이 얼마전까지는 유복하게 성장해 왔다. 부모들은 직장관계로 수연이의 어린이집 등원을 할머니가 전담하였다. 지금까지 할머니의 도움으로 등원하고 있어 어린이집에 빠지는 경우는 없었으나 요즈음 갑자기 말수가 적어지고 친구들과 잘 어울리지 못하고 가

끔 멍하니 하늘을 쳐다볼 때가 많아졌다. 그렇게 의아하게 생각하던 중 할머니로부터 얼마 전에 양부모가 채무관계로 합의이혼하고 현재는 아버지와 같이 살고 있다.

② 문제점

ㄱ. 편모가족

가. 경제적 문제

- 대부분의 이혼 여성이 직업을 선택하는 경우 직업 수행상 심리적 · 정신적 부담을 많이 느낀다.
- 대부분의 이혼 여성이 직업을 갖는 경우, 단순노동이나 서비스 직종에 종사하게 되어 노동시간이나 강도에 비해 저임금을 받아 경제적 빈곤을 겪게 된다.

나. 자녀양육 문제

- 어머니의 고유한 역할 수행을 강조하는 사회 분위기는 이혼 여성의 부모역할 수행에 대해 많은 편견을 갖게 한다.
- 전적으로 부모역할의 책임을 맡은 이혼 여성은 시간 부족과 자녀와의 심리적 부담을 느낀다.

ㄴ. 편부가족

가. 경제적 문제

- 이혼 시 재산 분할로 인한 재산 감소, 불규칙한 생활로 수반되는 지출 과다 문제로 경제적 어려움을 느낄 수가 있다.
- 남성은 이혼 진 부인이 주로 맡았던 가사 및 자녀양육의 역할을 직접 담당해야 하므로 과도한 부담을 느낄 수 있다.
- 남성들은 심리적으로 이혼 여성들에 비해 더 많은 스트레스를 느끼며 적응 속도도 느리다.

나. 자녀양육 문제

- 직장과 자녀양육을 병행하는 데에 따른 어려움이 많다.
- 어머니가 담당했던 도시락 싸기, 학부모회의 참석, 자녀 보살피기 등 어려운 일이 많다.
- 사회는 아버지 혼자서 자녀를 키우기 위한 여건이 제대로 마련되어 있지 않기 때문에 이혼 남성에게 자녀양육 문제는 타 가족의 도움 없이 해결하기 어렵다.

③ 부모 및 자녀의 반응

ㄱ. 이혼 당사자의 반응

- 결혼생활을 계속해 나갈 수 없었어요(실패감).
- 이혼은 내 인생에 오점을 만들었어요(수치심).
- 아이들에게 미안해요(죄책감).
- 어떻게 해야 할지 모르겠어요(불안정).
- 부탁하지도 않았는데 충고하는 것을 보면 끔찍해요(민감성).

ㄴ. 자녀의 반응

부모의 이혼이 자신의 잘못 때문에 발생한 것으로 여겨 자신이 유기되거나 다른 곳으로 보내질까 봐 두려워한다.

- 이혼을 현실적으로 이해하지 못한다(몰이해).
- 성인과의 신체적 접촉을 많이 요구한다(애정의 욕구).
- 일시적인 퇴행행동이 일어난다(퇴행성).
- 죄책감, 초조감, 두려움으로 인한 또래관계의 부적응 현상이 일어난다(부적응행동).

④ 지도방안

이혼으로 인해 유아는 부모의 어려움으로부터 분리될 수 없으므로 유아 또한 많은 어려움을 겪게 된다. 따라서 이혼가족에서는 자녀에 대한 대책과 부모 당사자에 대한 대책이 동시에 강구되어야 한다.

ㄱ. 자녀에 대한 부모와 교사의 전략

가. 부모의 이혼에 유아를 적응시키는 방법

- 가족의 문제를 유아와 토의한다.
- 유아의 수준에 맞게 간단하고 정직하게 설명한다.
- 이혼 전에 앞으로 일어날 상황을 말해 준다.
- 부모 모두 유아를 사랑하고 앞으로도 계속 사랑할 것이라는 확신을 갖게 해준다.
- 이혼을 누구의 탓으로 돌리지 않는다.
- 미래에 대해 긍정적인 느낌과 확신을 갖게 해준다.
- 이혼의 사유를 정직하게 말해 준다.
- 어떤 부모와 같이 살 것인지를 강요하지 말고 자녀가 스스로 선택하게 한다.
- 돈, 양육권, 방문에 관한 이야기를 자녀에게 성급하게 꺼내지 않는다.
- 같이 살지 않는 부모와 주변 확대가족과 계속적인 관계가 유지되는 방안을

강구한다.

나. 이혼 시 자녀를 대하는 지침

- 이혼이 무엇인가를 분명하게 이야기해 주는 것이 좋다.
- 결혼생활을 유지하기 위하여 부모가 노력해 왔다는 것을 설명한다.
- 부모는 여전히 자녀를 사랑하고 잘 보살필 것이라는 것을 이해시킨다.
- 자녀 앞에서 배우자를 비난하지 않는다.
- 이혼 후 일상생활에서 어떤 변화가 있을 것인가를 자녀에게 이야기한다.
- 부부가 이혼하는 것이지 자녀와 헤어지는 것이 아님을 이해시킨다.
- 자녀들이 자유롭게 부와 모를 사랑할 수 있다는 것을 이해시킨다.
- 부모가 합리적이고 이성적인 의사결정을 하였다는 점을 자녀에게 이해시킨다.
- 자녀들이 함께 있을 때 이야기하여 자녀들끼리 친해질 수 있도록 한다.
- 부모가 이혼에 대하여 합리적으로 의사결정을 했으나 심리적으로는 슬프다는 것을 표현한다.

ㄴ. 이혼 부부에 대한 교사의 전략

가. 이혼가족에 대한 이해

- 별거 또는 이혼은 언제 했는가?
- 자녀가 어머니 또는 아버지와 함께 사는가? 교사는 같이 살지 않은 부모가 어디에 살며, 그 부모의 전화번호와 주소를 알고 있는가?
- 아버지나 어머니가 정기적으로 유아교육기관을 방문하는가?
- 부모 모두 자녀와 관련된 유아교육기관의 행사에 관한 정보를 받기를 바라는가?
- 이혼으로 자녀와 함께 살지 않는 부모가 교육기관에 접촉하려 할 때 교육기관이 책임져야 하는 부분은 무엇인가?
- 이혼으로 인해 가정에 얼마나 많은 변화가 생겼는가?

나. 이혼 부부에 대한 제언

㉠ 편모를 위한 제언

- 자녀들이 대등하게 공동으로 할 수 있는 일에 참여하도록 한다.
- 자녀들의 침구로 슬리핑백을 사용한다. 이것은 편안함을 줄 수 있다.
- 친구들과 협동그룹을 구성하고 서로의 집을 청소해 준다.
- 각 자녀들과 날마다 20~30분 정도를 함께 보낸다.
- 협동으로 그룹 탁아를 구성하여 주말이나 저녁에 활용한다.
- 돈을 절약할 수 있도록 여러 가족이 협동하여 음식을 준비한다.

ⓛ 편부를 위한 제언

- 유아를 돌보아 주는 협력집단을 구성한다.
- 유아교육기관과 탁아기관의 공휴일 프로그램을 이용한다.
- 부모와 유아를 위한 상담서비스를 받는다.
- 저소득층 한부모가족을 위한 지원서비스를 받는다.

5) 다문화가족

① 성격

다문화가족이란 우리와 다른 민족 또는 다른 문화적 배경을 가진 사람들이 포함된 가족이다. 즉, 부부 중 한 사람은 외국 출신으로서 국제결혼에 의하여 가족관계가 형성된 가족 형태이며 가족 내에 다양한 문화가 공존하고 있다. 다문화 가족은 한국인 남성과 결혼한 이주여성가족, 한국인 여성과 결혼한 이주남성가족, 이주민가족, 이주노동자, 유학생, 북한이탈주민 등을 포함한다.

최근 국제결혼의 급증에 따라 다문화가족의 사회 · 문화적 적응, 가족의 안정성 강화, 사회통합적 지원 등이 사회적 문제로 부상하고 있다.

② 다문화가정 현황

다문화가정 학생이 기하급수적으로 증가하고 있다. 즉, 2006년에는 9,369명이었는데 2008년에는 20,180명, 2012년에는 46,954명으로 증가하였다.

〈표 IV-11〉 연도별 다문화가정 초 · 중 · 고 학생 수 (단위 : 명)

연도	2006	2007	2008	2009	2010	2011	2012
학생 수	9,389	14,654	20,180	26,015	31,788	38,678	46,954

출처: 교육과학기술부(2012)

또한 취학 현황을 보면 2012년에 국제결혼가정 자녀는 총 44,328명인데 이 중 초등학교 31,979명(72.1%), 중학교 9,182명(20.7%), 고등학교 3,167명(7.2%)으로 분포되어 현재는 초등학생 수가 제일 많으나 중 · 고등학생이 점차 증가하는 추세에 있다.

〈표 IV-12〉 국제결혼가정 자녀의 취학 현황 (단위 : 명, %)

구분 \ 학교급 별	계	초	중	고
학생 수	44,328	31,979	9,182	3,167
비율	100	72.1	20.7	7.2

출처: 교육과학기술부(2012)

③ 문제점

다문화가족의 문제점은 가족의 차원을 벗어나 사회적 문제로 대두되고 있다. 문제점을 부모와 자녀의 입장에서 기술한다.

ㄱ. 부모의 입장에서

가. 사회적 편견과 차별적 대우

이민 온 여성에 대하여 '씨받이'나 '돈벌이', '후진국 출신'으로 여기는 등 사회적 편견과 차별성으로 정상적인 결혼생활을 저해한다.

나. 문화적 이질성

배우자와 가족 간의 문화적 차이는 한국 문화에 적응하기까지 스트레스를 받아 아동양육과 대인관계를 어렵게 한다.

다. 익숙하지 못한 언어

언어 소통은 문화적 이질성을 극복하는 통로인데 이것이 차단됨으로써 한국 문화 이해의 장애는 물론 정서적 유대, 인간관계 단절을 가져온다.

라. 가정폭력, 불화

성격적 문화적 차이는 가족학대, 가정폭력, 불화폭력 등으로 이어지기도 한다.

마. 보건 · 의료 문제

여성 결혼 이민자의 23.6%가 의료보장체계에 들어가지 못하여 보건 · 의료의 혜택을 받지 못하고 있다.

ㄴ. 자녀의 입장에서

가. 문화정체감 형성의 혼란 : 두 나라 문화가 공존하는 가정에서 문화정체감의 혼란은 자존감 상실, 대인관계의 어려움, 심리적 위축, 사회 · 정서적 발달에 장애를 준다.

나. 익숙지 못한 언어 : 언어소통 능력의 결핍은 대인관계, 자신감, 학습능력을 저해한다.

다. 대인관계 형성의 어려움 : 저개발국 출신 외국인에 대한 지나친 편견과 차별성은 원활한 대인관계를 저해한다.

라. 교육의 비효율성 : 어머니는 언어와 문화의 차이를 극복하지 못하여 자녀교육에서 많은 애로를 느끼고 있다.

④ 지도방안

ㄱ. 부모역할

가. 자녀양육에 필요한 한국양육법, 한국어 학습, 한국 문화 이해에 주력한다.

나. 아버지의 양육태도는 자녀의 인지, 언어, 인성, 도덕성, 성역할 발달에 중요한 영향을 주므로 아버지의 협력과 지원을 받아야 한다.

다. 다양한 다문화 자녀교육 프로그램에 참여하여 한국인으로서의 문화 정체감을 함양시킨다.

라. 가족구성원 간에 상대방의 문화를 존중하는 평등한 가족문화가 정착되도록 한다.

마. 민주적이고 양성평등한 가족생활이 영위될 수 있도록 노력한다.

바. 수시로 다문화가족 모임을 가져 다양한 지식과 정보를 교환한다.

ㄴ. 지원전략

가. 경제적 지원

외국인 배우자들은 경제활동에서 차별받고 있다. 국가 차원에서 외국인 배우자들의 능력 개발 프로그램과 취업기회가 많이 제공되어야 한다.

나. 사회 · 문화적 지원

㉠ 고충 상담

다문화가족은 어떤 유형이든 간에 한국 사회 내에서 소수자로서 총체적으로 어려운 문제에 봉착해 이주여성의 노동권, 사회권, 시민권, 인권적인 문제에 걸친 상담이 필요하다. 특히 이주여성에 대해서는 다문화가족의 부부관계, 고부관계 문제를 비롯해서 폭력, 자녀교육문제 등 불합리하고 반인권적인 어려움에 노출되어 있기 때문에 이들에 대한 상담이 필요하다.

㉡ 법적 제도 개선

외국인 배우자에게 영주권을 부여하는 일을 적극적으로 검토해야 한다. 또한 미등록 외국인 배우자라도 한국인과 실질적인 결혼생활을 하고 있다면 한국 내에서 영주할 수 있도록 법제화되어야 한다.

㉢ 문화적인 갭 인정

무조건 한국화를 강요할 것이 아니라 그들의 문화적 장점을 인정하고 한국문화에 적용할 수 있도록 한국문화체험 프로그램들이 개발 · 제공되어야 한다. 또한 한국인 배우자도 외국인 배우자 나라의 문화를 이해할 수 있는 다양한 프로그램이 개발 · 제공되어야 한다.

㉣ 이주국과의 교류

현재 다문화가족의 국적을 살펴보면 이주여성의 경우 중국 · 베트남 · 필리핀, 이주남성의 경우 중국 · 일본 · 미국 · 캐나다 등이 많다. 이들의 정부와 교류하여 인권적인 문제를 함께 다루는 외교적인 노력이 필요하다.

다. 교육적 지원방안

㉠ 자녀에 대한 교육적 지원 : 방과 후 학교 개설

- 한국어교육, 부족 교과 학습 보충
- 한국 문화에 대한 이해 수준 제고
- 아동과의 친교방법 학습
- 한국 문화 탐방

㉡ 성인에 대한 교육적 지원 : 한국어 학교 개설

- 한국어 학습
- 한국 문화 익히기
- 한국 문화 탐방

제 V 부

아동생활지도의 발전적 과제

유치원, 초등학교, 중등학교에서의 현장교육활동을 분류기준에 따라 여러 가지 영역으로 대별할 수 있겠으나 크게 나누면 교과영역과 생활지도영역으로 나누어진다. 교과영역이 유아들의 지적·인지적 성장·발달을 돕는 활동으로 본다면 생활지도영역은 유아들의 사회적, 심리적, 정서적인 면에서 바람직한 행동형성을 돕기 위한 교육활동영역이다. 그리고 교육현장에서는 이들 두 영역이 독자성과 차별성이 있으면서도 하등의 마찰이 없이 원활하게 상호작용하여 서로 간의 원활한 활동을 도모하면서 당해 교육기관의 교육목표를 구현시키고 있다. 교과지도와 생활지도가 상호작용적 관계를 맺고 있다함은 예를 든다면, 훌륭한 교과지도가 이루어지기 위해서는 생활지도를 통하여 바람직하게 학습할 수 있는 학습분위기와 학습태도를 형성시켜 주어야 하고 또한 훌륭한 생활지도를 위해서는 교과지도를 통하여 유아가 자신의 행동방향을 판단하고 결정하는 데 필요한 인지적 이해수준을 높여주는 등 교과지도와 생활지도는 상호작용적으로 지원하고 있다. 이와 같이 생활지도가 현장유아교육기관에서 차지하는 비중과 교육적 가치가 아주 높기 때문에 이에 따른 교육현장의 과제 또한 만만치 않다. 따라서 유아교육현장에서 효율적인 생활지도를 운영하는 데 있어서 해결해야 할 과제를 크게 생활지도의 윤리성, 생활지도방법의 다양화, 생활지도의 전문화 등 3개 영역으로 구분하여 발전적 과제를 기술하기로 한다.

1. 유아 생활지도의 윤리성

모든 직업에는 그 직업에 종사하는 사람들이 직무를 수행함에 있어 지켜야 할 직업윤리가 있다. 직업윤리는 전문직일수록 엄격하며 유아를 지도하는 유아교사에게는 보다 엄격한 직업윤리가 적용되어야 한다. 유아교사에게 엄격한 직업윤리가 적용되어야 하는 이유는 유아교사는 유아교육기관 내에서는 힘이 없고 나약한 유아들에게는 막강한 권한과 권력을 행사할 수 있는 무소불위의 세력가로서 유아들에게 비윤리적인 방법으로 지도한다면 다른 연령대의 아동들보다 치명적인 상처를 주고 유아들의 성장 · 발달에 악영향을 줄 것이며 교사 또한 평생 씻을 수 없는 죄를 짓고 말 것이다. 유아들 또한 현재는 비록 성인의 보살핌과 교육을 받아야 하는 피동적인 존재이지만 당당한 인격체로서의 존엄을 가진 존재로서 비윤리적, 비도덕적, 비합리적인 대우를 받지 않아야 하는 유아로서의 권리를 가지고 있다. 따라서 유아교사가 생활지도와 관련하여 반드시 고려해야 할 유아교사의 윤리에 대하여 생각해 보기로 한다.

1) 유아지도방법이 유아의 성장·발달에 도움을 준다는 확신

교과활동이나 생활지도는 유아들에게 어떠한 변화가 나타나기를 기대하면서 진행된다. 교사가 취하고 있는 모든 교육적인 방법이나 생활지도의 전략들은 반드시 유아들에게 영향을 미치어 호악간에 행동의 변화가 일어난다. 또한 교사는 자기가 내린 교육적 처방에 의해 유아들이 바람직한 행동의 변화를 기대한다. 그러나 모든 변화가 바람직한 방향으로만 이루어지는 것은 아니며 항상 유아의 성장 · 발달에 도움이 되는 것은 아니다. 오히려 어떤 경우에는 도움이 안 되거나 오히려 유아의 성장 · 발달에 저해로울 수도 있다. 예를 들면, 어버이날을 기하여 부모님에게 '효도편지쓰기'를 시행했던바 대부분의 유아들은 '효도편지쓰기' 활동을 통하여 부모님에 대한 공경심을 갖고 효행심이 길러지는 등 교육의 성과가 바람직한 행동의 변화를 가져왔지만 어머니가 가출하여 부모에 대한 원망이 가득한 수영이에게는 부모님에 대한 분노가 더욱 가중되는 등 교육적 역효과를 가져올 수도 있다. 이런 점에서 교수전략을 세울 때에는 교사의 현명한 판단이 요구된다. 교사가 구안한 전략이 유아의 전인적 성장 · 발달 면에서 공헌할 수 있을까? 다른 저해요인은 없을까? 특정 개인에게 나쁜 영향을 주지 않을까? 그러면 그에 따른 개별적인 전략은 무엇인지 등 전문가의 자문, 동료교사의 조언, 관련문헌의 탐색 등 충분한 연구가 있어야 한다.

즉, 교사가 내린 교육적 처방이 유아의 성장 · 발달에 반드시 도움을 줄 수 있다는 확신이 있는 방법으로 생활지도를 진행시켜야 한다.

2) 교사의 지도전략이나 방법에 대하여 부모, 유아에게 철저한 이해

유아는 유아 자신이 전혀 모르는 사이에 교사나 부모에 의하여 일방적으로 유아 자신의 행동에 변화를 가져오는 경우가 많다. 즉, 한 예를 들면, 부모가 제기한 유아문제에 대하여 교사가 당해 유아에 대한 꾸준한 관찰을 통하여 문제를 확인한 후 문제에 대하여 부모와 교사가 대안을 마련하여 유아에게 아무런 안내나 통보가 없이 투입하여 행동의 변화를 기대하고 또한 나타난 행동의 변화를 보고 또 다른 대안을 투입하는데, 행동변화의 주체인 유아는 전혀 모른다. 그러나 청소년이나 성인들의 경우에는 이런 문제가 크게 제기되지 않는다. 왜냐하면 청소년이나 성인들은 다른 사람이나 관련문헌을 통하여 정보를 입수한 후 자기 스스로 선택하고 스스로 행동의 변화를 기대하기 때문이다. 유아도 행동의 주체로서 인권이 존중되어야 한다. 즉, 유아가 어떤 목적으로 이런 절차를 밟아 생활지도가 행해지는지 교사의 지도전략을 이해해야 한다. 유아가 이해할 수 없는 경우라면 부모나 보호자에게는 상의해서 교사의 의도를 설명해주고 때로는 허락을 받아두어야 한다. 그러나 유아의 문제가 평범하고 단순한 것이라면 일일이 유아나 가족에게 설명하는 절차를 밟지 않아도 된다.

3) 학부모에게 대한 교사교수전략의 바른 이해

유아의 생활지도에 있어서 학부모가 각 가정의 가치관이나 지도방안을 교사가 전폭적으로 수용하여 지도전략을 구안하는 것도 문제이지만 학부모가 각 가정의 가치관이나 특수성을 교사에게 제시하지 않고 교사에게 자녀에 대한 지도전략을 모두 위임하는 것도 바람직하지 않다. 따라서 교사와 부모가 상호협의를 통하여 일관된 방법으로 유아를 지도해야 한다. 유아교육기관에서의 교사와 가정에서의 부모의 지도전략이 달라 요구하는 바가 서로 모순이 될 때 유아는 혼동을 일으켜 행동방향을 갖지 못하고 고생만 한다. 이것은 유아의 인권을 무시하는 처사이다. 유아가 지닌 문제에 대하여 교사의 지도목표와 부모의 가치관이 크게 다를 때 위와 같은 문제가 발생한다. 물론, 유아의 모든 생활상의 문제에 대한 지도전략에 대하여 교사나 부모가 완전한 일치를 본다는 것은 불가능한 일이다. 그러나 협의가 이루어진다면 교사나 부모 간의 가치관의 차이로 인하여 생길 수 있는 피해는 최소한도로 줄일 수 있을 것이다. 부모교육, 집단협의회, 혹은 상담을 통하여 부모와 교사들 간에 의견을 교환하며 교사와 학부모 간에 야기될 수 있는 견해의 차이를 최소화시켜야 한다. 이러한 차이가 조정되지 않을 때 유아는 교사와 부모가 제시하는 상반된 지도전략 속에서 유아만 혼돈과 갈등으로 고생을 하게 되고 결과적으로 유아의 성장과 발달을 저해하게 된다.

4) 유아의 욕구와 동기의 존중

교사와 부모가 간절히 원하는 일이라 할지라도 유아 자신이 변화를 원하지 않는 경우가 허다하다. 생활지도가 유아 개개인의 성장 · 발달을 돕는 활동이라는 점에서 볼 때 유아의 욕구나 동기가 최대한으로 고려되어져야 함은 당연한 일이다. 그러나 유아가 원하는 바가 자신의 성장에 저해될 가능성이 있는 경우, 교사는 유아의 욕구와 동기를 무시해서는 안 된다. 한 예를 들면, 유아가 기질적으로 소란을 잘 피우고 집중력이 떨어진다고 해서 교사와 학부모가 여러 차례에 걸쳐 2~3분 동안 '생각하는 의자'에 앉히곤 했는데 별 성과가 없어 이번에는 10분 정도 앉히기로 부모와 교사가 상의가 되어 시행하려고 시도하였으나 유아의 반발로 시행이 보류되는 경우이다. 이 경우 10분간에 걸쳐 '생각하는 의자'에 앉히어 정숙해지고 집중력이 길러진다는 보장도 없으려니와 유아의 요구와 동기는 물론 유아의 정서발달에 악영향을 주기 때문이다. 이것은 매우 실제적인 문제이기도 하다. 유아가 변화에 거부감을 느끼고 지도에 저항할 수 있기 때문이다. 이러한 저항은 의식적일 수도 있고 무의식적일 수도 있다. 교사는 유아의 욕구, 동기, 저항과 관련된 윤리적, 실제적 문제를 민감하게 인식하고 이에 적절하게 판단하여 지도할 수 있도록 노력해야 할 것이다.

5) 교사의 교육적 개입의 최소화

교사가 유아생활지도에 있어서 유아가 지닌 문제를 해결하기 위하여 지도하는 경우, 어느 정도까지 개입해도 괜찮은가의 문제이다. 혹자는 철저하게 깊숙이 개입하여 지도해 주려는 교사의 열정을 높이 평가하기도 하지만 이는 반드시 그렇지 않다.

다음에서 몇 가지 '예'를 제시하기로 한다.

① 생활지도는 교사가 의도적으로 유아의 행동에 영향을 미치게 하는 활동이므로 그에 대한 책임이 교사에게 지워진다. 그러나 유아의 문제가 교사 자신의 역량과 교육적 지도 기술로서는 도와줄 수 없는 경우, 교사는 적극적으로 개입하지 않도록 주의해야 할 것이다. 이런 경우, 교사의 책임은 해당 분야의 전문가 또는 전문기관을 소개해주는 것으로 충분하다. 교사능력 밖의 문제를 끝까지 해결하려는 열정은 오히려 유아의 성장 · 발달을 저해한다.

② 유아의 문제가 유아가정의 특유의 종교, 전통과 가치관이 개입된 문제라면 교사는 유아문제에 대하여 깊이 있게 개입하지 말고 학부모에게 위임하는 것이 좋으며 그 이유와 타당성에 대하여 학부모에게 이해시킨다.

6) 발달에 적합한 지도

유아발달에 관해 두 가지 이론이 늘 팽팽하게 대두된다. 그 중 하나가 성숙주의이론이다. 성숙주의이론에서 유아는 자연적인 발달과정이나 순서에 따라 자연발생적으로 성장·발달하는 것으로 교사의 인위적인 개입을 최소화함에 비하여 행동주의이론에서는 행동목표를 설정해 놓고 강화나 목표 지향의 다양한 활동을 촉진시켜 행동목표에 도달시키려는 것으로 발달에 있어 인위적인 영향을 강조한다. 윤리적인 생활지도에 있어서는 전자의 성숙주의 입장을 지지한다. 유아교육현장에는 발달에 부적합한 생활지도활동들이 너무나 많다. 초등학교에 들어가서 바로 1등을 해야 한다고 초등학교 준비교육으로 문자, 숫자 지도를 위한 학습지활용 학습의 강요, 하루에 2~3개의 학원교습수강, 그리고 유아들에게 어떤 행동을 지도해야 한다고 충분히 인지는 하고 있으나 행동으로 이끌기에는 신체적 기술이나 기능이 발달되지 못하였음에도 무리하게 진행시키는 학습활동 등 유아 발달에 적합하지 못한 유아교육활동을 강요할 때 윤리적으로 많은 문제성을 유발하게 된다. 효율적으로 발달에 적합한 지도는 유아들로 하여금 기대되고 가치가 인정되는 행동을 학습할 수 있도록 지지하는 것이 그 기초가 되어야 한다.

7) 유아연구대상 지정으로 인한 폐해의 사전 차단

유아교육의 효율성을 제고시키기 위해서 지금까지 유아를 대상으로 하는 다양한 연구가 이루어져 유아의 발달과 학습에 관한 다양한 이론과 실천적 기술이 개발되었고 또한 이러한 유아를 대상으로 한 연구는 지속적으로 이루어져 유아교육의 효율성을 높이기 위한 각종 이론과 실천적 기술이 연구 개발되어야 한다. 그런데 실험연구나 현장연구를 시행하는 경우, 일반적으로 실험군과 비교군을 두어 한 연구집단에는 실험요인을 투입하고 다른 비교집단에는 실험요인의 투입을 제한하는 과정에서 유아의 윤리적인 문제가 대두될 수 있다.

예를 들면, '교사의 지시적 교수형태와 비지시적 교수형태가 유아의 공격성 형성에 미치는 영향'에 관해 연구를 진행한다면 한 실험군에는 실험처치요인으로 다양한 유형의 지시적 교수형태를 적용하여 교수·학습활동이 이루어지므로 연구기간 동안 자연히 유아들의 행동을 지나치게 규제하고 통제함으로써 유아행동발달에 악영향을 미칠 것으로 연구윤리상 문제가 대두된다. 이런 경우에는 연구대상 학급선정 시 학급교사의 교수형태를 분석하여 지시적, 비지시적 교수형태를 취하는 교사학급을 처음부터 연구대상학급으로 선정하는 것이 타당하다.

8) 행동수정방법 적용에 따른 폐해의 최소화

바람직한 행동습관지도를 위하여 교육현장에서 보편적으로 많이 사용하고 있는 방법으로 행동수정방법을 말한다. 행동수정이란 '인간행동의 학습에 관한 행동주의 심리학의 개념과 원리를 적용하여 여러 가지 형태의 부적응행동을 변화시키는 것'을 말한다(장성화 외, 2015). 행동수정방법으로는 정적강화나 토컨시스템을 적용하는 강화에 의한 행동수정과 소멸, 타임아웃, 벌 등을 적용하는 행동수정의 2유형이 있다. 그런데 이 행동수정방법이 교육현장에서 현장교사들이 손쉽게 그리고 일반적으로 적용하는 방법이나 행동수정방법에 대한 윤리성에 관해 많은 논란이 이루어지고 있다. 특히, 행동수정에서 벌이나 토컨시스템, 소멸 등의 방법을 사용하는 혐오적 중재방법 적용이 단기적 효과에는 긍정적이나 장기적 효과와 성과면에서 볼 때는 부정적이며 또한 윤리적인 문제가 대두된다. 윤리학은 도덕적 행동을 안내하는 규칙으로 여기에는 형식주의와 공리주의의 두 파가 있다. 형식주의는 모든 개개인은 사회의 이익보다 우선할 권리와 욕구를 가지고 태어난다고 보며 이를 인정한다. 또한 형식주의 윤리학의 관점에서 보면 개개인의 권리를 존중하고 행동수정 중재는 비윤리적이라고 보고 있다. 한편 공리주의 윤리학은 사회의 이익은 개인의 이익보다 더 중요하다고 제안한다. 개인의 권리는 사회에 의해 주어지고, 개인은 사회에 실제적이고 잠재적인 기여에 의해 가치화된다. 이러한 관점에서 행동수정 중재방법에서의 혐오적 방법사용은 '사회의 짐'에서 '사회에 기여하는 구성원'의 위치로 개인 전환을 촉진하는 매개로 보며 행동수정방법에서의 중재적 방법을 수용하고 있다. 그러나 공리주의 윤리학의 입장을 지지하는 이론에서도 행동수정시 혐오적인 중재방법을 사용하기 전에는 많은 사항들이 고려되어야 한다고 지적하고 있다. 예를 들면

① 혐오적인 방법을 실천하기 전에 먼저 가능한 대안책을 탐색해 본다.
② 혐오적 중재의 결과로서 악영향을 끼칠 수 있는 범위와 부작용에 대해 생각해 본다.
③ 유아가 혐오적 중재에 따른 뜻밖의 우발적의 사건을 이해할지 또는 이해하지 못할지에 대해 탐색하고 결정한다.
④ 행동수정자 혹은 교사는 유아에게 개별적으로 실행하는 중재방법에 익숙하도록 철저히 연습하여 적용함으로써 시행착오에 의한 유아에게 폐해가 없도록 한다.
⑤ 혐오적 중재가 효과적이라는 확신과 실증적인 근거가 있을 때 적용하되 혐오적 중재를 통한 프로그램계획이 부모 또는 보호자의 요구를 고려하고 이들이 가정에서 사용하는 중재방법과도 일치할 때 적용해야 한다(지성애 외, 2013)와 같은 요령으로 혐오적인 중재방법을 사용하기 전에 고려해야 할 점을 제시하고 있는 등 유아교육현장에서 활용성이 간편하다고 해서 손쉽게 적용하는 행동수정 중재방법에서는 항상 유아에 대한 윤리

성을 먼저 생각해야 한다.

9) 교직윤리의 실천

교직윤리는 교사가 교사로서의 교육활동을 수행하면서 스스로 실천하기를 기대하는 내부적 규범이며 외부적으로 요구되는 윤리의식이다. 따라서 윤리의식은 교사가 교육활동을 좁게는 생활지도를 수행하는 매일의 일상에서 수없이 일어나는 도덕적인 딜레마에 직면할 때 스스로 올바른 판단을 하도록 도와준다.

윤리란 법률과 비교하여 특성을 살펴보면, 법률이 사회질서를 유지하기 위한 공식적 통제 체제라면 윤리는 바람직한 사회를 위한 당위적이고, 이상적인 내적 · 자율적 통제체제이다(윤종건 외, 1998).

또한 도덕은 한 조직체 내에서 조직구성원들이 지닌 선과 올바름, 적합함, 의무 등에 대한 신념이며 행동규범으로(박은혜, 2009) 이렇게 볼 때 윤리는 도덕성에 관한 비판적 숙고를 포함하고 있고 강제성이 없는 내적 · 자율적 통제체제이다(권영례, 2015).

또한 직업윤리란 전문직과 관련된 윤리를 말한다. 모든 직업을 가진 사람은 직업의 특성에 따라 마땅히 지켜야 할 도덕적 행동규범을 가지고 있는데 직업에 관련된 윤리를 직업윤리라고 말한다. 이렇게 본다면 교직윤리란 직업윤리의 하위 개념으로 교직과 관련된 윤리라고 볼 수 있다.

교사는 다양한 유아교육활동을 수행하는 가운데 수많은 딜레마에 직면하게 되고 이 딜레마를 해결하기 위해 적절한 의사결정을 내리는 데 필요한 기준이나 지침이 필요한데, 이러한 역할을 하는 것이 교직윤리이다. 또한 유아교육에 직 · 간접적으로 관련이 있는 유아, 학부모, 사회인들은 모두 교사들이 사회의 누구보다도 윤리적이며 도덕적이기를 기대한다. 교사들에게 교직윤리가 왜 필요한가를 생활지도와 관련하여 생각해 보기로 한다.

① 유아들의 인격을 존중하기 위해서이다.

유아교사들은 유아들의 생활지도 과정에서 늘 인격을 존중해야 한다. 그러나 교사들은 무의식중에 유아들의 인격을 훼손시키는 일이 많다. 잘못을 했을 때 꾸짖고, 나무라고, 야단치고, 윽박지르고, 무시하고 때로는 구타하기도 한다. 강력한 권력과 힘을 가진 교사에게 대항할 수 없는 유아들에게는 평생지울 수 없는 상처를 남기고 유아는 더욱 위축되거나 적절한 가치관을 갖지 못하는 유아로 성장할 것이다. 이때 교직윤리는 해당 교사에게 유아의 인격을 존중하는 다짐을 하게 된다. 이렇게 함으로써 유아교육 특히 유아생활지도가 바르게 이루어질 것이다.

② 영유아와 부모와의 상충되는 요구를 적절히 조절하기 위해서이다.

만일 생활지도상의 문제로 부모의 요구와 유아의 요구가 서로 상충된다면 교사는 어떻게 해야 하는가? 교사는 유아보다 막강한 지위와 권력을 가지고 있기 때문에 유아의 요구를 무시할 것인가? 교사는 부모의 요구를 물리치기가 어려우니까 부모의 요구를 수용할 것인가? 이런 딜레마의 빠질 때 영유아들에게 불이익이 가지 않게 현명한 판단을 내릴 수 있게 도와준다.

③ 영유아의 돌발적인 생활지도상의 문제를 합리적으로 해결하기 위해서이다.

교육과정은 사전에 어느 정도 계획되어 있어 계획대로 보도하면 되지만 영유아의 생활지도상의 문제는 대부분이 돌발적으로 출현하므로 영유아들의 실태, 생활경험, 요구, 흥미 등에 근거하여 상황적으로 해결되어야 한다. 이와 같은 불확실성 때문에 교사는 끊임없이 의사결정을 해야 하는데 이때 교사의 가치나 주관에 치우치지 않고 유아생활지도의 본질에 맞게 의사결정하도록 돕는다.

④ 다양한 학부모들의 요구를 조절할 수 있게 한다.

영유아의 학부모들은 다양한 계층이어서 그들 자녀들의 생활지도와 관련하여 유아교육기관이나 교사에게 거는 요구와 기대는 아주 다양하다. 이러한 학부모들의 기대와 요구를 조화롭게 선별, 수용할 수 있는 기준이 된다.

⑤ 교사 자신의 행동에 대한 자기통제력을 길러준다. 교사의 지위와 힘은 영유아들에게는 절대적인 것이어서 경우에 따라서는 감정적으로 힘을 행사하고 싶은 유혹에 빠질 수도 있다. 이러한 유혹을 과감히 거부할 수 있는 자기통제력을 길러준다.

⑥ 사회인들로부터 존경받는 스승상을 정립시켜 준다.

사회인들은 교사들을 이 사회의 어떤 직종에 종사하는 사람들보다 고도로 윤리적이고 도덕적인 사람이 되도록 기대한다. 교사는 영유아들에게 바른 윤리와 도덕성을 본보기를 통하여 지도해야 되기 때문이다. 비윤리적이고 비도덕적인 교사는 사회인들로부터 많은 질타와 비난을 받는다. 따라서 교사는 존경받는 스승상을 정립하기 위해 교직윤리를 준수하게 된다.

위와 같이 교사들이 교직윤리를 철저하게 준수할 때 유아교육 특히 유아생활지도에서 윤리적 모순을 범하지 않을 것이다.

10) 유아의 기본적 요구와 권리의 존중

유아의 성장과 발달에 대한 윤리적 모순을 가져오지 않게 하기 위해서는 유아의 성장과 발달에 대한 최적한 여건을 마련하여 제공해야 한다. 유아의 성장과 발달을 지원하는 최적한 여건이란 바로 유아의 성장과 발달에 영향을 주는 요인으로 환경, 영양, 주거 등 물리적 요인 그리고 기본적 욕구충족, 보육, 양육, 교육, 권리보장, 심리적 안정 등의 심리적 요인이 있을 수 있는데, 생활지도란 교육이나 보육활동의 한 요소로서 교육이나 보육 외의 제반여건에서 유아의 건전한 성장·발달에 나쁜 영향을 미치는 부정적인 요인을 차단하는 일이 더욱 중요한 일이다. 특히 유아들의 바람직한 성장·발달을 위해서는 교과활동이나 생활지도 이전에 기본적인 요구가 실현되며 유아들의 유일한 권리를 보장해 주는 일이다.

(1) 기본적인 요구실현

유아의 기본적인 요구란 건강한 삶을 보장해주고 적당한 휴식과 개인적 공간을 제공하고 안전한 환경 속에서 살 수 있는 요구를 충족시켜 주어야 한다. 이를 위해서는

① 최소한의 식사요구를 충족시키는 음식의 제공
② 건강한 삶을 위한 보호나 부담이 되지 않는 건강보험
③ 적절한 휴식과 휴양
④ 어떤 자극으로부터 떠나 있을 시간을 제공할 수 있는 개인 공간 확보
⑤ 사망이나 심각한 상처를 예방할 수 있는 안전의 요구 등이 충족되어야 한다.

(2) 유아 권리보장

유아는 가장 취약한 계층으로 유아 권리의 주체임에도 불구하고 유아 권리의 보호를 받지 못하고 있다. 유아들이 누리어야 할 권리를 보장받지 못한다는 것은 바로 유아교육기관에서는 교사, 가정에서는 부모 등 성인들의 무관심 때문이다. 그러면서도 성인들은 유아들이 곧 잘 미래의 주인공으로 국가와 사회를 위해 공헌할 수 있는 유능한 시민으로 성장하기를 기대하는 등 이율배반적인 생각으로 결과적으로는 윤리적 모순을 자초하고 있다. 유아의 권리로서는

① 특정한 정책, 조항, 규정을 만들 때 유아 최선의 이익을 격려하는 틀을 제공해야 한다(인권으로서의 아동의 권리).
② 유아 스스로 자신들의 권리를 행사할 수 있는 기회를 가져야 하고 그들의 권리가 침해당하였을 때 자신들의 요구가 성인들에 의해 관철되어야 한다(주권으로서의 아동의 권리).
③ 현재 거주하고 있는 장소의 기후, 공해, 생물 다양성의 감소와 같은 환경문제와 기후변화, 오존층 감소, 사막화, 산림벌채 등과 같은 세계적 환경문제로부터 유아들을 보호한다(건강한 지구에서 살 수 있는 권리) 등의 유아 권리가 보장되어야 한다.

(3) 영유아에 대한 윤리

교사는 다음과 같이 제시된 영유아에 대한 윤리를 철저하게 준수하여야 한다.

① 영유아의 인격을 존중하고, 개인의 잠재력과 개성을 인정한다.

② 영유아에게 고른 영양과 충분한 휴식을 제공하여, 몸과 마음을 건강한 사람으로 자라도록 돕는다.

③ 성별, 종교, 지역, 인종, 장애 등 어떤 이유에서도 영유아를 차별하지 않고, 공평한 기회를 제공한다.

④ 영유아는 다치기 쉬운 존재임을 인식하여 항상 안전하게 보호한다.

⑤ 영유아에 대한 정서적, 언어적, 신체적 학대를 행하지 않는다.

⑥ 시설 내외에서의 영유아 학대나 방임을 민감하게 관찰하며, 필요한 경우 관련 기관(아동보호전문기관 등)에 보고하고 조치를 취한다.

⑦ 개별적 상호작용 속에서 영유아의 요구를 수용하기 위해 노력한다.

⑧ 영유아의 사회 · 정서 · 인지 · 신체 발달을 통합적으로 지원하는 보육프로그램을 운영한다.

⑨ 영유아가 특별한 도움을 필요로 하는 경우, 전문가와 협력하여 영유아의 입장에서 최선의 대안을 찾는다.

⑩ 보육활동을 계획, 실행, 평가하는 모든 과정에서 영유아의 흥미와 의사를 반영한다.

⑪ 영유아의 개인적 기록과 정보에 대해 비밀을 보장한다.

2. 유아 생활지도방법의 다양화

교과교육에서 교과내용의 성격이나 특질에 따라서 거기에 최적한 교수 · 학습과정이나 방법을 구안 · 적용하듯이 생활지도에서도 다양한 방법을 구안 · 적용해야 한다는 의미이다. 특히 생활지도에서 다양한 지도방법이 적용되어야 하는 이유는 유아교육기관현장에서 다루어야 하는 유아들의 생활지도의 과제나 문제가 아주 광범위하고 다양하며 또한 동일한 성격의 문제라 할지라도 그 문제를 유발하는 요인이 학급이나 유아마다 다르기 때문에 유아학급이나 유아의 상황이나 특성에 따라 생활지도방법이 달리 구안 · 적용되어야 하기 때문이다.

오늘날 유아교육현장에서 유아들에게 바람직한 행동을 형성시켜 주기 위해서 대부분의 교사들이 활용이 간편하다는 이유로 천편일률적으로 행동수정기법을 별다른 주의나 고려가 없이 행하고 있는 실정으로 생활지도방법의 획일화, 편협화 현상에 변화를 주어야 한다.

1) 생활지도의 합리적인 순환성 강조

유아들의 부적응행동을 교정하거나 학급현장에서 유아들의 생활상의 문제를 해결하기 위해서는 문제의 발견에서부터 분석, 지도, 평가에 이르기까지의 지도과정이 순환적 과정을 밟는데 이 순환적 과정이 합리적이어야 한다. 우리가 생활지도를 진행하기 위해서는 실태조사→실태조사 결과분석→생활지도 내용선정→문제행동에 대한 지도방안 모색→생활지도계획수립→생활지도 방법 모색→생활지도→평가→실태조사→실태조사 결과분석의 순환적 과정을 밟아야 하며 어느 한 과정을 소홀히 하거나 생략한다면 합리적인 생활지도가 이루어질 수 없다.

유아교육기관에서 교사가 학급의 전체 유아 또는 부적응아 개인별로 지도한 생활지도의 성과는 유아들의 가정, 유아교육기관, 사회 등 유아의 일상생활 속에서 실천되어 학습된 행동이 나타난다. 여기에서 교사의 역할이 끝나는 것이 아니다. 다시 유아들의 일상생활을 관찰·분석하여 교사가 유아학급에서 유아 전체 또는 유아 개인별로 지도한 결과가 바르게 유아들의 일상생활 속에 정착되고 생활화되어 가고 있는가를 확인 평가하여 잘 지켜지지 않는 생활상의 문제, 유아 개인별 부적응행동을 다시 찾아내고 그리고 이에 대한 대책을 강구하여 지도하게 된다. 따라서 위에서 밝힌 순환적 과정을 다시 밟아 생활지도과정을 피드백(feed back)하여 문제행동 분석, 지도계획 수립, 지도, 평가, 문제행동 분석 등 일련의 생활지도과정을 연속적으로 되풀이 하여 지도해야 한다. 또한 생활지도의 순환적 과정에서 어느 과정 하나도 소홀히 하거나 생략되어서는 안 된다.

2) 가정과의 연계지도 강화

오늘날 유아교육기관의 모든 유아학급에서 지도한 생활교육이 유아들의 일상생활에서 완전히 정착되지 못하는 이유 중의 하나가 가정과의 연계지도가 원활하게 이루어지지 않기 때문이다. 유아 학급에서 지도한 생활교육은 유아교육기관뿐만 아니라 유아의 가정이나 사회생활 속에서 생활화되기를 기대하고 이루어진다. 그러나 생활교육의 결과가 유아의 가정생활이나 사회생활의 각 장면 속에서 어떻게 실천되고 있는가를 유아교사가 확인·평가한다는 것은 지극히 불가능하다. 그러나 부모는 자기 자녀들이 가정생활이나 사회생활의 각 장면 속에서 유아교사가 유아학급에서 지도한 결과가 어떻게 지켜지고 지켜지지 않는 이유가 무엇인가를 잘 알고 있다. 따라서 효율적인 유아생활지도를 위해서는 가정과 부모와의 연계지도가 필수적이다. 다음에서 가정과의 연계지도가 왜 필요한가에 대하여 생각해 보자.

첫째, 교사와 부모가 생활지도방법의 일관성을 유지하기 위해서이다.

유아들이 안고 있는 문제행동에 대하여 교사와 학부모가 보는 가치관, 시각, 관점이 다를 수가 있다. 이것을 교사와 학부모가 협의하여 의견이 공유화되지 못하면 교사와 학부모 간에 갈등으로 이어지고 교사와 학부모의 상반된 견해와 지도방법은 유아에게 혼란을 초래할 뿐만 아니라 부질없는 심리적, 정신적 부담을 주어 심각한 윤리적 문제를 낳게 된다. 교사와 부모가 합의된 일관성 있는 지도계획을 적용하여 집중적으로 지도할 때 생활지도의 효율성을 도모할 수 있다.

둘째, 부모로부터 자녀에 대한 다양한 정보를 입수할 수 있다.

생활지도뿐만 아니라 사회의 모든 조직에서 그들이 지향하는 목표를 효율적으로 관리하기 위해서는 기관이나 조직의 운영이나 지도계획 수립에 필요한 정확하고 다양한 정보를 확보해야 한다. 부모는 유아의 생육과정이나 가정에서의 교육, 양육에 대해 직접적으로 개입했던 가정교사로서 그 누구도 알 수 없는 자녀에 대한 사실적이고 체험적인 다양한 정보를 가진 정보의 보고이다.

셋째, 생활지도에 대한 신뢰를 확보하기 위함이다.

유아교육기관에서 이루어지는 모든 생활지도활동이 학부모들에게 사실적으로 전달되고 유아생활지도에 학부모들을 적극적으로 참여시킴으로써 학부모들의 자존감이 제고되어 유아교육기관을 신뢰함은 물론, 교사와 학부모를 중심으로 유아교육공동체가 형성될 것이다.

3) 유아중심 생활지도의 실현

교사중심교육으로 교사가 일방적으로 주도권을 가지고 유아행동의 문제점을 분석하고 계획을 세워 지도하는 것은 생활지도의 효율성을 제고시킬 수 없다. 바람직한 행동변화의 주체인 유아 그리고 바람직한 행동의 변화를 가장 절실하게 기대하는 학부모의 입장을 고려하지 않은 채 교사가 일방적으로 주도권을 가지고 생활지도를 이끌어가서는 안 된다. 변화의 주체인 유아, 변화를 간절하게 기대하는 학부모가 함께 참여하면서도 유아에게 주도권을 부여하여 유아의 올바른 선택과 자발적인 동기에 의하여 스스로 행동을 변화시켜 나가는 유아중심 생활지도가 이루어져야 한다. 유아중심 생활지도는 교사중심교육이 지니는 통제, 일방적 지시, 명령, 교사주도성 등을 탈피하여 유아의 흥미, 요구, 개별성을 중시하는 루소(Rousseau)의 자연주의 교육사상이나 게젤(Gesell)의 성숙이론에 근거하는 교육이론으로 이러한 교육은 유아교육기관에서 아무리 강조해도 부족하다.

유아중심 생활지도를 실현하기 위하여 교사가 고려해야 할 점은

첫째, 유아를 존중, 신뢰하여야 한다.

유아를 귀중한 존재로 여기고 스스로 학습할 수 있는 능력이 있으며, 자기에게 의미 있는

학습을 선택하고 학습할 수 있는 권리가 있다는 신뢰와 존경심이 있어야 한다. 그리하여 교사가 유아들 앞에서 군림하거나 가르치기만 하는 자가 된다면, 유아는 수동적인 학습자가 될 수밖에 없다. 유아를 존중하고 능력을 인정하는 교사라면 유아가 스스로 발달할 수 있게 상황과 자료를 제시하고 유아 스스로가 흥미 있는 일을 탐색하여 배울 수 있는 자율적인 학습이 이루어지도록 지지해 주어야 한다.

둘째, 학습은 유아의 흥미에 기초해야 한다.

유아교육은 유아들의 흥미와 경험과 필요에 기초하여야 한다. 유아들이 즐거움을 느낄 때, 효과적으로 배울 수 있어 사물이나 사건이 무엇이가를 알아보려는 동기유발을 일으키게 되고 동기유발은 환경과 유아와의 상호작용에 의하여 만들어지는 것으로 배우는 것에 흥미를 느끼게 한다.

셋째, 집단적 합의점을 갖는 경험이 필요하다.

유아는 개인의 흥미와 의견에 따라 활동할 자유와 권리가 주어지지만 반면에 자신이 속하는 소집단, 중집단, 대집단의 합의사항에 따르는 것이 필요하므로, 토의를 통하여 집단의 규칙을 만들고 이를 준수하여야 한다. 규칙정하기, 정리정돈하기, 친구들과 잘 지내기, 자유선택놀이에 관한 일 등을 소집단, 중집단, 대집단에서 토의하고 적절한 합의점을 찾아 규칙을 마련하는 활동은 매우 중요한 경험이다.

넷째, 학습은 개별화되어야 한다.

예를 들면, 유아가 학습활동을 선정할 때 유아가 활동하기를 원하는 자유선택놀이영역을 선택하고 유아가 원하는 활동의 유형이나 활동자료를 활용하면 유아교육은 개별화되고 유아에게는 의미있는 학습이 이루어지게 될 것이다. 그러나 교수 · 학습에서 유아중심교육이 아닌 교사주도형의 대집단활동으로만 진행하는 교사들이 많이 있는데 이러한 집단지도가 가져오는 장점도 많이 있으나 가급적 개별활동을 우선하여 유아와 유아, 유아와 교사 간의 상호작용이 활발하게 이루어지도록 해야 한다.

다섯째, 책임감을 기르는 기회를 제공한다.

유아에게 흥미중심 교육을 실시하게 되면 유아는 사회적 규범을 무시하거나 마음대로 행동하게 할 가능성이 있고, 성인의 기준에 맞추어서 책임감을 강조하게 되면 유아의 활동을 제약하여 반항하는 행동을 할 수도 있다. 이때 교사는 교사 자신이 책임 있는 태도 유지하기, 유아의 능력과 발달수준에 맞지 않는 지나친 기대는 삼가하는 등 유아들의 수준에 맞는 활동을 진행하면서 즐겁고 자연스럽게 책임감을 기를 수 있도록 지도해야 한다.

여섯째, 유아가 학습에서 스스로 선택할 기회를 준다.

유아들은 교실에서 자기 스스로 의사를 결정하고 활동하는 과정에서 자율적인 태도와 정신을 기르게 된다. 자유선택놀이영역을 선택할 때, 특별히 좋아하는 영역만을 선택하는 경향이 있지만 유아 개인이 좋아하는 영역이 있다는 것은 자연스러운 일로써 유아가 흥미가 있어 하는 활동을 중심으로 어떤 개념을 통합적으로 표현할 수 있도록 기회를 부여하는 일이 더욱 중요하다.

일곱째, 학습과정에서 유아에게 적절한 중재를 한다.

학습활동 중 교사의 중요한 역할은 중재자의 역할이다. 따라서 항상 학습활동 중에 유아 개개인의 활동을 부단히 관찰하여 창의적인 개별활동이 조장될 수 있도록 적절한 안내와 정보제공이 필요하다. 그러나 여기에서 중요한 일은 교사가 안내나 정보를 제공하는 과정에서 유아의 자주성과 자발성을 강조하며 유아가 자기활동의 방향을 스스로 선택하도록 유도한다.

4) 유아중심교육의 역기능 해소

전항에서 생활지도의 효율화를 위해서 유아중심교육이 되어야 한다고 강조하였다. 그러나 지나친 유아중심교육이 유아생활지도에 주는 악영향을 어떻게 해소시켜 주느냐에도 관심을 가져야 한다. 유아중심교육에서 강조하는 3가지 지주는 첫째, 교육내용이 유아 개인의 존재가치와 능력을 인정해 주자는 것이고, 둘째, 좋은 자극으로서의 환경을 조성해 주는 일이며, 셋째, 교육내용이 유아중심적이어야 한다는 것이다. 본 항에서는 세 번째, 유아교육내용이 유아중심적이어야 한다는 데에 대하여 이를 지나치게 강조함으로써 유아성장에 미치는 문제점과 교육적 역기능이 대하여 우려한다는 점이다. 오늘날 유아교육에서 현장교사들은 한결같이 유아중심교육이어야 하고 또한 유아교육활동에서는 유아의 흥미, 희망, 소질, 욕구를 최대한 인정하는 교육으로서 교사의 주도성이 적극적으로 개입하는 교사중심교육을 유아교육현장에서 절대적으로 추방되어야 할 것 같이 교사주도성을 금기시하고 있다. 결론부터 이야기하면 지나치게 강조된 유아중심교육이 오늘날 유아의 성장 · 발달에 미치는 부정적 영향이 많다는 사실이다. 이러한 영향은 유아교육에서 뿐만 아니라 가정교육에서도 합세하여 부모가 유아에 대한 지나친 과보호를 낳았다. 부모는 유아에게는 지나치게 관대하여 유아의 요구와 희망을 전폭적으로 수용해주고 무리하고 힘들고 어려운 일에는 철저한 방어벽을 쳐 도피시킨다. 따라서 오늘날 유아의 흥미, 요구, 욕구, 소질에 따른 지나친 유아중심교육이 낳은 교육적 역기능이 생활지도의 과제로 등장하고 있다. 그 내용을 보면

첫째, 유아의 행동이 지극히 자기중심적으로 형성될 우려가 있다. 지나친 자기중심성이 표면적으로 나타나는 행동적 특성으로는 아집이나 고집으로 표현된다. 이러한 행동은 다른 유아의 입장이나 처지를 전혀 수용하지 않는다. 자기중심성이 오래 그리고 강하게 작용할 때 동료 유아와의 교우관계, 양보, 협동, 집단생활에의 적응성 등 사회성 발달에도 나쁜 영향을 준다.

둘째, 어려운 학습과제에 대한 해결동기나 해결력이 부족하다.

유아 본위로 유아의 흥미, 요구, 희망, 소질 등을 최대한으로 보장함으로써 유아의 주도적인 교육활동, 자유분방하고 창의적인 사고유발, 유아의 개인수준에 알맞은 개별학습의 용의성 등 많은 효과를 거둘 수 있다.

그러나 유아학습과제가 반드시 유아의 요구수준에 따라 여과되고 유아수준에 맞는 학습과제만을 선정하여 부과할 것인가의 문제이다. 유아의 요구나 흥미가 별로 없다 하더라도 유아수준에서 필히 학습되어야 할 학습과제는 유아의 흥미나 요구에 관계없이 학습되어야 하며 이러한 과제는 너무나 많다.

셋째, 인내력, 극기력, 자제력 등 자기조절적 기능이 부족하다.

자기조절적 기능이 부족하면 상황에 따른 예민한 분석과 이에 대응하는 기능이 부족하여 유아가 자기중심성에 따라 행동을 결정할 수밖에 없다. 오늘날과 같이 지나친 유아중심교육은 유아들의 인내력, 극기심, 자제력을 신장시킬 수 없다. 특히 유아중심교육에서 이러한 기능 습득을 어렵게 하는 것은 유아에게 다소라도 어려운 과정이나 활동을 필요로 하는 과제학습을 철저히 배제하고 있기 때문이다. 이상에서 밝힌 바와 같이 유아중심교육이 유아교과교육이나 생활지도에 긍정적인 효과가 많음에는 틀림없으나 지나친 유아중심교육이 생활지도상 어려운 문제를 야기시킴으로써 이러한 교육적 역기능을 차단하기 위한 다양한 지도전략을 구안 · 적용해야 할 것이다.

5) 집단지도와 개별지도의 역동성

생활지도에서 집단지도와 개별지도의 순환적 역동성은 강조되어야 한다. 집단지도와 개별지도의 역동성이란 하루의 일과에서 제공되는 교수 · 학습활동이 개별활동과 집단활동이 균형적으로 이루어짐을 의미한다. 유아교육에서는 집단활동과 개별활동의 균형적인 역동성뿐만 아니라 실내활동과 실외활동, 정적활동과 동적활동 등이 역동적으로 이루어져야 한다. 특히 학습의 역동성을 강조하기 위해서는 학습활동장소의 적절한 변화, 집단학습과 개별학습의 균형적인 통합 등은 그 중 가장 전형적인 역동성의 '예'이다. 개별활동과 집단활동도 유아의 연령이나 시기 등을 고려하여 균형적으로 실시되어야 한다. 만3세 유아는 발달 특성상 대집단활동보다는 혼자서 하는 개별활동과 소집단활동에 좀 더 비중을 둘 필요가 있다. 학년 초에는 대집단활동보다는 개별활동과 소집단활동의 기회를 충분히 주어서 유아가 정서적으로 안정감을 가지고 새로운 환경에 적응하고 적극적으로 활동에 참여할 수 있도록 한다. 집단지도와 개별지도가 역동적으로 이루어져야 하는 이유는 두 유형의 교수 · 학습형태가 유아생활지도에 미치는 영향이 다르기 때문이다. 개별활동이 강조되면 유아 개개인의 요구와 흥미, 희망에 따른 유아의 주체적인 활동이 강조됨으로써 유아의 자발성, 주체성, 책임감, 의사결정능력, 사고 기회의 확대 등이 활발히 이루어질 수 있으나 유아 상호작용면에서 다소 폐쇄적일 수밖에 없다. 그러나 집단활동체제 속에서는 유아 상호 간의 원활한 상호작용 속에서 대부분의 활동이 이루어지기 때문에 집단의식, 집단활동규범, 공동체의식, 원활한 사회적 관계 형성기술 등이 형성된다. 위에서 밝힌 바와 같이 개별학습과 집단학습에서 기대하는 교육의 효과가 다르다. 따라서 생활지도에 있어서도 보편적인 생활지도상의 문제점에 대해서는 집단생활지도를 통하여 지도한 후 지도결과를 확인 평가하여 그래도 문제성을 가지고 있는 부적응아에 대해서는 개별지도를 실시하는 등 집단지도와 개별지도의 순환적 역동성을 강화해야 한다.

6) 부모상담의 효율화

부모상담은 유아생활지도에서 필수적이다.

유아교육현장에서 부모상담의 가치나 필요성에 대하여 충분히 인정하고 있으나 실제적으로 소홀히 여기고 있어 이에 대한 재검토가 필요하다.

유아생활지도뿐만 아니라 유아에 대한 폭넓은 교육적 지도를 위하여 교사의 학부모에 대한 상담은 필수적이며 또한 유아교육현장에서 많이 사용하고 있는 방법으로 인식되고 있으나 방법과 절차 면에서 효율성이 떨어지는 부분이 많아 이에 대한 재검토가 필요하다.

부모상담이란 유아에게 당면한 문제를 해결하기 위하여 교사가 부모 또는 가족을 만나 면담하는 것을 말한다. 부모상담의 내용은 주로 유아의 발달, 성격, 행동상의 문제들인데 특별한 문제가 없어도 유아지도를 위하여 학부모와 의견을 나누거나 정보를 제공하는 경우도 있다. 그러나 오늘날 부모상담이 효율적으로 시행되지 않는 이유는 교사들이 부모상담에 할애할 시간이 부족하고 또한 직전교육이나 현직교육을 통하여 상담의 원리와 방법에 관한 교육이 충분히 이루어지지 않았기 때문이다. 다음에서 부모상담의 효율성을 제고시키기 위한 방안으로 첫째, 상담자의 자질 및 태도, 둘째, 상담자로서의 책임과 윤리, 셋째, 상담 시 고려할 점에 대하여 기술하기로 한다.

(1) 상담자의 자질과 태도

교사는 교사 자신이 상담자로서 자질과 태도가 적절한지 자성해 보는 기회가 있어야 한다.

① 원만한 성격과 인간관계에 대한 관심

현재 심각한 심리적 갈등이나 대인관계에서 곤란을 겪고 있는 교사는 상담자로서 역할을 수행하기가 어렵다. 합리적인 상담을 하기 위해서는 원만한 성품과 소신이 있고, 인간문제에 관해 폭넓고 예민한 관심이 있으며 남을 돕고자 하는 강한 동기가 있어야 한다.

② 인내심

단순한 조언이나 정보제공을 위한 상담에서도 내담자가 원하는 것이 무엇인지, 내담자에게 필요한 것이 무엇인지 정확하게 이해하고 또한 유아문제를 해결하는 데는 많은 시간이 소요될 수 있으므로 인내심을 가지고 상담에 임해야 한다.

③ 감수성과 이해력

효과적인 상담을 위해서는 내담자의 욕구, 감정, 생각, 희망, 의도 등을 예민하게 이해할 수 있어야 한다. 상황에 따라서는 감수성 훈련을 통하여 감수성과 이해력을 높이도록 노력해야 한다.

④ 효율적 의사소통 및 면담방법에 관한 훈련

상담에서의 대화는 일상대화와는 다른 점이 많다. 그것은 도움을 주고받는 관계에서 상담이 이루어지기 때문이다.

⑤ 수동적 입장을 지속할 수 있는 능력 및 태도

교사는 상담에서 수동적 입장에 서야 하며 욕망이 강해서 내담자를 자기 마음대로 끌고 가서는 안 된다.

(2) 상담교사로서의 책임과 윤리

전문직일수록 그에 대한 책임과 윤리가 있다. 교사로서의 상담자는 다음과 같은 책임과 윤리를 반드시 지켜야 한다.

① 유아 성장·발달에 도움이 된다는 확신

상담은 유아의 성장·발달을 촉진할 수 있거나 문제해결에 도움이 될 때만 개입한다. 상담을 원치 않는 유아모에게 상담을 강요해서는 안 된다.

② 비밀유지

상담에서 내담자나 그의 가족의 신상에 관한 것 또는 사적인 내용 등에 대해서는 상담자로서 비밀을 보장해야 한다. 이 사항은 매우 상식적인 규칙이면서도 때때로 어기기 쉬운 내용이다.

7) 생활지도교사의 전문화

생활지도교사의 전문성으로 생활지도기술이 과연 무엇인가에 대하여 생각해 보기로 한다. 현장교사들이 생활지도기법으로 가장 많이 활용하는 방법은 행동수정기법이다. 그 중 혐오자극에 의한 행동수정방법으로 소멸, 벌, 유기, 음식 빼앗기, 차등강화, 타임아웃 등의 방법을 보편적으로 사용하고 있다. 이러한 방법들은 단기적인 효과를 거둘지는 몰라도 장기적인 효과는 물론 근본적인 대책이 되지 못한다. 따라서 행동수정전문가, 부모, 시민단체들이 유아교육기관에서 사용하고 있는 혐오기법 사용에 대한 논쟁이 뜨거운 가운데 요즘에는 물의를 빚는 유아교육기관의 책임자나 교사가 사법처리를 받는 등 사회적 물의를 일으키고 있다. 이것은 유아교사가 생활지도기술이 부족하기 때문이다. 이는 유아교사 양성대학이나 유아교사현직연수과정에서 유아생활지도 기술연마를 위한 체계적인 교육이 제대로 이루어지지 않기 때문이다. 유아의 바람직한 생활지도를 위하여 유아교사가 연수하여야 할 기술은 다음과 같다.

① 생활지도기획기술
② 유아집단생활지도기술
③ 부적응아 지도기술
④ 생활지도평가기술
⑤ 자료수집 및 분석기술 등이다.

3. 유아 생활지도교사의 인간화

교육은 인간과 인간 간의 만남을 통하여 이루어진다. 따라서 교사가 인간적일 때 교육의 대상인 유아에게는 보다 감화와 영향력이 크므로 교육적 영향이나 성과가 크기 마련이다. 교사가 인간적이어야 한다는 말은 포근하고 따뜻하며 안정적인 어머니의 품안과 같아 유아들로 하여금 안기고 싶은 마음이 생기는 교사를 말한다. 이런 교사에게는 엄마에게 하지 못할 비밀을 털어놓고 이야기하고 싶기도 하고 혼자 고민하고 있는 문제를 상의해서 도움을 청하고 싶어한다. 바람직한 생활지도가 되기 위해서 교사는 이런 품성을 지녀야 하고 이런 인간화된 생활지도교사는 교육의 대상이 되고 있는 유아를 인간화시킬 수 있다. 인간화된 생활지도교사가 지녀야 할 품성에 대하여 생각해 보자.

1) 영유아에 대한 사랑

일반적으로 인간을 대상으로 하는 직업은 근본적으로 인간에 대한 사랑이 있어야 한다. 인간에 대한 사랑이 전제되는 직업에는 교사를 비롯하여 의사, 목사, 서비스업 등 다양한데 이들은 한결같이 사랑이 없이는 당해 직업에서 적절한 역할을 수행할 수 없을 것이다. 특히, 성인의 정서적 신호에 민감하게 반응하는 어린 영유아를 대상으로 하는 생활지도는 영유아에 대한 사랑을 더욱더 절실하게 기대된다. 영유아들이 성장 · 발달하기 위해서는 교사나 부모로부터 사랑을 받고 있다는 확신을 갖게 해주어야 한다.

2) 온정적인 성품

온정적인 성품은 따뜻하고 포근하고 배려적이며 이해심이 강하고 수용적이며 또한 유머러스 하면서도 친절한 성품을 말한다. 유아생활지도에서 유아에 대한 온정적인 태도를 갖는 일은 대단히 중요하다. 영유아들이 가정에서 유아중심적으로 온 가족들의 총애와 배려를 받고 생활해오다가 갑자기 모든 것이 생소하며 낯설고 모든 활동이 구조적이고 조직적으로 이루어지는 집단생활에 원활히 적응할 수 있도록 하는 동인이 바로 유아교사의 온정적인 성품과 태도로서 유아들의 정서적인 불안감을 해소해주고 안정감을 주어 집단생활에 잘 적응할 수 있도록 한다.

3) 유아에 대한 존중감

유아교사는 유아에 대한 존중감을 가져야 한다.

유아에 대한 존중감이 있는 교사는 현재의 유아는 성인의 보살핌과 보호를 받아야 하는 미약한 존재이지만 머지않아 훌륭하게 성장 · 발달할 수 있는 가능성이 있는 하나의 인격체로 확신하는 유아에 대한 존중감이 있다. 유아생활지도에서 유아교사는 유아에 대한 존중감을 갖는 것은 기본적인 일이다.

4) 행동화시키지 못하는 생활지도 지양

교육은 피교육자로 하여금 바람직한 행동의 변용을 요구하고 또 기대하는 것이다. 행동화시키지 못한 지식은 무용한 것이나 사실상 제도권의 교육은 행동화되지 못한 지식의 축적만을 강요하고 있는 실정이다. 오늘날 제도권의 교육은 지식을 전수하여 작은 학자를 양성하는 일에 힘을 기울였고 또한 상급학교 그것도 일류학교 진학을 위해 시험점수를 많이 따는 교육에 힘들여 왔지만 학생들의 인격 형성과 행동화 내지 실용화를 위한 관심과 지도는 지극히 소홀히 하고 있다. 답안지에 정답을 쓸 줄 안다고 해도 행동에 옮기지 못함은 지식만 배우고 행동을 학습하지 못한 결과라 할 것이며 우리는 이런 인간을 길러내자는 것이 아니다. 교육을 통하여 어떤 학생 상을 길러낼 것인가 하는 투명한 목표 없이 그저 교과서의 내용을 토막상

식화 하여 전수하는 지식주입교육이 그대로 존속하고 있으므로 학생의 편에서는 생명력 없는 교육이 되고 있다. 특히, 생활지도는 유아들에게 생활지식을 넣어주는 교육이 아니고 행동을 이끌어내는 교육이다.

5) 유아 인성교육의 강화

바람직한 생활지도를 위해서는 교사는 바른 인성을 가져야 한다. 바른 인성을 가진 교사는 또한 유아의 바른 인성지도에 주력한다. 유아의 바른 인성을 지도하면서 교사 자신의 바른 인성에 결정이 없는가 반성적 사고를 부단히 해야 한다. 따라서 교사는 먼저 유아생활지도에서 유아의 바른 인성을 배양하는 데 주력해야 한다.

올바른 인성이란 자기 일을 스스로 하고 다른 사람을 배려하며, 정해진 규칙을 준수하고 공동체 구성원이 공유하는 행위의 기준과 도덕적 가치를 내면화하는 것으로 예나 지금이나 인성교육의 문제는 모든 제도권의 교육에서 가장 근본적이고 중요한 문제로 인식하여 왔다. '…이 되기 전에 사람이 되어라'라는 말은 인간으로서의 품성을 갖추는 일이 모든 것에 있어서 기본이 된다는 것을 의미한다. 사회라는 공동체 안에서 건강하고 행복한 구성원으로서 살아가기 위해서는 유아기부터 바른 기본생활습관과 올바른 인성을 지녀야 한다. 그런데 우리 제도권의 교육이 위기에 처해 있다는 다양한 징후 중의 하나인 '기초질서의 붕괴'는 제도권 교육이 인간으로서 품격을 갖추는 교육에 실패하고 있음을 말해준다. 인성교육이 유아교육기관교육의 전부는 아니나 모든 부분에서 성공을 거둘지라도 인성교육에서 실패하고 있다면 유아교육기관의 교육은 결코 성공했다고 볼 수 없다. 유아교육에서 교육적 성취에 이어서 올바른 인성을 형성시켜 준다면 우수한 인재로 기를 수 있다. 누리과정이나 표준보육과정에서도 인성교육을 강조하고 있음에도 불구하고 유아교육이 안고 있는 과제로서 인성교육의 부재를 떠올리고 있다.

유아교육기관에서 인성교육은

첫째, 유아기는 기본생활습관이나 인성의 기초가 형성되는 결정적 시기로서 이 시기에 기본생활습관이나 인성교육의 효과는 매우 지대하며 또한 유아기에 형성된 기본생활습관이나 인성은 평생을 좌우한다.

둘째, 기본생활습관과 인성교육은 특정한 시간이나 장소에서만 지도하는 것이 아니라 유아의 일상생활과 모든 생활공간 속에서 통합적인 방법으로 지속적으로 지도해야 한다.

참고문헌

강문희(2000). 유아생활지도. 교문사.

강혜원 외(2014). 유아생활지도 및 상담. 양서원.

고정곤 외(2009). 교육과정 및 교육평가. 양서원.

고정곤 외(2012). 유아사회교육. 양서원.

고정곤(2004). 한국유초등교육의 오늘과 내일. 양서원.

고정곤 외(2013). 교직실무. 양서원.

고정곤 외(2015). 유아교과교육론. 양성원.

고정곤 외(2014). 부모교육. 양서원.

고정곤 외(2015). 유·초등연계교육론. 양서원.

김충기 외(2002). 유아생활지도. 동문사.

김청자 외(2010). 생활지도와 상담. 태영출판사.

김현주(2001). 아동생활지도록. 태영출판사.

문교부(1983). 생활지도. 국정교과서주식회사.

_____(1987). 유아교육환경구성자료. 국정교과서주식회사.

교육과학기술부(2013). 3-5세 연령별 누리과정. 한국시청각장애인연합회.

보건복지부. 제3차 어린이집표준보육과정 교사용지침서. (사)한국시각장애인연합회.

_________. 제3차 어린이집표준보육과정 해설서. (사)한국시각장애인연합회.

박정옥 외(2013). 아동생활지도. 양서원.

박성주(1992). 생활지도. 정민사.

_____(1993). 아동생활지도. 한국방송통신대학 출판부.

박성수(2000). 아동생활지도. 한국방송통신대학 출판부.

신혜원 외(2015). 부적응행동 지도. 양서원.

서명원 외(2014). 영유아생활지도. 양서원.

새세대육영회(1985). 유아의 생활습관과 행동지도. 정민사.

오만록(2012). 생활지도 및 상담. 정민사.

이성진(1974). 행동수정의 원리. 교육출판사.

장성화 외(2015). 아동생활지도. 정민사.

지성애 외(2013). 영유아생활지도. 양서원.

조운주 외(2014). 유아생활지도. 창지사.

전라북도교육청(1992). 부모교육자료. 공익출판사.

__________(1984). 유아의 바른 습관형성. 신아문예사.

한국지역사회교육중앙협의회(1992). 아기 잘 기르는 부모. 푸른 숲.

한국청소년개발원(2006). 청소년문제. 교육과학사.

Fields, M. V. & Boesser, C.(1994). *constructive guidance and discipcine : preschool and primary education*. NY : Macmillanpub.

Froehlich, C. P.(1950). *Guidance services in smaller school*. mc graw-hill.

Gatrell, D.(1994). *A Guidance approach to discipline*. NY : Delmarpub

Marion, M. C.(1991). 유아생활지도. 조희숙 역. 창지사.

Patterson, C. H.(1971). *Relationship To counseling and psychotherapy*. NY : Harper and row publishers

저/자/소/개

- **고 정 곤**

원광대학교 대학원 교육학석사
전라북도 교육청 교직과장 · 교육과장
군산 서해초등학교장
서해대학교 겸임교수
서울시교육청 유아교육위원
〈저서〉 보육과정, 유아사회교육, 유아교과교육론, 보육교사론 외 다수

- **김 미 진**

상명대학교 대학원 교육학박사
현, 강동대학교 유아교육과 교수
〈저서〉 유아교육사상의 이해, 아동안전관리 외 다수

- **김 재 현**

고려대학교 대학원 교육학박사
현, 호산대학교 간호학과 교수
〈저서〉 보육학개론, 보육과정 외 다수

- **이 영 희**

원광대학교 교육대학원 교육학석사
원광대학교 대학원 문학박사
현, 서해대학교 유아교육과 교수
〈저서〉 보육학개론, 아동미술, 놀이지도, 유아미술교육 외 다수

- **이 은 희**

성신여자대학교 대학원 교육학박사
현, 대전보건대학교 유아교육과 교수
〈저서〉 유아교육개론, 유아사회교육, 보육교사론 외 다수

- **전 대 성**

명지대학교 사회복지대학원 사회복지학석사
단국대학교 대학원 행정학과 행정학 박사
현, 경북전문대학교 사회복지과 교수
〈저서〉 사회복지법제론, 정신건강론 외 다수

아동생활지도

1판 1쇄 인쇄 — 2017년 2월 24일
1판 1쇄 발행 — 2017년 2월 28일

저 자 - 고정곤 김미진 김재현 이영희 이은희 전대성
발 행 인 - 강 철 원
발 행 처 - 양 성 원
주 소 - 경기도 파주시 월롱산로 71(야동동)
전 화 - 031-946-3861(代)
팩 스 - 031-946-3864
이 메 일 - tnwpub@naver.com
홈페이지 - tnwpub.co.kr
출판등록 - 2015년 8월 31일 제 2015-000211 호

ISBN 979-11-6126-026-6

정가 20,000원